Der polizeiliche Schutz der Öffentlichen Sicherheit in Gestalt des Bestands des Staates und der Funktionsfähigkeit staatlicher Einrichtungen als Begrenzung und Beschränkung der Grundrechte

LEIPZIGER SCHRIFTEN ZUM ÖFFENTLICHEN RECHT

Herausgegeben von Jochen Rozek

Band 16

PETER LANG

Lucas Urbanek

Der polizeiliche Schutz der Öffentlichen Sicherheit in Gestalt des Bestands des Staates und der Funktionsfähigkeit staatlicher Einrichtungen als Begrenzung und Beschränkung der Grundrechte

PETER LANG

Bibliografische Information der Deutschen Nationalbibliothek
Die Deutsche Nationalbibliothek verzeichnet diese Publikation in der Deutschen Nationalbibliografie; detaillierte bibliografische Daten sind im Internet über http://dnb.d-nb.de abrufbar.

Zugl.: Leipzig, Univ., Diss., 2022

15
ISSN 2195-3821
ISBN 978-3-631-89316-6 (Print)

www.peterlang.com

Für meine Eltern

Vorwort

In turbulenten Zeiten wie diesen zeigt sich einmal mehr, wie wichtig der Staat ist, um Sicherheit nach Innen und Außen zu gewährleisten. Damit der Staat hierzu in der Lage ist, muss der Staat auch über das notwendige Instrumentarium verfügen, um seinen Bestand und seine Funktionsfähigkeit zu behaupten. Wie weit dieses Instrumentarium des Staates zum Schutz vor inneren Gefahren in rechtlicher Hinsicht reichen kann, dazu beschäftigt sich die vorliegende Arbeit in einem gewissen Umfang.

Die vorliegende Arbeit wurde am 17.05.2022 von der Juristenfakultät der Universität Leipzig als Inauguraldissertation angenommen. Mein besonderer Dank hierfür gebührt in erster Linie meinem Doktorvater Prof. Dr. Jochen Rozek für die langjährige Betreuung, wertvollen Hinweise sowie für die Aufnahme dieser Arbeit in seine Schriftenreihe. Besonderer Dank gilt auch Prof. Dr. Hubertus Gersdorf, insbesondere für seine wertvollen Anregungen als Zweitgutachter, welche ich nach bester Möglichkeit versucht habe, noch einzuarbeiten.

Danken möchte ich auch dafür, dass mir die Gelegenheit gegeben wurde, am Seminar „Geschichte und Theorie des Verfassungsstaates: Recht, Macht und Moral" von Prof. Dr. Christoph Enders und Prof. Dr. Ewald Wiederin teilzunehmen, welches mein juristisches Denken nachhaltig beeinflusst hat.

Meiner lieben Jana gebührt mein herzlicher Dank, dass sie mich trotz manch langer Arbeitstage immer unterstützt hat, an meiner Seite stand und die Mühe auf sich genommen hat, meine Arbeit Korrektur zu lesen. Schließlich möchte ich mich auch bei meiner Familie, insbesondere bei meinen Eltern, für die unermüdliche Unterstützung und nicht zuletzt auch für die finanzielle Unterstützung bei der Drucklegung dieser Arbeit bedanken. Ohne meine Eltern wäre ich sicherlich nicht hier, weshalb ich ihnen diese Arbeit widme.

Leipzig, den 23. September 2022
Lucas Urbanek

Inhaltsverzeichnis

Abkürzungsverzeichnis

a. A.	andere Auffassung
Abs.	Absatz
Alt.	Alternative
Amtl. Begr.	Amtliche Begründung
AöR	Archiv des öffentlichen Rechts
Art.	Artikel
ASOG Bln	Allgemeines Sicherheits- und Ordnungsgesetz Berlin
Aufl.	Auflage
AZ	(Allgemeine) Zeitschrift für deutsches Staatsrecht und deutsche Verfassungsgeschichte
BauGB	Baugesetzbuch
BayPAG	(Bayerisches) Polizeiaufgabengesetz
BayVBl.	Bayerische Verwaltungsblätter
BayVfGHE	Entscheidungen der amtlichen Sammlung des Bayerischen Verfassungsgerichtshofes
BbgOBG	(Brandenburgisches) Ordnungsbehördengesetz
BbgPolG	Brandenburgisches Polizeigesetz
Bd.	Band
Beschl. v.	Beschluss vom
BGBl. III/FNA 100-1	Bundesgesetzblatt Jahrgang 1949, Teil III, Gliederungsnummer 100-1
BGH	Bundesgerichtshof
BGHZ	Entscheidungen der amtlichen Sammlung des Bundesgerichtshofs in Zivilsachen
BKAG	Bundeskriminalamtgesetz
BPolG	Bundespolizeigesetz
BremPolG	Bremisches Polizeigesetz
BT-Drs.	Bundestagsdrucksache
BVerfG	Bundesverfassungsgericht
BVerfGE	Entscheidungen der amtlichen Sammlung des Bundesverfassungsgerichts
BVerwGE	Entscheidungen der amtlichen Sammlung des Bundesverwaltungsgerichts

bzw.	beziehungsweise
ders.	derselbe/dieselbe
DJZ	Deutsche Juristen-Zeitung
DÖV	Die Öffentliche Verwaltung
DVBl.	Deutsches Verwaltungsblatt
EL	Ergänzungslieferung
etc.	et cetera
f.	folgend
ff.	fortfolgend
Fn.	Fußnote
FVG	Gesetz über die Finanzverwaltung
GG	Grundgesetz
GG-Komm.	Grundgesetz-Kommentar
ggf.	gegebenenfalls
HChE	Verfassungsentwurf vom Herrenchiemsee
HmbSOG	(Hamburger) Gesetz zum Schutz der öffentlichen Sicherheit und Ordnung
Hrsg.	Herausgeber
HS.	Halbsatz
HSOG	Hessisches Gesetz über die öffentliche Sicherheit und Ordnung
i. d. F.	in der Fassung
IFG	Gesetz zur Regelung des Zugangs zu Informationen des Bundes
i. S.	im Sinne
i. S. d.	im Sinne des
i. S. v.	im Sinne von
i. V. m.	in Verbindung mit
JA	Juristische Arbeitsblätter
JöR n. F.	Jahrbuch des öffentlichen Rechts der Gegenwart – Neue Folge
JR	Juristische Rundschau
JURA	Juristische Ausbildung
JuS	Juristische Schulung
JW	Juristische Wochenschrift
JZ	Juristenzeitung
Kap.	Kapitel

KunstUrhG	Gesetz betreffend das Urheberrecht an Werken der bildenden Künste und der Photographie
lit.	Litera
LVwG S-H	Landesverwaltungsgesetz Schleswig-Holstein
MDR	Monatsschrift für Deutsches Recht
MEntw. PolG	Musterentwurf für ein einheitliches Polizeigesetz des Bundes und der Länder
m. w. N.	mit weiterem Nachweis
Nds. POG	Niedersächsisches Polizei- und Ordnungsbehördengesetz
NJW	Neue Juristische Wochenschrift
Nr.	Nummer
NStZ-RR	Neue Zeitschrift für Strafrecht – Rechtsprechungs-Report
NVwZ	Neue Zeitschrift für Verwaltungsrecht
NVwZ-RR	Neue Zeitschrift für Verwaltungsrecht – Rechtsprechungs-Report
OBG NRW	Ordnungsbehördengesetz (Nordrhein-Westfalen)
OVG NRW	Oberverwaltungsgericht für das Land Nordrhein-Westfalen
OVGE	Amtliche Sammlung obergerichtlicher Entscheidungen des Oberverwaltungsgerichts für das Land Nordrhein-Westfalen und des Niedersächsischen Oberverwaltungsgerichts
OWiG	Gesetz über Ordnungswidrigkeiten
Pkt.	Punkt
PlPr.	Plenarprotokoll
PolG BW	Polizeigesetz (Baden-Württemberg)
PolG NRW	Polizeigesetz des Landes Nordrhein-Westfalen
PrALR	Allgemeines Landrecht für die Preußischen Staaten
PrOVGE	Entscheidungen der amtlichen Sammlung des Königlich-Preußischen Oberverwaltungsgerichts/ Preußischen Oberverwaltungsgericht
PrPVG	Preußisches Polizeiverwaltungsgesetz
Rdnr.	Randnummer
ROG	Raumordnungsgesetz

RpfPOG	(Rheinland-Pfälzisches) Polizei- und Ordnungsbehördengesetz
RV	Verfassung des Deutschen Reichs vom 16. April 1871
S.	innerhalb von Rechtsnormen: Satz/im Übrigen: Seitenzahl
SächsPBG	Sächsisches Polizeibehördengesetz
SächsPVDG	Sächsisches Polizeivollzugsdienstgesetz
sog.	sogenannt
SOG LSA	Gesetz über die öffentliche Sicherheit und Ordnung des Landes Sachsen-Anhalt
SOG M-V	Sicherheits- und Ordnungsgesetz (Mecklenburg-Vorpommern)
SPolG	Saarländisches Polizeigesetz
st. Rspr.	in ständiger Rechtsprechung
StGB	Strafgesetzbuch
StPO	Strafprozeßordnung
Teilbd.	Teilband
ThürOBG	Thüringer Ordnungsbehördengesetz
ThürPAG	Thüringer Polizeiaufgabengesetz
Urt. v.	Urteil vom
usw.	und so weiter
Var.	Variante
VerwArch.	Verwaltungsarchiv
VG Saarland	Verwaltungsgericht des Saarlandes
vgl.	vergleiche
VVDStRL	Veröffentlichungen der Vereinigung der Deutschen Staatsrechtslehrer
VwVfG	Verwaltungsverfahrensgesetz
ZgS	Zeitschrift für die gesamte Staatswissenschaft

A. Einleitung und rechtliche Problemstellung

Nach herrschender Lehre im polizeirechtlichen Schrifttum[1] und höchstrichterlicher Rechtsprechung[2] sind der Schutz des Staates und seiner Einrichtungen polizeirechtliche Schutzgüter und gehören dabei zum Schutzgut der öffentlichen Sicherheit. Der Schutz der öffentlichen Sicherheit, in Gestalt der Abwehr von Gefahren oder Beseitigung von Störungen, ist in den Polizeigesetzen des Bundes und der Länder als allgemeine Aufgabe der Polizei[3] und in den allgemeinen polizeilichen Befugnissen als Voraussetzung für ein polizeiliches Einschreiten umschrieben.[4] Wenn demnach eine polizeirechtlich relevante Gefahr oder Störung für die öffentliche Sicherheit vorliegt, so können zur Abwehr von Gefahren oder zur Beseitigung von Störungen Eingriffe in die Grundrechte der Störer nach den jeweiligen Polizeigesetzen vorgenommen werden. Jedoch wird nicht

---

1 *Drews/Wacke/Vogel/Martens*, Gefahrenabwehr, 9. Aufl., 1986, § 15, S. 233; *Denninger*, in: Lisken/Denninger/Bäcker/Graulich (Hrsg.), Handbuch des Polizeirechts, 6. Aufl., 2018, Kap. D I 3, Rdnr. 20; *Schenke*, Polizei- und Ordnungsrecht, 10. Aufl., 2018, § 3 II 5, S. 27, Rdnr. 54, S. 32 f., Rdnr. 60; *Kingreen/Poscher*, Polizei- und Ordnungsrecht, 10. Aufl., 2018, § 7 II 1, S. 97, Rdnr. 2; § 7 II 4, S. 105, Rdnr. 30; *Würtenberger/Heckmann/Tanneberger*, Polizeirecht, 7. Aufl., 2017, § 5 IV 1, S. 208, Rdnr. 264; *Thiel*, Polizei- und Ordnungsrecht, 4. Aufl., 2019, § 8 III 2, S. 88, Rdnr. 18; vgl. *Möller/Wilhelm*, Polizei- und Ordnungsrecht, 5. Aufl., 2003, S. 45, Rdnr. 91.

2 BVerwGE 143, 74 (79, Rdnr. 23 f.).

3 Vgl. § 3 Abs. 1 BPolG; § 1 Abs. 1 S. 1 PolG BW; Art. 2 Abs. 1 BayPAG; § 1 Abs. 1 S. 1 ASOG Bln; § 1 Abs. 1 S. 1 BbgPolG; § 1 Abs. 1 BbgOBG; § 1 Abs. 1 S. 1 BremPolG; § 3 Abs. 1 HmbSOG; § 1 Abs. 1 S. 1 HSOG; § 1 Abs. 1 i. V. m. § 2 Abs. 1 SOG M-V; § 1 Abs. 1 S. 1 i. V. m. § 2 Nr. 1 Nds. POG; § 1 Abs. 1 S. 1 PolG NRW; § 1 Abs. 1 OBG NRW; § 1 Abs. 1 S. 1 RpfPOG; § 1 Abs. 2 SPolG; § 2 Abs. 1 S. 1 SächsPVDG; § 2 Abs. 1 S. 1 SächsPBG; § 1 Abs. 1 S. 1 i. V. m. § 3 Nr. 6 i. V. m. Nr. 3 lit. a) SOG LSA; § 162 Abs. 1 LVwG S-H; § 2 Abs. 1 S. 1 ThürPAG; § 2 Abs. 1 ThürOBG; mit Stand vom 06.01.2020.

4 Vgl. § 14 Abs. 2 S. 1 BPolG; § 63 Abs. 1 S. 1 BKAG; § 3 i. V. m. § 1 Abs. 1 S. 1 PolG BW; Art. 11 Abs. 1 BayPAG; § 17 Abs. 1 ASOG Bln; § 10 Abs. 1 BbgPolG; § 13 Abs. 1 BbgOBG; § 10 Abs. 1 S. 1 BremPolG; § 3 Abs. 1 HmbSOG; § 11 HSOG; § 13 SOG M-V; § 11 i. V. m. § 2 Nr. 1 Nds. POG; § 8 Abs. 1 PolG NRW; § 14 Abs. 1 OBG NRW; § 9 Abs. 1 S. 1 RpfPOG; § 8 Abs. 1 SPolG; § 12 Abs. 1 SächsPVDG; § 12 Abs. 1 SächsPBG; § 13 i. V. m. § 3 Nr. 3 lit. a) SOG LSA; §§ 174; 176 Abs. 1 LVwG S-H; § 12 Abs. 1 ThürPAG; § 5 Abs. 1 ThürOBG; mit Stand vom 06.01.2020.

in allen Polizeigesetzen das Schutzgut der öffentlichen Sicherheit ausdrücklich auch als Schutz des Staates oder staatlicher Einrichtungen legaldefiniert. Die Polizeigesetze des Bundes, wie das Bundespolizeigesetz oder das Bundeskriminalamtgesetz, sowie die meisten Polizeigesetze der Länder enthalten keine Legaldefinition, während sich nur in den Polizeigesetzen der Länder Bremen, Sachsen und Sachsen-Anhalt eine ausdrückliche Bestimmung befindet: Im Bremischen Polizeigesetz werden gemäß § 2 Nr. 2 BremPolG unter der öffentliche Sicherheit unter anderem auch die *„Einrichtungen und Veranstaltungen des Staates oder sonstiger Träger der Hoheitsgewalt"* verstanden. In ähnlicher Weise wird der Begriff der öffentlichen Sicherheit im Sächsischen Polizeivollzugsdienstgesetz gemäß § 4 Nr. 1 SächsPVDG sowie im Gesetz über die öffentliche Sicherheit und Ordnung des Landes Sachsen-Anhalt gemäß § 3 Nr. 1 SOG LSA als der Schutz „[...] *des Bestandes, der Einrichtungen und Veranstaltungen des Staates oder sonstiger Träger der Hoheitsgewalt*" legaldefiniert. Zwar wird im Bundespolizeigesetz sowie den Polizeigesetzen Bayerns, Mecklenburg-Vorpommerns, Niedersachsens, Sachsens und Sachsen-Anhalts der Begriff der erheblichen Gefahr als Gefahr für ein bedeutsames Rechtsgut, wie den Bestand des Staates, definiert.[5] In Niedersachsen bezieht sich zudem der Begriff der dringenden Gefahr auf den Bestand oder Sicherheit des Bundes oder eines Landes.[6] Damit lässt sich in diesen Ländern zumindest mittelbar vom Gesetz auf den Bestand des Staates als polizeiliches Schutzgut zurückschließen. Allerdings wird offengelassen, ob damit auch staatliche Einrichtungen zum polizeilichen Schutzgut zählen. Insgesamt lässt sich dem Wortlaut der überwiegenden Mehrzahl der Polizeigesetze nicht entnehmen, ob sich die öffentliche Sicherheit ausdrücklich auch auf staatliche Schutzgüter erstreckt und in welchem Umfang dies der Fall wäre, ob als Bestand des Staates oder auch in Hinsicht auf staatliche Einrichtungen.

Damit ergibt sich die Erstreckung des polizeilichen Schutzguts der öffentlichen Sicherheit auf den Schutz des Staates und seiner Einrichtungen daher im Wesentlichen weniger aus den geltenden Polizeigesetzen, als vielmehr aus dem heutigen polizeirechtlichen Schrifttum. Nach *Drews/Wacke/Vogel/Martens* ist das heutige Verständnis, wonach zur öffentlichen Sicherheit auch der Schutz des Staates und seiner Einrichtungen dazugehört, letztlich bis auf die Rechtsprechung des Preußischen Oberverwaltungsgerichts zur Auslegung des § 10 II 17 PrALR zurückzuführen.[7] Womit dieses ältere Verständnis im Schrifttum und

5 Vgl. § 14 Abs. 2 S. 2 BPolG; Art. 11 Abs. 3 S. 1 i. V. m. S. 2 Nr. 1 BayPAG; § 3 Abs. 3 Nr. 3 SOG M-V; § 2 Nr. 3 Nds. POG; § 4 Nr. 3 lit. a) SächsPVDG; § 3 Nr. 3 lit. a) SOG LSA.

6 Vgl. § 2 Nr. 4 Nds. POG.

7 Vgl. *Drews/Wacke/Vogel/Martens*, Gefahrenabwehr, 9. Aufl., 1986, § 15, S. 232.

durch die jeweiligen Gesetzgeber bis heute rezipiert wird.[8] Da das Verständnis der öffentlichen Sicherheit als Schutz des Staates und seiner Einrichtungen auf einem solchen, vorkonstitutionellen Verständnis beruht und bislang stets rezipiert worden ist, ist eine dogmatische Durchdringung und Überprüfung auf seine Verfassungskonformität seit Inkrafttreten und Geltung des Grundgesetzes jedoch nicht erfolgt.[9] Dies führt dazu, dass etwa *Kugelmann* die Eigenständigkeit der polizeilichen Schutzgütereigenschaft des Staates und seiner Einrichtungen ablehnt, da ansonsten „[…] *eine Einbruchstelle für obrigkeitsstaatliches Denken eröffnet werden könnte, indem der abstrakte Schutz des Staates um seiner selbst willen zu konkreten Eingriffen in Rechte der Bürger führen könnte.*“[10] In der Tat ist es fraglich, ob der polizeirechtliche Schutz des Staates und seiner Einrichtungen angesichts der geltenden grundrechtlichen Gewährleistungen einen legitimen Eingriffszweck darstellt. Vom Grundgedanken her war es der Wille des Verfassungsgebers, dass die Gewährleistung von Grundrechten der Legitimation des Staates dienen soll, wonach Freiheit und Schutz des Individuums innerhalb der Gesellschaft gesichert werden soll.[11] Aus dieser Überlegung folgt, dass ein Eingriff in die Grundrechte rechtfertigungsbedürftig ist und nicht umgekehrt, dass die Grundrechte die Freiheit des Einzelnen gegenüber der Eingriffshoheit des Staates rechtfertigen müssen.[12] Da der Staat und sein Handeln sich durch den Schutz der Grundrechte legitimieren soll, ist es vor diesem Hintergrund eine schwierige Vorstellung, wenn stattdessen der Staat vor den Grundrechten geschützt werden soll. Dies gilt insbesondere mit Blick auf demokratische Konstitutions- oder Teilhaberechte, wie die Meinungs-, Presse-, Rundfunk- und Versammlungsfreiheit. Auch wenn beispielsweise die geltenden Polizeigesetze des Bundes und der Länder ausweislich eigener Bestimmungen gleichwohl nicht zur Beschränkung der Meinungs-, Presse- und Rundfunkfreiheit dienen,[13] fragt

---

8 *Drews/Wacke/Vogel/Martens*, Gefahrenabwehr, 9. Aufl., 1986, § 15, S. 232.

9 Vgl. zur Problematik zeitloser Interpretation polizeilicher Schutzgüter: *Denninger*, JZ 1970, 145 (148).

10 *Kugelmann*, Polizei- und Ordnungsrecht, 2. Aufl., 2012, S. 80, Rdnr. 46; vgl. so ähnlich auch: *Waechter*, NVwZ 1997, 729 (736).

11 Vgl. *Wahl*, in: Merten/Papier (Hrsg.), Handbuch der Grundrechte, Bd. I, 2004, § 19, Rdnr. 2; *Badura*, in: Merten/Papier (Hrsg.), Handbuch der Grundrechte, Bd. 1, 2004, § 20, Rdnr. 11.

12 So auch: *Merten*, in: Merten/Papier (Hrsg.), Handbuch der Grundrechte, Bd. III, 2009, § 68, Rdnr. 38.

13 Vgl. § 70 BPolG; § 89 BKAG; § 4 PolG BW; Art. 91 BayPAG; § 66 ASOG Bln; § 8 BbgPolG; § 43 BbgOBG; § 9 BremPolG; § 31 HmbSOG; § 10 HSOG; § 78 SOG M-V; § 10 Nds. POG; § 7 PolG NRW; § 44 OBG NRW; § 8 RpfPOG; § 7 SPolG; § 10

es sich jedoch im Allgemeinen, ob der abstrakte Schutz des Staates und ggf. seiner Einrichtungen überhaupt verfassungsrechtlich geeignet ist, Grundrechte einschränken zu können. Die Frage zielt im Kern darauf ab, woher sich eine Berechtigung für den Schutz des Staates und seiner Einrichtungen zu Eingriffen in die Grundrechte auffinden oder ableiten lässt. Je nach Ableitungszusammenhang – ob verfassungsrechtlich aus dem Grundgesetz selbst oder mittels einfachgesetzlicher Regelung über die Polizeigesetze – könnten sich nämlich auch Folgerungen für das materielle „Gewicht" bzw. „Durchsetzungskraft" des polizeilichen Schutzgutes gegenüber Grundrechten ergeben. Dies hätte auch – jenseits eines abstrakten Schutzes von Staat und seinen Einrichtungen – bei der Verletzungen von Rechtsnormen, die ein konkretes staatliches Handeln unter Schutz stellen, Einfluss auf Ermessensentscheidungen der Polizei, bei welchen das Gewicht des zu schützenden, polizeilichen Guts sowohl bei der Frage der Zweckmäßigkeit von Belang sein kann und es jedenfalls mit Blick auf die Frage der Rechtmäßigkeit, nämlich für die Verhältnismäßigkeit polizeilicher Grundrechtseingriffe, auch von Belang ist.

Im Zusammenhang mit der rechtlichen Herleitung ist zudem zu klären, ob sich auch für den polizeilichen Schutz von staatlichen Einrichtungen eine Berechtigung zu Grundrechtseingriffen auffinden lässt. Im Gegensatz zum Schutzobjekt Staat umfasst der Begriff der staatlichen Einrichtungen nämlich die gesamte Variationsbreite von öffentlichen Einrichtungen, Behörden sowie staatlichen Repräsentationsveranstaltungen: Er reicht von den Körperschaften des öffentlichen Rechts (Bund, Länder, Gemeinden usw.), ihrer Organe und Behörden (Regierungen, Parlamente, Gerichte, Verwaltungsämter usw.), bis hin zu denen von ihnen abgehaltenen Veranstaltungen (Ausstellungen, Militärmanöver, Gelöbnisse, Staatsempfänge, Reden, Staatsbegräbnisse, usw.).[14] Dabei kommt auf den ersten Blick beispielsweise der abstrakte Schutz eines Verfassungsorganes, wie der Bundesregierung, eher als geeignete und legitime

SächsPVDG; § 10 SächsPBG; § 11 SOG LSA; § 227 LVwG S-H; § 11 ThürPAG; § 14 ThürOBG; mit Stand vom 06.01.2020.

14 *Drews/Wacke/Vogel/Martens*, Gefahrenabwehr, 9. Aufl., 1986, § 15, S. 233 f.; *Kingreen/ Poscher*, Polizei- und Ordnungsrecht, 10. Aufl., 2018, § 7 II 4, S. 105 f., Rdnr. 31; vgl. *Thiel*, Polizei- und Ordnungsrecht, 4. Aufl., 2019, § 8 III 2, S. 90, Rdnr. 23; *Würtenberger/Heckmann/Tanneberger*, Polizeirecht, 7. Aufl., 2017, § 5 IV 1, S. 208, Rdnr. 264; *Möller/Wilhelm*, Polizei- und Ordnungsrecht, 5. Aufl., 2003, S. 45, Rdnr. 91; *Schoch*, JuS 1994, 570 (571); vgl. *Denninger*, in: Lisken/Denninger/Bäcker/Graulich (Hrsg.), Handbuch des Polizeirechts, 6. Aufl., 2018, Kap. D I 3, Rdnr. 20, 22; vgl. BVerfGK 11, 298 (306).

Grundrechtsbeschränkung infrage, als der abstrakte Schutz von Anpflanzungsarbeiten seitens eines städtischen Grünflächenamtes.

Daher sollen im Folgenden sowohl der Schutz des Staates als auch der seiner Einrichtungen, auf die Beschränkungsfähigkeit von Grundrechten hin untersucht werden. Dafür ist es aber erforderlich, vorher den Begriffsgegenstand klar festzulegen. Da der polizeiliche Schutz des Staates und seiner Einrichtungen auf einem vorkonstitutionellen Verständnis beruht, welches bis heute rezipiert wird, führt dies dazu, dass im polizeirechtlichen Schrifttum eine uneinheitliche Terminologie über die staatlichen Schutzgüter herrscht. So bezeichnet *Schenke* die beiden Schutzgüter als „*Schutz des Staates und seiner Einrichtungen*“[15], bei *Würtenberger/Heckmann/Tanneberger* sowie *Thiel* ist es der „*Bestand und die Funktionsfähigkeit des Staates und darüber hinaus auch seiner Einrichtungen und Veranstaltungen*“[16], bei *Kingreen/Poscher* und *Möller/Wilhelm* ist es der „*Bestand des Staates und der Einrichtungen und Veranstaltungen des Staates und sonstiger Träger der Hoheitsgewalt*“[17] oder bei *Drews/Wacke/Vogel/Martens* und bei *Denninger* im Handbuch des Polizeirechts als „*Bestand des Staates und seiner Einrichtungen*“, wobei in Hinsicht auf die staatlichen Einrichtungen weitergehend von der „*Funktionsfähigkeit staatlicher Einrichtungen*“ ausgegangen wird.[18] Die im Schrifttum verwendeten Begrifflichkeiten sind demnach ähnlich, aber weichen dennoch voneinander ab. Vor diesem Hintergrund ist zunächst eine Begriffsfestlegung für die folgende Untersuchung zu treffen. In Anlehnung an *Böckenfördes* Überlegungen über eine Begriffsfestlegung im Bereich der Grundrechtsdogmatik,[19] ist für die folgende Untersuchung die Begriffsbestimmung des staatlichen Schutzguts bei *Drews/Wacke/Vogel/ Martens* und bei *Denninger* im Handbuch des Polizeirechts zugrunde zu legen. Da das Lehrbuch von *Drews/ Wacke/Vogel/Martens* bereits in der neunten Auflage existiert und beginnend

---

15 *Schenke*, Polizei- und Ordnungsrecht, 10. Aufl., 2018, § 3 II 5, S. 32 f., Rdnr. 60; *ders.* aber auch § 3 II 5, S. 27, Rdnr. 54: „*Bestand und Funktionieren des Staates und seiner Einrichtungen*“.

16 *Würtenberger/Heckmann/Tanneberger*, Polizeirecht, 7. Aufl., 2017, § 5 IV 1, S. 208, Rdnr. 264; *Thiel*, Polizei- und Ordnungsrecht, 4. Aufl., 2019, § 8 III 2, S. 88, Rdnr. 18.

17 *Kingreen/Poscher*, Polizei- und Ordnungsrecht, 10. Aufl., 2018, § 7 II 1, S. 97, Rdnr. 2; § 7 II 4, S. 105, Rdnr. 30; vgl. *Möller/Wilhelm*, Polizei- und Ordnungsrecht, 5. Aufl., 2003, S. 45, Rdnr. 91.

18 *Drews/Wacke/Vogel/Martens*, Gefahrenabwehr, 9. Aufl., 1986, § 15, S. 233; *Denninger*, in: Lisken/Denninger/Bäcker/Graulich (Hrsg.), Handbuch des Polizeirechts, 6. Aufl., 2018, Kap. D I 3, Rdnr. 20.

19 Vgl. *Böckenförde*, Der Staat, Bd. 42 (2003), 165 (166).

mit dem Lehrbuch von *Drews* über das Preußische Polizeirecht damit noch im Preußischen Polizeirecht wurzelt, dürfte es das das polizeirechtliche Denken wie kein anderes Lehrbuch geprägt haben. Mit Blick auf das Handbuch des Polizeirechts handelt es sich um einen Handkommentar und Leitfaden sowohl für die polizeirechtliche Lehre als auch für die Praxis. Aus diesen Gründen wird für das staatliche Schutzgut der Begriff des Bestands des Staates und der Funktionsfähigkeit staatlicher Einrichtungen zugrundegelegt.

Im Folgenden sind die polizeilichen Schutzgüter des Bestands des Staates und der Funktionsfähigkeit staatlicher Einrichtungen Gegenstand der folgenden Untersuchung, um den Begriff dieses polizeilichen Schutzguts offenzulegen. Ist der Begriff gewonnen, so ist im Weiteren die Rechtfertigung von Grundrechtseingriffen zu überprüfen.

B. Untersuchung: Bestand des Staates und Funktionsfähigkeit staatlicher Einrichtungen als Beschränkung der grundrechtlichen Gewährleistungen

Nach den Worten *Dürigs* „[...] *gewinnt man „richtiges" Polizeirecht nur, wenn sich sowohl die staatliche Gesetzgebung als auch unmittelbar jedes Polizeihandeln vor den Menschenrechten, also gegenüber vor dem Staat liegenden Werten, rechtfertigen lassen.* [...] *man muß, um das Verhältnis von Grundrechten und Polizei zu klären, von den Grundrechten her deduzieren.*"[20] Um zu prüfen, ob es die polizeirechtlichen Schutzgüter des Bestand des Staates und Funktionsfähigkeit staatlicher Einrichtungen rechtlich überhaupt geben kann, muss es sich um rechtlich zulässige Verkürzungen der grundrechtlichen Gewährleistungen handeln. Daher ist sich im Folgenden zunächst Klarheit über das polizeiliche Schutzgut des Bestands des Staates und der Funktionsfähigkeit staatlicher Einrichtungen zu verschaffen (**I.**), um danach auf die Grundrechte einzugehen (**II.**) und zu untersuchen, ob die beiden Schutzgüter rechtlich zulässige Verkürzungen der Grundrechte darstellen (**III.** und **IV.**).

I. Der Bestand des Staates und die Funktionsfähigkeit staatlicher Einrichtungen als Schutzgüter des Polizeirechts

1. Sinn und Zweck des polizeilichen Schutzes des Staates und seiner Einrichtungen

Legt man das herrschende Verständnis des Begriffs der öffentlichen Sicherheit zugrunde, so ist die Abwehr von Gefahren und Störungen vom Bestands des Staates und der Funktionsfähigkeit staatlicher Einrichtungen Teil der polizeilichen Aufgaben.[21] Der Gedanke, dass der Staat und seine Einrichtungen polizeilich

---

20 *Dürig*, AöR Bd. 79 (1970), S. 57 (63).

21 Vgl. § 3 Abs. 1 BPolG; Art. 2 Abs. 1 BayPAG; § 1 Abs. 1 S. 1 PolG BW; § 1 Abs. 1 S. 1 ASOG Bln; § 1 Abs. 1 S. 1 BbgPolG; § 1 Abs. 1 BbgOBG; § 1 Abs. 1 S. 1 BremPolG; § 3 Abs. 1 HmbSOG; § 1 Abs. 1 S. 1 HSOG; § 1 Abs. 1 i. V. m. § 2 Abs. 1 SOG M-V; § 1 Abs. 1 S. 1 i. V. m. § 2 Nr. 1 Nds. POG; § 1 Abs. 1 S. 1 PolG NRW; § 1 Abs. 1 OBG NRW; § 1 Abs. 1 S. 1 RpfPOG; § 1 Abs. 2 SPolG; § 2 Abs. 1 S. 1 SächsPVDG; § 2 Abs. 1 S. 1

zu schützen sind, dürfte mit der Vorstellung vom Zweck des Staates verbunden sein. Der grundlegende Zweck des Staates ist die Gewährleistung einer Friedensordnung[22], die der Person des Staatsangehörigen und seinen Gütern Schutz vor Bedrohungen von Außen und Sicherheit und Frieden im Innern bietet.[23] Eingefasst im Innern der staatlichen Ordnung soll der Staatsangehörige auf die Anwendung von Gewalt zur Durchsetzung eigener Interessen verzichten und hat hierfür die Macht zur Ausübung von körperlicher Gewalt auf den Staat übertragen, der die Aufgaben der Sicherheit im Interesse des Staatsangehörigen wahrnehmen soll.[24] Auf dieser Überlegung gründet sich das traditionelle Verständnis vom Gewaltmonopol des Staates, welcher der Schaffung und Erhaltung einer Friedensordnung im Innern dienen soll.[25]

Das Gewaltmonopol und Eingriffsrecht des Staates ergibt sich also eben nicht – wie bei obrigkeitsstaatlichem Denken – allein aufgrund der rechtlichen Überordnung des Staates und seiner Organe über den Gewaltunterworfenen, sondern aus dem Zweck der Friedenssicherung.[26] Da individualistisches Freiheitsstreben, politisches und wirtschaftliches Machtstreben oder unnatürliche Ruhmessucht als Gefahr für die konstitutive Freiheit der anderen angesehen wird,[27] haben der Staat und die staatlichen Einrichtungen die Freiheitsinteressen

---

SächsPBG; § 1 Abs. 1 S. 1 i. V. m. § 3 Nr. 6 i. V. m. Nr. 3 lit. a) SOG LSA; § 162 Abs. 1 LVwG S-H; § 2 Abs. 1 S. 1 ThürPAG; § 2 Abs. 1 ThürOBG; mit Stand vom 06.01.2020.

22 Vgl. *Isensee*, in: Isensee/Kirchhof (Hrsg.), Handbuch des Staatrechts, Bd. IV, 3. Aufl., 2006, § 71, Rdnr. 78; *Starck*, in: v. Mangoldt/Klein/Starck/Huber/Voßkuhle (Hrsg.), GG-Komm., Bd. 1, 7. Aufl., 2018, Präambel, Rdnr. 33; *ders.*, Der demokratische Verfassungsstaat, 1995, S. 232, 235 ff.; *Link*, VVDStRL Heft 48 (1990), 7 (27); *Ress*, VVDStRL Heft 48 (1990), 56 (83); *Bethge*, DVBl. 1989, 841 (843, 844); *Herzog*, Staaten der Frühzeit, 1988, Kap. 12, S. 296.

23 *Ress*, VVDStRL Heft 48 (1990), 56 (66 f.); vgl. *Starck*, Der demokratische Verfassungsstaat, 1995, S. 235; vgl. auch BVerwGE 49, 202 (209), BVerfGE 49, 24 (56 f.) wonach die Friedensordnung ein Verfassungswert darstellt.

24 Vgl. *Denninger*, in: Lisken/Denninger/Bäcker/Graulich (Hrsg.), Handbuch des Polizeirechts, 6. Aufl., 2018, Kap. B I 1, Rdnr. 1 f.; vgl. *Link*, VVDStRL Heft 48 (1990), 7 (28 f.); vgl. *Ress*, VVDStRL Heft 48 (1990), 56 (83).

25 *Isensee*, in: Isensee/Kirchhof (Hrsg.), Handbuch des Staatrechts, Bd. IV, 3. Aufl., 2006, § 71, Rdnr. 76; vgl. *Götz*, in: Isensee/Kirchhof (Hrsg.), Handbuch des Staatrechts, Bd. IV, 3. Aufl., 2006, § 85, Rdnr. 19; *Starck*, Der demokratische Verfassungsstaat, 1995, S. 231; vgl. BVerfGE 49, 24 (56 f.).

26 Vgl. *Henke*, DÖV 1984, 1 (4).

27 Vgl. *Denninger*, in: Lisken/Denninger/Bäcker/Graulich (Hrsg.), Handbuch des Polizeirechts, 6. Aufl., 2018, Kap. B I 1, Rdnr. 10.

der Gewaltunterworfenen auszugleichen, um die Freiheitsinteressen jedes einzelnen hinreichend vor denen, der anderen zu schützen und in rechtsfriedenssichernder Weise auszutarieren.[28] Dazu wurden die Grundrechte an den Anfang des Grundgesetzes als ersten Abschnitt der Verfassung gestellt, um klar zum Ausdruck zu bringen, dass hiermit eine staatliche Ordnung geschaffen werden soll, in welcher die Freiheit des Einzelnen gesichert wird und sich daraus die Legitimation des staatlichen Gewaltmonopols ergeben soll.[29] Legt man dieses aus der Entstehungszeit des Grundgesetzes herrührende Staatsverständnis zugrunde, so soll der Staat die Voraussetzung dafür bieten, dass sich der Gewaltunterworfene im Rahmen des Rechts entfalten kann. Allerdings folgt daraus auch, dass der Gewaltunterworfene auf die staatlichen Vorkehrungen, Einrichtungen, Zuteilungen und Umverteilungen denknotwendig angewiesen ist, um überhaupt erst seine Freiheit ausüben zu können.[30] Dies aber setzt voraus, dass der Staat und seine Einrichtungen überhaupt erst vorhanden und hinreichend handlungsfähig sind.[31] Verkürzt gesprochen: Die Aufrechterhaltung der staatlichen Friedensordnung ist nur zu gewährleisten, indem auch der Staat und seine Einrichtungen selber geschützt werden.[32]

2. Umfang des polizeilichen Schutzgutes des Bestands des Staates und der Funktionsfähigkeit staatlicher Einrichtungen

Im polizeirechtlichen Schrifttum wird der Bestand des Staates als Existenz der Bundesrepublik Deutschland[33], territoriale Integrität, politische Unabhängigkeit der Bundesrepublik Deutschland, die Freiheit von fremder Botmäßigkeit, den Schutz der verfassungsmäßigen Ordnung und dem Schutz vor Friedensverrat, Hochverrat, Gefährdung des demokratischen Rechtstaates, Landesverrat und

28 BVerfGE 115, 320 (358).

29 *Matz*, JöR n. F., Bd. I (1951), 41 (47); *Stern*, in: Stern (Hrsg.), Staatsrecht, Bd. III/2, 1994, § 96, V 1, S. 1831 f.

30 Vgl. *Starck*, Der demokratische Verfassungsstaat, 1995, S. 237; *Link*, VVDStRL Heft 48 (1990), 7 (27).

31 Vgl. *Lübbe-Wolff*, Eingriffsabwehrrechte, 1988, S. 84.

32 Vgl. *Herzog*, in: Isensee/Kirchhof (Hrsg.), Handbuch des Staatrechts, Bd. IV, 2006, § 72, Rdnr. 26, vgl. *Denninger*, in: Lisken/Denninger/Bäcker/Graulich (Hrsg.), Handbuch des Polizeirechts, 6. Aufl., 2018, Kap. B I 1, Rdnr. 9 ff.; vgl. BVerfGE 49, 24 (56 f.).

33 *Würtenberger/Heckmann/Tanneberger*, Polizeirecht, 7. Aufl., 2017, § 5 IV 1, S. 208, Rdnr. 264.

als Schutz vor der Gefährdung der äußeren Sicherheit verstanden.[34] Die Funktionsfähigkeit staatlicher Einrichtungen umfasst den Schutz des ordnungsgemäßen Betriebs von staatlichen Einrichtungen, wie Bund und Länder, Parlamente, Regierungen, Verwaltungsbehörden, Gerichte, die mittelbare Staatsverwaltung und deren Veranstaltungen oder Maßnahmen.[35] Hierzu zählen insbesondere Ausstellungen, Manöver, Gelöbnisse, Staatsempfänge, -besuche und Staatsbegräbnisse.[36] Unter dem Merkmal der Funktionsfähigkeit wird der ordnungsgemäße Betrieb des staatlichen Apparates vor äußeren Störungen verstanden.[37] Teilweise wird auch zwischen staatlichen Einrichtungen und staatlichen Veranstaltungen unterschieden, wobei man unter Einrichtungen alle Funktionseinheiten des Staates und staatlicher Träger und unter Veranstaltungen ad hoc gebildete Handlungskomplexe versteht.[38]

3. Herkunft und historische Entwicklung des polizeilichen Schutzguts des Bestand des Staates und seiner Einrichtungen

Laut *Drews/Wacke/Vogel/Martens* geht das Verständnis, wonach der Schutz des Bestands des Staates und der Funktionsfähigkeit staatlicher Einrichtungen zur öffentlichen Sicherheit gehört, auf die Ergebnisse der Rechtsprechung des

---

34 *Drews/Wacke/Vogel/Martens*, Gefahrenabwehr, 9. Aufl., 1986, § 15, S. 233; *Kingreen/Poscher*, Polizei- und Ordnungsrecht, 10. Aufl., 2018, § 7 II 4, S. 105, Rdnr. 30; *Denninger*, in: Lisken/Denninger/Bäcker/Graulich (Hrsg.), Handbuch des Polizeirechts, 6. Aufl., 2018, Kap. D I 3, Rdnr. 20.

35 *Drews/Wacke/Vogel/Martens*, Gefahrenabwehr, 9. Aufl., 1986, § 15, S. 233 f.; *Kingreen/ Poscher*, Polizei- und Ordnungsrecht, 10. Aufl., 2018, § 7 II 4, S. 105 f., Rdnr. 31; *Würtenberger/Heckmann/Tanneberger*, Polizeirecht, 7. Aufl., 2017, § 5 IV 1, S. 208, Rdnr. 264; vgl. *Schenke*, Polizei- und Ordnungsrecht, 10. Aufl., 2018, § 3 II 5, S. 32 f., Rdnr. 60; vgl. *Denninger*, in: Lisken/Denninger/Bäcker/Graulich (Hrsg.), Handbuch des Polizeirechts, 6. Aufl., 2018, Kap. D I 3, Rdnr. 20, 22; vgl. *Thiel*, Polizei- und Ordnungsrecht, 4. Aufl., 2019, § 8 III 2, S. 90, Rdnr. 22 f.; vgl. *Möller/Wilhelm*, Polizei- und Ordnungsrecht, 5. Aufl., 2003, S. 45, Rdnr. 91; vgl. BVerfGK 11, 298 (306).

36 *Kingreen/Poscher*, Polizei- und Ordnungsrecht, 10. Aufl., 2018, § 7 II 4, S. 105 f., Rdnr. 31; vgl. *Thiel*, Polizei- und Ordnungsrecht, 4. Aufl., 2019, § 8 III 2, S. 90, Rdnr. 23; *Würtenberger/Heckmann/Tanneberger*, Polizeirecht, 7. Aufl., 2017, § 5 IV 1, S. 208, Rdnr. 264; *Möller/Wilhelm*, Polizei- und Ordnungsrecht, 5. Aufl., 2003, S. 45, Rdnr. 91.

37 *Drews/Wacke/Vogel/Martens*, Gefahrenabwehr, 9. Aufl., 1986, § 15, S. 233 f.; *Kingreen/Poscher*, Polizei- und Ordnungsrecht, 10. Aufl., 2018, § 7 II 4, S. 106 f., Rdnr. 37 ff.; vgl. *Schoch*, JURA 2006, 664 (667).

38 *Thiel*, Polizei- und Ordnungsrecht, 4. Aufl., 2019, § 8 III 2, S. 90, Rdnr. 22 f.; *Würtenberger/Heckmann/Tanneberger*, Polizeirecht, 7. Aufl., 2017, § 5 IV 1, S. 208, Rdnr. 264.

Preußischen Oberverwaltungsgerichts, welches damals unter dem Namen des Königlich-Preußischen Oberverwaltungsgerichts firmierte, zur Auslegung des § 10 II 17 PrALR zurück.[39] Ob diese Entwicklung so nachvollzogen werden kann, soll im Folgenden nun näher betrachtet werden.

Die Bestimmung des § 10 II 17 PrALR lautete: „*Die nötigen Anstalten zur Erhaltung der öffentlichen Ruhe, Sicherheit und Ordnung, und zur Abwendung der dem Publikum oder einzelnen Mitgliedern desselben bevorstehenden Gefahr zu treffen, ist das Amt der Polizei.*“ Nach der Rechtsprechung des Königlich-Preußischen Oberverwaltungsgerichts galt die Vorschrift des § 10 II 17 PrALR nicht nur in denjenigen Landesteilen, in denen noch das Allgemeine Landrecht wirksam war, sondern war allgemeingültiges, preußisches Landesrecht.[40] Wie die Formulierung des § 10 II 17 PrALR zeigt, war darin bereits der Begriff der öffentlichen Sicherheit enthalten, den das Preußische Oberverwaltungsgericht als polizeiliches Schutzgut jedoch zunächst punktuell und kasuistisch begrifflich ermittelte.[41] Kennzeichnend für die Rechtsprechung zum Begriff der öffentlichen Sicherheit in § 10 II 17 PrALR war jedoch, dass hierunter zunächst hauptsächlich der Individualrechtschutz und die Unversehrtheit der Rechtsordnung verstanden wurde[42] und nicht der Schutz des Staates und staatlicher Einrichtungen. Eine der wohl am frühesten vollständig formulierten Begriffsbestimmungen des Preußischen Oberverwaltungsgerichts zur öffentlichen Sicherheit in § 10 II 17 PrALR findet sich in der Entscheidung zur Theateraufführung der Herrmannschlacht vom 27.09.1923: „*Die öffentliche Sicherheit und Ruhe können gestört werden durch tatsächliche gewaltsame Schädigungen von Personen oder Sachen oder durch den Bruch der bestehenden Rechtsordnung.*“[43] Unter Geltung des § 10 II 17 PrALR wurde das Schutzgut des Bestands des Staates oder der Funktionsfähigkeit staatlicher Einrichtungen in der Rechtsprechung des Preußischen Oberverwaltungsgerichts noch nicht ausdrücklich als Bestandteil der öffentlichen Sicherheit genannt, während jedoch im polizeirechtlichen Schrifttum der damaligen Zeit der Schutz des Staates und seiner Einrichtungen als

39 *Drews/Wacke/Vogel/Martens*, Gefahrenabwehr, 9. Aufl., 1986, § 15, S. 232.

40 *v. Arnstedt*, Das Preußische Polizeirecht, Bd. 1, 1905, S. 37 f. m. w. N. PrOVGE 7, 389 (391); 15, 427 (434).

41 Vgl. PrOVGE 57, 311 (313 f.), 60, 324 (332); 63, 279 (281 ff.); 66, 341 (343 f.), 68, 308 (311 f.); 75, 339 (342 f.); 77, 327 (330 ff.).

42 Vgl. PrOVGE 57, 311 (313 f.), 60, 324 (332); 63, 279 (281 ff.); 66, 341 (343 f.), 68, 308 (311 f.); 77, 327 (330 ff.); so auch: *Heuer*, Die Generalklausel des preußischen Polizeirechts, 1988, S. 269.

43 PrOVGE 78, 272 (277).

Bestandteil der öffentlichen Sicherheit in § 10 II 17 PrALR aufgezählt wurde.[44] Im Schrifttum zu § 10 II 17 PrALR trat das Schutzgut jedoch nicht als übereinstimmend ausformulierte Formel vom Schutz des Bestands des Staates und der Funktionsfähigkeit staatlicher Einrichtungen in Erscheinung, sondern wurde knapp als Schutz des Gemeinwesens[45] oder den Schutz der Sicherheit und Ordnung des Staates[46] umschrieben. Eine äquivalente Begriffsschöpfung dürfte auf *Drews* zurückzuführen sein. *Wilhelm Arnold Drews*, genannt *Bill Drews*, damals Präsident des Preußischen Oberverwaltungsgerichts, formulierte in seinem Lehrbuch[47] über das preußische Polizeirecht aus dem Jahr 1927 den Begriff der öffentlichen Sicherheit aus § 10 II 17 PrALR wie folgt: „[…] *den Schutz der Allgemeinheit und der einzelnen gegen Schäden, die den Bestand des Staates oder seiner Einrichtungen oder das ungehinderte Funktionieren seines Organismus, die Leben, Gesundheit, Freiheit oder Ehre des einzelnen oder die endlich das Vermögen im Sinne des Komplexes aller durch die geltende Rechtsordnung gewährleisteten dinglichen und persönlichen Rechte physischer und juristischer Personen bedrohen.*“[48] Da das Werk von *Drews* als Standardwerk des preußischen Polizeirechts galt,[49] dürfte auf *Drews*‘ Formulierung „[…] *Bestand des Staates oder seiner Einrichtungen oder das ungehinderte Funktionieren seines Organismus* […]“ die Verbreitung der heute verwendeten Formel des Bestands des Staates und die Funktionsfähigkeit staatlicher Einrichtungen zurückzuführen sein.

Auch wenn das Schutzgut des Bestands des Staates und der Funktionsfähigkeit staatlicher Einrichtungen zunächst im polizeirechtlichen Schrifttum zur Auslegung des Begriffs der öffentlichen Sicherheit in § 10 II 17 PrALR entstanden sein dürfte und in der Rechtsprechung des Preußischen Oberverwaltungsgerichts noch nicht als Teil der öffentlichen Sicherheit genannt wurde, war es doch seiner Rechtsprechung im Zusammenhang mit § 10 II 17 PrALR nicht fremd. Die Grundsätze, mit denen sich das Preußische Oberveraltungsgericht,

44 *Heuer*, Die Generalklausel des preußischen Polizeirechts, 1988, S. 273 m. w. N. statt vieler: *v. Arnstedt*, Das Preußische Polizeirecht, Bd. 2, 1907, S. 2; *Drews*, Preußisches Polizeirecht, 1. Aufl., 1927, S. 11; *Meyer/Anschütz*, Deutsches Staatsrecht, 6. Aufl., 1905, S. 645; vgl. *Scholz*, VerwArch., Bd. 27 (1919); S. 1 (3 f., 12).

45 *Meyer/Anschütz*, Deutsches Staatsrecht, 6. Aufl., 1905, S. 645.

46 *v. Arnstedt*, Das Preußische Polizeirecht, Bd. 2, 1907, S. 2.

47 *Drews* bezeichnete sein Werk selber nicht als wissenschaftliches Lehrbuch, sondern als Leitfaden für Verwaltungsbeamte: *Drews*, Preußisches Polizeirecht, 1. Aufl., 1927, Vorwort.

48 *Drews*, Preußisches Polizeirecht, 1. Aufl., 1927, S. 11.

49 *Naas*, Die Entstehung des PrPVG, 2003, S. 287 f.

damals noch unter dem Namen des Königlich-Preußischen Oberverwaltungsgerichts firmierend, in seinen Entscheidungen zum Reichspostwesen[50] und zur Reichstelegraphie[51] auseinandersetzte, können als gedankliche Vorläufer eines polizeilichen Schutzes der Funktionsfähigkeit staatlicher Einrichtungen in der Rechtsprechung des Gerichts angesehen werden:

In der Entscheidung zum Reichspostwesen hatte das Oberverwaltungsgericht darüber zu entscheiden, ob die polizeiliche Verfügung gegenüber einem Transportunternehmen, die Führung der Bezeichnung „Privat-Post" zu untersagen, gerechtfertigt ist, um eine Gefahr von der öffentlichen Sicherheit abzuwehren. Zum Schutz des Reichspostwesens führt das Oberverwaltungsgericht dabei zunächst aus: „*Obwohl die Reichspost keineswegs ein freies gewerbliches Unternehmen des Fiskus darstellt, vielmehr eine öffentliche Verkehrsanstalt, welche zum Dienste des Publikums bestimmt ist, so gehört sie andererseits doch zweifellos nicht zu den polizeilichen Verkehrsanstalten, welche, wie z. B. öffentliche Wege, Brücken, Fähren, Ströme, Häfen, &c., der Verfügung und Obhut der Polizeibehörden unterstehen und dem entsprechend auch den polizeilichen Schutz gegen schädigende Eingriffe im weitesten Umfange genießen.*"[52] Nachdem das Oberverwaltungsgericht festgestellt hat, dass die Reichspost zwar eine öffentliche, aber keine polizeiliche Anstalt, sprich: Einrichtung, darstellt, prüft das Oberverwaltungsgericht dann im Weiteren, ob das polizeiliche Einschreiten auf die Schutzgüter der öffentlichen Sicherheit und Ordnung gestützt werden kann, ohne den § 14 II 17 PrALR an dieser Stelle namentlich zu nennen: „*Dem gegenüber erscheint es nicht angänglich, ein polizeiliches Einschreiten, wie das hier fragliche, unter dem Gesichtspunkt der Aufrechterhaltung der öffentlichen Ordnung zu rechtfertigen. Es erübrigt vielmehr nur die Prüfung, ob dasselbe zum Schutze der öffentlichen Sicherheit zulässig ist. Insofern, als unter der Sicherheitspolizei vor Allem diejenige zwingende Thätigkeit der polizeilichen Organe verstanden wird, welche die Aufrechterhaltung der Rechtsordnung als der Grundlage aller Sicherheit bezweckt, bietet die thatsächliche Lage des Falles keinen Anhalt für die streitige Verfügung dar.*"[53] Die ausdrückliche Nennung des § 14 II 17 PrALR erfolgt in der Entscheidung an späterer Stelle, als das Oberverwaltungsgericht klarstellt, „[…] *daß es insbesondere bei der Umschreibung der Machtbefugnisse der Polizei durch das Allgemeine Landrecht (§ 10 Th. II Lit. 17) nach der Entstehungsgeschichte des*

50 PrOVGE 15, 427 (431 f., 434).
51 PrOVGE 20, (406 f., 408 f.).
52 PrOVGE 15, 427 (431 f.)
53 PrOVGE 15, 427 (432).

Gesetzes wohlbedacht vermieden worden ist, dieselben bis zur Pflege der öffentlichen Wohlfahrt allgemein auszudehnen.“[54]

Wie die Entscheidung zum Reichspostwesen zeigt, unterscheidet das Oberverwaltungsgericht für die Frage des polizeilichen Schutzes staatlicher Anstalten, sprich: Einrichtungen, grundsätzlich zwischen polizeilichen Einrichtungen und sonstigen öffentlichen Einrichtungen. Eine Befugnis zur Gefahrenabwehr besteht danach allein in Hinsicht auf die polizeilichen Einrichtungen. Unter Zugrundelegung der damaligen Terminologie dürfte unter polizeilichen Einrichtungen die gesamte innere, in den Staatsaufbau integrierte, unmittelbare Staatsverwaltung zu zählen sein.[55] So führt beispielsweise *von Arnstedt* in seinem Lehrbuch zum Preußischen Polizeirecht aus dem Jahr 1905 aus: „*Deshalb darf die Polizei nicht als eine besondere Abteilung der inneren Verwaltung betrachtet werden, sie muß im Gegenteil in allen Teilen des Staatslebens tätig werden und findet sich als Gesundheits-, Sitten-, Gesinde-, Gewerbe, Bau-Polizei usw. auf jedem Gebiete desselben vor.* […] *Als Polizeibehörden im eigentlichen Sinne werden jedoch nur die Behörden der allgemeinen Landesverwaltung, insbesondere der inneren Verwaltung bezeichnet, welche diejenigen polizeilichen Befugnisse auszuüben haben, die nicht Spezialbehörden überwiesen worden sind.*“[56] Demgegenüber handelte es sich bei dem Reichspostwesen gemäß Art. 48 S. 1 RV und Art. 50 Abs. 1 RV um eine Verkehrsanstalt in eigenständiger Verwaltung.

Interessant ist jedoch, dass das Oberverwaltungsgericht diese Überlegung vor die Klammer zu der Frage zieht, ob die polizeilichen Schutzgüter der öffentlichen Sicherheit und öffentlichen Ordnung des § 10 II 17 PrALR betroffen sind. Daraus ist zum einen zu schlussfolgern, dass staatliche Einrichtungen zwar ein polizeiliches Schutzgut darstellen können, aber nur soweit es sich bei den staatlichen Einrichtungen auch um polizeiliche Einrichtungen handelt. Unter solchen polizeilichen Einrichtungen zählt das Oberverwaltungsgericht öffentliche Wege, Brücken, Fähren, Ströme, Häfen, etc. Die Beschränkung auf den Verkehrszweck der genannten Einrichtungen dürfte damit zusammenhängen, dass das Reichspostwesen aufgrund Art. 48 S. 1 RV und Art. 50 Abs. 1 RV eine Verkehrsanstalt, sprich Verkehrseinrichtungen, in eigenständiger Verwaltung darstellt und das Oberverwaltungsgericht somit den Unterschied zu anderen – polizeilich zu schützenden – Verkehrseinrichtungen herausstellen will. Demnach stellen

---

54 PrOVGE 15, 427 (434).

55 Vgl. *Stolleis*, in: Lisken/Denninger/Bäcker/Graulich (Hrsg.), Handbuch des Polizeirechts, 6. Aufl., 2018, Kap. A II 2, Rdnr. 27.

56 *v. Arnstedt*, Das Preußische Polizeirecht, Bd. 1, 1905, S. 35 f.

öffentliche Einrichtungen nicht per se ein polizeiliches Schutzgut dar. Zum anderen folgt aus der anfänglichen Abgrenzung des Oberverwaltungsgerichts auch, dass öffentliche, polizeiliche Einrichtungen zwar polizeiliche Schutzgüter sind, von denen Gefahren abzuwehren sind, dies sich aber nicht aus dem Begriff der öffentlichen Sicherheit oder aus § 10 II 17 PrALR ergibt. Diese beiden Schlussfolgerungen, welche aus der Entscheidung zum Reichspostwesen gezogen werden können, lassen sich mit Blick auf die später ergangene Entscheidung zur Reichstelegraphie bestätigen.

Bei der Entscheidung des Oberverwaltungsgerichts zur Reichstelegraphie ging es um die Beseitigungsverfügung einer Ortspolizeibehörde für eine privat angebrachte Fernsprechleitung, welche zu einer Störung für die Fernsprechleitung der Reichsverwaltung führen und daher eine polizeilich abzuwehrende Gefahr darstellen würde. Das Oberverwaltungsgericht führt zum Schutzgut der Reichstelegraphie zunächst aus: „*Nun hat der Erste Senat des Gerichtshofes bereits in dem im Bd. XV S. 427 ff. der Entscheidungen veröffentlichten Urtheil vom 14. November 1887 näher dargetan, daß die Rechtsverhältnisse des Reichspostbetriebes gegenüber den konkurrierenden Privat-Verkehrsanstalten nicht Theil oder Gegenstand der öffentlichen Ordnung im Sinne des § 10 Lit. 17 Th. II A. L.-R. sind. Daran kann auch für das Gebiet der Reichs-Telegraphie und Telephonie nur festgehalten werden. Diese wie die Reichspost sind öffentliche Verkehrsanstalten und genießen als solche, wie demnächst darzuthun ist, in gewissem Umfange unzweifelhaft polizeilichen Schutz. Sie sind aber keine polizeilichen Anstalten und am wenigsten bilden ihre Rechtsverhältnisse, soweit sie unter den Gesichtspunkt des Regals und dessen Grenzen gegenüber konkurrierenden Privatunternehmen fallen, einen Gegenstand der öffentlichen, polizeilichen Ordnung.*“[57] Im Weiteren führt das Oberverwaltungsgericht aus: „*Die öffentlichen Zwecken dienenden Telegraphen- und Telephon-Anstalten genießen gegen Maßnahmen, welche die Benutzung derselben verhindern oder stören, ihres eminenten öffentlichen Interesses halber den Schutz für die öffentliche Sicherheit, wie er im § 10 Lit. 17 Th. II A. L.-R. als Aufgabe der Polizei hingestellt ist. Dies ergibt sich schon aus den §§ 317, 318 des Strafgesetzbuchs für das Deutsche Reich, lautend: […] Wenn hiernach die Polizei den Beruf hat, etwaigen Zuwiderhandlungen gegen die Bestimmungen dieser Paragraphen entgegenzutreten, so müssen die Telegraphen-Anstalten überhaupt als unter den Schutz der Polizeibehörden gestellt betrachtet werden. Daß aber die von der Reichspostverwaltung in unmittelbaren Anschluss an die Telegraphen-Anstalten schützenden Bestimmungen jener §§ 317, 318 untergeordnet sind, ist in*

57 PrOVGE 20, 403 (405 f.).

der Entscheidung des Reichsgerichts, III. Strafsenats vom 28. Februar 1889 (Entscheidungen des Reichsgerichts in Strafsachen Bd. 19 S. 55 ff.) zutreffend ausgeführt. Kommt hiernach in Frage, wann und in welchem Umfange die Veranlassung zu einem Einschreiten „zur Erhaltung der öffentlichen Sicherheit und zur Abwendung der dem Publikum oder einzelnen Mitgliedern desselben bevorstehenden Gefahr" (§. 10 a. a. O.) gegeben ist, so mag die Beantwortung dieser Frage da, wo für sie nicht Normen durch gesetzliche oder mit Gesetzeskraft erlassene Vorschriften an die Hand gegeben sind, mannigfach zu Zweifeln Anlaß geben."[58]

In der Entscheidung des Oberverwaltungsgericht zum Schutz der Reichstelegraphie trifft das Gericht zunächst die Feststellung, dass die Reichstelegraphie ebenso wie das Reichspostwesen eine öffentliche Anstalt, sprich: öffentliche Einrichtung, darstellt und insoweit in einem „*gewissem Umfange unzweifelhaft polizeilichen Schutz*" genießt, worauf das Oberverwaltungsgericht später auch vertiefte Ausführungen trifft. Hervorzuheben ist jedoch die darauffolgende Aussage des Oberverwaltungsgerichts, wonach die Reichstelegraphie weder eine polizeiliche Anstalt, sprich: keine polizeiliche Einrichtung, darstellt und ihre Rechtsverhältnisse daher nicht Gegenstand der öffentlichen, polizeilichen Ordnung sind. Offenkundig zeigt sich auch hier die Auffassung des Oberverwaltungsgerichts, dass ein gesonderter polizeilicher Schutz für öffentliche, polizeiliche Einrichtungen besteht, welche Bestandteil der polizeilichen Ordnung sind und diese von dem polizeilichen Schutz sonstiger öffentlicher Einrichtungen abzugrenzen sind. Das Oberverwaltungsgericht hält demnach weiter an seiner Auffassung fest, dass Gefahren von polizeilichen Einrichtungen abgewehrt werden können, nicht jedoch von anderen nicht-polizeilichen, öffentlichen Einrichtungen. Da das Oberverwaltungsgericht die Eigenschaft der Reichstelegraphie als polizeiliche Einrichtung verneint, kommt es erst zur Prüfung der Frage, ob die Reichstelegraphie dem Schutzgut der öffentlichen Sicherheit unterfällt, mit der Folge, dass Gefahren hiervon nach § 10 II 17 PrALR abzuwehren sind. Daran wird deutlich, dass das Oberverwaltungsgericht die Frage des polizeilichen Schutzes von öffentlichen, polizeilichen Einrichtungen noch vor die Klammer einer Prüfung des § 10 II 17 PrALR zieht. In den weiteren Ausführungen der Entscheidung stellt das Oberverwaltungsgericht maßgeblich auf die Frage ab, ob die Reichstelegraphie durch Rechtsnormen geschützt wird und zieht hierfür Strafrechtsnormen heran. Das Oberverwaltungsgericht fasst demnach unter die öffentliche Sicherheit in § 10 II 17 PrALR nur solche staatlichen Einrichtungen,

---

58 PrOVGE 20, 403 (406 f.).

deren Betätigung ausdrücklich durch Gesetz oder durch Vorschriften mit Gesetzeskraft geschützt wird.

Aus den Entscheidungen des Preußischen Oberverwaltungsgerichts, damals noch unter dem Namen des Königlich-Preußischen Oberverwaltungsgerichts firmierend, zum Reichspostwesen und der Reichstelegraphie folgt, dass der polizeiliche Schutz staatlicher Einrichtungen unterschiedlich beurteilt wurde. Handele es sich bei den öffentlichen Einrichtungen um polizeiliche Einrichtungen, so stellen solche ein eigenständiges polizeiliches Schutzgut dar, von welchem Gefahren abzuwehren sind. Dabei stützt das Oberverwaltungsgericht die Frage der Gefahrenabwehr von solchen polizeilichen Einrichtungen jedoch nicht ausdrücklich auf § 10 II 17 PrALR. Anders verhält es sich bei sonstigen, öffentlichen Einrichtungen. Sonstige öffentliche, nicht-polizeiliche Einrichtungen unterliegen polizeilichem Schutz nur im Rahmen des Schutzguts der öffentlichen Sicherheit in § 10 II 17 PrALR, wenn die spezifische Tätigkeit der staatlichen Einrichtung ausdrücklich durch Gesetz und damit durch die Rechtsordnung geschützt wird. Nicht-polizeiliche, staatliche Einrichtungen unterliegen aber nicht per se dem polizeilichen Schutz.

Eine eindeutige rechtliche Gewährleistung des polizeilichen Schutzguts des Bestand des Staates und staatlicher Einrichtungen durch den Begriff der öffentlichen Sicherheit erfolgt in Gestalt des § 14 PrPVG als Nachfolgeregelung zu § 10 II 17 PrALR.[59] Das Ziel der Neuregelung des § 14 PrPVG war es, dass die polizeirechtlichen Grundbegriffe des § 10 II 17 PrALR, wie der Begriff der öffentlichen Sicherheit, aufrechterhalten bleiben sollten,[60] um die Rechtsprechung des Preußischen Oberverwaltungsgerichts zur Auslegung des § 10 II 17 PrALR nicht an ihrem Wert verlieren zu lassen.[61] Dass von diesem Regelungsziel auch der Schutz des Staates und seiner Einrichtungen mitumfasst war, dürfte mit Blick auf die hier ausgewertete Rechtsprechung des Preußischen Oberverwaltungsgerichts eigentlich nicht die Rede sein. Im Gesetzgebungsverfahren zu § 14 PrPVG wurde jedenfalls das Schutzgut des Staates und das seiner Einrichtungen auf Anregung von *Drews* mit in die Begründung zum Begriff der öffentlichen Sicherheit in § 14

59 *Scheer/Trubel*, Preußisches Polizeiverwaltungsgesetz, 6. Aufl., 1961, § 14 PVG, C V, S. 36; zur Nachfolgeeigenschaft des § 14 PrPVG: PrOVGE 97, 213 (215).

60 *Bauer*, Polizeigesetzgebung und PrPVG, 1948, S. 64.

61 Auszüge aus den Protokollen: 1. Bericht des Ausschusses für Verfassungsfragen, 1. Lesung (Auszug der Beratungen über § 14 PVG), Abschnitt IV, § 14, abgedruckt in: *Scheer/Trubel*, Preußisches Polizeiverwaltungsgesetz, 6. Aufl., 1961, S. 115.

Abs. 1 PrPVG aufgenommen.[62] In der Amtlichen Begründung des Preußischen Polizeiverwaltungsgesetzes zu § 14 PrPVG heißt es dann hierzu: „*Als Aufrechterhaltung der öffentlichen Sicherheit im Sinne des § 14 gilt der Schutz vor Schäden, die entweder den Bestand des Staates oder seiner Einrichtungen oder das Leben, die Gesundheit, Freiheit, Ehre oder das Vermögen der einzelnen bedrohen [...].*“[63]. Nach Inkrafttreten des § 14 PrPVG hat das Preußische Oberverwaltungsgericht dann folglich auch den Bestand des Staates ausdrücklich als Teil des Schutzguts der öffentlichen Sicherheit in § 14 Abs. 1 PrPVG anerkannt.[64]

Unter dem Verständnis, dass zum Schutzgut der öffentlichen Sicherheit in § 14 PrPVG laut der Amtlichen Begründung zum PrPVG, dem polizeirechtlichen Schrifttum und der Rechtsprechung des Preußischen Oberverwaltungsgerichts auch der Schutz des Staates und staatlicher Einrichtungen zählt, fand die Formel schließlich Eingang in die Polizeigesetze der Länder und des Bundes der Bundesrepublik Deutschland. So wurde das polizeiliche Schutzgut der öffentlichen Sicherheit, insbesondere als Schutz des Staates und staatlicher Einrichtungen, in die Aufgabenumschreibung der Polizei in § 1 Abs. 1 MEntw. PolG übernommen.[65] Hierzu wird in einzelnen Polizeigesetzen der Länder die öffentliche Sicherheit, wie in Bremen gemäß § 2 Nr. 2 BremPolG unter anderem als Schutz der „*Einrichtungen und Veranstaltungen des Staates oder sonstiger Träger der Hoheitsgewalt*“, sowie in Sachsen gemäß § 4 Nr. 1 SächsPVDG und Sachsen-Anhalt gemäß § 3 Nr. 1 SOG LSA als der Schutz „[...] *des Bestandes, der Einrichtungen und Veranstaltungen des Staates oder sonstiger Träger der Hoheitsgewalt*“ legaldefiniert. Wie gezeigt werden konnte, spiegelt sich darin eine Entwicklung wider, die ihren gedanklichen Vorläufer in der Rechtsprechung des Preußischen Oberverwaltungsgerichts unter Geltung des § 10 II 17 PrALR findet, dabei jedoch auf eine Begriffsschöpfung durch den damaligen Präsidenten des Preußischen Oberverwaltungsgerichts *Drews*‘ zurückgeht, nach der Amtlichen Begründung zum PrPVG erstmals mit dem Begriff der öffentlichen Sicherheit in § 14 Abs. 1 PrPVG normiert wurde und über die Polizeigesetze des Bundes und der Länder bis in die heutige Zeit hineinwirkt.

---

62 Vgl. dazu die Ausführungen zum Gesetzgebungsverfahren bei: *Naas*, Die Entstehung des PrPVG, 2003, S. 296 f.

63 Amtl. Begr. PrPVG, Abschnitt IV, Zu § 14.

64 PrOVGE 106, 61 (63).

65 *Heise/Riegel*, MEntw. PolG, 2. Aufl., 1978, S. 27 f., Anm. 3 zu § 1 Abs. 1; vgl. *Knemeyer*, VVDStRL Heft 35 (1977), 221 (239 f.).

4. Die Begriffe: Bestand des Staates und Funktionsfähigkeit staatlicher Einrichtungen

Da nun Klarheit über den sachlichen Schutzumfang und die Herkunft des polizeirechtlichen Schutzguts des Bestands des Staates und der Funktionsfähigkeit staatlicher Einrichtungen besteht, ist nun zu klären, weshalb der Schutz des Staates, der Regierung, der Gerichte, von militärischen Manövern oder von Staatsbegräbnissen unter die Begriffe des Bestands des Staates und der Funktionsfähigkeit staatlicher Einrichtungen subsumiert wird. Es ist daher im Folgenden eine Begriffsbestimmung der beiden Schutzgüter vorzunehmen. Erst soweit nämlich Klarheit über den Begriffsinhalt des Bestands des Staates und der Funktionsfähigkeit staatlicher Einrichtungen besteht, kann eine verfassungsrechtliche Untersuchung hierzu vorgenommen werden.

a) Der Bestand des Staates

Zunächst ist sich dem Begriff „Bestand des Staates“ zuzuwenden. Der Begriffsbestandteil „Bestand“ verweist semantisch auf das Bestehen des Rechtsguts des Staates und drückt damit lediglich die rechtliche Existenz des Rechtsguts „Staat“ aus.[66] Insoweit kommt dem Begriff „Bestand“ gegenüber dem Begriff „Staat“ als seinem Bezugspunkt keine eigenständige, inhaltliche Bedeutung zu.[67] Der „Bestand des Staates“ bezeichnet daher schlicht die Existenz und Aufrechterhaltung des Rechtsguts „Staat“. Daher ist sich Klarheit darüber zu verschaffen, was mit dem Begriff „Staat“ verstanden werden kann.

Die etymologische Bezeichnung des Gemeinwesens als „Stat“ bzw. „Stand“ ist in Deutschland[68] im 15. Jahrhundert entstanden[69] und wird auf das lateinische

---

66 Vgl. *Würtenberger/Heckmann/Tanneberger*, Polizeirecht, 7. Aufl., 2017, § 5 IV 1, S. 208, Rdnr. 264; vgl. *Waechter*, NVwZ 1997, 729 (735).

67 Vgl. etwa bei: *Kingreen/Poscher*, Polizei- und Ordnungsrecht, 10. Aufl., § 7 II 4, S. 106, Rdnr. 32, 34; *Denninger*, in: Lisken/Denninger/Bäcker/Graulich (Hrsg.), Handbuch des Polizeirechts, 6. Aufl., 2018, Kap. D I 3, Rdnr. 20; BVerfGE 33, 52 (71); vgl. ferner: *Schell*, Polizeiliche Tätigkeit nach § 10 II 17 PrALR und §§ 14 und 41 PrPVG, 1932, S. 10.

68 Gleichwohl war in Deutschland vor dem Wort für den Staat die Vorstellung von einem staatlichen Gemeinwesen nicht fremd: *Weinacht*, Staat, 1968, S. 38.

69 *Schöbener/Knauff*, Allgemeine Staatslehre, 4. Aufl., 2019, § 2 A I, S. 23, Rdnr. 2; *Jellinek*, Allgemeine Staatslehre, 3. Aufl., 1921, S. 132; *Isensee*, in: Isensee/Kirchhof (Hrsg.), Handbuch des Staatrechts, Bd. II, 3. Aufl., 2004, § 15, Rdnr. 63, vgl. *Weinacht*, Staat, 1968, S. 48.

Wort „status“ zurückgeführt, welches im Lateinischen „Zustand“ oder „Verfasstheit“ beschreibt.[70] Eine seiner frühesten Verwendungen im Zusammenhang mit dem Herrschaftswesen bzw. dem Bestand des Gemeinwesen findet das Wort „status“ bei *Machiavelli*, der hierfür im Italienischen die Bezeichnung *„stato“* bzw. *„stati“* in seinem „Il principe“ wählte.[71]

Aufgrund seiner politischen und gesellschaftlichen Bedeutung wird der heutige Begriff des Staates in verschiedenen Zusammenhängen verwendet. So kann es sich bei dem Begriffsverständnis des Staates sowohl um ein Wertbild bzw. eine Idee[72], ein kulturhistorisches Phänomen[73], eine Umschreibung sozialer Beziehungen handeln[74] oder er kommt als positivierter Rechtsbegriff im Grundgesetz in Art. 1 Abs. 1 S. 2; Art. 3 Abs. 2 S. 2; Art. 6 Abs. 1; Art. 7 Abs. 1; Art. 16 Abs. 1; Art. 20 Abs. 1, Abs. 2 S. 2; Art. 22 Abs. 1 S. 2 GG vor. Dies macht den Staatsbegriff vielseitig und vielschichtig. Angesichts dieser sich aufdrängenden inhaltlichen Fülle ist der Staatsbegriff für die folgende Untersuchung zum polizeirechtlichen Schutz rechtlich greifbar zu machen. Hierfür sind zunächst die im juristischen Schrifttum vertretenen Staatsbegriffe näher zu betrachten:

---

70 *Schöbener/Knauff*, Allgemeine Staatslehre, 4. Aufl., 2019, § 2 A I, S. 23, Rdnr. 2; *Jellinek*, Allgemeine Staatslehre, 3. Aufl., 1921, S. 132; *Isensee*, in: Isensee/Kirchhof (Hrsg.), Handbuch des Staatrechts, Bd. II, 3. Aufl., 2004, § 15, Rdnr. 63, vgl. *Weinacht*, Staat, 1968, S. 60; *Mager*, Entstehung Staatsbegriff, 1968, S. 6; ungenau: *Möllers*, Staat als Argument, 2000, S. 217.

71 *Machiavelli*, Il principe, 1679 (3. Aufl.), Kap. I, S. 1, Kap. III, S. 5 ff., 8, Kap. V, S. 23, Kap. VI, S. 25; vgl. dazu Übersetzung bei: *Machiavelli/Rippel*, Il principe/Der Fürst (1532), 1991, Kap. I, S. 1, Kap. III, S. 15, Kap. V, S. 37, Kap. VI, S. 41; *Schöbener/ Knauff*, Allgemeine Staatslehre, 4. Aufl., 2019, § 2 A I, S. 24, Rdnr. 2; *Jellinek*, Allgemeine Staatslehre, 3. Aufl., 1921, S. 131 f.; *Weinacht*, Staat, 1968, S. 62, 233; *Mager*, Entstehung Staatsbegriff, 1968, S. 36 ff.

72 *Ermacora*, Felix, Allgemeine Staatslehre, Teilbd. 1, 1970, S. 26 ff.; 36; ders., Grundriss Staatslehre, 1979, S. 5 f., 96; vgl. *Mager*, Entstehung Staatsbegriff, 1968, S. 36 ff.

73 Vgl. *Herzog*, Staaten der Frühzeit, 1988, S. 7; *Schöbener/Knauff*, Allgemeine Staatslehre, 4. Aufl., 2019, § 1 A, S. 1, Rdnr. 1; *Henke*, Recht und Staat, 1988, S. 297: *„Der Staat ist noch immer ein genuin europäisches, kein weltgeschichtliches Phänomen* […].“; *ders.*, S. 298: *„Darum soll die Aufgabe und ihre jeweilige Lösung durch diesen ganzen Zug der Geschichte hindurch verfolgt und durchweg ‚Staat‘ genannt werden.“*

74 Vgl. *Smend*, Verfassung und Verfassungsrecht, 1928, S. 18; *Henke*, Recht und Staat, 1988, S. 294.

aa) Der juristische Staatsbegriff bei Jellinek

Den für die Rechtswissenschaft maßgeblichen Begriff des Staates bestimmt *Jellinek* vor dem Hintergrund der durch *von Gerber*[75] begründeten und von *Jellinek* selbst[76] fortgeführten Zwei-Seiten-Lehre. Nach der Zwei-Seiten-Lehre, welche der erkenntnistheoretischen Ermittlung und Betrachtung des für die Rechtswissenschaft maßgeblichen Staatsbegriffs gedanklich vorgeschaltet wird,[77] sind zunächst zwei Seiten gedanklich voneinander zu trennen: die juristische Seite, d. h. Betrachtung des Staates von einem „rechtlichen" Standpunkt aus, und die außerjuristische Seite, d. h. die Betrachtung von einem Standpunkt aus, den man als „soziologisch" bezeichnen kann.[78] Eine solche Zwei-Seiten-Unterscheidung ermöglicht eine Betrachtung des Staatsbegriffs abgetrennt von soziologischen bzw. historischen Erklärungen und damit eine rein rechtliche Begriffsbestimmung. Diese gedankliche Unterscheidung war für *Jellinek* zunächst Grundlage zur Bestimmung eines juristischen und eines soziologischen Staatsbegriffs und später auch für die Bildung eines dritten, gesellschaftlichen Staatsbegriffs.[79] Den juristischen Staatsbegriff versteht *Jellinek* hiernach als die mit ursprünglicher Herrschaftsmacht ausgerüstete Körperschaft eines sesshaften Volkes.[80] Damit weist der juristische Staatsbegriff *Jellinek*s drei Elemente auf, welche die Herrschaftsmacht unter dem Begriff der Staatsgewalt, die Körperschaft und Sesshaftigkeit unter dem Begriff des Staatsgebiets und das Volk unter dem Begriff des Staatsvolks zusammenfassen. Das Erfordernis, wonach Staatsgewalt, Staatsgebiet und Staatsvolk vorliegen müssen, damit man von einem Staat im juristischen Sinne sprechen kann, wird auch als Drei-Elementen-Lehre bezeichnet.

Neben den drei Elementen sind aber für *Jellinek* auch die staatlichen Organe von essentieller Bedeutung, denn der Staat untergliedert sich in diese, sodass

---

75 *v. Gerber*, Ueber öffentliche Rechte, 1852, S. 18, 90, 96; *ders.*, Grundzüge eines Systems, 1. Aufl. 1865, Vorrede, S. VII f., 1 f., 3, Fn. 1; *ders.*, Deutsches Staatsrecht, 3. Aufl., 1880, S. 1 f., S. 3, Fn. 1; *ders.*, AZ Heft 1 (1867), 5 (8).

76 *Jellinek*, Allgemeine Staatslehre, 3. Aufl., 1921, S. 63.

77 Zur Erkenntnistheorie: *Jellinek*, Subjektive öffentliche Rechte, 2. Aufl., 1905, S. 13 ff.

78 *Jellinek*, Allgemeine Staatslehre, 3. Aufl., 1921, S. 50 ff., 63, *ders.*, Subjektive öffentliche Rechte, 2. Aufl., 1905, S. 18 ff.; vgl. *v. Gerber*, Ueber öffentliche Rechte, 1852, S. 18; *ders.*, Grundzüge eines Systems, 1. Aufl., 1865, Vorrede, S. VII f., 1 f., 3, Fn. 1; *ders.*, Deutsches Staatsrecht, 3. Aufl., 1880, S. 1 f., S. 3, Fn. 1.

79 *Jellinek*, Allgemeine Staatslehre, 3. Aufl., 1921, S. 264; dazu bereits: *ders.*, S. 183 (unten); vgl. *Kersten*, Jellinek und Staatslehre, 2000, S. 302.

80 *Jellinek*, Allgemeine Staatslehre, 3. Aufl., 1921, S. 183.

staatliche Organe den Staat darstellen: „*Das Organ stellt den Staat dar* […].“[81] So kann der Staat laut *Jellinek* nur aufgrund seiner Organe existieren, durch welche er in Erscheinung treten kann. Ohne Organe ist der Staat ein juristisches Nichts[82]: „*Der Staat kann nur durch das Medium von Organen walten; denkt man sie hinweg, so ist auch die Vorstellung des Staates selbst verschwunden.*“[83]

Die drei Elemente, die nach *Jellinek* das juristische Verständnis eines Staates kennzeichnen, sind jedoch nicht aus dem Recht gewonnen, sondern aus *Jellinek*s soziologischem Verständnis darüber, wie der Gegenstand Staat beschaffen ist.[84] Dass es sich bei dem juristischen Staatsbegriff *Jellinek*s nicht um einen genuin rechtlichen Begriff handelt, zeigt bereits die Herleitung seiner drei Begriffselemente. So definiert *Jellinek* den sozialwissenschaftlichen Staatsbegriff als eine mit ursprünglicher Herrschermacht ausgerüstete Verbandseinheit sesshafter Menschen.[85] Der Unterschied des juristischen Begriffs zum sozialwissenschaftlichen Begriff besteht damit lediglich zwischen der Verwendung des Begriffs Körperschaft statt des Begriffs der Verbandseinheit.[86] Der juristische Staatsbegriff ist im Wesen identisch zum sozialwissenschaftlichen Staatsbegriff, weshalb *Jellinek* die Drei-Element-Lehre zunächst für den sozialwissenschaftlichen Staatsbegriff entwickelt hat und für den juristischen Staatsbegriff übernimmt.[87] *Jellinek* ging es mit dem juristischen Staatsbegriff nur um eine juristische Umschreibung des sozialwissenschaftlichen Gegenstands Staat.[88]

bb) Der Staatsbegriff bei Kelsen

Nach *Kelsen* bestimmt sich der Begriff des Staates als das Recht, welches ihn rechtlich konstruiert. Die klassischen drei Elemente Staatsvolk, Staatsgebiet,

81 *Jellinek*, Allgemeine Staatslehre, 3. Aufl., 1921, S. 560; *ders*, Subjektive öffentliche Rechte, 2. Aufl., 1905, S. 193 f., 223 ff.

82 *Jellinek*, Allgemeine Staatslehre, 3. Aufl., 1921, S. 560, *ders.*, Subjektive öffentliche Rechte, 2. Aufl., 1905, S. 196 f., 225; vgl. *Uhlenbrock*, Der Staat als juristische Person, 2000, S. 107.

83 *Jellinek*, Subjektive öffentliche Rechte, 2. Aufl., 1905, S. 225; vgl. *Uhlenbrock*, Der Staat als juristische Person, 2000, S. 107, Fn. 16.

84 Vgl. *Jellinek*, Allgemeine Staatslehre, 3. Aufl., 1921, S. 182 f.; so auch: *Kersten*, Jellinek und Staatslehre, 2000, S. 278.

85 *Jellinek*, Allgemeine Staatslehre, 3. Aufl., 1921, S. 180 f.

86 *Kersten*, Jellinek und Staatslehre, 2000, S. 278; *Möllers*, Staat als Argument, 2000, S. 17.

87 *Kersten*, Jellinek und Staatslehre, 2000, S. 464.

88 So auch: *Uhlenbrock*, Der Staat als juristische Person, 2000, S. 115; *Möllers*, Staat als Argument, 2000, S. 23.

Staatgewalt, welche *Jellinek* zusammengefasst als Staat kennzeichnet, lassen sich laut *Kelsen* aber nur juristisch bestimmen.[89] Für *Kelsen* folgt daraus, dass diese nur als Geltung und Geltungsbereiche einer Rechtsordnung begriffen werden können.[90] Der Staat ist nicht körperlicher Natur, sondern nur gedacht. Der Staat wird dadurch existent bzw. realisiert sich erst durch sein Handeln bzw. durch Staatsakte, welche durch Menschen gesetzt werden und dabei dem Staat zugeschrieben werden. Dadurch erlangt der Staat seine Existenz. Dieses Handeln bzw. Staatsakte finden ihren Ursprung in rechtlichen Regelungen und haben die Fähigkeit daraus weiteres Recht zu erzeugen.[91] Daher ist es nicht der Staat, der Recht erzeugt oder handeln kann, sondern es ist das Recht, das den Staat dadurch erzeugt, indem es dem Staat ein menschliches Handeln zuschreibt.[92] Nach *Kelsen* ist demnach ein dem Recht nicht unterworfener Staat, also eine sozialwissenschaftliche Betrachtung des Staates unter Außerachtlassung der rechtlichen Dimension, gänzlich nicht vorstellbar.[93] Demzufolge ist nach *Kelsen* der Begriff des Staates mit dem der Rechtsordnung gleichzusetzen, Staat und Rechtsordnung sind identische Begriffe.[94]

cc) Der Staatsbegriff bei Smend

Der Staat ist *Smend* zufolge als eine geistig-soziale Wirklichkeit zu verstehen, die aus einer Integration jedes Einzelnen entsteht.[95] Die Integration des Einzelnen am Gesamtwesen erfolgt aufgrund geteilter Gemeinschaftswerte. Diese Gemeinschaftswerte sind aber nicht als Summe abstrakter Gemeinschaftszwecke aufzufassen, sondern als eine Art Einheitsgefüge[96] von Werten. Diese Wertfülle versteht *Smend* als geschichtlich-aktuellen Wertgehalt politischer Symbole, politischer Zeremonien, nationaler Feste sowie repräsentativer Vorgänge im Lauf der Geschichte.[97] Der Staat ist demnach das Erlebnis einer bestimmten Wertfülle

---

89 *Kelsen*, Reine Rechtslehre, 2. Aufl., 1960, S. 290.
90 *Kelsen*, Reine Rechtslehre, 2. Aufl., 1960, S. 290.
91 *Kelsen*, Reine Rechtslehre, 2. Aufl., 1960, S. 314.
92 *Kelsen*, Reine Rechtslehre, 2. Aufl., 1960, S. 314; vgl. *Kelsen*, Hauptprobleme Staatsrechtslehre, 1911, S. 98 f.
93 *Kelsen*, Reine Rechtslehre, 2. Aufl., 1960, S. 314; *Kelsen*, Hauptprobleme Staatsrechtslehre, 1911, S. 406.
94 Vgl. dazu auch Kapitelüberschrift bei: *Kelsen*, Reine Rechtslehre, 2. Aufl., 1960, S. 289.
95 *Smend*, Verfassung und Verfassungsrecht, 1928, S. 20, 69.
96 *Smend*, Verfassung und Verfassungsrecht, 1928, S. 13.
97 *Smend*, Verfassung und Verfassungsrecht, 1928, S. 48.

eines jeden Einzelnen,[98] wodurch die erlebte Wertfülle damit zum Grund und zur Bedingung der staatlichen Existenz wird.[99] Deshalb bleibt der Staat nicht statisch, sondern ist ein fortdauernder einheitlicher motivierender Erlebniszusammenhang seiner Angehörigen.[100] Ein exakter Staatsbegriff existiert daher bei *Smend* nicht.[101] Der Staat lässt sich deshalb eher als Einheitsgefüge der geistig-sozialen Erlebniswelt bzw. Sinnerlebnisse des Einzelnen umschreiben.[102]

Nach diesem Staatsverständnis kommt der Verfassung nach *Smend* die Funktion zu, Ausdruck der Begründung, steter Erneuerung und Herstellung des staatlichen Bestandes zu sein.[103] Zum Verständnis der Verfassungsrechtsnormen sind daher neben Normen der geschriebenen Verfassung auch soziologische Untersuchungen zur geistig-sozialen Erlebniswelt der Einzelnen mit einzubeziehen.[104] Deshalb ist auch die Verfassung bzw. eine Verfassungsrechtsnorm nicht als gesetzte Regelung des staatlichen Bestandes zu verstehen, sondern als dynamische Regelung mit lediglich programmatischer Natur; Verfassungsrechtsnormen erfahren daher eine eingeschränkte Geltung unter der Bedingung sozialer Entwicklungen.[105]

dd) Der Staatsbegriff bei Heller

Von einer soziologischen und nach eigener Auffassung wirklichkeitsbezogenen Bestimmung des rechtlichen Staatsbegriffs geht *Heller* aus, denn für *Heller* muss eine rechtliche Erfassung des Staats notwendigerweise auf historische und soziale Methoden und Gegenstände zurückgreifen: „*Weil denn das Sinngebilde nicht andres ist als ein abstrahiertes Teilmoment der gesellschaftlichen Wirklichkeit, gestattet und erfordert diese Wirklichkeit neben der sinneswissenschaftlichen auch eine soziologische Interpretation der Sinngebilde. Der Staat kann wie jedes Sozialgebilde nur wirklichkeitswissenschaftlich gedeutet werden; für das Sinngebilde dagegen, vor allem für das Recht, sind jene beiden Möglichkeiten der Interpretation sogar wissenschaftliche Notwendigkeiten.*“[106] „*Diejenige Jurisprudenz endet*

98 *Smend*, Verfassung und Verfassungsrecht, 1928, S. 47.
99 *Smend*, Verfassung und Verfassungsrecht, 1928, S. 20: „*Der Staat ist nur, weil und sofern er sich dauernd integriert* [...]“.
100 *Smend*, Verfassung und Verfassungsrecht, 1928, S. 47.
101 Vgl. *Smend*, Verfassung und Verfassungsrecht, 1928, S. 67; vgl. *Uhlenbrock*, Der Staat als juristische Person, 2000, S. 131.
102 *Smend*, Verfassung und Verfassungsrecht, 1928, S. 13, 69.
103 *Smend*, Verfassung und Verfassungsrecht, 1928, S. 82.
104 *Smend*, Verfassung und Verfassungsrecht, 1928, S. 77.
105 Vgl. *Smend*, Verfassung und Verfassungsrecht, 1928, S. 78 f.
106 *Heller*, Staatslehre, 1934, S. 47.

aber unfehlbar in einer Sackgasse, die es unternimmt, ihren methodischen Kunstgriff, das heisst die Trennung von Zeichen und Sinn, von Natur und Geist, von Form und Inhalt, von Willensakt und Norm absolut zu setzen. Denn so gewiss das menschliche Individuum kein leibfreies Gespenst, sondern eingegliedert ist in eine sinnliche Wirklichkeit, in und an der es Geist wird, so gewiss bilden Zeichen und Sinn ein zugleich sinnliches wie sinnhaftes Ganze [...].“[107] Für *Heller* ist daher die Existenz des Staates „[...] *als eine in der gesellschaftlich-geschichtlichen Wirklichkeit tätige Einheit vorauszusetzen.*“[108] Ausgehend von seiner Prämisse, den Staat als aufgegebene Wirklichkeit zu erfassen, identifiziert *Heller* den Staat durch das Vorkommen besonderer Organe, deren Handeln auf eine wirksame Einheitsbildung gerichtet ist und dadurch ein menschliches Zusammenwirken ermöglichen, welches Existenz für die Einheit eines Handlungsgefüges ist.[109] Dabei besteht bei dem Handlungsgefüge eine Wirkungseinheit einerseits sowohl aus Mitgliedern und Organen und andererseits auf Grundlage einer Ordnung. Diese Wirkungseinheit kann nicht losgelöst von den bewirkenden Menschen vorgestellt werden und diese Menschen können auch nicht getrennt in subjizierte Mitglieder und organschaftlich Handelnde unterteilt werden.[110] Ein rechtliches Verständnis des Staates ist demzufolge ein Handlungsgefüge einer organisierten, menschlichen Wirkungseinheit.[111] Nach *Heller* weist der Staat als organisiertes Handlungsgefüge insgesamt drei Begriffselemente auf: Erstens ein gegenseitiges Zusammenwirken einer Mehrzahl von Menschen. Zweitens, dass sich dieses Zusammenwirken regelmäßig nach einer gesetzten und gesicherten, regelgeforderten Ordnung richtet. Drittens, dass die Setzung und Sicherung dieser Ordnung durch besondere Organe wahrgenommen wird.[112]

ee) Der Staatsbegriff bei Schmitt

Der Begriff des Staates bei *Schmitt* ist der Status der *„politischen Einheit eines Volkes“*[113]. Kennzeichnend für diesen Staatsbegriff ist die politische Einheit und soziale Ordnung, wonach *„irgendwelche“* Prinzipien der Einheit und Ordnung und *„irgendeine“* bestimmten Entscheidungsinstanz bei Interessen- und

---

107 *Heller*, Staatslehre, 1934, S. 189.
108 *Heller*, Staatslehre, 1934, S. 182.
109 *Heller*, Staatslehre, 1934, S. 230.
110 *Heller*, Staatslehre, 1934, S. 231.
111 *Heller*, Staatslehre, 1934, S. 230.
112 *Heller*, Staatslehre, 1934, S. 231; vgl. *Möllers*, Staat als Argument, 2000, S. 89.
113 *Schmitt*, Verfassungslehre (1928), 9. Aufl., 2003, S. 3, 21, 205.

Machtkonflikten vorhanden ist.[114] Diese Auffassung über die Beschaffenheit Staat zielt nach dem Gedankengang *Schmitts* aber nicht primär auf die Gewinnung eines Staatsbegriffs, sondern dient nur als Umschreibung, um diesen für den Begriff der Staatsverfassung fruchtbar zu machen. Die Verfassung eines Staates beschreibt er nämlich als den „*Gesamtzustand politischer Einheit und Ordnung*" oder „*geschlossenes System von Normen*".[115] *Schmitt* setzt den Staatsbegriff mit seinem Begriff der Verfassung gleich: „*Der Staat hat nicht eine Verfassung* [...], *sondern der Staat ist Verfassung*".[116] Er beschreibt den Staat als Verfassung im Sinne eines wirklichkeitsbezogenen vorhandenen Zustands, eines Status von Einheit und Ordnung eines Volkes. Der Staat wird damit zum Status, einer Beschreibung des Zustands eines Volkes.[117] Damit gleicht *Schmitt* seine Beschreibung des Staats als „Status" eines geordneten Gemeinwesens dem Verständnis von *Machiavelli* an.[118] Die geschriebene Verfassung bildet damit nur den konkreten Status des Staates ab, die Bedingung für die Existenz des Staates.[119] Aus diesem Grund wird auch von dem Status der Verfassung die jeweilige Staatsform, wie Monarchie, Aristokratie, Demokratie oder Räterepublik, mit umfasst.[120] Aufgrund dieser Statusbeschreibung wird ein eigenständiger von der Verfassung getrennter Staatsbegriff bei *Schmitt* negiert, stattdessen bildet sich der Staatsbegriff hiernach in Gestalt der Verfassung ab.[121]

ff) Der Staatsbegriff bei v. Gierke

Der Staat bei *v. Gierke* ist ein genossenschaftlicher Verband aus der Verbindung von Einzelpersonen zu einer Körperschaft, einem Staatskörper.[122] Diese Verbindung zu einer Körperschaft ist willens- und handlungsfähig[123] und daher als juristische Person anzusehen.[124] Diese Eigenschaft des Staates als genossenschaftlicher Willens- und Handlungsverband rührt daher, dass der Staat ein

---

114 *Schmitt*, Verfassungslehre (1928), 9. Aufl., 2003, S. 4.
115 *Schmitt*, Verfassungslehre (1928), 9. Aufl., 2003, S. 3.
116 *Schmitt*, Verfassungslehre (1928), 9. Aufl., 2003, S. 4.
117 *Schmitt*, Verfassungslehre (1928), 9. Aufl., 2003, S. 205.
118 Siehe Pkt. I. 4. lit. a), S. 43 f.
119 *Schmitt*, Verfassungslehre (1928), 9. Aufl., 2003, S. 4.
120 *Schmitt*, Verfassungslehre (1928), 9. Aufl., 2003, S. 5.
121 Vgl. *Schmitt*, Die Diktatur, 6. Aufl., 1994, S. 134.
122 *v. Gierke*, ZgS Bd. 30 (1874), 265 (321).
123 Vgl. *v. Gierke*, Genossenschaftstheorie, 1887, S. 603, 607, 823.
124 *v. Gierke*, ZgS Bd. 30 (1874), 265 (269, 297, 315 f., 305); *ders.*, Genossenschaftstheorie, 1887, S. 603.

menschlicher Gesellschaftsorganismus sei, zusammengesetzt aus verschiedenen anderen gesellschaftlichen Organismen, wie Menschen und Verbänden.[125] Daher kommt die Existenz des Staates durch die Lebenstätigkeit seiner Glieder und Organe zustande. Sämtliche Glieder und Organe sind auf das Staatsganze bezogen und fungieren hiernach.[126] Der Staat dient danach zur „*Verwirklichung einer bestimmten wesentlichen Seite des menschlichen Gemeinlebens.*“[127] Dabei wird er durch Machtausübung gekennzeichnet:[128] „*Der Staat ist derjenige Machtverband, der nach oben hin nicht beschränkt ist, der durch und durch schlechthin Macht ist und deshalb nur der höchste Machtverband als Staat bezeichnet werden kann.*“[129] Da der Staat aus der Verbindung von Personen zu einer Handlungs- und Willenseinheit entspringt, ist der Staat keine bloße ideologische oder rechtliche Fiktion, sondern eine tatsächlich vorkommende Herrschaftsordnung, also eine „*eigene reale Wesensheit*“[130] einer „*organisirte*[n] *Macht*“[131]. Vom Staat getrennt ist dagegen das Recht; Staat und Recht stünden selbstständig nebeneinander.[132] Der Staat und das Recht entspringen der Person, dem Individuum.[133] Zwar gibt es Wechselwirkungen zwischen dem Staat und dem Recht,[134] wie die Rechtsetzung durch den Staat[135] zur Wahrnehmung staatlicher Aufgaben bzw. zur Umsetzung der Kulturmission des Staates[136] oder die Zuhilfenahme des Staates durch das Recht, um eine geordnetes Zusammenleben der Menschen zu erreichen.[137] Damit wäre auch grundsätzlich denkbar, dass der Staat sich rechtlich überformt und eigene Rechtsbegriffe erschafft[138], um die Legitimität seiner

---

125 *v. Gierke*, ZgS Bd. 30 (1874), 265 (304).
126 *v. Gierke*, ZgS Bd. 30 (1874), 265 (306).
127 *v. Gierke*, ZgS Bd. 30 (1874), 265 (304).
128 *v. Gierke*, ZgS Bd. 30 (1874), 265 (312): „*Während die Macht für den Staat begriffliche Voraussetzung ist, so dass ein Staat ohne alle Machtmittel nicht mehr Staat bliebe* […].“.
129 *v. Gierke*, ZgS Bd. 30 (1874), 265 (304); *ders.*, Genossenschaftstheorie, 1887, S. 642.
130 *v. Gierke*, ZgS Bd. 30 (1874), 265 (305).
131 *v. Gierke*, ZgS Bd. 30 (1874), 265 (304).
132 *v. Gierke*, ZgS Bd. 30 (1874), 265 (310, 312 f.), *ders.*, Genossenschaftstheorie, 1887, S. 20 f.
133 *v. Gierke*, ZgS Bd. 30 (1874), 265 (310, 312).
134 *v. Gierke*, ZgS Bd. 30 (1874), 265 (310).
135 *v. Gierke*, ZgS Bd. 30 (1874), 265 (310 f.).
136 *v. Gierke*, ZgS Bd. 30 (1874), 265 (312).
137 *v. Gierke*, ZgS Bd. 30 (1874), 265 (312).
138 *v. Gierke*, ZgS Bd. 30 (1874), 265 (320): „*Wenn dem aber so ist, so beginnt offenbar im öffentlichen Recht mit den dem Privatrecht völlig unbekannten Verhältnissen einer inneren Daseinsordnung auch eine ganz neue Reihe von Rechtsbegriffen, die keine Analogie*

Machtfülle zu erhalten[139] und um dem Recht dazu zu verhelfen, ein geordnetes Zusammenleben zu regeln. Die Staatsbildung innerhalb einer Rechtsordnung ist nämlich ein sich vollziehender Vorgang,[140] mit Vervollkommnung bzw. Vollendung des Staates durch das Recht.[141] Dennoch führt der Vorgang der rechtlichen Überformung des Staates nicht zu einer Änderung des Staatsbegriffs.[142] *v. Gierke* vollzieht die Trennung von Staat und Recht – also realem Staat und rechtlich überformten Staat – nicht im Sinne einer Zwei-Seiten-Lehre[143], sondern verbleibt bei der Beschreibung des Staates, der als Personenverband unabhängig vom Recht existiert und aus geschichtlich-sozialer Perspektive erfasst werden muss. Die Erfassung des Staates muss unter einem geschichtlich-sozialen Blickwinkel stattfinden, als ein Staat, der dem Recht vorausliegt bzw. vom Recht bereits vorgefunden wurde.[144]

gg) Der Staatsbegriff bei Herzog *und* Krüger

Nach der Auffassung von *Herzog* und *Krüger* reicht die Drei-Elementen-Lehre allein nicht aus, um den Begriff des Staates zu bestimmen.[145] Als maßgebliches Element für den Staatsbegriff wird stattdessen die Kennzeichnung des Staates als ein System von Organschaften angesehen.[146] Bei *Herzog* kommt ergänzend

---

im Privatrecht finden. Diese Rechtsbegriffe, zu deren Ausprägung und Nomenklatur allein das Bild des körperlichen Organismus den Stoff herzugeben vermag und seit langer Zeit hergegeben hat, müssen als specifische Begriffe erkannt werden.“; *ders.*, 265 (320): „*Die öffentliche Rechtsordnung wird ferner einer Reihe eigentümlicher Rechtsbegriffe insofern bedürfen, als sie die Elemente, die in ihrer Zusammensetzung den Körper des Gemeinwesens bilden, festzustellen und zu begrenzen hat.*“.

139 Vgl. *v. Gierke*, ZgS Bd. 30 (1874), 265 (312).

140 *v. Gierke*, Genossenschaftstheorie 1887, S. 116.

141 *v. Gierke*, ZgS Bd. 30 (1874), 265 (310).

142 *v. Gierke*, ZgS Bd. 30 (1874), 265 (314).

143 *v. Gierke*, ZgS Bd. 30 (1874), 265 (312): „*Staatsleben und Rechtsleben sind zwei selbstständige und specifisch verschiedene Seiten des Gemeinlebens.*“.

144 Vgl. *v. Gierke*, Genossenschaftstheorie, 1887, S. 609.

145 *Herzog*, Allgemeine Staatslehre, 1971, S. 91 f., 92; *Krüger*, Allgemeine Staatslehre, 2. Aufl., 1966, S. 146.

146 *Herzog*, Allgemeine Staatslehre, 1971, S. 102: „*In diesem Sinne ist der moderne Staat also ein System von Organschaften. Sollte diese Tatsache einmal ernstlich in Zweifel gezogen werden, so wäre eine Epoche in der Geschichte des Staates zu Ende.*“; die Bezeichnung des Amtes hierfür nutzend: *Krüger*, Allgemeine Staatslehre, 2. Aufl., 1966, S. 169 ff., S. 256.

hierzu noch das Merkmal des Staates als Herrschaftsträger hinzu.[147] Die Ausübung einer solchen Herrschaft, die den Staat als Staat kennzeichnet, ist nach *Herzog* die erhöhte Fähigkeit, den Subjizierten zu einem gewünschten Verhalten zu veranlassen und hierzu auf äußere Machtmittel zurückgreifen zu können.[148] Hierzu zählt *Herzog* nicht nur die Ausübung von Gewalt allein im Sinne physischen Zwanges, sondern auch durch geistige Einflussnahme.[149]

Im Zusammenhang mit der Herrschaftsausübung steht dann das nach *Herzog* und *Krüger* zentrale Element einer permanenten Organisationsstruktur des Staates anhand von Organen, damit der Staat in der Lage ist, seine Zwecke zu verfolgen.[150] Diese Organisationsstrukturen haben sich historisch aus Herrschaftsstrukturen entwickelt und werden in Form von Ämtern durch Personen ausgefüllt.[151] Demnach weist der Staat ein System von Ämtern auf, die unabhängig von Einzelpersonen bestehen[152] und die gemäß ihrer Funktion, Befugnisse zu verleihen, von unterschiedlichen Einzelpersonen als Amtswalter wahrgenommen bzw. besetzt werden können.[153] Amtswalter werden daher nicht in eigenem Namen, sondern kraft ihrer Funktion im Namen ihres Amtes tätig.[154] Den Amtsbegriff, welchen hauptsächlich *Krüger* hierfür verwendet, vergleicht *Herzog* mit dem Begriff des Organs einer juristischen Person, welches von seinem Begriffsgehalt her dasselbe beschreibt und kommt damit zur allgemeinen Formulierung, wonach der Staat ein Systems von Organschaften darstellt.[155]

hh) Auswertung der verschiedenen Staatsbegriffe

Bei Betrachtung der vorangehend dargestellten Staatsbegriffe ist festzustellen, dass diese für die Rechtswissenschaft ungeeignet sind, um eine rechtliche Bestimmung des Staatsbegriffs vorzunehmen (aaa). Die Gründe, aus denen sich

---

147 *Herzog*, Allgemeine Staatslehre, 1971, S. 93, 102; vgl. *Krüger*, Allgemeine Staatslehre, 2. Aufl., 1966, S. 188.

148 *Herzog*, Allgemeine Staatslehre, 1971, S. 102.

149 *Herzog*, Allgemeine Staatslehre, 1971, S. 102 f., 168 f.

150 *Herzog*, Allgemeine Staatslehre, 1971, S. 93 f.; vgl. *Krüger*, Allgemeine Staatslehre, 2. Aufl., 1966, S. 128 f.

151 *Herzog*, Allgemeine Staatslehre, 1971, S. 95 f.

152 *Herzog*, Allgemeine Staatslehre, 1971, S. 100.

153 *Herzog*, Allgemeine Staatslehre, 1971, S. 96.

154 *Herzog*, Allgemeine Staatslehre, 1971, S. 100; vgl. *Krüger*, Allgemeine Staatslehre, 2. Aufl., 1966, S. 170 f., 253 f., 270.

155 *Herzog*, Allgemeine Staatslehre, 1971, S. 100, 102.

die Ungeeignetheit der dargestellten Staatsbegriffe ergeben, sind im Folgenden zu berücksichtigen, um den juristischen Begriff vom Staat zu bestimmen (bbb).

aaa) Ungeeignetheit der Staatsbegriffe für die Rechtswissenschaft

Je nachdem, welchem der genannten Staatsbegriffe gefolgt wird, werden jeweils andere Gesichtspunkte für den Staatsbegriff als maßgeblich erachtet und unter Schutz gestellt. Doch weder kann die Existenz einer in der Wirklichkeit wahrnehmbaren, gesellschaftlichen Gewalt- bzw. Herrschaftsordnung geleugnet werden, welche als Staat zu bezeichnen gepflegt wird, noch kann geleugnet werden, dass der Gegenstand Staat eine historische Größe bestimmter, ausgewählter Gemeinwesen und Gesellschaftsordnungen – von der Antike, über das Mittelalter bis heute darstellt. Er kann verschiedene Gesellschaftsordnungen umfassen, von den antiken Städtestaaten, über das römische Imperium, die mittelalterlichen Fürstentümer und Reiche, die mittelalterlichen Republiken Venedig oder das Deutsch-Ordensgebiet, die Militärdiktatur *Cromwells*, die absolutistischen Monarchien, sowie das erste napoleonische Kaiserreich und die europäischen Nationalstaaten gegen Ende des 19. Jahrhunderts – oder je nach zugrundezulegender Begriffsbestimmung eben nicht[156]. Der Begriffsgegenstand Staat ist ebenso wie *Smend* meint, ein psychologisches Erlebnis seiner Angehörigen, entweder durch ein gemeinsames Verbundenheitsempfinden oder durch die geistige Zuordnung bestimmter repräsentativer Symbole, wie Farben, Hymnen, Wappen oder Tiersymbole.[157] Insoweit könnte es so viele Begriffsbestimmungen und -erfassungen über den Gegenstand geben, welcher als Staat zu bezeichnen gepflegt wird, wie es methodische Betrachtungsweisen desselben gibt.[158] Allein der Umstand, dass man die Existenz einer in der Wirklichkeit wahrnehmbaren, gesellschaftlichen Herrschaftsordnung mit der Bezeichnung Staat je nach verschiedener Aufgabenstellungen behandeln kann, ist es schon nicht möglich, diesen Gegenstand ausschließlich durch die juristische Perspektive erfassen zu können. Der Begriffsgegenstand, für den die Bezeichnung Staat verwendet wird, geht gedanklich tiefer als eine Bestimmung nur anhand einer juristischen Dimension.[159]

156 So beispielsweise: *Schmitt*, Staat als geschichtlich gebundener Begriff (1941), in: Verfassungsrechtliche Aufsätze, 4. Aufl., 2003, 375 (376, 383).

157 Vgl. Pkt. I. 4. lit. a) lit. cc), S. 47 f.

158 Vgl. entsprechend für den Betrachtungsgegenstand „Recht“: *Merkl*, Zum Interpretationsproblem (1916), in: Mayer-Maly/Schambeck/Grussmann (Hrsg.), Gesammelte Schriften, Bd. I/1, 1993, 63 (75 f.).

159 Vgl. *Jellinek*, Allgemeine Staatslehre, 3. Aufl., 1921, S. 10 f.

Fruchtbringend für die Erkenntnis eines wahren rechtlichen Staatsbegriff ist daher die Zwei-Seiten-Lehre *v. Gerbers* und *Jellineks*, den Gegenstand des Staates von zwei Seiten aus betrachten zu können, also zwei Perspektiven der Betrachtung zu unterteilen. Diese darf jedoch nicht zu dem Irrtum verleiten, dass der Gegenstand Staat selber zunächst in zwei Gegenstände aufzuspalten ist und diese danach erkenntnistheoretisch zu betrachten wären.[160] Dies wäre eine fehlerhafte Verkehrung, denn die Methode bzw. Betrachtungsweise erzeugt den Gegenstand ihrer Betrachtung und nicht umgekehrt.[161] Vielmehr ist es also die Betrachtungsweise, die sich für die begriffliche Erfassung des Gegenstands Staat, aufgrund dessen Komplexität und Vielschichtigkeit hier scheiden muss: Für eine rechtliche Erfassung des Begriffs Staat bedarf es einer spezifisch juristischen Betrachtungsweise.[162] Für die außerjuristische Disziplinen die jeweilige andersdisziplinare Betrachtungsweise. Somit erhält man zwei Seiten, nach denen man sich dem Begriff des Staates nähern kann. Einer juristischen Seite und einer außerjuristischen Seite, wobei letztere bei *Jellinek* als soziale bzw. soziologische Seite bezeichnet wird, aber im Grunde alle außerjuristischen Betrachtungen des Staates umfassen können. Das berechtigte Grundanliegen der Zwei-Seiten-Lehre ist die Gewinnung einer ausschließlich juristischen Begriffserfassung des Gegenstands Staat, ohne dabei die anderen Wesenheiten dieses Gegenstands zu vernachlässigen.[163] Die Zwei-Seiten-Lehre des Staates wurde insbesondere von *Jellinek* zu dem Zweck angewendet, um die Bestimmung des juristischen Staatsbegriffs gegenüber anderen außerjuristischen Deutungsversuchen abzusichern und den eigenen juristischen Staatsbegriff zu konservieren.[164] Insoweit ist die Zwei-Seiten-Lehre als Versuch einer originären juristischen Begriffseingrenzung des Staates zu verstehen, unter Aussonderung aller außerjuristischen Inhalte. So klar und deutlich die Notwendigkeit eines eigenen juristischen Staatsbegriffs im Sinne wissenschaftlicher Exaktheit auch ist, muss man allerdings zugestehen, dass eine spezifische juristische, also rechtsnormgeleitete, Begriffsbestimmung des Staates bei *Jellinek* nie konsequent erfolgt ist.[165] Der von *Jellinek* ermittelte

---

160 Vgl. *Kelsen*, Problem der Souveränität, 2. Aufl., 1928, S. 10 f.

161 *Kant*, Kritik der Reinen Vernunft, 1781/1787, S. A 24/B 38 f.; *Kelsen*, Die philosophischen Grundlagen, 1928, Kap. 4, § 34, S. 62.

162 *Kelsen*, Problem der Souveränität, 2. Aufl., 1928, S. 10; vgl. *Jellinek*, Allgemeine Staatslehre, 3 Aufl., 1921, S. 11.

163 Vgl. *Jellinek*, Allgemeine Staatslehre, 3. Aufl., 1921, S. 11 f.; *ders.* Subjektive öffentliche Rechte, 2. Aufl., 1905, S. 13 f., 21.

164 *Möllers*, Staat als Argument, 2000, S. 33.

165 So auch: *Möllers*, Staat als Argument, 2000, S. 32 ff.

juristische Staatsbegriff ist ebenso, wie die Versuche der anderen Autoren, nur ein weiterer soziologischer Staatsbegriff im Gewand juristischer Begrifflichkeit. Nahezu jeder der Autoren hat den juristischen Staatsbegriff anhand des jeweils eigenen, selber wahrgenommen Staatsverständnisses, seiner Erfahrungen und seines Zeitgeistes konstruiert. Bei *Jellinek* ist es die Vorstellung von der Dreiheit von Gebiet, Volk und Gewalt,[166] bei *Smend* die Erlebniswelt kultureller Symbolik und Gemeinsamkeiten,[167] bei *Herzog* und *Krüger* die Hervorhebung permanenter Organisationstrukturen und Ämtersysteme im modernen Staat[168]. Diese Staatselemente sind aber auch alles nur Beschreibungen von Merkmalen, die nach Auffassung der jeweiligen Autoren anhand des von ihnen vorgefundenen Staatsverständnisses als maßgeblich erachtet wurden und daher von den Autoren ausgewählt wurden, um den von ihnen ermittelten Staatsbegriff zu beschreiben. Der von den Autoren ursprünglich als juristisch zu bestimmende Staatsbegriff ist damit soziologisch und historisch eingefärbt und bietet somit ein Einfallstor für politische Ideologien. Dies ist die Achillesferse der genannten Staatsbegriffe, denn der Staatsbegriff und mithin der polizeiliche Schutz des Staates kann nicht von Begriffen abhängig gemacht werden, die dem Wandel der sozialen Auffassung unterliegen. Dies würde den polizeilichen Schutz des Staates in die Hand politischer Ideologien legen: Lädt man nämlich den Staatsbegriff mit soziologischen Anschauungen auf, so liegt es in der Hand der Ideengeber zu bestimmen, was den Staat auszeichnet und demzufolge, was den polizeilichen Schutz eben diesen Staates kennzeichnet. Je nachdem, welchem der genannten Staatsbegriffe gefolgt wird, kann dies ein unterschiedliches Einschreiten der Polizei begründen. So kann die Polizei entweder zum Schutz der Dreiheit von Gebiet, Volk und Gewalt, oder zum Schutz der integrativen Staatssymbolik und der im Volk innerlich verbindenden Wertekultur oder aber zum Schutz der Existenz von Staatsorgangen und ihrer Organisationsstruktur polizeilich einschreiten, um damit den Bestand des Staates als solchen polizeilich zu schützen. Der Schutz des Staates wäre damit beliebig. Dies hätte im Bereich der polizeirechtlichen Gefahrenabwehr eine erhebliche Rechtszerstörung zur Folge.

Folgt man demgegenüber der Zwei-Seiten-Lehre konsequent, so muss sich ein juristischer Staatsbegriff aus dem Recht ergeben, um juristisch zu sein. Der Staatsbegriff muss also geltendes Recht sein, damit er ein juristischer ist.[169] Dies

---

166 Siehe Pkt. I. 4. lit. a) lit. aa), S. 45 f.
167 Siehe Pkt. I. 4. lit. a) lit. cc), S. 47 f.
168 Siehe Pkt. I. 4. lit. a) lit. gg), S. 52 f.
169 Vgl. *Jellinek*, Subjektive öffentliche Rechte, 2. Aufl., 1905, S. 34 f.

ist aber nur möglich, wenn er sich aus den Rechtsnormen der jeweils geltenden Rechtsordnung bestimmt oder daraus abgeleitet wird.[170] Insoweit weist aber auch *Kelsens* Staatsbegriff durch die Gleichsetzung des Staats mit dem Recht[171] in die falsche Richtung und ist als undifferenzierte Gleichsetzung des Staatsbegriffs mit der Rechtsordnung abzulehnen. In Anbetracht, dass sich der juristische Staatsbegriff nach dem Recht bestimmen muss, um ein juristischer zu sein, folgt daraus aber nicht zugleich, den juristischen Staatsbegriff völlig mit der Rechtsordnung gleichzusetzen: So ist die Rechtsordnung ein Geflecht, ein System von Rechtsnormen. Innerhalb dieses Systems hat das Recht die Fähigkeit, den Begriff des Staates positiv zu bestimmen, ihm bestimmte Wesenheiten oder Merkmale zuzuschreiben oder abzuerkennen und kann hierfür an Gegenstände in der Wirklichkeit anknüpfen. Das Recht könnte also beispielsweise an eine in der Wirklichkeit tatsächlich existierende Gegebenheit, beispielsweise einer geographischen Landfläche anknüpfen und diese als Staat bestimmen. Dies würde die tatsächlich existierende geographische Landfläche zum juristischen Staat erheben. Aus alledem folgt aber noch nicht, dass diese tatsächlich existierende geographische Landfläche mit der Rechtsordnung gleichzusetzen oder identisch wäre. Die hiernach bestimmte geographische Landfläche ist eine Tatsache und keine Fiktion. Hierzu bildet die Rechtsordnung diejenigen Rechtsbefehle, die auf Tatsachen Bezug nehmen. Daher wäre es eine völlige Verkennung, den juristischen Staat begrifflich mit der Rechtsordnung gleichzusetzen. Genau so irrtümlich wie die Gleichsetzung von Staat und Rechtsordnung bei *Kelsen* wäre auch die Gleichsetzung der Rechtsordnung mit dem Begriff der Willenserklärung im Bürgerlichen Recht. Nur weil die Willenserklärung aufgrund der allgemeinen Vorschriften im Bürgerlichen Gesetzbuch einen Rechtsbegriff darstellt und daher ein juristisches Schicksal teilt, rechtfertigt dies nicht, die sich als menschliche Handlung vollziehende Entäußerung einer Vertragsannahme lediglich als Fiktion anzusehen und mit dem Begriff der Rechtsordnung gleichzusetzen. Eine weitere Konsequenz aus *Kelsens* Staatsbegriff ist zudem der, dass der Staatsbegriff in der Rechtsordnung selber nicht existieren kann bzw. soweit Rechtsnormen ausdrücklich den Staat benennen oder ihn zum Gegenstand haben, solche

---

170 Vgl. *Kelsen*, Reine Rechtslehre, 2. Aufl., 1960, S. 72; *Möllers*, Staat als Argument, 2000, S. 133: „*Lassen sich staatstheoretische Modelle in staatsrechtlichen Begründungszusammenhängen auffinden, so bedürfen dieser einer eigenen normativen Rechtfertigung, eines Bezugs auf Normen. Der bloße Hinweis auf staatstheoretisch ermittelte Wirklichkeit ist aus methodischen Gründen ungenügend.*".

171 Siehe Pkt. I. 4. lit. a) lit. bb), S. 46 f.

Bestimmungen dann folgenlos wären.[172] Sämtliche der vorgenannten Staatsbegriffe können also nicht für den maßgeblichen juristischen Staatsbegriff fruchtbar gemacht werden.

bbb) Folgerungen für die Ermittlung des rein juristischen Staatsbegriffs

Für die nachfolgende Untersuchung zur Ermittlung des juristischen Staatsbegriffs ist die Zwei-Seiten-Lehre *v. Gerbers* und *Jellineks* zu Grunde zu legen. Ob soziologisch, historisch oder kulturwissenschaftlich, alle verschiedenen Begriffsdimensionen des Staates mögen ihre Berechtigung innerhalb der jeweiligen Untersuchungsfelder haben und schließen sich deshalb nicht gegenseitig aus.[173] Da die vorliegende Untersuchung über den polizeilichen Schutz des Staates eine rein rechtswissenschaftliche ist, ist der Begriff des Staates rein rechtlich begreifbar zu machen. Rechtlich begreifbar kann aber nicht irgendeine soziologische oder historische Begriffsbestimmung des Staats aufgrund ihrer selbst sein, sondern nur eine solche Begriffsbestimmung über den Staat, die das Recht selber trifft bzw. dem Recht entnommen werden kann.[174] Es mag nach gegenwärtiger Erfahrung überzeugend sein, einem Staat als Existenzvoraussetzung eine bestimmte Landfläche zuzuordnen. Doch wenn sich die Lebensgrundlagen ändern sollten und sich das Staatsvolk auf Wanderschaft begeben müsste und folglich nicht mehr an eine bestimmte Landfläche gebunden ist, so wäre beispielsweise schon das Merkmal der bestimmten Landfläche hinfällig. Dennoch kann dieses wandernde Staatsvolk eine eigene Rechtsordnung haben, welche das Staatsvolk rechtlich als einen Staat bestimmt. Aufgrund einer solchen rechtlichen Bestimmung könnte dann auch nicht geleugnet werden, dass juristisch ein Staat vorhanden ist, der dann auch polizeilichem Schutz unterliegen könnte. Das Recht hat nämlich die Fähigkeit etwas juristisch als Staat zu bestimmen, selbst wenn soziologische oder kulturwissenschaftliche Betrachtungen zu dem Ergebnis kommen, dass es sich gemäß ihrer Definitionen nicht um einen Staat handelt. Ohnehin erklären sich die zahlreichen juristischen Staatsbegriffe im

---

172 *Möllers*, Staat als Argument, 2000, S. 48.

173 *Jellinek*, Subjektive öffentliche Rechte, 2. Aufl., 1905, S. 13 f.

174 Vgl. zum Begriff Bundesstaat: *Rozek*, Das Grundgesetz als Prüfungs- und Entscheidungsmaßstab, 1993, S. 29 m. w. N. *Betghe*, BayVBl. 1985, 257 (257 f.); *Isensee*, in: Isensee/Kirchhof (Hrsg.), Handbuch des Staatsrechts, Bd. IV, 1990, § 98, Rdnr. 6, Rdnr. 265: *„Jeder Bundesstaat ist ein Unikat, das primär durch das geschriebene Verfassungsrecht geprägt wird. Apriorische Modelle und vorverfassungsrechtliche Konstruktionen vermögen keine gesicherten Erkenntnisse über die konkrete Rechtsnatur des grundgesetzlichen Bundesstaates zu vermitteln."*.

Schrifttum gerade aus den verschiedenen Erfahrungen und dem Zeitgeist, den ihre Schöpfer unterliegen. Daher hat die juristische Begriffsbestimmung des Staates also von einer rein rechtlichen Seite aus zu erfolgen. So könnte sich nämlich im Recht letztlich für einen Staatsbegriff entschieden worden sein, der nur einer bestimmten politischen Idee oder einer historischen Betrachtung eigen ist oder für einen Staatsbegriff, der ein bestimmtes ideologisches Staatsverständnis von vornherein ausschließt.[175] *Kelsen* bringt dies prägnant zum Ausdruck, indem er dem Betrachter vor die Wahl stellt, *„ob er als Soziologe und Psychologe das tatsächliche Geschehen, das tatsächliche Handeln der Menschen erklären, oder die Rechtsnormen erfassen"* will.[176]

Bei einer rein rechtlichen Begriffsbestimmung darf keine Vermischung mit außerjuristischen Betrachtungsweisen eintreten: Eine rechtliche Betrachtungsweise hat nur anhand des Rechtlichen, beispielsweise anhand von Verfassungsrechtsnormen, wenn es sich um eine verfassungsrechtliche Betrachtung handelt, zu erfolgen[177]: Der vorverfassungsmäßige Staat hat sich nämlich durch Rechtsetzung und Bindung rechtlich verfasst und sich insoweit anhand von Verfassungsrechtsnormen zu einem rechtlichen Staat „überformt".[178] Zwar wird man annehmen dürfen, dass der juristische Staat ebenso wie der vorverfassungsmäßige Staat stets zugleich auch in gewisser Hinsicht ein soziologisch erfassbarer Staat ist. Jedoch ist der Staat für die Rechtswissenschaft aufgrund seiner erfolgten rechtlichen Überformung durch Verfassungsrechtsnormen und aufgrund seiner Selbstbindung an das Recht ausschließlich rechtlich zu erfassen.[179] Selbstverständlich schließt eine solche rein rechtliche Betrachtung des juristischen Staats es selbstverständlich nicht aus, dass das Recht auch soziologische oder kulturhistorische Auffassungen oder Elemente in sich aufgenommen, verrechtlicht und

175 So hebt das Bundesverfassungsgericht hervor, dass die verfassungsrechtliche Ordnung der Bundesrepublik Deutschland eine Entgegensetzung zur nationalsozialistischen Herrschaft darstellt: BVerfGE 124, 300 (328).

176 *Kelsen*, Hauptprobleme Staatsrechtslehre, 1911, Vorwort, S. VIII.

177 Vgl. *Möllers*, Staat als Argument, 2000, S. 13; *Jellinek*, Allgemeine Staatslehre, 3. Aufl., 1921, S. 11 f.

178 Vgl. *Uhlenbrock*, Der Staat als juristische Person, 2000, S. 106 m. w. N. *Jellinek*, Allgemeine Staatslehre, 3. Aufl., 1921, S. 183: *„Die Möglichkeit rechtlicher Selbstbeschränkung des Staates, durch die er sich unter das Recht stellt, Träger von Rechten und Pflichten wird, muß an dieser Stelle als begründet vorausgesetzt werden."*.

179 Dies ist die Konsequenz gegenüber: *Jellinek*, Allgemeine Staatslehre, 3. Aufl., 1921, S. 367, 369.

damit zu eigen gemacht haben könnte.[180] Dies ändert nichts an der rechtlichen Betrachtungsweise, denn in diesem Falle sind solche soziologischen oder kulturhistorischen Auffassungen und Elemente in Recht übergegangen, stellen damit geltendes Recht dar und sind insoweit Gegenstand der Untersuchung.[181] Eine unzulässige Vermischung mit einer soziologischen Betrachtungsweise würde insoweit also nicht stattfinden. Der juristische Staatsbegriff muss sich danach, in aller Allgemeinheit formuliert, allein anhand der geltenden Rechtsnormen bestimmen.

ccc) Der juristische Staatsbegriff nach geltendem Recht

Wendet man die Grundsätze des juristischen Staatsbegriffs schließlich in concreto auf die deutsche Rechtsordnung an, so ist der juristische Staatsbegriff anhand der geltenden Rechtsnormen zu bestimmen.[182] Selbstverständlich lässt sich der juristische Staatsbegriff dabei jedoch nur insoweit bestimmen, wie die geltenden Rechtsnormen überhaupt Bestimmungen zum Staatsbegriff treffen.

Eine Legaldefinition über den Bestand der Bundesrepublik enthält § 92 Abs. 1 StGB für den Bereich des Staatsschutzstrafrechts: *„Im Sinne dieses Gesetzes beeinträchtigt den Bestand der Bundesrepublik Deutschland, wer ihre Freiheit von fremder Botmäßigkeit aufhebt, ihre staatliche Einheit beseitigt oder ein zu ihr gehörendes Gebiet abtrennt.“* Daraus geht hervor, dass zumindest im Sinne des Strafgesetzbuchs der Bestand des Staates dadurch betroffen ist, wenn es um die Freiheit von fremder Botmäßigkeit geht, um die staatliche Einheit oder um die Zusammengehörigkeit des Gebiets. Daher nimmt ein Teil des polizeirechtlichen Schrifttums Bezug auf die Bestimmungen des § 92 Abs. 1 StGB und versucht hierüber das polizeirechtliche Schutzgut des Bestands des Staates näher zu bestimmen.[183] Eine Begriffsentlehnung des Bestands des Staates aus dem Bereich des Staatsschutzstrafrechts ist jedoch für eine widerspruchsfreie Verwendung im Polizeirecht ungeeignet. Es ist nämlich zu bedenken, dass § 92 Abs. 1 StGB nur Fälle bestimmt, in denen der Bestand der Bundesrepublik Deutschland bereits beeinträchtigt ist. Daraus folgt aber nicht zugleich, dass nicht auch in anderen

---

180 Vgl. *Merkl*, Zum Interpretationsproblem (1916), in: Mayer-Maly/Schambeck/Grussmann (Hrsg.), Gesammelte Schriften, Bd. I/1, 1993, 63 (74 f.).

181 Vgl. *Kelsen*, Reine Rechtslehre, 2. Aufl., 1960, S. 351.

182 *Rozek*, Das Grundgesetz als Prüfungs- und Entscheidungsmaßstab, 1993, S. 29.

183 *Drews/Wacke/Vogel/Martens*, Gefahrenabwehr, 9. Aufl., 1986, § 15, S. 233; *Denninger*, in: Lisken/Denninger/Bäcker/Graulich (Hrsg.), Handbuch des Polizeirechts, 6. Aufl., 2018, Kap. D I 3, Rdnr. 20.

Fällen der Bestand der Bundesrepublik Deutschland beeinträchtigt sein könnte. So könnten auch andere Beeinträchtigungen der Bundesrepublik Deutschland denkbar sein, bei denen kein Pönalisierungsinteresse besteht und die demzufolge nicht in § 92 Abs. 1 StGB genannt sind. Das Problem ist, dass § 92 Abs. 1 StGB eine Begriffsbestimmung von einer negativen Seite her trifft: „[...] *beeinträchtigt den Bestand der Bundesrepublik, wer* [...]" und enthält insoweit keine positive Begriffsbestimmung darüber, was den Bestand der Bundesrepublik abschließend auszeichnet. Die Bestimmung in § 92 Abs. 1 StGB kann daher nicht als rechtlicher Begriff des Bestands des Staates angesehen werden, auch wenn er durchaus mit der staatlichen Einheit und der Freiheit von fremder Botmäßigkeit Fälle beschreiben mag, die vom Begriff des Bestands des Staates mitumfasst sind.

Die fehlende Eignung der Umschreibung des Bestands des Staates gemäß § 92 Abs. 1 StGB für eine Begriffsbestimmung im Polizeirecht zeigt sich auch anhand der Aufgabenstellung der vorliegenden Untersuchung: Da sich die vorliegende Untersuchung über den polizeilichen Schutz des Staates mit der Frage beschäftigt, inwieweit der Staat als Rechtsbegriff die grundrechtlichen Freiheitsgewährleistungen im Grundgesetz begrenzen bzw. beschränken oder – sehr allgemein ausgedrückt – rechtlich verkürzen kann und das Grundgesetz als Verfassung in der Normenhierarchie an oberster Stelle steht, ist die folgende Betrachtung auch allein auf das Verfassungsrecht zu beschränken. Folglich hat die Ermittlung des juristischen Staatsbegriffs, bei welchem es um die Frage verfassungsrechtlich zulässiger Eingriffe in die Grundrechte geht, nicht anhand einfach-gesetzlicher Rechtsnormen, sondern ausschließlich anhand von Verfassungsrechtsnormen zu erfolgen. Eine Begriffsbestimmung anhand einfach-gesetzlicher Rechtsnormen, wie § 92 Abs. 1 StGB, muss aus diesem Grund also außer Betracht bleiben.

Für die Bestimmung des maßgeblichen Begriffs des Staates ist daher an der zutreffenden Auffassung *Uhlenbrocks* anzuknüpfen: „*Der gegenwärtige juristisch-dogmatische Staatsbegriff muss insofern die im Grundgesetz festgeschriebenen Verfassungsgrundsätze verarbeiten und darf nicht in Widerspruch zu ihnen stehen.*"[184] Wendet man sich den Verfassungsrechtsnormen zu, so ist festzustellen, dass das Grundgesetz als deutsche Verfassung keine Legaldefinition des juristischen Staatsbegriffs enthält. Es gibt keine Verfassungsbestimmung, die den Begriff des Staates anhand spezifischer Merkmale bzw. Begriffsinhalten abschließend festlegt. Dafür geht aus mehreren Verfassungsbestimmungen, wie Art. 3 Abs. 2 S. 2; Art. 7 Abs. 1; Art. 20a und Art. 34 S. 1 GG, aber eindeutig hervor, dass im Verfassungsrecht von der Existenz eines Staates ausgegangen wird und demzufolge

184 *Uhlenbrock*, Der Staat als juristische Person, 2000, S. 166.

ein irgendwie gearteter juristischer Staatsbegriff zugrundeliegt, auch wenn dieser Staatsbegriff nicht legaldefiniert wird.

Die zentrale Verfassungsrechtsnorm für den Schluss auf den juristischen Staatsbegriff des Grundgesetzes ist Art. 20 Abs. 1 GG.[185] Danach gilt: *„Die Bundesrepublik Deutschland ist ein demokratischer und sozialer Bundesstaat.“*. Damit wird sprachlogisch bestimmt, dass die Bundesrepublik Deutschland ein *„Bundestaat“*, mithin also *„-Staat“* im Sinne des Grundgesetzes ist.[186] Jedoch wird hierdurch keine Definition eines juristischen Staatsbegriffs gegeben oder eine Bestimmung, was die Bundesrepublik Deutschland speziell als Staat auszeichnet oder aufgrund welcher Merkmale dieser die Staatsqualität zukommt.[187] Dennoch wird hierdurch die Bundesrepublik Deutschland zum Anknüpfungspunkt für den juristischen Staatsbegriff des Grundgesetzes: Das, was die Bundesrepublik Deutschland ist, ist damit rechtlich der Staat.

Ein Teil des Schrifttums will in der Verfassungsbestimmung in Art. 20 Abs. 1 GG hingegen allein die verfassungsrechtliche Gewährleistung des Staatsnamens *„Bundesrepublik Deutschland“* erblicken.[188] Eine solche verengende Auffassung ist abzulehnen, sie entspricht nicht der Regelungsstruktur des Art. 20 Abs. 1 GG. Wollte die Verfassungsbestimmung in Art. 20 Abs. 1 GG ausschließlich den Staatsnamen gewährleisten, so würde sie anders lauten, etwa: *„Der Staat heißt […]“* oder *„Der Staat trägt den Namen […]“* oder ferner auch *„Der Staat ist […]“*. Eine derartige Regelungssystematik weist die Verfassungsbestimmung in Art. 20 Abs. 1 GG aber erkennbar nicht auf, sondern ordnet dem Begriff *„Bundesrepublik Deutschland“* strukturell die Bestimmung *„Bundesstaat“* und mithin die Bestimmung *„-staat“* zu. Es geht dabei also nicht nur um die Gewährleistung des Staatsnamens, sondern vor allem um die Normierung des für das Grundgesetz gegenständlichen Staates selbst.

Auch wenn die Bundesrepublik Deutschland als Staat des Grundgesetzes bezeichnet wird und deren Voraussetzungen für die Staatlichkeit nicht geregelt werden, so werden innerhalb des Grundgesetzes Verfassungsbestimmungen

---

185 A. A. *Uhlenbrock*, Der Staat als juristische Person, 2000, S. 166 ff., der hauptsächlich an Art. 20 Abs. 2 GG anknüpft.

186 So auch: *Grzeszick*, in: Maunz/Dürig/Herzog/Herdegen/Scholz/Klein (Hrsg.), GG-Komm., 88. EL (2019), Art. 20, I B, Rdnr. 5; *Kirchhof*, Brauchen wir ein erneuertes Grundgesetz?, 1992, S. 37; vgl. so ähnlich als Verfassungsvoraussetzung: *Möllers*, Staat als Argument, 2000, S. 380, 382 f.

187 Vgl. so ähnlich: *Winkler*, Kollision von Schutznormen, 2000, S. 134 f.

188 *Sachs*, in: Sachs (Hrsg.) GG-Komm., 8. Aufl., 2018, Art. 20, Rdnr. 8; *Winkler*, Kollision von Schutznormen, 2000, S. 134 f.

genannt, die aufgrund des Präfixes „Staat-“ erkennbar semantisch mit dem Staatsbegriff verknüpft sind:[189] Hierzu zählt insbesondere die Bezeichnung der Staatsgewalt in Art. 20 Abs. 2 GG und Art. 1 Abs. 1 S. 2 GG, die Bezeichnung von Staatsangehörigen in Art. 16 Abs. 1; 116 Abs. 1 GG und die Bundesstaatlichkeit in Art. 20 Abs. 1 GG. Diese Verfassungsbestimmungen sind im Folgenden zu untersuchen:

aaaa) Bundesrepublik Deutschland

Die Bundesrepublik Deutschland ist der Staat gemäß Art. 20 Abs. 1 GG. Die Erkenntnis, die man aus der Bezeichnung der Bundesrepublik Deutschland als Staat für den juristischen Staatsbegriff gewinnt, ist jedoch eher rudimentär. Aus der in Art. 20 Abs. 1 GG verwendeten Bezeichnung Deutschlands kann man grammatikalisch wörtlich schlussfolgern, dass mit dem Begriffsbestandteil Deutschland an das geographisch zu verortende und als kulturhistorisch zu bezeichnende Gebilde Deutschlands in Mitteleuropa angeknüpft wird.[190] Dies geht auch aus der Diskussion im Grundsatzausschuss des Parlamentarischen Rates hervor. Demnach sei diese Bezeichnung der „*Versuch, den Begriff Deutschland aus dem Ethischen, Kulturellen, dem Ethnologischen und Geographischen in das Staatsrechtliche zu heben.*“[191] Die Bezeichnung Deutschland ist demnach als rechtliche Anknüpfung an das wirklichkeitsbezogene Gebilde Deutschland zu verstehen, welchem durch Art. 20 Abs. 1 GG verfassungsrechtlich die juristische Staatsqualität „übergestülpt“ wird. Dieses wirklichkeitsbezogene Gebilde Deutschland ist als körperschaftlicher Verband vorstellbar und wird mittelbar durch seine geographische Verortung eingegrenzt. Weitergehende Folgerungen, wie ein grenz- bzw. parzellenscharfer Umfang des Territoriums oder sozial-kulturelle Voraussetzungen des körperschaftlichen Verbands, können allein aus dieser Bezeichnung jedoch nicht abgeleitet werden.

Demgegenüber ist der im Begriff Bundesrepublik verwendete Begriffsbestandteil „-republik“ aussagekräftiger. Diese Bezeichnung lässt den Schluss auf die Beschaffenheit des gesellschaftlichen Gebildes einer Republik zu.[192] Bei der

---

189 Vgl. zum Aspekt der semantischen Verknüpfung: *Möllers*, Staat als Argument, 2000, S. 298.

190 Vgl. *Sommermann*, in: v. Mangoldt/Klein/Starck/Huber/Voßkuhle (Hrsg.), GG-Komm., Bd. 2, 7. Aufl., 2018, Art. 20, Rdnr. 9, 11.

191 *Matz*, JöR n. F., Bd. I (1951), 195 (198).

192 *Schnapp*, in: v. Münch/Kunig (Hrsg.), GG-Komm., 6. Aufl., 2012, Art. 20, Rdnr. 9; *Sommermann*, in: v. Mangoldt/Klein/Starck/Huber/Voßkuhle (Hrsg.), GG-Komm., Bd. 2, 7. Aufl., 2018, Art. 20, Rdnr. 12; *Sachs*, in: Sachs (Hrsg.) GG-Komm.,

Bezeichnung Republik handelt sich nach allgemeinem Verständnis, ursprünglich abgeleitet aus dem Begriff „res publica", um ein Gemeinwesen[193] ohne erbliches Herrschaftsgeschlecht.[194] Die Bezeichnung „*Bundes-*" im Begriff „*Bundesrepublik*" weist auf die Zusammensetzung des körperschaftlichen Gebildes als die eines Bundes hin.[195] Dabei folgt allein aus der Bezeichnung „*Bundes-*" in Art. 20 Abs. 1 GG zwar das Bundeswesen bzw. die Bundesstaatlichkeit des umfassten Gemeinwesens der „*-republik*", aber noch keine konkreten rechtlichen oder bestimmten Aussagen über die Bundesstruktur.[196] Die Bundesstruktur, insbesondere die Gliederung in Bund und Ländern, ist daher in systematischer Zusammenschau mit anderen Verfassungsbestimmungen und der Präambel zu betrachten. Hierauf ist an späterer Stelle einzugehen.

bbbb) Mit der Staatlichkeit semantisch verknüpfte Begriffsmerkmale

Da die Bezeichnung der Bundesrepublik Deutschland als Staat rechtlich nur eine Anknüpfung bzw. Bezugnahme auf einen real existierenden und geographisch verortbaren Verband darstellt, werden damit aber nicht jene rechtlichen Merkmale bezeichnet, die den Verband schließlich als Staat qualifizieren. Hierfür werden im Grundgesetz an anderer Stelle aber die Begriffe der Staatsgewalt oder der Staatsangehörigen genannt, welche aufgrund ihres Präfixes „Staat-" semantisch

---

8. Aufl., 2018, Art. 20, Rdnr. 9; *Grzeszick*, in: Maunz/Dürig/Herzog/Herdegen/Scholz/Klein (Hrsg.), GG-Komm., 88. EL (2019), Art. 20, III A, Rdnr. 1; zur Entstehung des Art. 20 Abs. 1 GG und der Bezeichnung als Republik: *Gröschner*, in: Isensee/Kirchhof (Hrsg.), Handbuch des Staatsrechts, Bd. II, 3. Aufl., 2004, § 23, S. 370 ff., Rdnr. 1 f.

193 *Schnapp*, in: v. Münch/Kunig (Hrsg.), GG-Komm., 6. Aufl., 2012, Art. 20, Rdnr. 9; *Stern*, Staatsrecht, Bd. I, 2. Aufl., 1984, § 17 I 1, S. 576; *Isensee*, JZ 1981, 1 (3 f.); *Dreier*, in: Dreier (Hrsg.), GG-Komm., Bd. II, 3. Aufl., 2015, Art. 20 (Republik), Rdnr. 1.

194 Vgl. *Schnapp*, in: v. Münch/Kunig (Hrsg.), GG-Komm., 6. Aufl., 2012, Art. 20, Rdnr. 9; *Isensee*, JZ 1981, 1 (4); *Jellinek*, Allgemeine Staatslehre, 3. Aufl., 1921, S. 667, 710 f.; *Dreier*, in: Dreier (Hrsg.), GG-Komm., Bd. II, 3. Aufl., 2015, Art. 20 (Republik), Rdnr. 2 ff., 17; *Grzeszick*, in: Maunz/Dürig/Herzog/Herdegen/Scholz/Klein (Hrsg.), GG-Komm., 88. EL (2019), Art. 20, III A, Rdnr. 2.

195 *Sommermann*, in: v. Mangoldt/Klein/Starck/Huber/Voßkuhle (Hrsg.), GG-Komm., Bd. 2, 7. Aufl., 2018, Art. 20, Rdnr. 20; *Grzeszick*, in: Maunz/Dürig/Herzog/Herdegen/Scholz/ Klein (Hrsg.), GG-Komm., 88. EL (2019), Art. 20, IV A, Rdnr. 1; vgl. *Rozek*, Das Grundgesetz als Prüfungs- und Entscheidungsmaßstab, 1993, S. 29.

196 Vgl. *Schnapp*, in: v. Münch/Kunig (Hrsg.), GG-Komm., 6. Aufl., 2012, Art. 20, Rdnr. 10 f.; *Grzeszick*, in: Maunz/Dürig/Herzog/Herdegen/Scholz/Klein (Hrsg.), GG-Komm., 88. EL (2019), Art. 20, IV A 3, Rdnr. 13.

an den – selber nicht legal-definierten – Staatsbegriff anknüpfen und daher einen Rückschluss auf das Wesen des Staatsbegriffs zulassen.[197]

α) Die Staatsgewalt

Nachfolgend an die Bezeichnung des Bundesrepublik Deutschland als Staat in Art. 20 Abs. 1 GG und damit inhaltlich anknüpfend bestimmt Art. 20 Abs. 2 S. 1 GG: „*Alle Staatsgewalt geht vom Volke aus.*". Indem Art. 20 Abs. 2 S. 1 GG den Begriff der „Staats-"gewalt verwendet und dem Abs. 1 nachfolgt, wird mit dieser Regelung inhaltlich an den Staatsbegriff im Grundgesetz angeknüpft. Eine weitere Nennung erfährt die Staatsgewalt in Art. 1 Abs. 1 S. 2 GG, wonach Achtung und Schutz der Menschenwürde Verpflichtung aller staatlichen Gewalt ist. Die Staatsgewalt tritt hiernach als ein Wesensmerkmal des Staats auf. Etymologisch ist unter Staatsgewalt in Art. 20 Abs. 2 GG in Hinsicht auf das verwendete Wort der Gewalt nicht die Ausübung körperlicher Gewalt i. S. v. „violentia" oder körperlichen Zwangs oder Drucks i. S. v. „vis" verstehen, sondern die Ausübung von Herrschaftsmacht i. S. v. „potestas".[198] Das Verständnis der Staatsgewalt als „potestas" geht auch aus Art. 20 Abs. 2 S. 2 GG hervor, der formuliert, dass die „Gewalt" vom Volke ausgeht, aber durch besondere staatliche Organe ausgeübt wird oder aus der Verpflichtung der „Gewalt" zum Schutz der Menschenwürde in Art. 1 Abs. 1 S. 2 GG.

Der hiermit angesprochene juristische Begriff der Staatsgewalt „potestas", der maßgeblich in Art. 20 Abs. 2 GG niedergelegt ist, ist jedoch nicht zu verwechseln mit dem Begriff der Staatsgewalt i. S. d. allgemeinen Staatsrechtslehre *Jellinek*scher Prägung. Während letzter ein der Geistesauffassung der allgemeinen Staatsrechtslehre entlehnter Begriff ist, um einem gesellschaftlichen Gebilde die Eigenschaft eines Staates nachzuweisen, ist ersterer Begriff der Staatsgewalt dem Grundgesetz aus Art. 20 Abs. 2 GG selber entnommen. Gegenstand des Grundgesetzes ist aber nicht die Erbringung des Nachweises der Staatsqualität der Bundesrepublik Deutschland, sondern deren Konstituierung unter Einbringung des Merkmals der Staatsgewalt. Insoweit können auch die mit dem Begriff

---

197 Vgl. zu dem Gedanken der begrifflichen Verschränkung zwischen Staat und Staatsvolk: *Möllers*, Staat als Argument, 2000, S. 406.

198 *Isensee*, in: Isensee/Kirchhof (Hrsg.), Handbuch des Staatrechts, Bd. II, 3. Aufl., 2004, § 15, Rdnr. 87; *Dreier*, in: Dreier (Hrsg.), GG-Komm., Bd. II, 3. Aufl., 2015, Art. 20 (Demokratie), Rdnr. 86; *Sommermann*, in: v. Mangoldt/Klein/Starck/Huber/Voßkuhle (Hrsg.), GG-Komm., Bd. 2, 7. Aufl., 2018, Art. 20, Rdnr. 145; *Stern*, Staatsrecht, Bd. II, 1980, § 36, IV 2, S. 533.

der Staatsgewalt i. S. d. allgemeinen Staatsrechtslehre *Jellinek*scher Prägung verbundenen Merkmale nicht unvermittelt auf den Begriff der Staatsgewalt des Art. 20 Abs. 2 GG übertragen werden[199] oder zu dessen Definition des Art. 20 Abs. 2 GG herangezogen werden.

In sachlicher Hinsicht kann die Staatsgewalt als Herrschafts- oder Willensmacht[200] verstanden werden. Eine Eigenschaft der als Herrschaftsmacht verstandenen Staatgewalt ist nach der Auffassung von *Herzog* ihre Fähigkeit, den Adressaten zu einem bestimmten, von den staatlichen Organen formulierten, Verhalten zu veranlassen.[201] Nach der Rechtsprechung des Bundesverfassungsgerichts werden unter dem Begriff der Staatsgewalt in Art. 20 Abs. 2 GG *„alle Arten der Ausübung von Staatsgewalt"*[202], also von Herrschaftsmacht durch Organe der Gesetzgebung, der vollziehenden Gewalt und der Rechtsprechung verstanden, bei denen es sich um amtliches Handeln mit Entscheidungscharakter handelt.[203] Dabei wird der Begriff des Entscheidungscharakters vom Bundesverfassungsgericht im weiteren Sinne verstanden. Hierzu zählen sowohl Entscheidungen im internen Bereich staatlicher Organe, ohne dass diese eine unmittelbare Außenwirkung hätten.[204] Zudem ist das Verständnis nicht nur auf rechtsgestaltende Regelungen oder Anordnungen beschränkt, sondern umfasst auch amtlich vorbereitende Tätigkeiten,[205] mithin also schlicht-hoheitliches Handeln.[206] Die Ausübung der Staatsgewalt erfährt also keine Beschränkung auf bestimmte Handlungsweisen oder Handlungsbereiche, sondern ist die umfassende Ausübung sämtlicher Handlungen ungeachtet ihrer Rechts- und Handlungsform,[207] wobei lediglich konsultative oder technisch vorbereitende

---

199 Vgl. dazu: *Möllers*, Staat als Argument, 2000, S. 149, Fn. 80.

200 Zum Merkmal der Willensmacht so auch: *Jellinek*, Allgemeine Staatslehre, 3. Aufl., 1921, S. 427.

201 *Herzog*, Allgemeine Staatslehre, 1971, S. 160.

202 BVerfGE 77, 1 (40); vgl. BVerfGE 83, 60 (71 ff., 73).

203 BVerfGE 83, 60 (73); 93, 37 (68); 107, 59 (87); 130, 76 (123); 135, 155 (221, Rdnr. 157); 136, 194 (261, Rdnr. 168).

204 BVerfGE 93, 37 (68); 107, 59 (87); 135, 155 (221, Rdnr. 157); 136, 194 (261, Rdnr. 168).

205 BVerfGE 93, 37 (68); 107, 59 (87).

206 *Sommermann*, in: v. Mangoldt/Klein/Starck/Huber/Voßkuhle (Hrsg.), GG-Komm., Bd. 2, 7. Aufl., 2018, Art. 20, Rdnr. 146; *Dreier*, in: Dreier (Hrsg.), GG-Komm., Bd. II, 3. Aufl., 2015, Art. 20 (Demokratie), Rdnr. 87; *Schröder*, JA 2017, 809 (812); *Britz*, VerwArch. Bd. 91 (2000), S. 418 (425); *Schmidt-Aßmann*, AöR Bd. 116 (1991), S. 329 (342).

207 *Grzeszick*, in: Maunz/Dürig/Herzog/Herdegen/Scholz/Klein (Hrsg.), GG-Komm., 88. EL (2019), Art. 20, II C, Rdnr. 90; *Dreier*, in: Dreier (Hrsg.), GG-Komm., Bd. II,

Tätigkeiten nach der Rechtsprechung des Bundesverfassungsgerichts keine Ausübung von Staatsgewalt darstellen können.[208] Unter Ausübung von Staatsgewalt im Sinne des Art. 20 Abs. 2 S. 2 GG fällt nach überwiegender Auffassung auch jegliches fiskalisches Handeln, wie fiskalische Hilfsgeschäfte oder die staatliche Aufgabenerfüllung in Privatrechtsform,[209] wie jüngst das Bundesverfassungsgericht bestätigt hat.[210] Grund hierfür ist, dass die Ausübung von staatlicher Gewalt im Sinne des Art. 20 Abs. 2 S. 2 GG nicht vorgibt, in welchen Formen diese zu erfolgen hat, weshalb die Ausübung von Staatsgewalt auch in Form des Privatrechts hiervon nicht ausgeschlossen wird.[211] In räumlicher Hinsicht erfährt der Begriff der Staatsgewalt keine ausdrückliche Beschränkung, jedoch ist durch den Ursprung in Art. 20 Abs. 2 S. 1 GG sowie der Bezeichnung der Bundesrepublik Deutschland als Staat festgelegt, dass mit dem Begriff der Staatsgewalt ausschließlich die in der Bundesrepublik Deutschland ausgehende, also die deutsche Herrschaftsmacht beschrieben wird.[212]

Bisher wurde im Zusammenhang mit der Bestimmung des Begriffs der Staatgewalt die Ausübung durch staatliche Organe erwähnt. Dies ist insoweit unentbehrlich, da die Ausübung von Herrschaftsmacht eines berufenen Entscheidungsträgers bedarf. Daher stellt Art. 20 Abs. 2 GG nicht lediglich den Begriff der Staatsgewalt in den Raum, sondern normiert gemäß Art. 20 Abs. 2 S. 1 GG, dass alle Staatsgewalt vom Volke ausgeht und dass diese nach Art. 20 Abs. 2 S. 2 GG durch besondere staatliche Organe sowie durch das Volk in Wahlen und Abstimmungen ausgeübt wird. Nach der Regelungsstruktur des Art. 20 Abs. 2 GG wird das Volk als Ausgang der Staatsgewalt sowie die Ausübung durch

---

3. Aufl., 2015, Art. 20 (Demokratie), Rdnr. 87; vgl. *Sommermann*, in: v. Mangoldt/Klein/Starck/ Huber/Voßkuhle (Hrsg.), GG-Komm., Bd. 2, 7. Aufl., 2018, Art. 20, Rdnr. 146.

208 BVerfGE 47, 253 (272 f.); 83, 60 (74).

209 *Schnapp*, in: v. Münch/Kunig (Hrsg.), GG-Komm., 6. Aufl., 2012, Art. 20, Rdnr. 69; *Sommermann*, in: v. Mangoldt/Klein/Starck/Huber/Voßkuhle (Hrsg.), GG-Komm., Bd. 2, 7. Aufl., 2018, Art. 20, Rdnr. 146; *Dreier*, in: Dreier (Hrsg.), GG-Komm., Bd. II, 3. Aufl., 2015, Art. 20 (Demokratie), Rdnr. 87; *Schröder*, JA 2017, 809 (812); *Britz*, VerwArch. Bd. 91 (2000), S. 418 (425); *Schmidt-Aßmann*, AöR Bd. 116 (1991), S. 329 (341).

210 Vgl. BVerfGE 147, 50 (134, Rdnr. 218 ff.).

211 *Grzeszick*, in: Maunz/Dürig/Herzog/Herdegen/Scholz/Klein (Hrsg.), GG-Komm., 88. EL (2019), Art. 20, II C, Rdnr. 96.

212 So auch: *Sommermann*, in: v. Mangoldt/Klein/Starck/Huber/Voßkuhle (Hrsg.), GG-Komm., Bd. 2, 7. Aufl., 2018, Art. 20, Rdnr. 147.

staatlichen Organe und durch Wahlen und Abstimmungen des Volkes gleichsam in das Wesensmerkmal der Staatsgewalt einbezogen, sodass die Staatsgewalt nicht an für sich gewährleistet wird, sondern stets im Zusammenhang entweder mit ihrem Ausgang im Volk oder durch die Ausübung durch staatliche Organe und durch Wahlen und Abstimmungen des Volkes.

αα) Besondere Organe zur Ausübung der Staatsgewalt

Das Vorhandensein und die Ausübung von Staatsgewalt als Herrschaftsmacht ist Begriffsmerkmal des Staatsbegriffs. Zur Staatsgewalt wird in Art. 20 Abs. 2 S. 2 GG näher bestimmt, dass diese *„[...] durch besondere Organe der Gesetzgebung, der vollziehenden Gewalt und der Rechtsprechung ausgeübt“* wird. Insoweit wird die Herrschaftsausübung durch bestimmte Organe zum Merkmal der Staatsgewalt[213] und somit in das Wesen des Staatsbegriffs einbezogen. Der Staatsbegriff setzt demnach besondere Organschaften voraus, die Staatsgewalt ausüben. Nach Art. 20 Abs. 2 S. 2 GG sind dies die Organe der Gesetzgebung, der vollziehenden Gewalt und der Rechtsprechung. Zum einen kann die Nennung als Ausschluss anderer Organgewalten, wie der früheren „oberaufsehenden Gewalt“ verstanden werden.[214] Zum anderen wird die Herrschaftsausübung innerhalb der drei Organgewalten als allumfassend geregelt. Es ist demnach also geregelt, dass jedes staatliche Organ ungeachtet seines Aufgabenfeldes Herrschaftsmacht ausübt.[215] Mit der verwendeten Bezeichnung der besonderen Organe der Gesetzgebung, der vollziehenden Gewalt und der Rechtsprechung in Art. 20 Abs. 2 S. 2 GG wird nicht unmittelbar auf die besonderen Verfassungsorgane nach dem Grundgesetz, wie Bundestag oder Bundesregierung verwiesen, sondern diese dient dazu, sämtliche Herrschaftsausübung des Staates durch Bindung an Organe zu „verorganschaftlichen“. Dies kann als positiv-rechtlicher Beleg für die Auffassung von *Herzog* und *Krüger* gesehen werden, die den Staatsbegriff als System von Organschaften und Ämtern kennzeichnen,[216] wenngleich das Vorhandensein staatlicher Organe gemäß Art. 20 Abs. 2 GG zum einen kein ausschließliches Merkmal des Staatsbegriff ist und zum anderen die staatlichen

---

213 So: *Stern*, Staatsrecht, Bd. II, 1980, § 36, IV 3, S. 534.

214 Vgl. dazu: *Krüger*, Allgemeine Staatslehre, 2. Aufl., 1966, S. 923; *Stern*, Staatsrecht, Bd. II, 1980, § 36, IV 4, S. 537; *Schulze-Fielitz*, in: Dreier (Hrsg.), GG-Komm., Bd. II, 3. Aufl., 2015, Art. 20 (Rechtsstaat), Rdnr. 69.

215 Vgl. *Grzeszick*, in: Maunz/Dürig/Herzog/Herdegen/Scholz/Klein (Hrsg.), GG-Komm., 88. EL (2019), Art. 20, II C, Rdnr. 90.

216 Siehe Pkt. I. 4. lit. a) lit. gg), S. 52 f.

Organe nur in Hinsicht auf ihre Ausübung von Staatsgewalt verfassungsrechtlich gewährleistet sind.

Der Umfang der staatlichen Organe in Art. 20 Abs. 2 S. 2 GG ist damit weit zu verstehen, er umfasst nicht nur Verfassungsorgane, sondern sämtliche Organe, Behörden, Einrichtungen und Amtswalter in den Körperschaften der unmittelbaren und mittelbaren Staatsverwaltung, wie Bund, Länder und Gemeinden, sowie sonstige juristische Personen des öffentlichen Rechts.[217]

In den Begriff der staatlichen Organe im Sinne des Art. 20 Abs. 2 S. 2 GG werden auch Private einbezogen, soweit sie funktional eine staatliche Organstellung ausüben. Eine besondere Form ist hierbei die Beleihung. Durch formalen Beleihungsakt kann einem Privaten eine hoheitliche Aufgabe zu dessen selbstständiger Wahrnehmung übertragen werden,[218] wodurch der Beliehene in seiner Funktion die Stellung eines Hoheitsträgers erlangt.[219] In seiner Funktion wird der Beliehene als Behörde i. S. d. § 1 Abs. 4 VwVfG und als Grundrechtsverpflichteter eingeordnet.[220] Im Rahmen der Amtshaftung nach Art. 34 S. 1 GG wird die Beleihung als Ausübung eines öffentlichen Amtes angesehen.[221]

Anderes gilt jedoch für den Verwaltungshelfer bzw. privaten Erfüllungsgehilfen der Verwaltung[222], welcher in den Verwaltungsvollzug eines Hoheitsträgers eingebunden ist und nach dessen Auftrag und Weisung handelt.[223] Der

---

217 *Sommermann*, in: v. Mangoldt/Klein/Starck/Huber/Voßkuhle (Hrsg.), GG-Komm., Bd. 2, 7. Aufl., 2018, Art. 20, Rdnr. 146; *Dreier*, in: Dreier (Hrsg.), GG-Komm., Bd. II, 3. Aufl., 2015, Art. 20 (Demokratie), Rdnr. 86, *Schmidt-Aßmann*, AöR Bd. 116 (1991), S. 329 (343 f.); *Britz*, VerwArch. Bd. 91 (2000), S. 418 (425).

218 *Maurer/Waldhoff*, Allgemeines Verwaltungsrecht, 19. Aufl., 2017 S. 667, Rdnr. 63; *Wolff/Bachof/Stober*, Verwaltungsrecht, Bd. 3, 5. Aufl., 2004, § 90 I, S. 509, Rdnr. 4; BVerwGE 98, 280 (297 f.) m. w. N. BVerfG, Beschl. v. 20.02.1986 – 1 BvR 859, 937/81 = NJW 1987, 2501 (2502); BVerwG, Beschl. v. 22.08.2007 – 2 PKH 2/07.

219 *Ehlers*, Verwaltung in Privatrechtsform, 1984, S. 58, Fn. 38; *Burgi*, Verwaltungshilfe, 1999, S. 325 f.; *Maurer/Waldhoff*, Allgemeines Verwaltungsrecht, 19. Aufl., 2017, S. 667, Rdnr. 63; BVerfG, Beschl. v. 02.05.2016 – 2 BvR 1137/14 = NVwZ 2016, 1313 (1314).

220 *Burgi*, Verwaltungshilfe, 1999, S. 325 f.; *Maurer/Waldhoff*, Allgemeines Verwaltungsrecht, 19. Aufl., 2017, S. 667, Rdnr. 63, S. 669, Rdnr. 65; *Wolff/Bachof/Stober*, Verwaltungsrecht, Bd. 3, 5. Aufl., 2004, § 90 VII, S. 521, Rdnr. 46; zur Grundrechtsbindung: vgl. BVerfGE 128, 226 (244).

221 BGHZ 118, 304 (307 f.).

222 *Ehlers*, Verwaltung in Privatrechtsform, 1984, S. 450, 504.

223 *Maurer/Waldhoff*, Allgemeines Verwaltungsrecht, 19. Aufl., 2017, S. 670 f., Rdnr. 66; *Wolff/Bachof/Stober*, Verwaltungsrecht, Bd. 3, 5. Aufl., 2004, § 90a I, S. 525, Rdnr. 1.

Verwaltungshelfer tritt nicht selbstständig und nicht eigenverantwortlich nach außen auf, weshalb die Tätigkeiten des Verwaltungshelfers nicht ihm, sondern des jeweilig verantwortlichen, dahinterstehenden Hoheitsträgers zugerechnet werden.[224] Der Verwaltungshelfer führt dabei zwar eine hoheitliche, amtliche Tätigkeit aus und ist insoweit grundrechtsgebunden[225], allerdings rührt die Hoheitlichkeit und Grundrechtsgebundenheit der amtlichen Tätigkeit nicht daraus, dass der Verwaltungshelfer diese ausführt, sondern daraus, dass es sich um die zu verantwortende Aufgabe eines Hoheitsträgers handelt.[226] Der Verwaltungshelfer fungiert hier lediglich als der verlängerte Arm des Hoheitsträgers und ist deshalb selber nicht staatliches Organ.[227] Dies veranlasste auch die Rechtsprechung zur Amtshaftung, den Verwaltungshelfer lediglich als Werkzeug zur Durchführung einer dem Hoheitsträger zu verantwortenden Amtshandlung einzuordnen.[228]

Bei einer juristischen Personen oder einem Unternehmen in Privatrechtsform hat das Bundesverfassungsgericht bereits die umfassende Grundrechtsbindung,[229] die fehlende Grundrechtsträgerschaft[230] und dessen Funktion als staatliches Organ[231] bestätigt, soweit dieses von einem Hoheitsträger beherrscht wird. Dies ist der Fall, wenn der Hoheitsträger nach der Rechtsform mehrheitlichen oder vollständigen Anteil an der juristischen Person bzw. dem Unternehmen hat und danach maßgebliche Entscheidungsgewalt über deren Handeln hat und auf dieses einwirken kann.[232]

224 *Maurer/Waldhoff*, Allgemeines Verwaltungsrecht, 19. Aufl., 2017, S. 670 f., Rdnr. 66; *Ehlers*, Verwaltung in Privatrechtsform, 1984, S. 504 f.

225 Zur Grundrechtsbindung: vgl. BVerfGE 128, 226 (244).

226 Vgl. *Ehlers*, Verwaltung in Privatrechtsform, 1984, S. 504 f., Fn. 458.

227 *Ehlers*, Verwaltung in Privatrechtsform, 1984, S. 450, 504 f., Fn. 458; *Burgi*, Verwaltungshilfe, 1999, S. 328, 339; *Maurer/Waldhoff*, Allgemeines Verwaltungsrecht, 19. Aufl., 2017, S. 670, Rdnr. 66; *Wolff/Bachof/Stober*, Verwaltungsrecht, Bd. 3, 5. Aufl., 2004, § 90a I, S. 525, Rdnr. 1.

228 BGHZ 121, 161 (164 f.).

229 BVerfGE 128, 226 (244 f.); 147, 50 (142 ff., Rdnr. 238 ff.).

230 BVerfGE 147, 50 (142 ff., Rdnr. 238 ff.).

231 Vgl. BVerfGE 147, 50 (134, Rdnr. 216 ff.).

232 BVerfGE 128, 226 (244 ff.); 147, 50 (135, Rdnr. 221, 142 ff., Rdnr. 238 ff.).

ββ) Wahlen und Abstimmungen des Volkes zur Ausübung von Staatsgewalt

Neben staatlichen Organen werden auch Wahlen und Abstimmungen durch das Volk nach Art. 20 Abs. 2 S. 2 HS. 1 GG als Ausübung von Herrschaftsmacht bezeichnet und demnach in das Wesen des Staatsbegriffs einbezogen. Im Gegensatz zur Ausübung der Staatsgewalt durch die staatlichen Organe gemäß Art. 20 Abs. 2 S. 2 HS. 2 GG werden nicht jegliche Handlungen des Volkes als Ausübung von Herrschaftsmacht bezeichnet, sondern nur solche Handlungen, bei denen es sich sachlich um Wahlen und Abstimmungen handelt.

Damit ist die Ausübung von Herrschaftsmacht durch das Volk insoweit auf Wahlen oder Abstimmungen beschränkt. Bei Wahlen i. S. d. Art. 20 Abs. 2 S. 2 HS. 1 GG handelt es sich um Entscheidungen des Volkes über die personelle Besetzung eines staatlichen Organs.[233] Bei den Abstimmungen i. S. d. Art. 20 Abs. 2 S. 2 HS. 1 GG handelt es sich um Entscheidungen des Volkes über Sachverhalte, wie Volksbegehren, Volksbefragungen oder Volksentscheide.[234] Hinsichtlich des Begriffs des Volks als Wahl- und Abstimmungsberechtigten handelt es sich gemäß der Präambel und Art. 116 Abs. 1 GG um das Deutsche Volk als Zusammenfassung aller deutschen Staatsangehörigen.[235] In der Präambel des Grundgesetzes und in Art. 1 Abs. 2 GG ist die Rede vom „Deutschen Volk". Ebenso knüpft der Amtseid des Bundespräsidenten gemäß Art. 56 S. 1 GG, welcher nach Art. 59 Abs. 1 GG der Repräsentant des Bundes ist, ebenfalls an den Begriff des „*deutschen Volkes*" an. Schließlich gilt nach Art. 146 GG, dass das Grundgesetz und damit auch jede Verfassungsrechtsnorm, die Bestimmungen über den Staatsbegriff trifft, „[...] *für das gesamte deutsche Volk gilt.*".[236] Der Begriff des Volkes ist im Grundgesetz also mit dem Begriff des Deutschen Volkes identisch. Bei weiterem Blick in die Systematik ist der Begriff des deutschen Volksangehörigen in Art. 116 Abs. 1 GG legaldefiniert.[237] Danach ist Deutscher im Sinne des Grundgesetzes – und mithin aller Verfassungsrechtsnormen – wer

---

233 *Sommermann*, in: v. Mangoldt/Klein/Starck/Huber/Voßkuhle (Hrsg.), GG-Komm., Bd. 2, 7. Aufl., 2018, Art. 20, Rdnr. 158; *Schmidt-Aßmann*, AöR Bd. 116 (1991), S. 329 (352); vgl. *Stern*, Staatsrecht, Bd. I, 2. Aufl., 1984, § 18 II 5, S. 606 f.

234 *Sommermann*, in: v. Mangoldt/Klein/Starck/Huber/Voßkuhle (Hrsg.), GG-Komm., Bd. 2, 7. Aufl., 2018, Art. 20, Rdnr. 161; *Schmidt-Aßmann*, AöR Bd. 116 (1991), S. 329 (354); *Stern*, Staatsrecht, Bd. I, 2. Aufl., 1984, § 18 II 5, S. 607.

235 BVerfGE 83, 37 (51); 83, 60 (71).

236 Zu dieser systematischen Bestimmung des Volksbegriffs: BVerfGE 83, 37 (51).

237 *Dreier*, in: Dreier (Hrsg.), GG-Komm., Bd. II, 3. Aufl., 2015, Art. 20 (Demokratie), Rdnr. 90.

„die deutsche Staatsangehörigkeit besitzt oder als Flüchtling oder Vertriebener deutscher Volkszugehörigkeit oder als dessen Ehegatte oder Abkömmling in dem Gebiete des Deutschen Reiches nach dem Stande vom 31. Dezember 1937 Aufnahme gefunden hat.“. Daraus folgt, dass der Begriff des Volkes in Art. 20 Abs. 2 GG gleich dem Begriff des deutschen Volkes ist und dieser auf den Begriff des deutschen Staatsangehörigen i. S. d. Art. 116 GG rekurriert.[238] Dabei bildet die Summe bzw. die Gesamtheit der deutschen Staatsangehörigen den Rechtsbegriff des Volkes bzw. des deutschen Volkes.[239]

γγ) Das Volk als Ausgang der Staatsgewalt

Schließlich wird das Volk bzw. das Deutsche Volk nicht nur unter dem Aspekt der Ausübung der Staatsgewalt in Wahlen und Abstimmung nach Art. 20 Abs. 2 S. 2 HS. 1 GG mittelbar über die Ausübung von Staatsgewalt in den konkreten Formen der Wahlen und Abstimmungen zum Wesensmerkmal des juristischen Staatsbegriffs des Grundgesetzes. In Art. 20 Abs. 2 S. 1 GG heißt es außerdem: *„Alle Staatgewalt geht vom Volke aus.“* Damit wird der Bestand bzw. das Dasein des Volkes bzw. Deutschen Volkes – ungeachtet der konkreten Ausübung von Staatsgewalt – zur Voraussetzungen bzw. Ursprung der Staatsgewalt, welche semantisch Wesensmerkmal des Staatsbegriffs ist. Als Voraussetzung bzw. Ursprung der Staatsgewalt ist das Volk bzw. Deutsche Volk gemäß Art. 20 Abs. 2 S. 1 GG ein eigenständiges Wesensmerkmal des juristischen Staatsbegriffs des Grundgesetzes.[240]

δδ) Demokratischer Legitimationszusammenhang

Im Zusammenhang mit dem Ursprung der Staatsgewalt gemäß Art. 20 Abs. 2 S. 1 GG sieht die Rechtsprechung des Bundesverfassungsgerichts aber nicht nur lediglich das Volk bzw. die Summe aller Staatsangehörigen als Element des Staatsbegriffs an, sondern leitet darüber hinaus aus der Bestimmung des Art. 20 Abs. 2 S. 1 GG einen ausdrücklichen demokratischen Legitimationszusammenhang der

---

238 *Schmidt-Aßmann*, AöR Bd. 116 (1991), S. 329 (351); *Dreier*, in: Dreier (Hrsg.), GG-Komm., Bd. II, 3. Aufl., 2015, Art. 20 (Demokratie), Rdnr. 90.

239 BVerfGE 83, 37 (51); 83, 60 (71); *Schnapp*, in: v. Münch/Kunig (Hrsg.), GG-Komm., 6. Aufl., 2012, Art. 20, Rdnr. 24; *Schmidt-Aßmann*, AöR Bd. 116 (1991), S. 329 (348, 351).

240 Vgl. im Ergebnis auch: *Uhlenbrock*, Der Staat als juristische Person, 2000, S. 166 f.; *Möllers*, Staat als Argument, 2000, S. 406.

staatlichen Organe her.[241] Dieser Legitimationszusammenhang zwischen staatlichen Organen und dem Volk muss nicht in einer unmittelbaren Wahl der zur Herrschaftsausübung berufenen Amtswalter bestehen, sondern es genügt, wenn die Herrschaftsausübung ähnlich wie in Gestalt einer „Legitimationskette" auf eine Entscheidung des Volkes zurückgeführt werden kann.[242] Dabei unterscheidet das Bundesverfassungsgericht grundsätzlich die personell-organisatorische Legitimation, die sachlich-inhaltliche Legitimation und die funktionell-institutionelle Legitimation der staatlichen Organe.[243]

Die personell-organisatorische Legitimation ist die Rückführbarkeit eines öffentlichen Amtes auf eine Wahl des Volkes oder der Ernennung durch vom Volk gewählte Personen oder einer ebenso ernannten Person. Diese personelle Legitimation wird schwächer, je größer die Ämterkette zwischen dem öffentlichen Amt und der unmittelbaren Personalwahl durch das Volk wird und stärker, je näher das öffentliche Amt auf eine Personalwahl durch das Volk zurückgeführt werden kann.[244] Diese personell-organisatorische Legitimationskette kann dabei durch die sachlich-inhaltliche Legitimation überlagert werden.[245] Nach der sachlich-inhaltlichen Legitimation sind die Amtsausübung und die damit verbundenen Befugnisse anhand von Gesetzen der gewählten Volksvertreter zu bestimmen oder durch Bindung an Aufträge und Weisungen der Regierung abzusichern.[246] Die institutionell-funktionelle Legitimation ist die Legitimation eines öffentlichen Amtes durch Gewährleistung in der Verfassung, sodass dem öffentlichen Amt aufgrund seiner verfassungsrechtlichen Verankerung eine besonders hohe Legitimation zukommt.[247] Jedoch haben die drei Formen der demokratischen Legitimation nicht je für sich Bedeutung, sondern maßgeblich ist nur das Ergebnis in der Summe ihres Zusammenwirkens: „*Aus verfassungsrechtlicher Sicht entscheidend ist nicht die Form der demokratischen Legitimation staatlichen Handelns, sondern deren Effektivität; notwendig ist ein bestimmtes*

241 BVerfGE 38, 258 (271); 47, 253 (272); 77, 1 (40); 83, 60 (71 f.); 93, 37 (66 f.); 107, 59 (86 f.); 130, 76 (123); 135, 155 (221, Rdnr. 157); 136, 194 (261, Rdnr. 168).

242 BVerfGE 77, 1 (40); 83, 60 (72 f.); 93, 37 (67); 107, 59 (87 f.); vgl. BVerfGE 130, 76 (123); 135, 155 (221 f., Rdnr. 157); 136, 194 (261 f., Rdnr. 168).

243 BVerfGE 83, 60 (72); 93, 37 (66 f.); 130, 76 (124).

244 BVerfGE 83, 37 (67); 107, 59 (87 f.).

245 Vgl. *Sommermann*, in: v. Mangoldt/Klein/Starck/Huber/Voßkuhle (Hrsg.), GG-Komm., Bd. 2, 7. Aufl., 2018, Art. 20, Rdnr. 170; *Dreier*, in: Dreier (Hrsg.), GG-Komm., Bd. II, 3. Aufl., 2015, Art. 20 (Demokratie), Rdnr. 113.

246 BVerfGE 130, 76 (124).

247 BVerfGE 49, 89 (125).

Legitimationsniveau."[248] Daher kann auch das Fehlen des erforderlichen Legitimationsniveaus im Fall einer zu gering ausgeprägten personell-organisatorischen Legitimation durch eine verstärkte sachlich-inhaltliche Legitimation wieder substituiert werden.[249] Letztlich zählt nämlich nur, dass die Schwelle eines hinreichenden Legitimationsniveaus für das staatliche Organ bzw. seiner rechtlichen Befugnisse erreicht wird. Hierbei gilt: „*Das Legitimationsniveau muss umso höher sein, je intensiver die in Betracht kommenden Entscheidungen die Grundrechte berühren.*"[250]

Vor diesem Hintergrund könnte man erwägen, den Legitimationszusammenhang, wonach alle Staatsgewalt vom Volke ausgeht und deren Ausübung durch staatliche Organe hinreichend demokratisch legitimiert sein muss, als Merkmal der staatlichen Organe oder ihrer Ausübung von Staatgewalt und hierüber als Merkmal für den juristischen Staatsbegriff zu formulieren. Demnach könnte es begriffsbildend für den Staat sein, wenn dessen Organe über ein gewisses Maß an demokratischer Legitimation verfügen, damit diese überhaupt zulässigerweise als Organe des Staates in Erscheinung treten können und ihre Handlungen rechtlich als Ausübung von Staatsgewalt eingeordnet werden können.

Allerdings setzt die Rechtsprechung des Bundesverfassungsgerichts die Formel vom Legitimationszusammenhang nicht bei der Frage nach dem Begriff der Staatsgewalt oder dem der staatlichen Organe an, um eine positive Begriffsbestimmung vorzunehmen, sondern bei der Frage der Verfassungsmäßigkeit existenter staatlicher Organe und ihrer Entscheidungsbefugnisse[251] und dort insbesondere bei dem Demokratieprinzip,[252] um zu überprüfen, ob staatliche Organe und ihre Entscheidungsbefugnisse ein hinreichendes „Legitimationsniveau" aufweisen. Der von der Rechtsprechung verwendete Legitimationszusammenhang setzt demnach die Begriffe des staatlichen Organs und der Ausübung von Staatsgewalt logisch voraus und kann daher für diese nicht begriffsbildend sein.

---

248 BVerfGE 83, 60 (72); 107, 59 (87); vgl. auch: BVerfGE 135, 155 (222, Rdnr. 157); 136, 194 (262, Rdnr. 168).

249 Vgl. BVerfGE 130, 76 (124, 128).

250 BVerfGE 130, 76 (124); vgl. auch: BVerfGE 135, 155 (222, Rdnr. 157); 136, 194 (262, Rdnr. 168).

251 BVerfGE 135, 155 (221, Rdnr. 156).

252 Ausdrücklich: BVerfGE 130, 76 (123); 135, 155 (221, Rdnr. 157); 136, 194 (261, Rdnr. 167 f.); vgl. auch: BVerfGE 47, 253 (272); 77, 1 (40); 83, 60 (71 f.); 93, 37 (66 f., 74); 107, 59 (87, 91).

Dass zudem die Formel vom Legitimationszusammenhang auch nicht begriffsbildend für die Begriffe des staatlichen Organs oder der Staatsgewalt sein kann, zeigt sich bei näherem Hinsehen bereits an ihrem Inhalt: Laut der Formel vom Legitimationszusammenhang geht es um die Herstellung eines hinreichenden „Legitimationsniveaus" für staatliche Organe und ihrer Handlungsbefugnisse. Dies ist jedoch indifferent durch organisatorisch-personelle oder sachlich-inhaltliche oder funktionell-institutionelle Legitimationsvermittlung möglich. Daneben tritt noch der Umstand, dass das erforderliche Legitimationsniveau durch undefiniertes Zusammenwirken dieser drei Legitimationsformen möglich sein soll, wonach eine schwächere Legitimationsvermittlung bei der einen Form durch eine stärkere bei der anderen Form substituiert werden kann. Diese Indifferenz der Legitimationsformen und das undefinierte Zusammenwirken möglicher Legitimationsformen zur Erreichung des Legitimationsniveaus lassen es bereits nicht zu, dass hiernach allgemeingültige Folgerungen abgeleitet werden können, welche übereinstimmend auf sämtliche staatliche Organe oder deren Ausübung von Staatsgewalt zutreffen würden. Stattdessen hängt das erforderliche Legitimationsniveau in concreto vom jeweiligen staatlichen Organ und seiner einfachgesetzlich übertragenen rechtlichen Befugnisse ab. So ist etwa das Legitimationsniveau hinsichtlich freiheitsverkürzender Eingriffsbefugnisse bei einer Polizeivollzugsbehörde ein anderes, als das eines städtischen Grünflächenamts.

Demzufolge führt ein Verstoß eines staatlichen Organs oder seiner Handlungsbefugnisse gegen das Erfordernis eines hinreichenden Legitimationszusammenhangs auch nicht dazu, dass das staatliche Organ oder seine Handlungsbefugnisse ihre jeweilige Eigenschaft als Organ oder als ausgeübte Staatsgewalt verlieren würde, sondern schlicht zur Verfassungswidrigkeit des staatlichen Organs oder seiner Handlungsbefugnisse. Der Legitimationszusammenhang ist damit lediglich eine Kategorie der formellen Verfassungsmäßigkeit. Allerdings ist nicht zu übersehen, dass ein juristischer Staatsbegriff in der Rechtsanwendung generell unter der Voraussetzung rechtmäßigen bzw. verfassungsmäßigen Rechts steht. Die rechtliche Verwirklichung des juristischen Staatsbegriffs durch Schaffung von staatlichen Organen oder ihrer Handlungsbefugnisse muss rechtmäßig und insbesondere verfassungsmäßig sein.

Zusammenfassend ist festzustellen, dass der vom Bundesverfassungsgericht verwendete demokratische Legitimationszusammenhang nicht begriffsbildend auf das Merkmal der Ausübung von Staatsgewalt durch staatliche Organ einwirkt und daher kein Wesensmerkmal für den juristischen Staatsbegriff darstellt.

εε) Folgerung

Neben der Staatsgewalt sind die hieraus deduzierbaren Merkmale der Ausübung der Staatsgewalt durch besondere Organe und durch das Volk in Wahlen und Abstimmungen eigenständige Wesensmerkmale des juristischen Staatsbegriffs des Grundgesetzes. Es ist daher untrennbares Wesensmerkmal der Staatsgewalt, dass sie entweder von staatlichen Organen oder vom Volk, sachlich beschränkt auf Wahlen und Abstimmungen, ausgeübt wird. Indem das Volk bzw. das Deutsche Volk überdies auch als Ausgang aller Staatsgewalt bestimmt wird, wird es damit Voraussetzung der Staatsgewalt und damit eigenständiges Wesensmerkmal des juristischen Staatsbegriffs.

β) Die Bundesstruktur und die Gliederung in Bund und Länder

Wie vorangehend bereits erwähnt, wird in Art. 20 Abs. 1 GG die Bundesrepublik Deutschland als Staat bezeichnet und damit die im Begriff Bundesrepublik implementierte „Bundes"-Struktur zum Bestandteil des Staatsbegriffs.[253] Das Wesen der Bundesstruktur des juristischen Staatsbegriffs des Grundgesetzes ergibt sich in systematischer Zusammenschau mit der Präambel des Grundgesetzes sowie den Verfassungsbestimmungen in Art. 28 Abs. 1 GG und Art. 30 GG im Zweiten Abschnitt des Grundgesetzes, welches den Titel „*Der Bund und die Länder*" trägt. Daraus folgt die Gliederung des (Bundes-)Staates Bundesrepublik Deutschland in den Bund und die Länder. Der verfassungsrechtliche Bestand an Ländern geht dabei aus der Präambel in heutiger und früherer[254] Fassung hervor. Nach geltender Fassung der Präambel gehören hierzu die Länder Baden-Württemberg, Bayern, Berlin, Brandenburg, Bremen, Hamburg, Hessen, Mecklenburg-Vorpommern, Niedersachsen, Nordrhein-Westfalen, Rheinland-Pfalz, Saarland, Sachsen, Sachsen-Anhalt, Schleswig-Holstein und Thüringen.

Das Bundesverfassungsgericht spricht bei den Ländern von Gliedern des Bundes mit eigener Staatlichkeit.[255] Bereits in einer früheren Entscheidung hob das Bundesverfassungsgericht hervor: „*Die Länder sind als Glieder des Bundes Staaten mit eigener – wenn auch gegenständlich beschränkter – nicht vom Bund abgeleiteter, sondern von ihm anerkannter staatlicher Hoheitsmacht.*"[256] In einer späteren Entscheidung stellte das Bundesverfassungsgericht klar, dass

253 Siehe Pkt. I. 4. lit. a) lit. hh) lit. ccc) lit. aaaa), S. 63 f.

254 Vgl. Präambel, BGBl. III/FNA 100-1.

255 BVerfGE 1, 14 (34); 6, 309 (346 f.); 34, 9 (19 f.); 36, 342 (360 f.)

256 BVerfGE 1, 14 (34); vgl. auch: BVerfGE 6, 309 (346 f., 353 f.); 34, 9 (19); 139, 321 (352, Rdnr. 97).

das Eigentümliche der Bundesrepublik Deutschland als (Bundes-)Staat darin besteht, „[…] *daß der Gesamtstaat Staatsqualität und daß die Gliedstaaten Staatsqualität besitzen.*“[257], wobei das Bundesverfassungsgericht mit Gesamtstaat den Bund und mit den Gliedstaaten die Länder meint.[258] Wendet man diese Aussagen des Bundesverfassungsgerichts zur doppelten Staatlichkeit im Bundesstaat auf die bisherige Untersuchung an, stellt sich die Frage, ob die Bestimmung der Bundesrepublik Deutschland als Staat im Sinne des Grundgesetzes zu revidieren ist. Soweit nach der Rechtsprechung neben dem Bund nämlich auch die körperschaftlichen Gebilde der Länder eigene Staatsqualität haben, sich also beide als Glied- und Gesamtstaat darstellen, müsste der juristische Staatsbegriff auch bei den einzelnen Ländern ansetzen und diese als juristische Staaten bestimmen. Art. 20 Abs. 1 GG spricht aber eine andere Sprache: „*Die Bundesrepublik Deutschland ist ein […]-staat*“. Daraus folgt, dass die „*Bundesrepublik Deutschland*“ zum juristischen Staat des Grundgesetzes bestimmt wird. Auch das Bundesverfassungsgericht hat klargestellt: „*Im Geltungsbereich des Grundgesetzes wird die staatliche Einheit durch die Bundesrepublik Deutschland als Bundesstaat verwirklicht, deren Glieder der Bund und die Länder sind.*“[259]. Das Bundesverfassungsgericht geht dabei vom gedanklichen Modell des „duplex regimen“[260] aus, wonach dem Bund eine staatliche Doppelstellung als eigenständiger Gliedstaat neben den Ländern[261] und zum anderen als Gesamtstaat aller Gliederstaaten[262] zukommt.[263] An letztere Stellung als Gesamtstaat bzw. Oberstaat[264] knüpft die maßgebliche Bestimmung in Art. 20 Abs. 1 GG an, nach welcher die „Bundesrepublik Deutschland“ als Staat i. S. d. Grundgesetzes bestimmt wird. Soweit das Bundesverfassungsgericht neben dem Bund auch den Ländern eine eigene Staatsqualität bzw. Eigenstaatlichkeit zuspricht, ist damit auch ihre eigenstaatliche Gliedstellung innerhalb der Bundesstruktur des Gesamt- bzw. Oberstaats gemeint.[265] Die Gliederung in Bund und Länder und deren immanente

257 BVerfGE 36, 342 (360 f.).
258 BVerfGE 72, 330 (388).
259 BVerfGE 6, 309 (364); vgl. BVerfGE 13, 54 (78).
260 Zum Begriff: *Isensee*, in: Isensee/Kirchhof (Hrsg.), Handbuch des Staatsrechts, Bd. VI, 3. Aufl., 2008, § 126, Rdnr. 26.
261 Diesen Gesichtspunkt hervorhebend: BVerfGE 36, 342 (360 f.).
262 Diesen Gesichtspunkt hervorhebend: BVerfGE 1, 14 (34); 139, 321 (352, Rdnr. 97).
263 Vgl. BVerfGE 13, 54 (77 f.).
264 BVerfGE 13, 54 (78).
265 Vgl. BVerfGE 139, 321 (352, Rdnr. 97): „*Die Länder sind als Glieder des Bundes Staaten mit eigener – wenn auch gegenständlich beschränkter – Hoheitsmacht (stRspr seit*

Eigenstaatlichkeit wird damit zu einem der Wesensmerkmale des juristischen Staatsbegriffs des Grundgesetzes. Der juristische Staat im Sinne des Grundgesetzes bleibt damit ausweislich Art. 20 Abs. 1 GG die „Bundesrepublik Deutschland" als sog. Gesamt- bzw. Oberstaat.

Der verfassungsrechtliche Bestand der Länder wird dabei über die Präambel vermittelt. Über diesen in der Präambel bezeichneten Bestand der Länder wird zugleich eine gewisse Konkretisierung für die geographische Lage und den territorialen Bestand des Staates Bundesrepublik Deutschland erreicht. Ein grenzlinienscharfer bzw. parzellenscharfer Umfang des Territoriums erfolgt damit aber auch nicht.

γ) Die Staatsstruktur- und Staatszielbestimmungen: Rechtstaat, Demokratie, Bundesstaat, Republik, Sozialstaat

Ein weiterer Blick ist auf die verwendeten Bezeichnungen zum Bundesstaat in Art. 20 Abs. 1 GG zu werfen. Semantisch steht der Bundesstaatsbegriff in Zusammenhang mit dem Staatsbegriff, so dass sich für den Fortgang der Untersuchung die Frage gestellt hatte, ob die „Bundes"-staatlichkeit ein Wesensmerkmal des juristischen Staatsbegriffs des Grundgesetzes darstellt. Daneben enthält Art. 20 Abs. 1 GG aber nicht nur die Bestimmung über die Bundestaatlichkeit, sondern formuliert auch, dass der Staat sozial und demokratisch ist. Zudem folgert die Rechtsprechung und das Schrifttum aus der Zusammenschau der Art. 1 Abs. 3; Art. 20 Abs. 2, 3 und Art. 28 Abs. 1 S. 1 GG das Prinzip der Rechtstaatlichkeit.[266] Diese Bestimmungen werden als Staatsstrukturprinzipien bzw. Staatszielbestimmungen verstanden.[267] Hinsichtlich der genauen Einordnung besteht Uneinigkeit. Teilweise werden die angesprochenen Verfassungsbestimmungen als Staatsstrukturprinzipien,[268] teilweise werden etwa das

---

BVerfGE 1, 14 [34]). Die Durch Art. 140 GG inkorporierten Artikel der Weimarer Reichsverfassung betonen mit Blick auf ihre historischen Grundlagen diese Eigenstaatlichkeit der Länder in besonderem Maße [...]."; vgl. auch *Möllers*, Staat als Argument, 2000, S. 374 f. – für den sich das Merkmal der Eigenstaatlichkeit der Länder lediglich auf die Umschreibung der bundesstaatlichen Struktur des Grundgesetzes beschränkt.

266 BVerfGE 52, 131 (143); 120, 274 (315 f.); *Sommermann*, in: v. Mangoldt/Klein/Starck/Huber/Voßkuhle (Hrsg.), GG-Komm., Bd. 2, 7. Aufl., 2018, Art. 20, Rdnr. 227; vgl. *Schmidt-Aßmann*, in: Isensee/Kirchhof (Hrsg.), Handbuch des Staatsrechts, Bd. II, 3. Aufl., 2004, § 26, Rdnr. 3.

267 *Stern*, Staatsrecht, Bd. I, 2. Aufl., 1984, S. 552.

268 *Erler*, VVDStRL 18 (1960), 7 (40); *Stern*, Staatsrecht, Bd. I, 2. Aufl., 1984, S. 552.

Sozialstaatsprinzip[269] oder auch das Rechtstaatsprinzip als Staatszielbestimmungen eingeordnet, teilweise überschneidet sich auch deren Einordnung.[270]

Die Problematik der Einordnung von Staatsstruktur- oder Staatszielbestimmungen kann letztlich für die vorliegende Untersuchung jedoch dahingestellt bleiben, denn die Kategorie der Staatsstruktur- oder Staatszielbestimmungen sind keine Wesensmerkmale für den juristischen Staatsbegriff. Staatsstrukturprinzipien sind Grundprinzipien der Verfassung, welche Handlungsmuster für die Staatstätigkeit vorgeben und somit das Verfahren und den Ablauf des Staatshandelns bestimmen.[271] Demgegenüber werden Staatszielbestimmungen als Prinzipien verstanden, die inhaltliche Vorgaben an das Staatshandeln stellen, ein bestimmtes Ziel rechtsverbindlich zu verfolgen.[272] Wenn dem so ist und Staatsstrukturprinzipien sowie Staatszielbestimmungen rechtliche Vorgaben an das Handeln des Staates stellen, dann setzen beide den Bestand des juristischen Staates bereits voraus. Demzufolge können etwa diese Staatsstrukturprinzipien und Staatszielbestimmungen aus Art. 20 Abs. 1 GG nicht begriffsbildend für den juristischen Staat sein, sondern stellen Anforderungen an das rechtliche Handeln des Staates bzw. der für ihn tätig werdenden Organe.

δ) Die Souveränität

Schließlich wird das Merkmal der Souveränität in Teilen des staatsrechtlichen Schrifttums verwendet, um den Begriff und das Wesen des Staates zu kennzeichnen.[273] Der Begriff der Souveränität ist jedoch nicht fest umrissen.[274] *Jellinek* beispielsweise bestimmt die Souveränität danach: „*Souveränität ist die Fähigkeit*

---

269 *Sommermann*, Staatsziele und Staatszielbestimmungen, 1997, S. 377 f. m. w. N. BVerfGE 59, 231 (263); 82, 60 (80); *Michel*, Staatszwecke, Staatsziele, 1986, S. 184 f.; *Zacher*, in: Isensee/Kirchhof (Hrsg.), Handbuch des Staatsrechts, Bd. II, 3. Aufl., 2004 § 28, Rdnr. 1 f.

270 Hinsichtlich dem Rechtsstaatsprinzip bei: *Sommermann*, Staatsziele und Staatszielbestimmungen, 1997, S. 373; *Michel*, Staatszwecke, Staatsziele, 1986, S. 181 f.

271 *Sommermann*, Staatsziele und Staatszielbestimmungen, 1997, S. 373.

272 *Sommermann*, Staatsziele und Staatszielbestimmungen, 1997, S. 373, 377; vgl. *Zacher*, in: Isensee/Kirchhof (Hrsg.), Handbuch des Staatsrechts, Bd. II, 3. Aufl., 2004 § 28, Rdnr. 2.

273 Vgl. *Ipsen*, Staatsrecht I, 30. Aufl., 2018, § 2 II, S. 10 f., Rdnr. 32 ff.; S. 295, Rdnr. 1074; *Degenhart*, Staatsrecht I, 35. Aufl., 2019, § 1 I 3, S. 2, Rdnr. 5.

274 *Hillgruber*, JZ 2002, 1072 (1073); *Randelzhofer*, in: Isensee/Kirchhof (Hrsg.), Handbuch des Staatsrechts, Bd. II, 3. Aufl., 2004, § 17, Rdnr. 1; bereits schon: *Jellinek*, Allgemeine Staatslehre, 3. Aufl., 1921, S. 473 f.

ausschließlicher, rechtlicher Selbstbestimmung."[275] Demgegenüber ist für *Schmitt* die Souveränität die Fähigkeit desjenigen, der „*über den Ausnahmezustand entscheidet*".[276]

Gegenwärtig vorherrschend dürfte die Auffassung sein, Souveränität als höchste und unbeschränkte Form der Ausübung von Herrschaftsmacht im Innern des Staates sowie als Fähigkeit zur Unabhängigkeit nach Außen und daher zur Gleichheit der Staaten untereinander zu verstehen – jeweils mit tendenziellen Abweichungen.[277] In diesem Begriffssinne wird Souveränität als „suprema potestas", einer Ausprägungsform der Staatsgewalt verstanden.[278] Jedoch erfährt ein solches Verständnis der Souveränität als höchste und unbeschränkte Herrschaftsmacht mit Blick auf die Herleitung der Staatsgewalt aus dem Volk gemäß Art. 20 Abs. 1 S. 2 GG oder der Bundesstaatlichkeit in Art. 20 Abs. 1 GG teilweise auch Ablehnung, denn zum einen fällt die Ausübung von Herrschaftsmacht durch Organe mit ihren Wurzeln im Volk auseinander und zum anderen ist die Ausübung höchster Herrschaftsmacht in einem Bundesstaat durch die Kompetenzverteilung zwischen Bund und Ländern aufgeteilt.[279] Deswegen tritt statt der Souveränität oft der Begriff der Volkssouveränität, als Rückführung aller Herrschaftsmacht auf das Volk, an dessen Stelle.[280] Damit aber verschiebt sich der Souveränitätsbegriff von der Innehabung höchster Herrschaftsmacht hin zur

275 *Jellinek*, Allgemeine Staatslehre, 3. Aufl., 1921, S. 495.

276 *Schmitt*, Politische Theologie, 9. Aufl., 2009, S. 13.

277 *Randelzhofer*, in: Isensee/Kirchhof (Hrsg.), Handbuch des Staatsrechts, Bd. II, 3. Aufl., 2004, § 17, Rdnr. 23; vgl. *Degenhart*, Staatsrecht I, 35. Aufl., 2019, § 1 I 3, S. 2, Rdnr. 5; vgl. *Baldus*, Der Staat, Bd. 36 (1997), 381 (381); vgl. *Hillgruber*, JZ 2002, 1072 (1074); vgl. *Stern*, Staatsrecht, Bd. II, 1980, § 25 II 2, S. 21.

278 *Jellinek*, Allgemeine Staatslehre, 3. Aufl., 1921, S. 454, 464; *Krüger*, Allgemeine Staatslehre, 2. Aufl., 1966, S. 851 f., 855; *Randelzhofer*, in: Isensee/Kirchhof (Hrsg.), Handbuch des Staatsrechts, Bd. II, 3. Aufl., 2004, § 17, Rdnr. 35; *Degenhart*, Staatsrecht I, 35. Aufl., 2019, § 1 I 3, S. 2, Rdnr. 5; *Stern*, Staatsrecht, Bd. II, 1980, § 25, II 2, S. 21.

279 *Schnapp*, in: v. Münch/Kunig (Hrsg.), GG-Komm., 6. Aufl., 2012, Art. 20, Rdnr. 12; *Grzeszick*, in: Maunz/Dürig/Herzog/Herdegen/Scholz/Klein (Hrsg.), GG-Komm., 88. EL (2019), Art. 20, IV A, Rdnr. 38; a. A. *Hillgruber*, JZ 2002, 1072 (1080); *Baldus*, Der Staat, Bd. 36 (1997), 381 (398).

280 Vgl. *Grzeszick*, in: Maunz/Dürig/Herzog/Herdegen/Scholz/Klein (Hrsg.), GG-Komm., 88. EL (2019), Art. 20, II C, Rdnr. 61; *Dreier*, in: Dreier (Hrsg.), GG-Komm., Bd. II, 3. Aufl., 2015, Art. 20 (Demokratie), Rdnr. 82; *Hillgruber*, JZ 2002, 1072 (1074).

Frage der Rechtfertigung von Herrschaftsmacht.[281] Der Begriff der Volkssouveränität ist damit eine andere Kategorie als der Begriff der Souveränität.

Eine nähere Befassung mit der Denkfigur und den Begriffsvariationen der Souveränität kann für die vorliegende Untersuchung jedenfalls dahinstehen. Festzustellen ist, dass im Grundgesetz an keiner Stelle der Begriff der Souveränität wörtlich erwähnt wird[282] und demzufolge der Souveränitätsbegriff kein Wesensmerkmal des juristischen Staatsbegriffs des Grundgesetzes ist. Zwar wird beispielsweise in Art. 2 Nr. 1 UN-Charta sowie in Art. 2 Abs. 1 des Vertrags über die Beziehungen zwischen der Bundesrepublik Deutschland und den Drei Mächten i. d. F. der Bekanntmachung vom 30.03.1955 der Begriff der Souveränität verwendet, sodass man an einer grundsätzlichen rechtlichen Existenz des Souveränitätsbegriffs nicht zweifeln kann. Diese rechtliche Existenz macht den Souveränitätsbegriff aber noch nicht zu einem verfassungsrechtlichen Begriff, welcher für den juristischen Staatsbegriff des Grundgesetzes erforderlich wäre. Zudem zählt der Souveränitätsbegriff in erster Linie zur Kategorie der allgemeinen Staatslehre, der damit verbundenen Geisteswissenschaften oder etwa der Politik. Eine verfassungsrechtliche Kategorie stellt der Begriff der Souveränität also allein deswegen noch nicht dar.

Jedoch heißt die fehlende verfassungsrechtliche Regelung zur Souveränität nicht etwa, dass gewisse Merkmale der Souveränität, wie das Gewaltmonopol oder die Freiheit vor fremder Botmäßigkeit rechtlich nicht geschützt wären. Einzelne Merkmale des Souveränitätsbegriffs werden von Verfassungsrechtsnormen geschützt. Als Beispiel ist der Schutz vor fremder Botmäßigkeit zu nennen. Dieser wird in gewisser Hinsicht bereits durch die Ausübung der Staatsgewalt allein durch Organe der Bundesrepublik Deutschland gemäß Art. 20 Abs. 2 S. 2 i. V. m. Art. 20 Abs. 1 GG verwirklicht oder etwa dadurch, dass die Abgeordneten des Deutschen Bundestags gemäß Art. 38 Abs. 1 S. 2 GG als Vertreter des Deutschen Volkes an Aufträge und Weisungen nicht gebunden sind. Es ist also vielmehr so, dass ein Souveränitätsbegriff nach geschriebenem Verfassungsrecht schlichtweg kein Thema ist.

---

281 Vgl. *Grzeszick*, in: Maunz/Dürig/Herzog/Herdegen/Scholz/Klein (Hrsg.), GG-Komm., 88. EL (2019), Art. 20, II C, Rdnr. 63; *Dreier*, in: Dreier (Hrsg.), GG-Komm., Bd. II, 3. Aufl., 2015, Art. 20 (Demokratie), Rdnr. 83; *Hillgruber*, JZ 2002, 1072 (1077).

282 So auch *Hillgruber*, JZ 2002, 1072 (1074): *„Staatsrechtlich läßt sich Souveränität also nirgendwo festmachen."*, der aber dennoch von der Souveränität als Rechtsbegriff ausgeht.

ii) Zusammenfassung

Zusammenfassend ist für den Begriff des Bestands des Staates der juristische Staatsbegriff des Grundgesetzes zugrundezulegen. Nach diesem ist der maßgebliche Staat des Grundgesetzes die Bundesrepublik Deutschland. Das Grundgesetz enthält dabei keine Legaldefinition, was die Bundesrepublik Deutschland als Staat auszeichnet. Allerdings enthält das Grundgesetz Verfassungsbestimmungen zu den Wesensmerkmalen, welche der juristische Staatsbegriffs aufweist. Danach zählen zum juristischen Staatsbegriff des Grundgesetzes das körperschaftliche Verbandsgebilde Deutschland, dessen Gliederung in Bund und Länder, der in der Präambel des Grundgesetzes genannte Bestand an Ländern, die Ausübung von Staatsgewalt durch staatliche Organe sowie die Ausübung von Staatsgewalt durch Wahlen und Abstimmungen des deutschen Volkes und schließlich das Volk bzw. das deutsche Volk als Summe aller Staatsangehörigen.

Damit weisen die Wesensmerkmale des juristischen Staatsbegriffs eine starke Nähe und Übereinstimmung zu *Jellineks* juristischem Staatsbegriff der Allgemeinen Staatslehre auf, welcher als Dreiheit von Staatsgebiet, Staatsvolk und Staatsgewalt verstanden wird.[283] Es wäre aber, wie oben ausgeführt, methodisch fehlerhaft, *Jellineks* soziologisch ermittelten juristischen Staatsbegriff unvermittelt auf das geltende Recht zu übertragen und der Betrachtung zu unterstellen.[284] Der geltende juristische Staatsbegriff ergibt sich nicht aus *Jellineks* Auffassung, sondern aus geltendem Recht.[285] Bei genauerem Hinsehen zeigt sich nämlich auch, dass der juristische Staatsbegriff des Grundgesetzes nicht sämtliche *Jellinekschen* Elemente übernimmt. Zum einen wird die Staatsgewalt nur im Zusammenhang mit der Ausübung durch besondere staatliche Organe oder durch Wahlen und Abstimmungen des Volkes gewährleistet. Daran zeigt sich, dass die Staatsgewalt kein eigenständiges Wesensmerkmal ist. Zum anderen trifft das Grundgesetz keine unmittelbare Bestimmung zum Staatsgebiet, wie bei *Jellineks* juristischem Staatsbegriff. Ein Rückschluss auf ein bestimmtes Staatsgebiet ist nach dem Grundgesetz nur mittelbar möglich, indem Art. 20 Abs. 1 GG von einem Verbandsgebilde Bundesrepublik Deutschland ausgeht und dieses sich aufgrund der Bundesstruktur in Bund und Länder gliedert, wobei der Bestand der Länder aus der Präambel hervorgeht. Hierüber lässt sich ein Staatsgebiet nur grobmaschig geographisch verorten. Einzig das Wesensmerkmal des Volkes bzw.

---

283 Siehe Pkt. I. 4. lit. a) lit. aa), S. 45 f.

284 Siehe Pkt. I. 4. lit. a) lit. hh) lit. aaa), S. 55 f.

285 Vgl. *Möllers*, Staat als Argument, 2000, S. 149, Fn. 80.

deutschen Volkes als Summe aller Staatsangehörigen, dürfte dem Element des Staatsvolks nach *Jellineks* juristischem Staatsbegriff entsprechen.

Hingegen gehören der Begriff der Souveränität oder die Staatsstrukturprinzipen und Staatszielbestimmungen oder die Figur des demokratischen Legitimationszusammenhangs nicht zum juristischen Staatsbegriff. Auch wenn diese Prinzipien und Grundsätze rechtliche Anforderungen an den Staat stellen und prägend für das Staatshandeln sind, so sind sie doch eben genau dies: Maßgaben für den Staat, d. h. für den juristisch bereits begrifflich vorhandenen Staat. Alle diese Prinzipien und Grundsätze setzen den rechtlichen Staat bereits voraus und stellen Anforderungen an das Staatshandeln. Damit werden sie prägend dafür, wie der Staat auftritt oder welchen Bindungen er unterliegt, aber sind selber nicht „Staat".

b) Die Funktionsfähigkeit staatlicher Einrichtungen

Da nun Klarheit über den rechtlichen Begriff des Bestands des Staates besteht, ist sich der Frage zuzuwenden, was unter dem Schutzgut der Funktionsfähigkeit staatlicher Einrichtungen verstanden werden kann. Nach einer kurzen Vorbemerkung zur rechtlichen Geltung und Verwendung des Schutzguts der Funktionsfähigkeit staatlicher Einrichtungen (aa) ist zur näheren begrifflichen Eingrenzung die Formel in ihre Begriffsbestandteile der staatlichen Einrichtungen (bb) und ihrer Funktionsfähigkeit (cc) zu unterteilen.

aa) Abweichende Legaldefinitionen des Schutzguts als Unverletzlichkeit der Einrichtungen des Staates

In den Polizeigesetzen der drei Länder Bremen, Sachsen und Sachsen-Anhalt wird das polizeiliche Schutzgut der öffentlichen Sicherheit nicht mehr als Schutz der Funktionsfähigkeit staatlicher Einrichtungen verstanden werden dürfen, da die Polizeigesetze die öffentliche Sicherheit lediglich als Unverletzlichkeit der staatlicher Einrichtungen legaldefinieren.[286] Damit geht freilich eine Verkürzung des Begriffsgehalts einher, bei dem ausschließlich das „Sein" der staatlichen Einrichtung polizeilich geschützt und nicht mehr erweiternd die Funktionsfähigkeit bzw. die Funktionsbefähigung der staatlichen Einrichtung mit in den polizeilichen Schutz einbezogen wird. Damit knüpfen die Legaldefinitionen in den Polizeigesetzen an die Amtliche Begründung zu § 14 PrPVG an, welche selber auch nicht den Schutz der Funktionsfähigkeit vorsah, sondern den „[...]

286 § 2 Nr. 2 BremPolG; § 4 Nr. 1 SächsPVDG; § 3 Nr. 1 SOG LSA.

Schutz vor Schäden, die entweder den Bestand des Staates oder seiner Einrichtungen bedrohen […].“[287]. Wie oben bereits ausgeführt, geht die Formulierung des Schutzguts der Funktionsfähigkeit staatlicher Einrichtungen auf die Begriffsbestimmung der öffentlichen Sicherheit in *Drews*‘ Lehrbuch zum Preußischen Polizeirecht zurück.[288] Gleichwohl wird das Schutzgut bislang vom Bundesverwaltungsgericht[289] und großen Teilen des polizeirechtlichen Schrifttums[290] ausdrücklich auch als Schutz der Funktionsfähigkeit von staatlichen Einrichtungen verstanden und auch nicht alle Polizeigesetze der Länder oder des Bundes treffen hierzu eine abweichende Legaldefinition. Daher ist das Schutzgut weiterhin in überwiegenden Teilen noch als Schutz der Funktionsfähigkeit staatlicher Einrichtungen zu verstehen. In der folgenden Untersuchung ist sich deshalb mit der Begriffsbestimmung der Funktionsfähigkeit näher auseinandersetzen. Für die abweichenden Polizeigesetze der Länder Bremens, Sachsens und Sachsen-Anhalts, welche lediglich den Schutz der Unverletzlichkeit der Einrichtungen des Staates vorsehen, gelten dann lediglich die Ausführungen zum Begriff der staatlichen Einrichtungen entsprechend.

bb) Begriff der staatlichen Einrichtungen

Im Gegensatz zum Staatsbegriff weist der Begriff der staatlichen Einrichtungen über keine derart mannigfaltigen Deutungsvarianten auf. Der Begriff der staatlichen Einrichtung im Rahmen des Polizeirechts orientiert sich nicht am Begriff der öffentlichen Einrichtung im Sinne des öffentlichen Sachenrechts, sondern wird sehr weitgehend verstanden. Im polizeirechtlichen Schrifttum und der Rechtsprechung zählen zu dem Begriff der staatlichen Einrichtungen sämtliche staatlichen Organe, wie Parlamente, Regierungen und Gerichte, die

---

287 Amtl. Begr. PrPVG, Abschnitt IV, Zu § 14.

288 Siehe Pkt. I. 3, S. 35 ff.

289 BVerwGE 143, 74 (79, Rdnr. 23 ff.); vgl. BVerwG, Urt. v. 20.10.2016 – 7 C 20/15 = NVwZ 2017, 624 (624); vgl. auch: Urt. v. 20.10.2016 – 7 C 23/15.

290 *Drews/Wacke/Vogel/Martens*, Gefahrenabwehr, 9. Aufl., 1986, § 15, S. 233; *Würtenberger/Heckmann/Tanneberger*, Polizeirecht, 7. Aufl., 2017, § 5 IV 1, S. 208, Rdnr. 264; *Schenke*, Polizei- und Ordnungsrecht, 10. Aufl., 2018, § 3 II 5, S. 27, Rdnr. 53, S. 32 f., Rdnr. 60; *Denninger*, in: Lisken/Denninger/Bäcker/Graulich (Hrsg.), Handbuch des Polizeirechts, 6. Aufl., 2018, Kap. D I 3, Rdnr. 20, 22; *Thiel*, Polizei- und Ordnungsrecht, 4. Aufl., 2019, § 8 III 2, S. 88, Rdnr. 18, S. 90, Rdnr. 22; *Schoch*, JURA 2006, 664 (667).

mittelbare Staatsverwaltung sowie Behörden,[291] beispielsweise das Spezialeinsatzkommando der Polizei,[292] kommunale Einrichtungen, wie städtische Armenunterkünfte[293] oder auch tatsächlich abgehaltene staatliche Veranstaltungen, wie Ausstellungen, Militärmanöver, Gelöbnisse, Staatsempfänge, -besuche und Staatsbegräbnisse[294], bis hin zum Aufstellen und Betrieb von Radargeräten durch die Verkehrspolizei, um die Geschwindigkeit von Fahrzeugen zu messen.[295] Der polizeirechtliche Begriff der staatlichen Einrichtungen wird also denkbar weit verstanden und umfasst sämtliche hoheitlichen Regelungs- und Handlungskomplexe.[296]

Im Schrifttum wird teilweise zwischen staatlichen Einrichtungen und staatlichen Veranstaltungen unterschieden, wobei man unter Einrichtungen alle Funktionseinheiten des Staates und staatlicher Träger und unter Veranstaltungen ad hoc gebildete Handlungskomplexe versteht.[297] Der Klarheit wegen ist darauf hinzuweisen, dass für die folgende Untersuchung zum polizeilichen Schutzgut nicht zwischen Einrichtungen und Veranstaltungen unterschieden wird, insbesondere da diese Unterscheidung für das Schutzgut der öffentlichen Sicherheit keinen weiteren Erkenntnisgewinn liefert. Entsprechend der wohl herrschenden Terminologie wird daher nur die Bezeichnung von staatlichen Einrichtungen, welche auch die Veranstaltungen des Staates mit umfasst, zugrunde gelegt.

---

291 *Drews/Wacke/Vogel/Martens*, Gefahrenabwehr, 9. Aufl., 1986, § 15, S. 233 f.; *Kingreen/Poscher*, Polizei- und Ordnungsrecht, 10. Aufl., 2018, § 7 II 4, S. 105 f., Rdnr. 31; *Würtenberger/Heckmann/Tanneberger*, Polizeirecht, 7. Aufl., 2017, § 5 IV 1, S. 208, Rdnr. 264; vgl. *Schenke*, Polizei- und Ordnungsrecht, 10. Aufl., 2018, § 3 II 5, S. 32 f., Rdnr. 60; vgl. *Denninger*, in: Lisken/Denninger/Bäcker/Graulich (Hrsg.), Handbuch des Polizeirechts, 6. Aufl., 2018, Kap. D I 3, Rdnr. 20, 22; vgl. *Thiel*, Polizei- und Ordnungsrecht, 4. Aufl., 2019, § 8 III 2, S. 90, Rdnr. 22 f.; vgl. *Möller/Wilhelm*, Polizei- und Ordnungsrecht, 5. Aufl., 2003, S. 45, Rdnr. 91; vgl. BVerfGK 11, 298 (306).

292 BVerwGE 143, 74 (79, Rdnr. 23 f.).

293 VGH BW, NVwZ-RR 1992, 20 (21).

294 *Kingreen/Poscher*, Polizei- und Ordnungsrecht, 10. Aufl., 2018, § 7 II 4, S. 105 f., Rdnr. 31; *Thiel*, Polizei- und Ordnungsrecht, 4. Aufl., 2019, § 8 III 2, S. 90, Rdnr. 22 f.; *Würtenberger/Heckmann/Tanneberger*, Polizeirecht, 7. Aufl., 2017, § 5 IV 1, S. 208, Rdnr. 264; *Möller/Wilhelm*, Polizei- und Ordnungsrecht, 5. Aufl., 2003, S. 45, Rdnr. 91.

295 OVG NRW, NJW 1997, 1596 (1596); VG Saarland, Beschl. v. 17.02.2004 – 6 F 6/04.

296 Vgl. *Winkler*, Kollision von Schutznormen, 2000, S. 107.

297 *Thiel*, Polizei- und Ordnungsrecht, 4. Aufl., 2019, § 8 III 2, S. 90, Rdnr. 22 f.; *Würtenberger/Heckmann/Tanneberger*, Polizeirecht, 7. Aufl., 2017, § 5 IV 1, S. 208, Rdnr. 264.

cc) Die Funktionsfähigkeit

Vom polizeilichen Schutzgut der Funktionsfähigkeit staatlicher Einrichtungen wird nicht allein auf die staatliche Einrichtung abgestellt, sondern vor allem auch auf die Funktionsfähigkeit. Die besondere Bedeutung für den Umfang des polizeirechtlichen Schutzguts liegt hier gerade in der Bestimmung des Begriffs der Funktionsfähigkeit.[298] Wenngleich eine gewisse Vorstellung darüber herrscht, was unter der Bezeichnung der staatlichen Einrichtung zu verstehen ist, so besteht dennoch bislang noch keine Einhelligkeit über den begrifflichen Umfang der Funktionsfähigkeit. Dies führt in der Folge auch dazu, dass der Funktionsfähigkeit letztlich eine Begrenzungs- bzw. Einschränkungsfähigkeit von Grundrechten abgesprochen wird. Der Begriff der Funktionsfähigkeit wird etwa im Wortlaut des Grundgesetz in Art. 115g S. 3 GG ausdrücklich genannt, aber nicht legaldefiniert[299] und auch im Zusammenhang mit Art. 115g S. 3 GG von der Rechtsprechung des Bundesverfassungsgerichts bislang selber auch nicht näher konkretisiert. Allerdings hatte sich das Bundesverfassungsgericht in anderen Zusammenhängen mit dem Begriff der Funktionsfähigkeit staatlicher Einrichtungen beschäftigt.[300]

aaa) Begriff der Funktionsfähigkeit in der Rechtsprechung des Bundesverfassungsgerichts

Die Figur der Funktionsfähigkeit staatlicher Einrichtung in der Rechtsprechung des Bundesverfassungsgerichts geht bis auf den ersten Band der amtlichen Entscheidungssammlung zurück, in welchem das Bundesverfassungsgericht es als Störungen des Verfassungslebens bezeichnet, wenn „[…] *die gesetzgebenden Körperschaften* […] *funktionsunfähig werden, insbesondere nicht in der Lage sind, eine politische aktionsfähige Regierung zu schaffen* […]“.[301] Das Bundesverfassungsgericht hat in seiner Rechtsprechung in einer Vielzahl von Entscheidungen den Begriff der Funktionsfähigkeit oder deren Variationen verwendet, wie die Funktionsfähigkeit der Bundeswehr[302], das einwandfreie Funktionieren einer geordneten Verwaltung[303] oder eines funktionsfähigen Schulwesens[304], ohne

298 Vgl. *Würtenberger/Heckmann/Tanneberger*, Polizeirecht, 7. Aufl., 2017, § 5 IV 1, S. 208, Rdnr. 264.

299 *Fischer*, DVBl. 1981, 517 (517).

300 *Schwerdtfeger*, Krisengesetzgebung, 2018, S. 226.

301 BVerfGE 1, 208 (248).

302 BVerfGE 69, 1 (21).

303 BVerfGE 28, 191 (200).

304 BVerfGE 47, 46 (80).

den Begriff der Funktionsfähigkeit dabei näher zu bestimmen. Erst in jüngeren Entscheidungen zur Funktionsfähigkeit des Deutschen Bundestages aus Art. 38 GG kommt das Bundesverfassungsgericht dazu, den Begriff der Funktionsfähigkeit näher einzugrenzen: „*Was ‚Funktionsfähigkeit' bedeutet, ergibt sich aus dem jeweiligen Zusammenhang. Es spricht zwar einiges dafür, dass die Garantie der Funktionsfähigkeit des Deutschen Bundestages nicht nur vor einer Funktionsunfähigkeit schützt* [...], *sondern im Sinne des schonenden Ausgleichs kollidierender Verfassungsgüter als Optimierungsgebot zu verstehen ist.*“[305] „*Die Frage, was der Sicherung der Funktionsfähigkeit dient und dafür erforderlich ist, kann indes nicht für alle zu wählenden Volksvertretungen einheitlich beantwortet werden* [...], *sondern bemisst sich nach den konkreten Funktionen des zu wählenden Organs.*“[306] „*Zudem kommt es auf die konkreten Bedingungen an, unter denen die jeweilige Volksvertretung arbeitet und von denen die Wahrscheinlichkeit des Eintritts von Funktionsstörungen abhängt.*“[307] Wie dies zeigt, geht das Bundesverfassungsgericht davon aus, dass kein allgemeiner Begriff für die Funktionsfähigkeit der verschiedenen Volksvertretungen existiert, mithin also auch kein allgemeiner Begriff für die Funktionsfähigkeit aller verschiedenen staatlichen Einrichtungen. Es geht lediglich davon aus, dass die Funktionsfähigkeit als Schutzgut verstanden, nicht nur vor einer völligen Funktionsunfähigkeit schützt, sondern bereits vor gewissen Funktionsstörungen. Es verzichtet dabei aber darauf, einen konkreten Maßstab der abzuwehrenden Funktionsstörungen näher zu bestimmen.[308] Bei Blick in die Rechtsprechung des Bundesverfassungsgerichts und unter Zugrundelegung der oben zitierten Ausführungen ist das Fehlen eines allgemeinen Maßstabs für die abzuwehrenden Funktionsstörungen darauf zurückzuführen, dass das Bundesverfassungsgericht die Funktionsfähigkeit von staatlichen Einrichtungen thematisch für den Ausgleich kollidierender Verfassungsgüter bzw. der Differenzierung der Wahlrechtsgleichheit verwendet.[309] Dabei wägt das Bundesverfassungsgericht den nicht näher bestimmten Begriff der Funktionsfähigkeit von bestimmten staatlichen Einrichtungen mit widerstreitenden Verfassungswerten ab.[310] Hierfür setzt das Bundesverfassungsgericht

305 BVerfGE 134, 141 (200, Rdnr. 180); vgl. BVerfGE 135, 259 (286 f., Rdnr. 52).

306 BVerfGE 135, 259 (286 f., Rdnr. 52) m. w. N. BVerfGE 120, 82 (112); 129, 300 (321).

307 BVerfGE 135, 259 (287, Rdnr. 52) m. w. N. BVerfGE 129, 300 (323, 326 ff.).

308 *Schwerdtfeger*, Krisengesetzgebung, 2018, S. 238.

309 Vgl. BVerfGE 134, 141 (179, Rdnr. 111); 130, 318 (348); 120, 82 (113); 95, 408 (418); 28, 243 (261); vgl. BVerfGK 11, 82 (86).

310 Vgl. BVerfGE 135, 259 (289, Rdnr. 57 f.); 120, 82 (113 f.); 28, 243 (261).

den Begriff der Funktionsfähigkeit voraus und verwendet ihn als eine Variable möglicher Funktionsstörungen. Der konkrete Schutz vor Funktionsstörungen, also der Umfang des Schutzes der Funktionsfähigkeit, bestimmt sich danach aus dem Ergebnis einer Gewichtung und Abwägung mit kollidierenden Verfassungswerten.[311] Demzufolge bietet der Begriff der Funktionsfähigkeit in der Rechtsprechung des Bundesverfassungsgerichts keinen fest umrissenen Maßstab für die Reichweite oder den Umfang der geschützten Funktionsfähigkeit von staatlichen Einrichtungen, sondern einen einzelfallabhängigen Abwägungsbelang.

bbb) Begriff der Funktionsfähigkeit in der Rechtsprechung des Bundesverwaltungsgerichts

Die Verwendung des Begriffs der Funktionsfähigkeit staatlicher Einrichtungen erfolgt in der Rechtsprechung des Bundesverwaltungsgerichts überwiegend kasuistisch. So entschied das Bundesverwaltungsgericht im Zusammenhang mit der Treuepflicht von Soldaten, dass von der Funktionsfähigkeit der Bundeswehr der Schutz vor Handlungen umfasst ist, welche die Bundeswehr in ihrem durch die Verfassung festgelegten Aufgabenbereich schwächen könnte.[312] In einer anderen Entscheidung stellte Bundesverwaltungsgericht fest, das vom Begriff der Funktionsfähigkeit staatlicher Einrichtungen der Schutz vor Einwirkungen durch Gewalt oder Drohung mit Gewalt auf die Wahrnehmung staatlicher Funktionen eingeschlossen ist.[313] In den meisten seiner Entscheidungen zählt das Bundesverwaltungsgericht einzelne, geschützte Aspekte der Funktionsfähigkeit staatlicher Einrichtungen auf, eine allgemeine Bestimmung oder Eingrenzung des Begriffs der Funktionsfähigkeit erfolgt dabei aber nicht.[314]

Erst in zwei jüngeren, nicht in den amtlichen Entscheidungsbänden veröffentlichten, Entscheidungen des Bundesverwaltungsgerichts zur Eröffnung eines Informationszugangs gegenüber einer informationspflichtigen Behörde

---

311 Vgl. *Schwerdtfeger*, Krisengesetzgebung, 2018, S. 238: „*Existiert ein Verfassungsgebot der Sicherung der Funktionsfähigkeit des Parlaments* […], *stellt sich in der Folge die Frage nach dem Gewicht und der Wahrscheinlichkeit der Beeinträchtigung, die erforderlich sind, um seine rechtsbeschränkende oder auch abwehrende Wirkung auszulösen.*".

312 BVerwG, Urt. v. 27.09.1991 – 2 WD 43/90, 2 WD 22/91 = NVwZ-RR 1992, 558 (564); BVerwG, Urt. v. 16.03.2011 – 2 WD 40/09.

313 BVerwGE 109, 1 (6).

314 BVerwGE 163, 36 (47, Rdnr. 30); 149, 117 (120, Rdnr. 17 f.); 143, 74 (79 f., Rdnr. 25); 127, 302 (368); 73, 222 (222 f.); 73, 187 (190 f.); BVerwG, Beschl. v. 14.06.2012 – 20 F 10/11; BVerwG, Beschl. v. 16.12.1987 – 6 P 32/84 = DVBl. 1988, S. 355 (357 f.); BVerwG, Beschl. v. 26.07.1978 – VII B 5.77 = JZ 1978, 682 (683).

findet sich eine als allgemein zu verstehende Begriffsbestimmung des polizeilichen Schutzguts der Funktionsfähigkeit staatlicher Einrichtungen.[315] Hiernach ist das Schutzgut der Funktionsfähigkeit staatlicher Einrichtungen als Schutz der „[…] *Erfüllung der einer staatlichen Einrichtung jeweils zugewiesenen Aufgaben, die ihrerseits von geordneten verwaltungsinternen Abläufen abhängt.*“[316] zu verstehen. Hierzu führt das Bundesverwaltungsgericht weiter aus, dass dann eine Gefahr für die Funktionsfähigkeit einer staatlichen Einrichtung und mithin für die öffentliche Sicherheit besteht, wenn „[…] *die effektive Aufgabenerledigung gestört und die Arbeit der betroffenen Bediensteten beeinträchtigt werden kann. Bereits ein derartiger Geschehensablauf ist geeignet, sich nachteilig auf die Funktionsfähigkeit des Beklagten auszuwirken.*“[317] In Übereinstimmung mit der Rechtsprechung des Bundesverfassungsgerichts[318] stellt das Bundesverwaltungsgericht fest, dass der Schutz der Funktionsfähigkeit einer staatlichen Einrichtung weiter reicht, als lediglich der Schutz vor ihrer Funktionsunfähigkeit, also wenn die staatliche Einrichtung „[…] *ihrer Funktion voraussichtlich überhaupt nicht mehr gerecht werden könnte* […].“.[319]

Kennzeichnend für den vom Bundesverwaltungsgericht in seinen beiden Entscheidungen verwendeten Begriff der Funktionsfähigkeit staatlicher Einrichtungen ist zunächst der deutliche Bezug auf einen behördlichen bzw. körperschaftlichen Einrichtungsbegriff. Das Bundesverwaltungsgericht spricht nämlich von der Störung der Aufgabenerledigung und der Beeinträchtigung der Arbeitserledigung von Bediensteten. Dies setzt jedoch voraus, dass die staatliche Einrichtung über Bedienstete verfügt und durch die Einrichtung Aufgaben erledigt werden. Wie bereits oben aber gezeigt wurde, werden im polizeirechtlichen Schrifttum unter staatlichen Einrichtungen auch tatsächliche Handlungskomplexe verstanden, wie Rettungseinsätze oder Militärmanöver, oder auch

315 Das Bundesverwaltungsgericht geht davon aus, dass der Begriff der öffentlichen Sicherheit in § 3 Nr. 2 IFG die Funktionsfähigkeit staatlicher Einrichtungen umfasst und dies im Sinne des allgemeinen Polizeirechts zu verstehen ist: BVerwG, Urt. v. 20.10.2016 – 7 C 20/15 = NVwZ 2017, 624 (624); vgl. auch: Urt. v. 20.10.2016 – 7 C 23/15.

316 BVerwG, Urt. v. 20.10.2016 – 7 C 20/15 = NVwZ 2017, 624 (624); vgl. auch: Urt. v. 20.10.2016 – 7 C 23/15.

317 BVerwG, Urt. v. 20.10.2016 – 7 C 20/15 = NVwZ 2017, 624 (625); vgl. auch: Urt. v. 20.10.2016 – 7 C 23/15.

318 Vgl. BVerfGE 134, 141 (200, Rdnr. 180 f.).

319 BVerwG, Urt. v. 20.10.2016 – 7 C 20/15 = NVwZ 2017, 624 (625); vgl. auch: Urt. v. 20.10.2016 – 7 C 23/15.

öffentliche Einrichtungen i. S. d. öffentlichen Sachenrechts, wie die öffentliche Straße.[320] Ein Militärmanöver verfügt jedoch nicht über „Bedienstete", das Manöver ist vielmehr Ausdruck des Handelns von Bediensteten, nämlich von Soldaten der Bundeswehr. Hier müsste man daher bei der Bundeswehr als staatliche Einrichtung ansetzen und nach der Funktionsfähigkeit der Bundeswehr fragen. Auch eine öffentliche Straße kann beschädigt werden und damit in ihrer Funktion als Verkehrseinrichtung gestört werden, ohne dass dabei Bedienstete in ihrer Arbeitserledigung gestört werden oder ohne dass die effektive Aufgabenerledigung der öffentlichen Straße gestört werden würde. Insoweit trifft die gewählte Terminologie des Bundesverwaltungsgerichts nicht auf alle möglichen Variationen staatlicher Einrichtungen zu.

ccc) Begriff der Funktionsfähigkeit bei Schwerdtfeger

Die Unsicherheiten im Umgang mit der Figur der Funktionsfähigkeit sieht *Schwerdtfeger* bei dem Gewicht der Funktionsstörungen und damit bei der Bestimmung des Umfangs der geschützten Funktionsfähigkeit.[321] *Schwerdtfeger* geht davon aus, dass die maßgebliche Schwelle für die Frage der Beeinträchtigung der Funktionsfähigkeit bestimmbar ist.[322]

Hierfür zieht *Schwerdtfeger* zunächst in der Rechtsprechung des Bundesverfassungsgerichts Verbindungslinien zwischen der Funktionsfähigkeit einzelner Verfassungsorgane, der Staatsgewalten und des Staatsganzen und leitet daraus ab, dass sich hierin die verschiedenen Dimensionen der Gewaltteilung widerspiegeln. Den Ausgangspunkt für den Gedanken der Funktionsfähigkeit sieht *Schwerdtfeger* daher in dem Grundsatz der Gewaltenteilung.[323] Der Grundsatz der Gewaltenteilung aus Art. 20 Abs. 2 S. 1 GG beinhaltet neben der funktionalen Dimension in Gestalt der drei Gewalten Legislative, Exekutive und Judikative auch eine organisatorische Dimension, wonach verschiedene staatliche Funktionen auch jeweils unterschiedlichen staatlichen Organe zuzuweisen sind.[324] Diese organisatorische Aufteilung entsprechend der Funktion bezeichnet *Schwerdtfeger* als Grundsatz der funktionsgerechten Organstruktur.[325] Nach der Ansicht *Schwerdtfegers* knüpft das Bundesverfassungsgericht in seiner Rechtsprechung

320 Siehe Pkt. I. 4. lit. b) lit. bb), S. 84 f.
321 *Schwerdtfeger*, Krisengesetzgebung, 2018, S. 268.
322 *Schwerdtfeger*, Krisengesetzgebung, 2018, S. 238.
323 *Schwerdtfeger*, Krisengesetzgebung, 2018, S. 243 f.
324 *Schwerdtfeger*, Krisengesetzgebung, 2018, S. 187.
325 Vgl. *Schwerdtfeger*, Krisengesetzgebung, 2018, S. 192.

zur Funktionsfähigkeit stets an die staatliche Aufgabenwahrnehmung an und bestimmt hiernach die Funktionsfähigkeit individuell nach den Bedingungen, die für die staatliche Aufgabenwahrnehmung relevant sind.[326] Dabei soll der Gedanke der Funktionsfähigkeit die Wahrnehmung der von der Verfassung vorgegebenen Aufgaben gewährleisten, wobei die Frage der Funktionsfähigkeit erst auf der nachgelagerten Ebene eingreift, nämlich wenn die Wahrnehmung der Aufgabe tatsächlich in Frage gestellt wird.[327] Damit soll die Funktionsfähigkeit komplementär den Grundsatz der funktionsgerechten Organstruktur ergänzen, sodass beide als Ausprägung des Gewaltenteilungsgrundsatzes dazu dienen, die staatliche Aufgabenwahrnehmung zu gewährleisten. Der Grundsatz der funktionsgerechten Organstruktur soll die grundsätzliche Aufgabenzuweisung sicherstellen, während der Gedanke der Funktionsfähigkeit die zugewiesene Aufgabenwahrnehmung vor Beeinträchtigungen abschirmt.[328] *Schwerdtfeger* stellt den Begriff der Funktionsfähigkeit daher in einen Zusammenhang mit dem Grundsatz der funktionsgerechten Organstruktur.[329] Vor dem Hintergrund der gewaltenteiligen Perspektive schützt die Funktionsfähigkeit demzufolge den jeweiligen Aufgabenträger, die Verantwortung der rechtlich zugewiesenen Aufgabe selbstständig wahrzunehmen.[330] Daher überschreitet das Gewicht einer Funktionsstörung laut *Schwerdtfeger* dann die Schwelle zur Beeinträchtigung der Funktionsfähigkeit einer staatlichen Einrichtung, wenn Funktionsunfähigkeit eintritt, mithin die staatliche Einrichtung ihre zugewiesene Aufgabe nicht mehr eigenverantwortlich ausüben kann.[331] Unterhalb dieser Schwelle der Funktionsunfähigkeit rechtfertigt sich die Schutzwirkung der Funktionsfähigkeit nicht.[332]

Es kann jedoch *Schwerdtfeger* nicht gefolgt werden, den Begriff der Funktionsfähigkeit allein auf die Abwehr vor kompetenzwidrigen Eingriffen anderer Hoheitsträger zu reduzieren. Es dürfte auch mit Blick auf die Rechtsprechung des Bundesverfassungsgerichts so nicht gemeint sein, dass der Schutz vor äußeren Funktionsstörungen des Staatswesens aus dem Begriff der Funktionsfähigkeit herausfällt. So hat das Bundesverfassungsgericht die Funktionsfähigkeit der Bundeswehr als kollisionsfähigen Rechtswert von Verfassungsrang mit dem

326 *Schwerdtfeger*, Krisengesetzgebung, 2018, S. 244, 247, 256.
327 *Schwerdtfeger*, Krisengesetzgebung, 2018, S. 270.
328 *Schwerdtfeger*, Krisengesetzgebung, 2018, S. 270, 273.
329 *Schwerdtfeger*, Krisengesetzgebung, 2018, S. 225 f., 247, 269 ff, 273.
330 *Schwerdtfeger*, Krisengesetzgebung, 2018, S. 223, 274.
331 *Schwerdtfeger*, Krisengesetzgebung, 2018, S. 273.
332 *Schwerdtfeger*, Krisengesetzgebung, 2018, S. 273.

Grundrecht von Wehrpflichtigen in Art. 4 Abs. 3 GG abgewogen[333] und das Funktionieren einer geordneten Verwaltung als zulässige Einschränkung des Grundrechts der Meinungsfreiheit von Amtswaltern gemäß Art. 5 Abs. 1 GG erachtet.[334] Die Rechtsprechung des Bundesverfassungsgerichts versteht die Figur der Funktionsfähigkeit vielmehr als Schutz von Störungen – ungeachtet, ob hiermit die Aufgabenerfüllung vor Eingriffen durch andere Hoheitsträgern abgeschirmt werden soll oder ob hiermit äußere Störungen auf den Staat abgewehrt werden sollen – und wägt den Schutz vor Funktionsstörungen mit anderen Verfassungswerten ab. Dass das Bundesverfassungsgerichts den Begriff der Funktionsfähigkeit an die Aufgabenwahrnehmung der staatlichen Einrichtungen anknüpft, liegt auch nicht daran, dass die Funktionsfähigkeit die organisatorische Dimension der Gewaltenteilung bei der Aufgabenwahrnehmung schützt, sondern ist darin begründet, dass das Bundesverfassungsgericht die konkrete Funktion einer staatlichen Einrichtung anhand der rechtlich übertragenen Aufgaben sachlich ermittelt.[335] Schließlich geht das Bundesverfassungsgericht implizit davon aus, dass die Funktionsfähigkeit entgegen der Ansicht *Schwerdtfegers* eben nicht nur vor einer vollständigen Funktionsunfähigkeit schützt, sondern bereits vor „gewissen" Funktionsstörungen.[336]

ddd) Funktionsfähigkeit zwischen Funktionstüchtigkeit, Funktionssicherung und Funktionstauglichkeit – Begriff der Funktionsfähigkeit bei Lerche

Bei dem Begriff der Funktionsfähigkeit unterscheidet *Lerche* zwischen drei Erscheinungsformen: die Funktionsfähigkeit als volle Funktionstüchtigkeit,[337] die Funktionsfähigkeit als Funktionssicherung[338] und die Funktionsfähigkeit als Zielverwirklichung im Falle einer Güterkollision.[339] Im ersten Fall ist die Funktionsfähigkeit im Sinne einer Maximalgarantie einer staatlichen Einrichtung zu verstehen, bei der die volle Funktionstüchtigkeit der gesicherten Einrichtung unangetastet bleiben muss.[340] Funktionsfähigkeit ist hiernach absolut

333 BVerfGE 69, 1 (21 ff.).

334 BVerfGE 28, 191 (200).

335 BVerfGE 9, 268 (281); vgl. BVerfGE 142, 123 (232, Rdnr. 217); 135, 259 (289, Rdnr. 58); 134, 141 (199 f., Rdnr. 178 ff.); 130, 318 (348 f.); 129, 300 (323); 28, 243 (261); vgl. ferner: BVerfGE 108, 251 (276 f.); 1, 208 (247 f.).

336 Vgl. BVerfGE 134, 141 (200, Rdnr. 180).

337 *Lerche*, BayVBl. 1991, 517 (517 f., 519).

338 *Lerche*, BayVBl. 1991, 517 (519).

339 *Lerche*, BayVBl. 1991, 517 (521 f.).

340 *Lerche*, BayVBl. 1991, 517 (517).

zu verstehen, sodass jede Berührung mit der Funktion einer staatlichen Einrichtung bereits zur Beeinträchtigung der Funktionsfähigkeit führt. Im zweiten Fall, bei welchem die Funktionsfähigkeit als Funktionssicherung verstanden werden kann, geht es um das erforderliche bzw. den Umständen nach gewöhnliche Maß zur Sicherstellung der Funktion einer staatlichen Einrichtung.[341] Hiernach reicht das Maß der angestrebten Funktionssicherung über die bloße Sicherstellung der Mindestfunktion der staatlichen Einrichtung hinaus, geht aber andererseits auch nicht soweit, dass damit die effektivste Maximalwirksamkeit angestrebt werden würde.[342] *Lerche* umschreibt dieses erforderliche Maß der Funktionssicherung als In-Funktion-Bringen und In-Funktion-Halten der staatlichen Einrichtung.[343] Im dritten Fall bei der die Funktionsfähigkeit als Verwirklichung des Ziels der staatlichen Einrichtung verstanden wird, bestimmt sich das Maß des Funktionierens der staatlichen Einrichtung anhand der gegenläufigen Rechtsgüter. Kollidieren Funktionsfähigkeit der staatlichen Einrichtung und Rechtsgüter miteinander, so ist diese Begriffsdimension eröffnet. Das Maß der Funktionsfähigkeit ist hier dynamisch auf Verwirklichung eines Ziels ausgerichtet und die Durchsetzungsfähigkeit bestimmt sich je nach Einzelfall durch das Gewicht der kollidieren Rechtsgüter. Dabei muss nach dieser Begriffsdimension laut *Lerche* aber stets ein Mindestmaß bzw. ein „Grundbestand" an erforderlicher Funktionsfähigkeit gewahrt bleiben, die nicht unterlaufen werden darf, damit die staatliche Einrichtung nicht funktionsuntauglich werden darf.[344]

Nimmt man die von *Lerche* entwickelten drei Begriffsvarianten der Funktionsfähigkeit, so zeigt sich, dass der Rahmen der möglichen Interpretationsvarianten, was unter dem polizeilichen Schutzgut der Funktionsfähigkeit staatlicher Einrichtungen verstanden werden kann, von einer Maximalgarantie effektiver Funktion bis hin zur Grenze der mindestmöglichen Funktionstauglichkeit reicht. Diese Begriffsweite und die damit einhergehende Unschärfe führen daher nach einer verbreiteten Auffassung im Schrifttum dazu, dass das Schutzgut der Funktionsfähigkeit als zu unbestimmt angesehen wird. So gehen *Fischer* sowie *Poscher/Kingreen* in der Konsequenz davon aus, dass ein eigenständiger Begriff der Funktionsfähigkeit staatlicher Einrichtungen keinen zulässigen Maßstab darstellt, nach welchem Grundrechte eingeschränkt bzw. begrenzt werden können und lehnen damit ein eigenständiges Schutzgut der Funktionsfähigkeit

341 *Lerche*, BayVBl. 1991, 517 (519).
342 *Lerche*, BayVBl. 1991, 517 (519).
343 *Lerche*, BayVBl. 1991, 517 (519).
344 *Lerche*, BayVBl. 1991, 517 (521).

staatlicher Einrichtungen ab[345]: „*‚Funktionieren öffentlicher Einrichtungen' besagt vieles, aber gerade deshalb zu wenig. Ein unklarer ‚Funktions'-Begriff stellt jedoch keinen Maßstab dar, an dem eine Grundrechtsverletzung geprüft werden sollte.*"[346] Zwar weisen *Poscher/Kingreen* darauf hin, dass der Funktionsfähigkeit einer staatlichen Einrichtung allenfalls insoweit eine Bedeutung zukommen kann, wenn dabei Rechtsnormen verletzt werden,[347] allerdings steht danach aber nicht die Funktionsfähigkeit im Mittelpunkt des polizeilichen Schutzes, sondern die Verletzung von Rechtsnormen.

eee) Bestimmbarkeit des Begriffs der Funktionsfähigkeit?

Wie dies zeigt, wird der Begriff der Funktionsfähigkeit staatlicher Einrichtungen in der Rechtsprechung des Bundesverfassungsgerichts vorausgesetzt und als Verfassungswert mit anderen Verfassungswerten abgewogen.[348] Demgegenüber ist in der Rechtsprechung des Bundesverwaltungsgerichts zwar eine Begriffsbestimmung zur Funktionsfähigkeit staatlicher Einrichtungen enthalten, allerdings wird diese dem weiten Begriffsverständnis von staatlichen Einrichtungen nicht gerecht.[349] Zudem besteht auch im Schrifttum keine Einigkeit über den Begriffsumfang der Funktionsfähigkeit. Während *Schwerdtfeger* unter dem Begriff der Funktionsfähigkeit den Schutz vor vollständiger Funktionsunfähigkeit versteht,[350] zeigt *Lerche* einen Begriffsrahmen auf, in welchem drei Begriffsvarianten des Begriffs der Funktionsfähigkeit vorstellbar sind.[351]

Während eine verbreitete Auffassung im Schrifttum den Begriff der Funktionsfähigkeit ohnehin als zu unbestimmt ansieht und daher die Eigenständigkeit des polizeirechtlichen Schutzguts der Funktionsfähigkeit von staatlichen Einrichtungen ablehnt, so findet der Begriff dennoch geläufige Verwendung in Rechtsprechung und Schrifttum. So wird der ungestörte, verdeckte Einsatz eines Spezialeinsatzkommandos der Polizei[352], der verdeckte Betrieb von Radargeräten

---

345 *Fischer*, DVBl. 1981, 517 (521); *Kingreen/Poscher*, Polizei- und Ordnungsrecht, 10. Aufl., 2018, § 7 II 4, S. 106 f., Rdnr. 37.

346 *Fischer*, DVBl. 1981, 517 (521).

347 *Kingreen/Poscher*, Polizei- und Ordnungsrecht, 10. Aufl., 2018, § 7 II 4, S. 106 f., Rdnr. 37.

348 Siehe Pkt. I. 4. lit. b) lit. cc) lit. aaa), S. 86 ff.

349 Siehe Pkt. I. 4. lit. b) lit. cc) lit. bbb), S. 88 ff.

350 Siehe Pkt. I. 4. lit. b) lit. cc) lit. ccc), S. 90 ff.

351 Siehe Pkt. I. 4. lit. b) lit. cc) lit. ddd), S. 92 ff.

352 BVerwGE 143, 74 (79, Rdnr. 23 f.).

zur Verkehrsüberwachung[353] oder die Durchführung einer von der Bundesregierung einberufenen internationalen Konferenz[354] dem polizeilichen Schutzgut der Funktionsfähigkeit staatlicher Einrichtungen zugeordnet, ohne dass es hierfür erkennbar auf eine spezifische Verletzung materieller oder formeller Gesetze angekommen wäre. Zwar weist *Poscher* in einzelnen Beispielen darauf hin, dass verschiedene Aspekte der Funktionsfähigkeit staatlicher Einrichtungen bereits durch Rechtsnormen rechtlich geschützt sind, sodass ein Rückgriff auf die Funktionsfähigkeit staatlicher Einrichtungen nicht geboten sei. So sei die Warnung vor Radargeräten zur Verkehrsüberwachung auf die Einleitung von Ordnungswidrigkeitsverfahren gerichtet, zu welcher §§ 46 Abs. 1, 2 OWiG; 53 Abs. 1 S. 2 OWiG i. V. m. § 164 StPO eine Befugnis zur Unterbindung der Störung enthält, während § 22 f. KunstUrhG Schutz der Polizeibeamten vor fotographischer Darstellung bei einem verdeckten polizeilichen Einsatz bietet und die Störung von Staatsempfängen unter dem Aspekt der Nutzung von Trillerpfeifen als Ordnungswidrigkeit nach § 117 OWiG bewertet werden kann.[355] Jedoch ist hier mit *Schenke* zu entgegnen, dass es aufgrund einer umfassenden rechtlichen Normierung im Bereich des öffentlichen Rechts schwer fällt, im Falle einer Gefahr für die Funktionsfähigkeit einer staatlichen Einrichtung nicht zugleich eine Gefahr für die Unverletzlichkeit von Rechtsnormen zu erblicken, dies jedoch nicht gegen die grundsätzliche Eigenständigkeit des polizeilichen Schutzguts der Funktionsfähigkeit staatlicher Einrichtungen spricht.[356] Zudem gibt es gesetzlich nicht rechtlich normierte Bereiche, in welchem nur das Schutzgut der Funktionsfähigkeit von staatlichen Einrichtungen einschlägig ist. Es handelt sich um die Fälle, in denen es um das In-Erfahrung-bringen oder das Erlangen von Kenntnissen über das Vorgehen, die Arbeitsweise oder die Einsatztaktik von Sicherheitsbehörden geht, welche nicht zugleich ein Staatsgeheimnis i. S. d. § 93 StGB darstellen, und die Verwendung oder Weitergabe der Informationen das zukünftige Handeln der Sicherheitsbehörden gefährdet. Zu denken wäre hier beispielsweise an das Ausspähen, die Weitergabe oder das Veröffentlichen der Einsatztaktik der Polizei bei Befreiungen im Zusammenhang mit Geiselnahmen in Flugzeugen, über den Umfang von Sicherungsmaßnahmen für eine schutzwürdige Person im

353 OVG NRW, NJW 1997, 1596 (1596); VG Saarland, Beschl. v. 17.02.2004 – 6 F 6/04.

354 BVerfG, Beschl. v. 06.06.2007 – 1 BvR 1423/07, Rdnr. 28 = NJW 2007, S. 2167 (2169); wobei hier die Zuordnung nicht als staatliche Einrichtung, sondern als staatliche Veranstaltung bezeichnet wurde.

355 *Poscher*, JURA 2007, 800 (806 f.).

356 *Schenke*, Polizei- und Ordnungsrecht, 10. Aufl., 2018, § 3 II 5, S. 33, Rdnr. 60.

Bereich des Personenschutzes oder ganz allgemein über „Lücken" der personellen oder sachlichen Ausstattung der Polizei.

Außerdem werden im polizeirechtlichen Schrifttum, wie vorangehend bereits erwähnt, als Beispiele für die Funktionsfähigkeit staatlicher Einrichtungen insbesondere schlicht-hoheitliche Staatsempfänge, Begräbnisse, Militärmanöver oder Gelöbnisse genannt.[357] Die Aufzählung solcher schlicht-hoheitlichen Handlungskomplexe unter dem Begriff der Funktionsfähigkeit staatlicher Einrichtungen wäre aber obsolet, wenn ihnen nicht eigenständige Bedeutung zukommen würde. Daher ist im Folgenden näher zu untersuchen, ob der Begriff der Funktionsfähigkeit staatlicher Einrichtungen nicht doch bestimmbar ist und eine gebotene verfassungsrechtliche Konkretisierung aufweist.

aaaa) Der Bestand der staatlichen Einrichtung als logische Voraussetzung der Funktionsfähigkeit

Zunächst ist zu vergegenwärtigen, dass der Begriff der Funktionsfähigkeit den Bestand und die Existenz des begrifflichen Bezugspunkts der staatlichen Einrichtungen logisch voraussetzt. Daher darf die Begriffsformel vom polizeilichen Schutz der Funktionsfähigkeit von staatlichen Einrichtungen gerade nicht zu dem Irrtum verleiten, etwa dass eine staatliche Einrichtung nur in Hinsicht auf die Befähigung zum Funktionieren geschützt wird und nicht als staatliche Einrichtung selbst.[358] Dies wäre eine fehlerhafte Verkürzung des Begriffs auf den Begriffsbestandteil Funktionsfähigkeit und eine Verkennung des Begriffssinns. Die Funktionsfähigkeit einer staatlichen Einrichtung umfasst nicht nur die Fähigkeit zum Funktionieren selber, sondern auch das tatsächliche Vorhandensein der staatlichen Einrichtung selbst.[359] *Lerche* spricht etwa davon, dass der Begriff der Funktionsfähigkeit dazu dient, um die rechtliche Gewährleistung der staatlichen Einrichtung zu veranschaulichen.[360]

Eine andere Bezeichnung als die Funktionsfähigkeit, wie Existenz oder Bestand der staatlichen Einrichtung, wäre terminologisch eher ungeeignet, da

---

357 Siehe Pkt. I. 4. lit. b) lit. bb), S. 85.

358 Insoweit missverständlich formuliert bei *Winkler*, der auf den Schutz des Funktionszwecks der Einrichtung abstellt und nicht auf den Schutz der Einrichtung selbst: *Winkler*, Kollision von Schutznormen, 2000, S. 112.

359 Vgl. *Denninger*, in: Lisken/Denninger/Bäcker/Graulich (Hrsg.), Handbuch des Polizeirechts, 6. Aufl., 2018, Kap. D I 3, Rdnr. 22; *Misera-Lang*, Einschränkbarkeit vorbehaltloser Freiheitsrechte, 1999, S. 373; *Möller/Wilhelm*, Polizei- und Ordnungsrecht, 5. Aufl., 2003, S. 45, Rdnr. 91.

360 *Lerche*, BayVBl. 1991, 517 (517).

solche Bezeichnungen die Unabänderlichkeit einer bestimmten staatlichen Einrichtung implizieren könnte. Jedoch können staatliche Einrichtungen auch durch Verwaltungsakt oder schlicht-hoheitliches Handeln errichtet oder begründet werden und daher durch einen Hoheitsträger wiederum leicht abgeändert oder beendet werden. Zu denken wäre dabei beispielsweise an eine kurzzeitige Widmung eines Gebäudes zu einer öffentlichen Einrichtung oder an die Abhaltung von Staatsempfängen und Rettungseinsätzen. Aufgrund der leichten Abänderbarkeit oder Beendigung bestimmter staatlicher Einrichtungen wäre es terminologisch unangemessen oder könnte zu Irrtümern führen, hierfür den Begriff des Bestands eigens zu verwenden, wenngleich nicht zu übersehen ist, dass das rechtliche Vorhandensein der staatlichen Einrichtung bereits in der Begriffsformel der Funktionsfähigkeit staatlicher Einrichtungen inbegriffen ist.

bbbb) Eingrenzung und Bestimmung der Funktionsfähigkeit

Da der Formel der Funktionsfähigkeit staatlicher Einrichtungen eine eigenständige Bedeutung im Schrifttum und der Rechtsprechung beigemessen wird,[361] stellt sich die Frage, wie der Begriffsbestandteil der Funktionsfähigkeit selber begrifflich eingegrenzt oder bestimmt werden kann. Die Schwierigkeit für eine Bestimmung der Funktionsfähigkeit besteht insoweit durch die begriffliche Weite des zugrundeliegenden Bezugspunkts der staatlichen Einrichtung im Polizeirecht. Hierunter zählen nämlich nicht nur staatliche Einrichtungen im Sinne des öffentlichen Sachrechts, sondern auch schlicht-hoheitliche Handlungskomplexe, wie Staatsempfänge oder Rettungseinsätze.[362] In diesen Fällen kann das auf die staatliche Einrichtung bezogene Merkmal der Funktionsfähigkeit, etwa der ungestörte Ablauf der Staatsempfänge oder Rettungseinsätze, auch nur schlicht-hoheitlich sein. Das zeigt bereits, dass sich der Begriff der Funktionsfähigkeit nicht zusammen mit jedem denkbaren Begriff von staatlichen Einrichtungen legaldefinieren lässt. Da der Begriff der staatlichen Einrichtungen also weit zu verstehen ist und sämtliche hoheitlichen Regelungs- und Handlungskomplexe darunter verstanden werden,[363] umfasst auch der Begriff der Funktionsfähigkeit ein weites Feld. Daher ist sich dem Begriff der Funktionsfähigkeit von seinem Mindestaussagegehalt her zu nähern, nämlich dem Mindestaussagegehalt, den der Begriff in jedem Fall aufweist: Die Funktionsfähigkeit einer staatlichen

---

361 Siehe Pkt. I. 4. lit. b) lit. aa), S. 83 f.; vgl. Pkt. I. 4. lit. b) lit. cc), S. 86 ff.
362 Siehe Pkt. I. 4. lit. b) lit. bb), S. 84 f.
363 Siehe Pkt. I. 4. lit. b) lit. bb), S. 85.

Einrichtung ist als die Fähigkeit zu verstehen, nach der die staatliche Einrichtung ihre jeweilige Funktion erfüllen kann.

α) Der Begriffsbestandteil der Funktion einer staatlichen Einrichtung

Eine Bestimmung des Begriffs der Funktionsfähigkeit einer staatlichen Einrichtung setzt zunächst Klarheit über den Begriff der Funktion voraus. Die Funktion einer staatlichen Einrichtung ist der Anknüpfungspunkt für die Befähigung zur Funktion, also die Funktionsfähigkeit.

Hierzu ist zunächst festzustellen, dass das Begriffsverständnis der Funktionsfähigkeit und dessen Verwendung in den vorangehend dargestellten Auffassungen der Rechtsprechung und dem Schrifttum zwar voneinander abweicht,[364] aber übereinstimmend für die Frage der Funktion der staatlichen Einrichtung auf die Aufgabenerfüllung bzw. rechtliche Aufgabenzuweisung zurückgegriffen wird. So greift das Bundesverfassungsgericht für die sachlich-thematische Eingrenzung der Funktionsfähigkeit einer staatlichen Einrichtung auf die rechtlich zugewiesene Aufgabe der jeweiligen verfassungsrechtlichen Einrichtung zurück.[365] Auch das Bundesverwaltungsgericht knüpft, wie oben festgestellt wurde, den Begriff der Funktionsfähigkeit an die „[…] *Erfüllung der einer staatlichen Einrichtung jeweils zugewiesenen Aufgaben, die ihrerseits von geordneten verwaltungsinternen Abläufen abhängt*“.[366] Zudem kommt *Schwerdtfeger* nach umfangreicher Würdigung der Rechtsprechung des Bundesverfassungsgerichts zur Schlussfolgerung, dass der verwendete Begriff der Funktionsfähigkeit dem Gedanken der funktionsgerechten Organstruktur folgt und der Absicherung und Abschirmung der eigenständigen Aufgabenerfüllung einer staatlichen Einrichtung gegenüber anderen staatlichen Einrichtungen dient.[367] Nicht so deutlich äußert sich *Lerche*, der weniger auf den Teilbegriff der Funktion eingeht, sondern vielmehr drei Begriffsvariationen der Befähigung zum Funktionieren unterscheidet.[368] Gleichwohl nennt *Lerche* die verfassungsmäßigen Aufgaben des Bundesverfassungsgerichts in Art. 115g GG als Paradebeispiel für die vollständige Funktion

---

364 Vgl. Pkt. I. 4. lit. b) lit. cc) lit. eee), S. 94.

365 BVerfGE 9, 268 (281); vgl. BVerfGE 142, 123 (232, Rdnr. 217); 135, 259 (289, Rdnr. 58); 134, 141 (199 f., Rdnr. 178 ff.); 130, 318 (348 f.); 129, 300 (323); 28, 243 (261); vgl. ferner: BVerfGE 108, 251 (276 f.); 1, 208 (247 f.).

366 BVerwG, Urt. v. 20.10.2016 – 7 C 20/15 = NVwZ 2017, 624 (624); Urt. v. 20.10.2016 – 7 C 23/15; vgl. bereits: BVerwG, Urt. v. 27.09.1991 – 2 WD 43/90, 2 WD 22/91 = NVwZ-RR 1992, 558 (564).

367 *Schwerdtfeger*, Krisengesetzgebung, 2018, S. 225 f., 244, 247, 256, 269 ff., 273.

368 Vgl. Pkt. I. 4. lit. b) lit. cc) lit. ddd), S. 92 f.

des Bundesverfassungsgerichts[369] und leitet damit die Funktion einer staatlichen Einrichtung ebenso aus ihrer Aufgabenerfüllung her. Wie dies zeigt, wird in Rechtsprechung und Schrifttum die Funktionsfähigkeit anhand der rechtlichen Aufgabenzuweisung der staatlichen Einrichtung bestimmt. Daraus folgt, dass der maßstäbliche Begriff der Funktion der staatlichen Einrichtung mit den rechtlich zugewiesenen Aufgaben identifiziert wird.

Allerdings ist zu vergegenwärtigen, dass der polizeirechtlich verwendete Begriff der staatlichen Einrichtung nicht nur organschaftlich oder körperschaftlich zu verstehen ist, sondern hierunter sämtliche hoheitlichen Regelungs- und Handlungskomplexe gefasst werden.[370] Daher liegt die Funktion einer staatlichen Einrichtung nicht stets in einer Aufgabenerfüllung. Die Funktion ist daher jeweils nach bestimmten staatlichen Einrichtung einzelfallabhängig und nicht kategorisierbar. Während sich beispielsweise die Funktion der örtlichen Finanzämter insbesondere aus den gesetzlichen Aufgaben der Steuerverwaltung gemäß § 17 Abs. 2 FVG ergibt, so ist die Funktion eines tatsächlich abgehaltenen Rettungseinsatzes je nach Einsatzszenario und Standort ein individueller, tatsächlicher Umstand. Vornehmlich in Fällen hoheitlicher Handlungskomplexe haben staatliche Einrichtungen keine rechtlich übertragenen Aufgaben, sondern stellen sich eher selber als Erfüllung von rechtlich übertragenen Aufgaben dar. Allerdings haben auch solche Handlungskomplexe einen bestimmten Zweck, der mit ihnen verfolgt wird und welcher sich aus den rechtlichen Befugnissen und Aufgaben des handelnden Hoheitsträgers ergibt. Der Begriff der Funktion lässt sich daher besser als Zweck umschreiben. Die Funktion einer staatlichen Einrichtung ist demzufolge als der Zweck der staatlichen Einrichtung zu verstehen, und soweit es sich dabei um einen Hoheitsträger handelt, wird der Zweck der staatlichen Einrichtung durch die rechtlich übertragenen Aufgaben weiter konkretisiert.

β) Der Begriffsbestandteil der Befähigung zur Funktion

Vorangehend wurde festgestellt, dass der Mindestaussagegehalt, den der Begriff der Funktionsfähigkeit staatlicher Einrichtungen in jedem Fall aufweist, als diejenige Fähigkeit zu verstehen ist, nach der die staatliche Einrichtung ihre jeweilige Funktion erfüllen kann. Wie bereits geklärt ist, wird die maßgebende Funktion durch den jeweiligen Zweck der staatlichen Einrichtung dargestellt und soweit

369 *Lerche*, BayVBl. 1991, 517 (517).
370 Pkt. I. 4. lit. b) lit. bb), S. 84 f.

es sich bei einer staatlichen Einrichtung um einen Hoheitsträger handelt, ergibt sich dieser insbesondere aus den rechtlich zugewiesenen Aufgaben.[371]

Stellt man daher auf die Frage der Befähigung ab, nach welcher die staatliche Einrichtung ihre Funktion erfüllen kann, so stellt sich hier die Frage nach den jeweiligen maßgeblichen Umständen, die die Einrichtung zu ihrer Funktion befähigen. Die Verknüpfung zwischen den maßgeblichen Umständen und der Funktion der staatlichen Einrichtung setzt dabei logisch das Merkmal der Kausalität voraus. Es geht nämlich nicht nur um irgendwelche Umstände, sondern gerade um solche Umstände, die die staatliche Einrichtung zu ihrer Funktion befähigen, also um funktionsbefähigende Umstände. Die Umstände müssen daher kausal für die Funktion der staatlichen Einrichtung sein. Demzufolge gliedert sich die gedankliche Begriffsstruktur der Funktionsfähigkeit zum einen in die Funktion der staatlichen Einrichtung und zum anderen in diejenigen Umstände, welche kausal für die Funktion sind. Je nachdem, wie weit man die Kausalität fasst und die Anzahl aller zur Funktion befähigenden Umstände vermehrt oder eingrenzt, kommt man zu den von *Lerche* aufgezeigten Begriffsvariationen[372] entweder als Funktionstüchtigkeit, als Funktionssicherung oder soweit man die kausalen Umstände sehr eng zieht, zum engen Verständnis als Funktionstauglichkeit. Da es also vom Maß der Kausalität abhängt, wie weit man den Umfang der zur Funktion befähigenden Umstände zieht, so stellt dies den neuralgischen Punkt dar, der ausschlaggebend für den Begriffsinhalt und Schutzumfang der Funktionsfähigkeit ist. Zergliedert man also den Begriff der Funktionsfähigkeit, so findet die begriffliche Unsicherheit über den Inhalt und Schutzumfang der Funktionsfähigkeit an diesem Punkt ihren gedanklichen Ausgang. Soweit also ein Maßstab gefunden werden kann, der das Maß der erforderlichen Kausalität vorgibt, welcher zwischen den maßgeblichen, befähigenden Umständen und der Funktion einer staatlichen Einrichtung bestehen muss, so kann damit letztlich der Begriff der Funktionsfähigkeit bestimmt werden.

Im Zusammenhang mit dem polizeilichen Schutz folgt daraus, dass eine Gefahr oder Störung für die Funktionsfähigkeit einer staatlichen Einrichtung folglich eine Gefahr oder Störung der funktionsbefähigenden Umstände ist, also derjenigen Umstände, welche kausal für die Funktion der staatlichen Einrichtung sind. Eine Gefahr oder Störung der Funktionsfähigkeit einer staatlichen Einrichtung muss demnach also unmittelbar an die funktionsbefähigenden Umstände ansetzen. Daher fragt sich, ob aus der Verwendung des Begriffs der

---

371 Siehe Pkt. I. 4. lit. b) lit. cc) lit. eee) lit. bbbb) lit. α), S. 98 f.

372 Siehe Pkt. I. 4. lit. b) lit. cc) lit. ddd), S. 92 f.

Funktionsfähigkeit in der Rechtsprechung und im Schrifttum darauf zurückgeschlossen werden kann, welches Maß an Kausalität die Umstände aufweisen müssen, damit sie als funktionsbefähigende Umstände eingeordnet werden können.

αα) Der Schutz der funktionsbefähigenden Umstände?

Wendet man den Blick der Rechtsprechung und dem Schrifttum zu, so fällt auf, dass an zahlreichen Stellen die Frage der Gefahr oder Störung der Funktionsfähigkeit nicht an den funktionsbefähigenden Umständen ansetzt, sondern unmittelbar an der Funktion der staatlichen Einrichtung selber. Anhand der oben zitieren Entscheidung des Bundesverfassungsgerichts wurde festgestellt, dass die Funktionsfähigkeit staatlicher Einrichtungen als Verfassungswert mit entgegenstehenden Verfassungswerten im Rahmen des Ausgleichs kollidierender Verfassungsrechtsgüter bzw. der Ausdifferenzierung der Wahlgleichheit abgewogen wurde; der konkrete Schutzumfang der Funktionsfähigkeit ergibt sich dabei aus dem Ergebnis der Güterabwägung.[373] Bei den Aussagen des Bundesverfassungsgericht, welche die Gewichtung und Durchsetzung des Belangs der Funktionsfähigkeit in der Abwägung betreffen, stellt das Gericht die Funktionsfähigkeit in einen Zusammenhang mit den Merkmalen einer Störung bzw. Gefahr für die Funktion: „*Die Frage, was der Sicherung der Funktionsfähigkeit dient und dafür erforderlich ist, kann indes nicht* […] *einheitlich beantwortet werden* […]. *Zudem kommt es auf die konkreten Bedingungen an, unter denen die jeweilige Volksvertretung arbeitet und von denen die Wahrscheinlichkeit des Eintritts von Funktionsstörungen abhängt […].*“[374] Daraus folgt, dass von den konkreten Bedingungen und der Wahrscheinlichkeit des Eintritts von Funktionsstörungen abhängt, was zur Sicherung der Funktionsfähigkeit dient. Damit wird aber durch das Bundesverfassungsgericht nichts anderes umschrieben, als die Gefahr für die Funktion einer staatlichen Einrichtung. Nach dem Begriff der konkreten Gefahr liegt eine Gefahr dann vor, wenn konkrete Umstände und das zu erwartende Geschehen mit hinreichender Wahrscheinlichkeit zu einem Schaden für ein geschütztes Rechtsgut führen werden.[375] Genau diese Gefahrformel beschreibt hier das

---

373 BVerfGE 134, 141 (200, Rdnr. 180); 135, 259 (286 f., Rdnr. 52).

374 BVerfGE 135, 259 (287, Rdnr. 52) m. w. N. BVerfGE 129, 300 (323, 326 ff.).

375 *Drews/Wacke/Vogel/Martens*, Gefahrenabwehr, 9. Aufl., 1986, § 13, S. 220; *Kingreen/Poscher*, Polizei- und Ordnungsrecht, 10. Aufl., 2018, § 3 I, S. 40, Rdnr. 1; *Schenke*, Polizei- und Ordnungsrecht, 10. Aufl., 2018, § 3 II 7, S. 39, Rdnr. 69; *Gusy*, Polizei- und Ordnungsrecht, 10. Aufl., 2017, § 3 II 2, S. 55, Rdnr. 108, S. 57, Rdnr. 111; *Denninger*, in: Lisken/Denninger/Bäcker/Graulich (Hrsg.), Handbuch des Polizeirechts,

Bundesverfassungsgericht. Es spricht von konkreten Umständen und einer Wahrscheinlichkeit für den Eintritt von Funktionsstörungen, also Schäden für die Funktion und meint damit den Schutz der Funktionsfähigkeit.[376] Tatsächlich müsste das Bundesverfassungsgericht für den Schutz der Funktionsfähigkeit gedanklich jedoch bei Schäden für die funktionsbefähigenden Umstände ansetzen und nicht bei Schäden für die Funktion selbst. Auch in anderen Entscheidungen des Bundesverfassungsgerichts wird die Funktionsfähigkeit anhand einer Gefahr oder Störung der Funktion der staatlichen Einrichtung umschrieben.[377]

Ebenso unterscheidet das Bundesverwaltungsgericht bei der Gefahr für die Funktionsfähigkeit einer staatlichen Einrichtung nicht strikt zwischen einer Gefahr für die funktionsbefähigenden Umstände und der Gefahr für die Funktion der staatlichen Einrichtung. In den beiden Entscheidungen, denen ein verallgemeinerungsfähiger Begriff der Funktionsfähigkeit entnommen werden kann, führt das Bundesverwaltungsgericht aus: „*In Anwendung dieses Maßstabs ist eine Gefährdung der öffentlichen Sicherheit nicht erst dann zu bejahen, wenn die informationspflichtige Stelle ihrer Funktion voraussichtlich überhaupt nicht mehr gerecht werden könnte, sondern schon dann, wenn die effektive Aufgabenerledigung gestört und die Arbeit der betroffenen Bediensteten beeinträchtigt werden kann. Bereits ein derartiger Geschehensablauf ist geeignet, sich nachteilig auf die Funktionsfähigkeit des Beklagten auszuwirken.*“[378] Während das Bundesverwaltungsgericht hier scheinbar zwischen der Gefahr für die Funktion und der Gefahr für die funktionsbefähigenden Umstände, welche als effektive Aufgabenerledigung und Arbeit der betroffenen Bediensteten bezeichnet werden, zu unterscheiden scheint, wird diese Unterscheidung im Folgenden wieder aufgehoben. Das Bundesverwaltungsgericht bezeichnet nämlich die Störung der effektiven Aufgabenerledigung und der Arbeit der betroffenen Bediensteten nämlich als Geschehensablauf, der geeignet ist, sich nachteilig auf die Funktionsfähigkeit der staatlichen Einrichtung auszuwirken. Genau genommen, hätte aber das Bundesverwaltungsgericht hier an die Funktion anknüpfen müssen. Es hätte die Aussage treffen müssen, dass ein derartiger Geschehensablauf, wie eine Störung

---

6. Aufl., 2018, Kap. D I 4, Rdnr. 39; *Würtenberger/Heckmann/Tanneberger*, Polizeirecht, 7. Aufl., 2017, § 5 IV 3, S. 211, Rdnr. 269; BVerwGE 45, 51 (57).

376 Vgl. dazu: BVerfGE 135, 259 (289, Rdnr. 57 f.); 129, 300 (323).

377 BVerfGE 28, 243 (261); vgl. BVerfGE 134, 141 (200, Rdnr. 180 f.); 120, 82 (113); BVerfGK 11, 82 (86).

378 BVerwG, Urt. v. 20.10.2016 – 7 C 20/15 = NVwZ 2017, 624 (625); vgl. auch: Urt. v. 20.10.2016 – 7 C 23/15.

der effektiven Aufgabenerledigung und der Arbeit der betroffenen Bediensteten geeignet ist, sich negativ auf die Funktion der staatlichen Einrichtung auszuwirken – nur dann wäre die effektive Aufgabenerledigung und die Arbeit der betroffenen Bediensteten ein funktionsbefähigender Umstand. Tatsächlich beschreibt das Bundesverwaltungsgericht mit der Störung der effektiven Aufgabenerledigung und der Arbeit der betroffenen Bediensteten aber den Geschehensablauf mit Blick auf die Gefahr. Mithin unterscheidet das Gericht damit nicht zwischen der Gefahr für die Funktion und der Gefahr für die Funktionsfähigkeit. Auch in anderen Entscheidungen spricht das Bundesverwaltungsgericht bei Gefahren für staatliche Einrichtungen lediglich von dem Schutz der Wahrnehmung staatlicher Funktionen[379] und stellt damit unmittelbar auf eine Gefahr für die Funktion der staatlichen Einrichtung ab.

Auch bei *Schwerdtfeger* stellt sich die Frage einer Gefahr für die Funktionsfähigkeit als eine Gefahr für die Funktion einer staatlichen Einrichtung dar. So entnimmt *Schwerdtfeger* dem Begriff der Funktionsfähigkeit den rechtlichen Schutz vor „*der Gefahr einer Funktionsunfähigkeit*".[380] Vor dem Hintergrund, dass *Schwerdtfeger* die Frage der Funktionsfähigkeit dem Gebot der funktionsgerechten Organstruktur zuordnet,[381] bejaht *Schwerdtfeger* die Funktionsunfähigkeit dann, wenn die rechtlich übertragenen Aufgaben durch das Organ bzw. die staatliche Einrichtung nicht mehr eigenverantwortlich erfüllt werden kann.[382] Dabei geht *Schwerdtfeger* davon aus, „[...] *dass es sich bei der Beurteilung der Gefahr einer Funktionsunfähigkeit um eine Wertungsfrage handelt* [...]."[383] Damit identifiziert *Schwerdtfeger* den Begriff der Funktionsfähigkeit mit dem Schutz vor der Funktionsunfähigkeit der staatlichen Einrichtung. Da *Schwerdtfeger* die Funktionsunfähigkeit erst dann bejaht, wenn die rechtlich übertragenen Aufgaben durch das Organ bzw. die staatliche Einrichtung nicht mehr eigenverantwortlich erfüllt werden können, wird die Schwelle erst bei Funktionsverlust angesetzt. Die Funktionsfähigkeit beschreibt damit den Schutz vor Verlust der Funktion. Auch bei *Schwerdtfeger* setzt eine Gefahr oder Störung der Funktionsfähigkeit nicht bei den funktionsbefähigenden Umständen an, sondern an der Funktion selbst.

---

379 BVerwGE 109, 1 (6); 106, 351 (360).
380 *Schwerdtfeger*, Krisengesetzgebung, 2018, S. 273.
381 *Schwerdtfeger*, Krisengesetzgebung, 2018, S. 273.
382 *Schwerdtfeger*, Krisengesetzgebung, 2018, S. 270, 274.
383 *Schwerdtfeger*, Krisengesetzgebung, 2018, S. 274.

Anderes gilt in diesem Zusammenhang bei *Lerche*. Er zeigt in seiner Darstellung den Rahmen der Begriffsvariationen der Funktionsfähigkeit auf und damit die unterschiedlichen Ausprägungen der Kausalität zwischen funktionsbefähigenden Umständen und der geschützten Funktion. Abhängig von dem Umfang der einzubeziehenden funktionsbefähigenden Umstände unterscheidet er danach die Funktionsfähigkeit als Funktionstüchtigkeit, als Funktionssicherung oder als Funktionstauglichkeit. Allerdings zeigt *Lerche* auch nur den denkbaren Begriffsrahmen auf, ohne sich auf eine Begriffsvariante festzulegen.[384]

Fasst man all dies zusammen, so ist festzustellen, dass die Rechtsprechung des Bundesverfassungsgerichts und Bundesverwaltungsgerichts sowie auch *Schwerdtfeger* bei der Frage einer Gefahr oder Störung für die Funktionsfähigkeit nicht an den funktionsbefähigenden Umständen ansetzen, sondern unmittelbar an der Funktion der staatlichen Einrichtung selber oder die jeweiligen Anknüpfungspunkte nicht strikt voneinander trennen. Dabei müsste der Schutz der Funktionsfähigkeit einer staatlichen Einrichtung doch gerade als Schutz derjenigen Umstände zu verstehen sein, die in kausaler Weise die staatliche Einrichtung befähigen. Doch indem der Schutz vor Gefahren für die Funktionsfähigkeit lediglich zu einem Schutz vor Gefahren für die Funktion einer staatlichen Einrichtung wird, wird die Funktionsfähigkeit mit dem der Funktion der staatlichen Einrichtung gleichgesetzt.

ββ) Der Schutzumfang bei Gleichsetzung des Schutzes der Funktionsfähigkeit mit dem Schutz der Funktion

Es stellt sich daher die Frage, was daraus für das polizeiliche Schutzgut der Funktionsfähigkeit staatlicher Einrichtungen geschlussfolgert werden kann, wenn der polizeiliche Schutz in Gestalt der Abwehr von Gefahren oder Störungen nicht an den funktionsbefähigenden Umständen, sondern an der Funktion der staatlichen Einrichtung selbst ansetzt. Insbesondere fragt es sich, ob die funktionsbefähigenden Umstände, welche der Funktion einer staatlichen Einrichtung dienen, dadurch schutzlos gestellt werden.

Zur Klärung dieser Fragen, ist die polizeirechtliche Aufgabe der Gefahrenabwehr und Störungsbeseitigung näher zu betrachten. Nach den Polizei- und Ordnungsgesetzen des Bundes und der Länder besteht die Aufgabe und Befugnis der Polizei, Gefahren von der öffentlichen Sicherheit abzuwehren.[385] Da man unter

384 Siehe Pkt. I. 4. lit. b) lit. cc) lit. ddd), S. 92 f.

385 Vgl. § 3 Abs. 1 BPolG; § 1 Abs. 1 S. 1 PolG BW; Art. 2 Abs. 1 BayPAG; § 1 Abs. 1 S. 1 ASOG Bln; § 1 Abs. 1 S. 1 BbgPolG; § 1 Abs. 1 BbgOBG; § 1 Abs. 1 S. 1 BremPolG; § 3 Abs. 1 HmbSOG; § 1 Abs. 1 S. 1 HSOG; § 1 Abs. 1 i. V. m. § 2 Abs. 1 SOG M-V; § 1

der öffentlichen Sicherheit insbesondere die Funktionsfähigkeit staatlicher Einrichtungen versteht, ist die Funktionsfähigkeit staatlicher Einrichtungen in die polizeirechtliche Aufgabe der Gefahrenabwehr eingebettet. Aus diesem Grund ist hierfür der Gefahrbegriff des Polizeirechts näher zu betrachten.

Wendet man sich dem polizeirechtlichen Gefahrbegriff zu, so liegt eine Gefahr vor, wenn auf Grundlage tatsächlich gegebener Umstände und des zu erwartenden Geschehens mit hinreichender Wahrscheinlichkeit ein Schaden für ein polizeilich geschütztes Rechtsgut eintreten wird.[386] Zwar unterscheidet man zwei Arten des polizeirechtlichen Gefahrbegriffs: Für Maßnahmen und Verfügungen im Einzelfall den Begriff der konkreten Gefahr und für Polizeiverordnungen den Begriff der abstrakten Gefahr.[387] Der Unterschied zwischen beiden Gefahrarten besteht darin, dass die abstrakte Gefahr abstrahierte, typisiert gedachte Geschehensabläufe im Blick hat,[388] und sich daher der zeitlich-räumliche Bezugspunkt des Geschehensablaufs von dem Bezugspunkt der konkreten Gefahr unterscheidet; die gedankliche Struktur des Gefahrbegriffs bleibt jedoch gleich.[389]

Abs. 1 S. 1 i. V. m. § 2 Nr. 1 Nds. POG; § 1 Abs. 1 S. 1 PolG NRW; § 1 Abs. 1 OBG NRW; § 1 Abs. 1 S. 1 RpfPOG; § 1 Abs. 2 SPolG; § 2 Abs. 1 S. 1 SächsPVDG; § 2 Abs. 1 S. 1 SächsPBG; § 1 Abs. 1 S. 1 i. V. m. § 3 Nr. 6 i. V. m. Nr. 3 lit. a) SOG LSA; § 162 Abs. 1 LVwG S-H; § 2 Abs. 1 S. 1 ThürPAG; § 2 Abs. 1 ThürOBG; mit Stand vom 06.01.2020.

386 *Drews/Wacke/Vogel/Martens*, Gefahrenabwehr, 9. Aufl., 1986, § 13, S. 220; *Kingreen/Poscher*, Polizei- und Ordnungsrecht, 10. Aufl., 2018, § 3 I, S. 40, Rdnr. 1; *Schenke*, Polizei- und Ordnungsrecht, 10. Aufl., 2018, § 3 II 7, S. 39, Rdnr. 69; *Gusy*, Polizei- und Ordnungsrecht, 10. Aufl., 2017, § 3 II 2, S. 55, Rdnr. 108, S. 57, Rdnr. 111; *Denninger*, in: Lisken/Denninger/Bäcker/Graulich (Hrsg.), Handbuch des Polizeirechts, 6. Aufl., 2018, Kap. D I 4, Rdnr. 39; *Würtenberger/Heckmann/Tanneberger*, Polizeirecht, 7. Aufl., 2017, § 5 IV 3, S. 211, Rdnr. 269; BVerwGE 45, 51 (57).

387 *Drews/Wacke/Vogel/Martens*, Gefahrenabwehr, 9. Aufl., 1986, § 13, S. 227; *Kingreen/Poscher*, Polizei- und Ordnungsrecht, 10. Aufl., 2018, § 8 II 1, S. 115, Rdnr. 9; *Schenke*, Polizei- und Ordnungsrecht, 10. Aufl., 2018, § 3 II 7, S. 40, Rdnr. 70.

388 *Drews/Wacke/Vogel/Martens*, Gefahrenabwehr, 9. Aufl., 1986, § 27, S. 496; *Kingreen/Poscher*, Polizei- und Ordnungsrecht, 10. Aufl., 2018, § 8 II 1, S. 115, Rdnr. 9; § 8 II 2, S. 120, Rdnr. 19; *Schenke*, Polizei- und Ordnungsrecht, 10. Aufl., 2018, § 3 II 7, S. 40 f., Rdnr. 70; *Denninger*, in: Lisken/Denninger/Bäcker/Graulich (Hrsg.), Handbuch des Polizeirechts, 6. Aufl., 2018, Kap. D I 4, Rdnr. 42; *Würtenberger/Heckmann/Tanneberger*, Polizeirecht, 7. Aufl., 2017, § 5 IV 3, S. 212, Rdnr. 270.

389 *Würtenberger/Heckmann/Tanneberger*, Polizeirecht, 7. Aufl., 2017, § 7 III 2, S. 347, Rdnr. 2; vgl. *Drews/Wacke/Vogel/Martens*, Gefahrenabwehr, 9. Aufl., 1986, § 27, S. 496; *Voßkuhle*, JuS 2007, 908 (908 f.); BVerwGE 116, 347 (351).

Der polizeirechtliche Gefahrbegriff kann demnach als eine dreigliedrige Struktur verstanden werden: Die Gefahr setzt zunächst tatsächlich vorliegende Umstände oder Umstände eines zu erwartenden Geschehens voraus, weiterhin den zu ermittelnden Schaden für ein polizeirechtliches Schutzgut und fragt schließlich danach, ob zwischen solchen Umständen und dem Schadenseintritt eine hinreichende Wahrscheinlichkeit besteht. Betrachtet man die drei Elemente des Gefahrbegriffs einzeln, so setzt die Gefahr zunächst als erstes Element die Feststellung der tatsächlichen Umstände des zu erwartenden Geschehens voraus, mithin also die Ermittlung des Sachverhalts. *Gusy* spricht hierbei von der Wahrnehmung von Tatsachen in der Umwelt.[390] Daneben besteht das zweite Element im Schaden für ein polizeiliches Schutzgut. Drittes und verknüpfendes Element des Gefahrbegriffs ist das Erfordernis einer hinreichenden Wahrscheinlichkeit zwischen den Sachverhaltsumständen und dem Schaden für das polizeirechtliche Schutzgut. Das Erfordernis einer hinreichenden Wahrscheinlichkeit ergibt sich daraus, dass das Wesen des Gefahrbegriffs darin besteht, nach dem Eintritt eines zukünftigen Schadens zu fragen und der Gefahrbegriff insoweit prospektiv ausgerichtet ist.[391] Deshalb ist bei dem Gefahrbegriff auch nicht lediglich von einer Kausalität zwischen den Sachverhaltsumständen und dem Schadenseintritt die Rede, sondern stattdessen von der hinreichenden Wahrscheinlichkeit. Das Merkmal der hinreichenden Wahrscheinlichkeit ist verbunden mit einer Prognose über ein zukünftiges Geschehen.[392] Diese prospektive Ausrichtung darf aber nicht darüber hinwegtäuschen, dass mit dem Merkmal der hinreichenden Wahrscheinlichkeit potenzielle Kausalverläufe eingrenzt werden.[393]

390 *Gusy*, Polizei- und Ordnungsrecht, 10. Aufl., 2017, § 3 II 2, S. 57, Rdnr. 112.

391 *Gusy*, Polizei- und Ordnungsrecht, 10. Aufl., 2017, § 3 II 2, S. 57, Rdnr. 111; *Schenke*, Polizei- und Ordnungsrecht, 10. Aufl., 2018, § 3 II 4, S. 26, Rdnr. 51, § 3 II 7, S. 43, Rdnr. 77.

392 *Drews/Wacke/Vogel/Martens*, Gefahrenabwehr, 9. Aufl., 1986, § 13, S. 223; *Gusy*, Polizei- und Ordnungsrecht, 10. Aufl., 2017, § 3 II 2, S. 57, Rdnr. 111; *Denninger*, in: Lisken/Denninger/Bäcker/Graulich (Hrsg.), Handbuch des Polizeirechts, 6. Aufl., 2018, Kap. D I 4, Rdnr. 47; *Würtenberger/Heckmann/Tanneberger*, Polizeirecht, 7. Aufl., 2017, § 5 IV 3, S. 214, Rdnr. 274.

393 Vgl. *Kingreen/Poscher*, Polizei- und Ordnungsrecht, 10. Aufl., 2018, § 8 II 1, S. 116, Rdnr. 13 f.; vgl. *Drews/Wacke/Vogel/Martens*, Gefahrenabwehr, 9. Aufl., 1986, § 13, S. 224 f.: „*Reine Spekulationen bzw. hypothetische Erwägungen nur gedachter Geschehnisse vermögen die Annahme einer Gefahr nicht zu tragen. Die bloße oder theoretische Möglichkeit eines Schadens ohne Realitätsbezug begründet also die Befürchtung seines Eintritts niemals.*“.

Dies wiederum setzt voraus, dass hierfür im Rahmen der Prognose zunächst einmal die potenziellen Kausalverläufe ermittelt werden müssen. Daher weist der Begriff der hinreichenden Wahrscheinlichkeit im Rahmen des Gefahrbegriffs genau genommen auch zwei Dimensionen auf: eine kausale Dimension und eine prognostische Dimension.[394] Die kausale Dimension fragt nach der grundsätzlichen Kausalität zwischen konkreten Sachverhaltsumständen und der Folge eines Schadens für ein polizeirechtliches Schutzgut. Daran setzt die prognostische Dimension an und fragt nach dem Grad der Wahrscheinlichkeit, nach welcher die kausalen Umstände bei ungehindertem Ablauf künftig zum Schadenseintritt führen werden oder ob solche kausalen Umstände überhaupt eintreten. Die Frage nach der Ungewissheit eines zum Schaden führenden Kausalverlaufs betrifft beispielsweise auch den Gegenstand des Gefahrverdachts.[395]

Während die kausale Dimension der hinreichenden Wahrscheinlichkeit kausalitätsbegründend ist, wirkt die prognostische Dimension kausalitätsbegrenzend. Die prospektiv ausgerichtete Wahrscheinlichkeitsprognose grenzt die Kausalität auf bestimmte, als hinreichend wahrscheinlich zu beurteilende, zum Schadenseintritt führende Kausalverläufe ein.[396] Für die Frage, wann tatsächliche Umstände als hinreichend wahrscheinlich für den Eintritt eines Schadens sind, ist eine Einschätzung am Maßstab eines durchschnittlichen, kundigen, besonnen handelnden Amtswalters zu treffen.[397]

Die Folge der Kausalitätsbegrenzung durch die prognostische Begriffsdimension ist die, dass die kausale Begriffsdimension der hinreichenden Wahrscheinlichkeit im Polizeirecht eher vernachlässigt wird. Die Frage der hinreichenden Wahrscheinlichkeit wird häufig mit Blick auf die Frage der zeitlichen Nähe oder der Wahrscheinlichkeit des Schadenseintritts (unmittelbare bevorstehende Gefahr, gegenwärtige Gefahr, latente Gefahr, zum Teil auch die dringende

---

394 Vgl. *Darnstädt*, Gefahrenabwehr und Gefahrenvorsorge, 1983, S. 37 m. w. N. *Scholz*, VerwArch. Bd. 27 (1919), 1 (22).

395 Vgl. *Drews/Wacke/Vogel/Martens*, Gefahrenabwehr, 9. Aufl., 1986, § 13, S. 226; *Kingreen/Poscher*, Polizei- und Ordnungsrecht, 10. Aufl., § 8 III 2, S. 131, Rdnr. 55 ff.

396 Vgl. *Scholz* VerwArch. Bd. 27 (1919), 1 (20).

397 *Drews/Wacke/Vogel/Martens*, Gefahrenabwehr, 9. Aufl., 1986, § 13, S. 223; *Schenke*, Polizei- und Ordnungsrecht, 10. Aufl., 2018, § 3 II 4, S. 26, Rdnr. 51, § 3 II 7, S. 43, Rdnr. 77; *Gusy*, Polizei- und Ordnungsrecht, 10. Aufl., 2017, § 3 II 2, S. 57, Rdnr. 111; *Denninger*, in: Lisken/Denninger/Bäcker/Graulich (Hrsg.), Handbuch des Polizeirechts, 6. Aufl., 2018, Kap. D I 4, Rdnr. 47; *Würtenberger/Heckmann/Tanneberger*, Polizeirecht, 7. Aufl., 2017, § 5 IV 3, S. 214, Rdnr. 274.

Gefahr),[398] oder mit Blick auf Irrtümer über die Eintrittswahrscheinlichkeit bei der Gefahrprognose (Anscheinsgefahr, Putativgefahr)[399] diskutiert. Doch die hiermit angesprochenen Fragen betreffen – neben den Sachverhaltsumständen – in der Regel lediglich die prognostische Dimension der hinreichenden Wahrscheinlichkeit.

Vor diesem Hintergrund führt die prognostische Dimension dazu, dass das Merkmal der hinreichenden Wahrscheinlichkeit des Gefahrbegriffs dynamisch ist. Der Grad der Wahrscheinlichkeit bestimmt sich hier nach der „Je-desto-Formel“[400]: *„Je höherrangiger das gefährdete Rechtsgut und je gewichtiger der drohende Schaden ist, desto geringere Anforderungen sind an die Wahrscheinlichkeit des Schadenseintritts zu stellen.“*[401]

Eine Beschäftigung mit der Kausalität von Umständen, welche für den Kausalzusammenhang bei der hinreichenden Wahrscheinlichkeit vorliegen müssen, findet in diesem Zusammenhang nicht statt. So wird im Zusammenhang mit der hinreichenden Wahrscheinlichkeit beispielsweise im Schweinemästereifall die Frage diskutiert, wann der Schadenseintritt in Gestalt von Gerüchen oder Schädlingen durch eine an eine Schweinemästerei heranrückende Wohnbebauung in zeitlicher Hinsicht hinreichend wahrscheinlich ist.[402] Die Frage, ob die

398 Vgl. *Gusy*, Polizei- und Ordnungsrecht, 10. Aufl., 2017, § 3 II 2, S. 65, Rdnr. 128, S. 67, Rdnr. 131; *Denninger*, in: Lisken/Denninger/Bäcker/Graulich (Hrsg.), Handbuch des Polizeirechts, 6. Aufl., 2018, Kap. D I 4, Rdnr. 67; *Würtenberger/Heckmann/Tanneberger*, Polizeirecht, 7. Aufl., 2017, § 5 IV 3, S. 213, Rdnr. 273; *Thiel*, Polizei- und Ordnungsrecht, 4. Aufl., 2019, § 8 III 6, S. 109, Rdnr. 67, 70, *ders.*, § 8 III 9, S. 113, Rdnr. 78; *Schenke*, Polizei- und Ordnungsrecht, 10. Aufl., 2018, § 3 II 7, S. 44 f., Rdnr. 78 f.

399 Vgl. *Gusy*, Polizei- und Ordnungsrecht, 10. Aufl., 2017, § 3 II 2, S. 57, Rdnr. 111 f., S. 62, Rdnr. 121 f., *Denninger*, in: Lisken/Denninger/Bäcker/Graulich (Hrsg.), Handbuch des Polizeirechts, 6. Aufl., 2018, Kap. D I 4, Rdnr. 47 ff.; *Würtenberger/Heckmann/ Tanneberger*, Polizeirecht, 7. Aufl., 2017, § 5 IV 3, S. 216 f., Rdnr. 278 ff.; *Thiel*, Polizei- und Ordnungsrecht, 4. Aufl., 2019, § 8 III 4, S. 104 f., Rdnr. 57 ff.

400 *Würtenberger/Heckmann/Tanneberger*, Polizeirecht, 7. Aufl., 2017, § 5 IV 3, S. 215, Rdnr. 276.

401 *Würtenberger/Heckmann/Tanneberger*, Polizeirecht, 7. Aufl., 2017, § 5 IV 3, S. 215, Rdnr. 276; *Schenke*, Polizei- und Ordnungsrecht, 10. Aufl., 2018, § 3 II 7, S. 43, Rdnr. 77; *Drews/Wacke/Vogel/Martens*, Gefahrenabwehr, 9. Aufl., 1986, § 13, S. 224; *Kingreen/Poscher*, Polizei- und Ordnungsrecht, 10. Aufl., 2018, § 8 I 3, S. 114 f., Rdnr. 7; BVerwGE 45, 51 (61); 47, 31 (40); 88, 348 (351); 116, 347 (356); *Denninger*, in: Lisken/Denninger/Bäcker/Graulich (Hrsg.), Handbuch des Polizeirechts, 6. Aufl., 2018, Kap. D I 4, Rdnr. 53.

402 *Kingreen/Poscher*, Polizei- und Ordnungsrecht, 10. Aufl., 2018, § 8 II 3, S. 122, Rdnr. 28 f.; OVG NRW, Urt. v. 16.10.1956 – VII A 1971/56 = OVGE 11, 250 ff.

Wohnbebauung oder Schweinemästerei oder überhaupt eine von beiden Nutzungen einen kausalen, zum polizeirechtlichen Schaden führenden, Umstand darstellt, wurde im Rahmen der hinreichenden Wahrscheinlichkeit nicht erörtert. Berücksichtigt man die kausale Dimension, so kann der polizeirechtliche Begriff der Gefahr gedanklich so gefasst werden, dass eine abzuwehrende Gefahr immer dann vorliegt, wenn auf Grundlage tatsächlich gegebener Umstände und des zu erwartenden Geschehens in kausaler und hinreichend wahrscheinlicher Weise ein Schaden für ein polizeilich geschütztes Rechtsgut eintreten wird.

Setzt man für die Gefahrenabwehr statt an der Funktionsfähigkeit lediglich bei der Funktion der staatlichen Einrichtung an, dann muss der Gefahrbegriff danach fragen, ob auf Grundlage tatsächlich gegebener Umstände und des zu erwartenden Geschehens in kausaler und hinreichend wahrscheinlicher Weise ein Schaden für die Funktion einer staatlichen Einrichtung eintreten wird. Lässt man hierfür erst einmal die prognostische Dimension der Wahrscheinlichkeit des Schadenseintritts außer Betracht, so sind hierzu die Kausalketten zu ermitteln. Das heißt, es sind also alle Umstände zu ermitteln, welche kausal zu einem Schaden der Funktion der staatlichen Einrichtung führen. Dies umfasst auch Umstände und Geschehensabläufe, die sich schädigend auf die funktionsbefähigenden Umstände der staatlichen Einrichtung auswirken. Werden nämlich funktionsbefähigende Umstände geschädigt, führt dies in der gesamten Kausalkette auch zu einem Schaden für die Funktion der staatlichen Einrichtung. Die kausale Dimension einen Schadenseintritts im Rahmen der Gefahr umfasst auch die funktionsbefähigenden Umstände.

Eine Kausalitätsbegrenzung erfolgt hier erst durch prognostische Dimension des Merkmals der hinreichenden Wahrscheinlichkeit. Danach wird ein polizeiliches Einschreiten nur auf solche Kausalverläufe und mithin solche funktionsbefähigenden Umstände begrenzt, bei denen ein Schaden für die Funktion der staatlichen Einrichtung hinreichend wahrscheinlich eintritt. Dabei ist der Grad der hinreichenden Wahrscheinlichkeit fließend, denn nach der „Je-desto-Formel" hängt sie von dem Gewicht der zu schützenden Funktion und dem Ausmaß des Schadens für die Funktion der staatlichen Einrichtung ab.[403] Aufgrund der „Je-desto-Formel" ist somit der Umfang und die Anzahl der geschützten funktionsbefähigenden Umstände um so größer, je höher und bedeutender das Gewicht der Funktion der staatlichen Einrichtung ist oder je größer der Schaden für die Funktion der staatlichen Einrichtung zu befürchten ist. Die prognostische Dimension des Gefahrbegriffs führt damit dazu, dass es vom Einzelfall der

---

403 Siehe oben Pkt. I. 4. lit. b) lit. cc) lit. eee) lit. bbbb) lit. β) lit. ββ), S. 108.

geschützten Funktion und des drohenden Schadenausmaßes abhängt, inwieweit Kausalverläufe ein polizeirechtliches Einschreiten begründen können und mithin in welchem Umfang die kausalen, funktionsbefähigenden Umstände hiervon mitgeschützt werden.

Bestimmt man also allein die Funktion einer staatlichen Einrichtung als polizeiliches Schutzgut und richtet hieran die Gefahrenabwehr aus, so werden im Rahmen einer solchen Gefahrenabwehr auch funktionsbefähigende Umstände mitgeschützt, soweit deren Schädigung einen hinreichend wahrscheinlichen Schaden für die Funktion der staatlichen Einrichtung befürchten lässt. Der Umfang der dabei mitgeschützten, funktionsbefähigenden Umstände richtet sich aufgrund des prognostischen Merkmals der hinreichenden Wahrscheinlichkeit je nach individuellem Gewicht der Funktion der staatlichen Einrichtung und dem Schadenausmaß.

Die Konsequenz, wenn für die Gefahrenabwehr allein auf die Funktion der staatlichen Einrichtung abgestellt wird, kann durch eine Gegenüberstellung zwischen Schutz der Funktion und Schutz der Funktionsfähigkeit in folgendem Fallbeispiel verdeutlicht werden: Polizeikräfte halten in einem abgesperrten Teil eines Bahnhofs eine Übung ab, um den Fall eines bewaffneten Amoklaufs zu proben. Da es sich bei der Übung um einen hoheitlichen Handlungskomplex handelt, ist es entsprechend des weiten Verständnisses als staatliche Einrichtung zu verstehen. Die Funktion der Übung liegt darin, die Polizeikräfte vorzubereiten und eine Einsatztaktik zu entwickeln, um einen Amoklauf schnell und ohne Gefahren für Leib und Leben der Polizeikräfte und der Bevölkerung zu beenden sowie dabei eine Tötung des Amokläufers zu vermeiden. Um potenziellen Amokläufern einen Schritt voraus zu sein, ist der entsprechende Teil des Bahnhofs auch abgesperrt und sichtgeschützt. Nimmt man die Funktion der staatlichen Einrichtung als polizeirechtliches Schutzgut, so setzt die Gefahrenabwehr an der Funktion des Übungseinsatzes an: Die Vorbereitung der Polizeikräfte und die Entwicklung einer überlegenen Einsatztaktik. Um Gefahren für die Entwicklung einer überlegenen Einsatztaktik abzuwenden, kann bereits polizeilich gegen die Beobachtung und Ausspähung der Einsatztaktik eingeschritten werden, da dies kausal und hinreichend wahrscheinlich zum Schaden für die geheim zu haltende Einsatztaktik der Polizei führen würde. Würde nämlich die Einsatztaktik der Polizei bekannt werden, könnten künftige Amokläufer Vorkehrungen treffen und sich auf die Einsatztätigkeit der Polizei vorbereiten. Die ungesehene Durchführung der polizeilichen Übung ist also ein funktionsbefähigender Umstand und wird demzufolge bereits mitgeschützt, selbst wenn man für das Schutzgut allein auf die Funktion der staatlichen Einrichtung abstellt. Würde man demgegenüber bei dem polizeilichen Schutzgut auf die Funktionsfähigkeit der

Übung abstellen, so wären Gefahren von allen kausalen, funktionsbefähigenden Umständen abzuwehren. Zu den funktionsbefähigenden Umständen zählt dann bereits der fließende Verkehr auf den Straßen, die zum Bahnhof führen, damit die Polizeikräfte überhaupt erst an den Übungsort gelangen kann. Bereits die Erhöhung des Verkehrsaufkommens oder das Stillstehen des Verkehrs könnte dann bereits eine Gefahr für den funktionsbefähigenden Umstand des fließenden Verkehrs begründen und würde damit ein polizeiliches Einschreiten zum Schutz der Funktionsfähigkeit der Übung rechtfertigen. Das zeigt, dass ein polizeilicher Schutz, der an den funktionsbefähigenden Umständen einer staatlichen Einrichtung ansetzt, bereits zu einer ausufernden Anzahl polizeilichen Einschreitens führen kann.

Auch bei der polizeirechtlichen Beseitigung von Störungen erleidet das polizeirechtliche Schutzgut keinen begrifflichen Verlust, wenn allein auf die Funktion der staatlichen Einrichtung abgestellt wird. Der Begriff der polizeirechtlich abzuwehrenden Störung beschreibt den Eintritt eines Schadens für ein polizeiliches Schutzgut, also die Verwirklichung einer vorherigen Gefahr, von welcher weitere polizeirechtliche Gefahren ausgehen bzw. sich stetig wieder verwirklichen.[404] Setzt man die polizeirechtliche Störungsbeseitigung an den funktionsbefähigenden Umständen an, so würde bereits ein polizeirechtliches Einschreiten für eine ausufernde Anzahl von Umständen begründet werden. Setzt man demgegenüber für die polizeirechtliche Störung allein bei der Funktion der staatlichen Einrichtung selbst an, so umfasst das polizeirechtliche Einschreiten die Beseitigung des Schadens an jedem funktionsbefähigenden Umstand, der nachweislich zu einem kausalen Schaden für die Funktion geführt hat. Auch daran zeigt sich, dass der polizeirechtliche Schutz der Funktion einer staatlichen Einrichtung ausreicht, um gewisse funktionsbefähigende Umstände mitzuschützen.

Fasst man dies alles zusammen, so konnte mit der Betrachtung gezeigt werden, dass mit dem polizeirechtlichen Schutz der Funktion einer staatlichen Einrichtung zugleich auch gewisse funktionsbefähigende Umstände polizeirechtlich mitgeschützt werden. Es werden diejenigen funktionsbefähigenden Umstände mitgeschützt, ohne die ein hinreichend wahrscheinlicher Schaden für die Funktion der staatlichen Einrichtung zu besorgen ist. Die Polizei ist demnach befugt, zum Schutz von solchen Umständen einzuschreiten, da mit hinreichender

---

404 *Würtenberger/Heckmann/Tanneberger*, Polizeirecht, 7. Aufl., 2017, § 5 IV 3, S. 212, Rdnr. 271; *Voßkuhle*, JuS 2007, 908 (908); *Schenke*, Polizei- und Ordnungsrecht, 10. Aufl., 2018, § 3 II 8, S. 56, Rdnr. 92; *Denninger*, in: Lisken/Denninger/Bäcker/Graulich (Hrsg.), Handbuch des Polizeirechts, 6. Aufl., 2018, Kap. D I 2, Rdnr. 15.

Wahrscheinlichkeit ein Schaden für die Funktion der staatlichen Einrichtung selber droht.

Freilich ist der sachliche Umfang des polizeilichen Schutzes bei dem Schutzgut der Funktion der staatlichen Einrichtung geringer, als bei dem Schutz der Funktionsfähigkeit, bei welcher grundsätzlich alle funktionsbefähigenden Umstände polizeilichen Schutz genießen und die Polizei bei Gefahren für multiple, ausufernde funktionsbefähigende Umstände einzuschreiten befugt ist. Der Schutz der Funktion einer staatlichen Einrichtung ist eben nicht inhaltlich mit dem Schutz der Funktionsfähigkeit gleichzusetzen. Allerdings wird dadurch, dass in der Rechtsprechung des Bundesverfassungsgerichts und Bundesverwaltungsgerichts sowie im Ergebnis auch bei *Schwerdtfeger* der Schutz der Funktionsfähigkeit als Schutz der Funktion der staatlichen Einrichtung gehandhabt wird,[405] auch ein gewisser polizeirechtlicher Schutz für die funktionsbefähigenden Umstände und mithin auch ein Schutz für einen gewissen Umfang der Funktionsfähigkeit staatlicher Einrichtungen erreicht. Dies hat gleichzeitig sogar eine Konkretisierung des Schutzguts zur Folge.

Versteht man daher das Schutzgut der Funktionsfähigkeit staatlicher Einrichtungen tatsächlich als Schutz der Funktion staatlicher Einrichtungen, so werden damit nicht nur Aspekte der Funktionsfähigkeit mitgeschützt, sondern es wird auch eine begriffliche Konkretisierung erreicht. Daher ist für die folgende Untersuchung statt der Funktionsfähigkeit der Begriff der Funktion einer staatlichen Einrichtung zugrunde zu legen. Es wird also bei dem polizeirechtlichen Schutzgut von der Funktion staatlicher Einrichtungen die Rede sein.

Es ist aber zu vergegenwärtigen, dass sich die vorausgehenden Ausführungen nur vor dem Hintergrund verstehen und rechtfertigen, dass der Begriff der Funktionsfähigkeit im polizeirechtlichen Gefahrbegriff bzw. dem Begriff der Störung eingebettet ist und sich daher auch als Schutz der Funktion versteht und rechtfertigt. Außerhalb des Bereichs der polizeirechtlichen Gefahrenabwehr oder Störungsbeseitigung hat das hier ermittelte Begriffsverständnis von dem Schutz der Funktion staatlicher Einrichtungen keine Berechtigung. Die Figur der Funktion staatlicher Einrichtungen als Schutzgut darf nicht ohne weitere Begründung aus der polizeirechtlichen Gefahrenabwehr und Störungsbeseitigung herausgelöst und in anderen Zusammenhängen verwendet werden.

---

405 Siehe Pkt. I. 4. lit. b) lit. cc) lit. eee) lit. bbbb) lit. β) lit. αα), S. 101 ff.

dd) Zwischenergebnis

Das polizeiliche Schutzgut der Funktionsfähigkeit staatlicher Einrichtungen ist für die folgende Untersuchung so zu verstehen, dass mit Blick auf die Verwendung in Schrifttum und Rechtsprechung unter dem Begriff der staatlichen Einrichtungen sämtliche hoheitliche Handlungs- und Regelungskomplexe zu verstehen sind,[406] sodass der Begriff der staatlichen Einrichtungen im Sinne des Polizeirechts sehr weit zu verstehen ist. Der hierauf bezogene Begriff der Funktionsfähigkeit lässt sich nach vorangehender Betrachtung als polizeilicher Schutz der Funktion einer staatlichen Einrichtung verstehen. Die Funktion einer staatlichen Einrichtung ist der jeweilige, individuelle Zweck der staatlichen Einrichtung. Soweit es sich bei der staatlichen Einrichtung um einen Rechtsträger handelt, bestimmt sich der Zweck insbesondere auch aus den rechtlich zugewiesenen Aufgaben des Rechtsträgers.[407] Hinzuweisen ist an dieser Stelle, dass sich das Begriffsverständnis des polizeirechtlichen Schutzguts als Funktion einer staatlichen Einrichtung nur vor dem Hintergrund der polizeirechtlichen Gefahrenabwehr und Störungsbeseitigung versteht.

Abschließend für diesen Punkt ist darauf hinzuweisen, dass die vorangehende Betrachtung über den Begriff der Funktionsfähigkeit staatlicher Einrichtungen, welche auch als Schutz der Funktion von staatlichen Einrichtungen verstanden werden kann, nicht für die Polizeigesetze Bremens, Sachsens und Sachsen-Anhalts gilt, da nach deren Legaldefinitionen die staatlichen Einrichtungen lediglich in ihrem Bestand und nicht in ihrer Funktionsfähigkeit bzw. Funktion geschützt werden.

5. Zusammenfassung

Wie die vorangehende Betrachtung gezeigt hat, finden die polizeilichen Schutzgüter des Bestands des Staates und der Funktionsfähigkeit staatlicher Einrichtungen ihren gedanklichen Vorläufer in der Rechtsprechung des Preußischen Oberverwaltungsgerichts unter Geltung des § 10 II 17 PrALR, wobei die staatlichen Schutzgüter allerdings noch nicht als Ausprägung der öffentlichen Sicherheit verstanden wurden. Die konkrete Begriffsschöpfung der polizeilichen Schutzgüter als Schutz des Staates und staatlicher Einrichtungen und deren Einordnung als Bestandteil der öffentlichen Sicherheit ging dabei auf den damaligen Präsidenten des Preußischen Oberverwaltungsgerichts *Drews* zurück. Die

---

406 Siehe Pkt. I. 4. lit. b) lit. bb), S. 84 f.

407 Siehe Pkt. I. 4. lit. b) lit. cc), S. 86 ff.

erstmalige ausdrückliche Normierung beider Schutzgüter erfolgte nach der Amtlichen Begründung zum PrPVG durch den Begriff der öffentlichen Sicherheit in § 14 Abs. 1 PrPVG. Das damit gelegte Begriffsverständnis über die öffentliche Sicherheit, wonach diese auch den Schutz des Staates und seiner Einrichtungen umfasst, wirkt seitdem auf die Polizeigesetze des Bundes und der Länder der heutigen Zeit hinein.[408] Herrschend dürfte dabei das Begriffsverständnis vom Schutz des Bestands des Staates und der Funktionsfähigkeit staatlicher Einrichtungen sein.[409]

Dabei sind die polizeilichen Schutzgüter des Bestands des Staates und der Funktionsfähigkeit staatlicher Einrichtungen begrifflich wie folgt zu verstehen: Unter den Bestand des Staates versteht man das Vorhandensein bzw. die Existenz der Bundesrepublik Deutschland. Zu den Wesensmerkmalen, die die Bundesrepublik Deutschland als juristischen Staat kennzeichnen, gehören das körperschaftliche Verbandsgebilde Deutschland, dessen Gliederung in Bund und Länder, der in der Präambel des Grundgesetzes genannte Bestand an Ländern, die Ausübung von Staatsgewalt durch staatliche Organe sowie die Ausübung von Staatsgewalt durch Wahlen und Abstimmungen des deutschen Volkes und schließlich das deutsche Volk als Summe aller Staatsangehörigen.[410]

Unter der Funktionsfähigkeit staatlicher Einrichtungen allein im Sinne der polizeirechtlichen Gefahrenabwehr und daher für die folgende Untersuchung versteht man den Schutz der Funktion einer staatlichen Einrichtung.[411] Demzufolge wird in der folgenden Untersuchung für das polizeirechtliche Schutzgut die Rede von der Funktion der staatlichen Einrichtung sein. Der Begriff der staatlichen Einrichtungen selber umfasst sämtliche hoheitlichen Regelungs- und Handlungskomplexe,[412] während der darauf bezogene Begriff der Funktion den jeweiligen, individuellen Zweck der staatlichen Einrichtung beschreibt. Soweit es sich bei der staatlichen Einrichtung um einen Rechtsträger handelt, bestimmt sich der Zweck insbesondere auch aus den rechtlich zugewiesenen Aufgaben des Rechtsträgers.[413] Da die Polizeigesetze Bremens, Sachsens und Sachsen-Anhalts das Schutzgut der staatlichen Einrichtungen lediglich als Unverletzlichkeit der

---

408 Siehe Pkt. I. 3., S. 34 ff.

409 Siehe Pkt. I. 2., S. 33 f.; Pkt. I. 4. lit. b) lit. aa), S. 83 ff.

410 Siehe Pkt. I. 4. lit. a) lit. hh) lit. ccc), S. 60 ff.; Pkt. I. 4. lit. a) lit. ii), S. 82 f.

411 Siehe Pkt. I. 4. lit. b) lit. cc), S. 86 ff.; Pkt. I. 4. lit. b) lit. cc) lit. eee), S. 94 ff.

412 Siehe Pkt. I. 4. lit. b) lit. bb), S. 84 f.

413 Siehe Pkt. I. 4. lit. b) lit. cc) lit. eee) lit. bbbb) lit. α), S. 98 f.

Einrichtungen des Staates legaldefinieren, ist für diese allein der Begriff der staatlichen Einrichtungen entsprechend zugrunde zu legen.

II. Grundrechte als subjektiv-öffentliche Abwehrrechte

Da die Gewährleistung der Friedensordnung jedem Staat vorgegeben ist,[414] ist die Gewährleistung des Staates und seiner Einrichtungen ebenso Voraussetzung für die Aufrechterhaltung der gesamten staatlichen Friedensordnung, wie auch das Innehaben gewisser subjektiver Rechte der Staatsangehörigen zur Ausübung von Freiheiten.[415] Insoweit dient die rechtliche Gewährleistung subjektiver Rechte der Einräumung von Freiheiten gegenüber der staatlichen Ordnung; diese Perspektive beschreibt *Jellinek* als den negativen Status.[416] Diese sind aber keine naturgegebenen Freiheiten im Sinne eines „status naturalis", sondern existieren nur in der staatlich gewährleisteten Rechtsordnung, mit welcher sie stehen und fallen.[417] Solche subjektiven Rechte hält das Grundgesetz mit den Grundrechten[418] vor allem im ersten Abschnitt und im neunten Abschnitt bereit. Gemäß Art. 1 Abs. 3 GG binden die Grundrechte die gesamte staatliche Gewalt. Dadurch können sie eine Abwehrfunktion gegenüber dem Staat und seinen Organen einnehmen, wonach ungerechtfertigte und damit rechtswidrige Eingriffe zu beseitigen oder zu unterlassen sind.[419] Das Bundesverfassungsgericht bestätigt: „*Ohne Zweifel sind die Grundrechte in erster Linie dazu bestimmt, die Freiheitssphäre des Einzelnen vor Eingriffen der öffentlichen Gewalt zu sichern; sie sind Abwehrrechte des Bürgers gegen den Staat.*"[420] Hierbei ist anzumerken, dass die Funktion der Grundrechte weit über eine bloße Abwehrfunktion hinausgeht

414 *Isensee*, in: Isensee/Kirchhof (Hrsg.), Handbuch des Staatrechts, Bd. IV, 3. Aufl., 2006, § 71, Rdnr. 78 m. w. N. *ders.*, Das Grundrecht auf Sicherheit, 1983, S. 3 ff.; *Starck*, in: Festschrift für K. Carstens, Bd. 2, 1984, S. 867 ff. (868); vgl. *Robbers*, Sicherheit als Menschenrecht, 1987, S. 13, 25 f., 81.

415 Vgl. *Link*, VVDStRL Heft 48 (1990), 7 (42 f.); *Starck*, Der demokratische Verfassungsstaat, 1995, S. 161.

416 *Jellinek* bezeichnet diese Freiheitssphäre als „*negativer Status*": *Jellinek*, Subjektive öffentliche Rechte, 2. Aufl., 1905, S. 86 f., 94, 96 f.

417 *Isensee*, in: Isensee/Kirchhof (Hrsg.), Handbuch des Staatrechts, Bd. IV, 3. Aufl., 2006, § 71, Rdnr. 79.

418 Vgl. *Starck*, Der demokratische Verfassungsstaat, 1995, S. 168.

419 *Kingreen/Poscher*, Grundrechte, 35. Aufl., 2019, § 4 II 1, S. 38, Rdnr. 96 m. w. N. *Laubinger*, VerwArch. Bd. 80 (1989), S. 261 (299).

420 BVerfGE 7, 198 (204).

und auch Schutzpflichten, Leistungs- oder Teilhaberechte umfasst.[421] Damit geht auch eine unterschiedliche Terminologie einher.[422] Allerdings ist Gegenstand der Untersuchung, ob ein polizeiliches Einschreiten zum Schutz des Bestands des Staates und der Funktion staatlicher Einrichtungen rechtlich zulässig ist. Vor diesem Hintergrund nehmen die Schutzgüter Bestand des Staates und Funktion staatlicher Einrichtungen hierbei die Stellung der öffentlichen Gewalt ein, von welcher Eingriffe in die grundrechtlich vermittelte Freiheitsphäre ausgehen können. Damit wird die Abwehrfunktion der Grundrechte angesprochen.

1. Die freiheitliche Dimension – Grundrechte als Eingriffsabwehrrechte

In der abwehrrechtlichen Dimension der Grundrechte kommt die Freiheitssphäre durch den tatbestandlichen Schutzbereich zum Ausdruck.[423] Doch der Schutzbereich räumt keine unantastbare Freiheitssphäre der Grundrechtsinhaber ein. Ein wildwüchsiger Freiheitsgebrauch würde zu Konflikten mit den Interessen einzelner anderer oder der Allgemeinheit führen und hierdurch die angestrebte Friedensordnung erschüttern.[424] Da der Staat hiernach ordnend und interessenausgleichend tätig werden muss, ist die Vornahme von staatlichen Eingriffen zur Gewährleistung der Friedensordnung daher unvermeidbar.[425]

Um staatliche Eingriffe zur Gewährleistung der Friedensordnung rechtlich zu ermöglichen, tritt neben die Grundrechtsgewähr deshalb auch die

421 *Kingreen/Poscher*, Grundrechte, 35. Aufl., 2019, § 4 II 1, S. 38 f., Rdnr. 97; vgl. *Hufen*, Staatsrecht II, 7. Aufl., 2018, § 5 II 2, S. 52 f., Rdnr. 5; § 5 II 3, S. 54 f., Rdnr. 8, 10; vgl. *Kloepfer*, Verfassungsrecht, Bd. II, 2010, § 48 A, S. 27, Rdnr. 7; vgl. *Jarass*, in: Merten/Papier (Hrsg.), Handbuch der Grundrechte, Bd. II, 2006, § 38, Rdnr. 3, 22.

422 Vgl. *Jarass*, in: Merten/Papier (Hrsg.), Handbuch der Grundrechte, Bd. II, 2006, § 38, Rdnr.17: „*Die Bedeutung der Abwehrfunktion wird wesentlich durch den Begriff des Eingriffs und seiner Reichweite geprägt. Der Eingriff ist nur ein Unterfall* […]. *Sonstige Beeinträchtigungen bestehen etwa im Unterlassen von Leistung und Schutz.*“.

423 *Böckenförde*, Der Staat, Bd. 42 (2003), 165 (167); *Kingreen/Poscher*, Grundrechte, 35. Aufl., 2019, § 6 I, S. 80 f., Rdnr. 253 ff.; *Lübbe-Wolff*, Eingriffsabwehrrechte, 1988, S. 25 f.

424 *Kingreen/Poscher*, Grundrechte, 35. Aufl., 2019, § 6 II, S. 82, Rdnr. 263; *Böckenförde*, Der Staat, Bd. 42 (2003), 165 (167).

425 *Starck*, Der demokratische Verfassungsstaat, 1995, S. 235 ff., 243 f.; vgl. *Böckenförde*, Der Staat, Bd. 42 (2003), 165 (167).

Grundrechtsbeschränkung.[426] Schließlich bedarf Freiheit zur völligen Wirksamkeit auch der formgerechten Ordnung, Einhegung und Begrenzung und ist von vornherein nur als gemeinschaftlich vermittelte Freiheit vorstellbar; denn diese entfaltet sich wesentlich auch gerade in und durch Gemeinschaften und dies setzt ein Maß an Friedlichkeit voraus.[427] Doch hierfür müssen Eingriffe in den Schutzbereich legitim sein und eine solche legitime Grundlage bildet dann der Gegenstand der Eingriffsrechtfertigung, welche als Schranken bzw. Grenzen bezeichnet werden können.[428] Aufgrund sich später ergebender terminologischer Schwierigkeiten soll hier zunächst noch auf die Bezeichnung von Schranken und Grenzen verzichtet werden und stattdessen die Bezeichnung der Eingriffsrechtfertigung gebraucht werden. Die Bezeichnung der Eingriffsrechtfertigung[429] steht für das Verständnis, dass der Staat sich für einen Eingriff in den Schutzbereich der Grundrechte rechtfertigen muss, da sein Handeln unter einem Legitimationserfordernis der Grundrechte steht.[430]

Ausgehend von den Gedanken eines legitimierungsbedürftigen Eingriffs in einen vorhandenen Schutzbereich gliedert sich die abwehrrechtliche Dimension der Grundrechte nach traditionellem Verständnis terminologisch in Schutzbereich, Eingriff und Eingriffsrechtfertigung.[431] Hierzu ist anzumerken, dass terminologische Unterschiede gegenüber Gleichheitsgrundrechten bestehen, sodass die traditionellen Denkstrukturen von Schutzbereich und Eingriff nicht unvermittelt auf den allgemeinen Gleichheitssatz in Art. 3 Abs. 1 GG übertragen

---

426 BVerfGE 77, 240 (253); *Starck*, in: v. Mangoldt/Klein/Starck/Huber/Voßkuhle (Hrsg.), GG-Komm., Bd. 1, 7. Aufl., 2018, Präambel, Rdnr. 33; *ders.*, Der demokratische Verfassungsstaat, 1995, S. 171.

427 *Volkmann*, in: Merten/Papier (Hrsg.), Handbuch der Grundrechte, Bd. II, 2006, § 32, Rdnr. 2; vgl. *Dreier*, in: Dreier (Hrsg.), GG-Komm., Bd. I, 3. Aufl., 2013, Vorb., Rdnr. 134.

428 Vgl. *Kloepfer*, Verfassungsrecht II, 2010, § 51 D I, S. 88, Rdnr. 39; *Kingreen/Poscher*, Grundrechte, 35. Aufl., 2019, § 6 II 1, S. 82 f., Rdnr. 264 f.

429 *Eckhoff*, Der Grundrechtseingriff, 1992, S. 9.

430 *v. Münch/Kunig*, in: v. Münch/Kunig (Hrsg.), GG-Komm., Bd. 1, 6. Aufl., 2012, Vorb. Art. 1–19, Rdnr. 12.

431 *Eckhoff*, Der Grundrechtseingriff, 1992, S. 9; vgl. *Dreier*, in: Dreier (Hrsg.), GG-Komm., Bd. I, 3. Aufl., 2013, Vorb., Rdnr. 120; *Hufen*, Staatsrecht II, 7. Aufl., 2018, § 1 I, S. 1, Rdnr. 2; *Michael/Morlok*, Grundrechte, 7. Aufl., 2020, § 4 I, S. 51, Rdnr. 35 ff.; *Bethge*, in: Merten/Papier (Hrsg.), Handbuch der Grundrechte, Bd. III, 2009, § 58, Rdnr. 11; *Kahl*, Der Staat, Bd. 43 (2004), 167 (167); *Murswiek*, Der Staat, Bd. 45 (2006), 473 (474); vgl. BVerfGE 32, 54 (72).

werden können.[432] Da aber Gegenstand der vorliegenden Untersuchung die rechtliche Verkürzung von Freiheiten zum Schutz des Staates und seiner Einrichtungen ist, kann eine Darstellung der Gleichheitsgrundrechte für die folgende Untersuchung dahingestellt bleiben.

2. Freiheitsgewährleistung und Freiheitsverkürzung bei den Grundrechten

Die durch die Grundrechte gewährleistete Freiheit und die für die staatliche Friedensordnung notwendigen Freiheitseinbußen gehen miteinander einher; *Merten* formuliert hierzu, dass *„sich auch über Deutschland kein „grenzenloser Grundrechtshimmel" wölbt"*.[433] Im Grundgesetz befinden sich bei mehreren Grundrechten Vorbehalte zugunsten eines Gesetzes, eines qualifizierten Gesetzes, aufgrund von Gesetzen oder allgemeinen Gesetzen. Doch die tatsächliche Reichweite, also die Ausübungsmöglichkeit von Freiheit hängt nicht nur von den Grundrechtsvorbehalten und rechtlichen Verkürzungen der Grundrechte ab, sondern auch von der inhaltlichen Gewährleistung des Schutzbereichs der Grundrechte. So ist jede Grundrechtsgewährleistung mit ihrer Bestimmung der zu schützenden Freiheit von vornherein nur auf eine bestimmte, umgrenzte Freiheit hin angelegt.[434] Die Freiheit kann daher inhaltlich nur soweit reichen, wie sie im Schutzbereich eines Grundrechts als Freiheit bestimmt ist. Gleichwohl kann die von vornherein durch den grundrechtlichen Schutzbereich umgrenzte Freiheit auch durch andere Rechtsnormen Einbußen erleiden.[435]

Wendet man diese Überlegung auf die polizeilichen Schutzgüter des Bestands des Staates und der Funktion staatlicher Einrichtungen im Verhältnis zu den Grundrechten an, dann stellt sich die Frage, ob grundrechtliche Gewährleistungen von vornherein inhaltlich nur soweit reichen, wie der polizeiliche Schutz des Bestands des Staates und der Funktion staatlicher Einrichtungen nicht berührt wird. Dann wäre der polizeiliche Schutz dieser Schutzgüter der Inhalt einer

---

432 *Bamberger*, Schranken vorbehaltloser Freiheitsgrundrechte, 1999, S. 5; *Kloepfer*, Verfassungsrecht II, 2010, § 59 B II, S. 201, Rdnr. 9 ff.; *Kirchhof*, in: Maunz/Dürig/Herzog/Herdegen/Scholz/Klein (Hrsg.), GG-Komm., 88. EL (2019), Art. 3 Abs. 1, Rdnr. 240; *Hillgruber*, in: Isensee/Kirchhof (Hrsg.), Handbuch des Staatsrechts, Bd. IX, 3. Aufl., 2011, § 200, Rdnr. 4; *Lübbe-Wolff*, Eingriffsabwehrrechte, 1988, S. 18.

433 *Merten*, in: Merten/Papier (Hrsg.), Handbuch der Grundrechte, Bd. III, 2009, § 60, Rdnr. 5; so ähnlich bereits bei: *Knies*, in: Festschrift für K. Stern, 1997, S. 1155 (1173).

434 Vgl. *Häberle*, Peter, Wesensgehaltsgarantie, 3. Aufl., 1983, S. 179.

435 Vgl. *Alexy*, Theorie der Grundrechte, 2. Aufl., 1994, Kap. 6, I 2, S. 254.

jeden grundrechtlichen Gewährleistung. Andererseits könnte der polizeiliche Schutz des Bestands des Staates und der Funktion staatlicher Einrichtungen eine grundrechtliche Gewährleistung auch von außen her rechtlich verkürzen und somit in die grundrechtliche Gewährleistung eingreifen. Damit stellt sich die Frage, ob der polizeiliche Schutz dieser Schutzgüter bereits als Inhalt einer jeden grundrechtlichen Gewährleistung vorgegeben ist oder ob dieser als Verkürzung von außen her in die grundrechtliche Gewährleistung eingreift.

a) Terminologische Vorbetrachtung der Begriffe „Grenze“ und „Schranke“

Mit der Frage, ob der Bestand des Staates und die Funktion staatlicher Einrichtungen bereits den Inhalt von Grundrechten mitbestimmen oder als rechtliche Verkürzung an die Grundrechte von außen her herantreten, geht teilweise eine sehr uneinheitliche und verwechselbare Terminologie von Grenzen und Schranken einher,[436] was die Erfassung der Problematik erschwert. Die Bezeichnungen von Grenzen und Schranken der Grundrechte werden zuweilen synonym verwendet oder es werden ihnen jeweils verschiedene Begriffe zugrunde gelegt.

So bezeichnen *Alexy* und *Höfling* die Verfassungsbestimmung, die eine Beschränkung der grundrechtlichen Gewährleistung ermöglicht, als sog. „Schrankenklausel“, während die, der Schrankenklausel entsprechende, grundrechtsbeschränkende Verfassungsbestimmung als „Schranke“ bezeichnet wird.[437] Demgegenüber bezeichnen *Sachs*[438] und *Heß*[439] die erstere als „Grenze“ und die zweitere als „Schranke“. Andere treffen gar keine Unterscheidung zwischen der beschränkungslegitimierenden Verfassungsbestimmung und der entsprechenden beschränkenden Rechtsnorm und bezeichnen beide entweder als „Schranke“[440] oder aber als „Grenze“.[441] Demgegenüber verwenden andere die

---

436 *Merten*, in: Merten/Papier (Hrsg.), Handbuch der Grundrechte, Bd. III, 2009, § 60, Rdnr. 1; vgl. auch: *Misera-Lang*, Einschränkbarkeit vorbehaltloser Freiheitsrechte, 1999, S. 87; *Sachs*, in: Stern (Hrsg.), Staatsrecht, Bd. III/2, 1994, § 79, I 1, S. 225.

437 *Alexy*, Theorie der Grundrechte, 2. Aufl., 1994, Kap. 6, I 2, S. 254, Kap. 6, I 3.1, S. 258 f.; *Höfling*, JURA 1994, 169 (171).

438 Vgl. *Sachs*, in: Sachs (Hrsg.), GG-Komm., 8. Aufl., 2018, Vor Art. 1, Rdnr. 96; *ders.*, in: Stern (Hrsg.), Staatsrecht, Bd. III/2, 1994, § 79, I 1, S. 226 f.

439 *Heß*, Grundrechtskonkurrenzen, 2000, S. 111.

440 *Bumke*, Grundrechtsvorbehalt, 1998, S. 64 f.; vgl. dazu in der schweizerischen Lehre: *Bolz*, Verhältnis von Schutzobjekt und Schranken, 1991, S. 81 f.

441 *Terwiesche*, Die Begrenzung der Grundrechte, 1999, S. 34 ff.

Bezeichnungen von „Schranke" und „Grenze" auch synonym, ohne von einer ersichtlichen Unterscheidung auszugehen.[442] Ferner werden die Bezeichnungen „Schranke" und „Grenze" auch dafür verwendet, um zwischen Tatbestandsgrenze und Eingriffsschranke zu unterscheiden: Der Begriff der „Grenze" dient dabei dazu, die semantische oder tatbestandliche Reichweite[443] des grundrechtlichen Schutzbereichs zu umschreiben, während der Begriff der „Schranke", wie bereits vorangehend erwähnt, dazu verwendet wird, um die rechtlichen Verkürzungen durch andere Verfassungsbestimmungen zu bezeichnen.[444] Demgegenüber verwendet beispielsweise *Misera-Lang* die Bezeichnung der „Grenze" zudem auch als Oberbegriff für alle tatbestandlichen oder rechtlich beschränkenden Verkürzungen.[445] Schließlich werden die Bezeichnungen der „Grenze" und „Schranke" auch dafür herangezogen, um zwei fundamentale Gedankenmodelle für die

---

442 *Bettermann*, Grenzen der Grundrechte, 1968, S. 1, 14; *Di Fabio* in: Maunz/Dürig/Herzog/ Herdegen/Scholz/Klein (Hrsg.), GG-Komm., 88. EL (2019); Art. 2 Abs. 1, Rdnr. 37; BVerfGE 28, 243 (259 f., 260); 30, 173 (193); vgl. BVerfG NJW 1972, 327 (329): „*Diese vom Grundgesetz anerkannte Gemeinschaftsbindung [...] macht auch Grundrechte* [...] *gewisser äußerer Grenzziehung zugänglich. Jedoch dürfen die Grenzen der Glaubensfreiheit – wie die der Kunstfreiheit* [...] – *nur von der Verfassung selbst bestimmt werden.*"; BVerfG NJW 2000, 1711 (1712): „*Eine solche Einschränkung erlaubt § 118 I 1 BetrVG aber nicht. Wie das BVerfG bereits zur Pressefreiheit entschieden hat, beschränkt diese Vorschrift das Grundrecht nicht* [...] *§ 118 I 1 BetrVG ist mithin keine grundrechtsbegrenzende, sondern eine grundrechtsausgestaltende Regelung* [...]."; BVerfG NVwZ 2003, 855 (855): „*Allerdings sind der Vereinigungsfreiheit in dem nicht durch Art. 9 II GG erfassten Bereich Grenzen gesetzt. Dem Gesetzgeber darf es nicht verwehrt sein, der Betätigung des Vereins Schranken zu ziehen* [...]."

443 *Meister*, System des Freiheitsschutzes, 2011, S. 36.

444 *Meister*, System des Freiheitsschutzes, 2011, S. 41; *Isensee*, in: Festschrift für H. Sendler, 1991, S. 39 (39 f.); *Merten*, in: Merten/Papier (Hrsg.), Handbuch der Grundrechte, Bd. III, 2009, § 60, Rdnr. 1; BVerfGE 7, 377 (404): „[...] *dass eher an eine nähere Bestimmung der Grenzen von innen her, d. h. der im Wesen des Grundrechts selbst angelegten Grenzen, gedacht ist als an Beschränkungen, durch die der Gesetzgeber über den sachlichen Gehalt selbst verfügen, nämlich* [...] *von außen her einengen würde.*"; BVerfGE 28, 36 (46): „*Die Vorschrift des Art. 19 Abs. 1 Satz 2 GG gilt also nur für Gesetze, die darauf abzielen, ein Grundrecht über die in ihm selbst angelegten Grenzen* [...] *hinaus einzuschränken.*"; BVerfGE 48, 127 (163): „*Auch* [...] *darf der Gesetzgeber dieses Grundrecht nicht in seinem sachlichen Gehalt einschränken, sondern nur die Grenzen offenlegen, die in den Begriffen des Art. 4 Abs. 3 Satz 1 GG selbst schon enthalten sind* [...]."; BVerfGE 64, 72 (79 f.): „[...] *über die im Grundrecht selbst angelegten Grenzen hinaus eingeschränkt werden könnten* [...]."; BVerfGE 69, 1 (23).

445 *Misera-Lang*, Einschränkbarkeit vorbehaltloser Freiheitsrechte, 1999, S. 10.

Beschaffenheit und Struktur subjektiver Rechte gegenüberzustellen, wobei die hinter den Bezeichnungen der „Grenze" und „Schranke" stehenden Gedankenmodelle sich gegenseitig ausschließen.[446]

Um dennoch eine klare Erörterung der Problematik zu ermöglichen, ob und inwieweit der Bestand des Staates und die Funktion staatlicher Einrichtungen auf den Inhalt der Grundrechte einwirkt oder die Gewährleistung der Grundrechte von außen her rechtlich verkürzt, ist vorliegend zunächst zu untersuchen, wie Grundrechtsgewährleistung und Grundrechtsverkürzung zu verstehen sind und in welchen Zusammenhängen hierbei der Begriff der „Grenze" oder „Schranke" der Grundrechte verwendet werden kann. Dafür ist es unentbehrlich, im Folgenden auf den allgemeinen Theorienstreit über die fundamentale Struktur und Beschaffenheit subjektiver Rechte einzugehen.

b) *Beschaffenheit und Struktur von subjektiven Rechten*

Die Unterscheidung zwischen den Grenzen und den Schranken geht auf einen Streitgegenstand der allgemeinen Normtheorie zurück.[447] Das Grundproblem bildete der Rechtsmissbrauch.[448] Bei diesem war umstritten, ob er als Verbot der Rechtsausübung bereits tatbestandlich in einem subjektiven Recht wesensmäßig angelegt ist – für diesen Fall wurde der Rechtsmissbrauch als sog. „Grenze" des subjektiven Rechts bezeichnet – oder ob der Rechtsmissbrauch das subjektive Recht von außen her verkürzt und dabei den Inhalt und die Gestalt des subjektiven Rechts unberührt lässt – der Rechtsmissbrauch wurde hier als sog. „Schranke" eines subjektiven Rechts bezeichnet.[449] Die über das Verhältnis von Recht und Rechtsmissbrauch entwickelten Argumentationslinien wurden exemplarisch auf die allgemeine Normtheorie übertragen, um die fundamentale Beschaffenheit und Struktur aller subjektiven Rechte zu erklären.[450]

---

446 *Merten*, in: Merten/Papier (Hrsg.), Handbuch der Grundrechte, Bd. III, 2009, § 60, Rdnr. 4; *Meister*, System des Freiheitsschutzes, 2011, S. 28, 40; *Bettermann*, Grenzen der Grundrechte, 1968, S. 14.

447 *Merten*, in: Merten/Papier (Hrsg.), Handbuch der Grundrechte, Bd. III, 2009, § 60, Rdnr. 4.

448 *Bettermann*, Grenzen der Grundrechte, 1968, S. 14; vgl. *Siebert*, Verwirkung, 1934, S. 88.

449 *Bettermann*, Grenzen der Grundrechte, 1968, S. 14; *Borowski*, Grundrechte als Prinzipien, 3. Aufl., 2018, S. 33.

450 *Borowski*, Grundrechte als Prinzipien, 3. Aufl., 2018, S. 33 f., 100.

aa) Außentheorie

Der sog. Außentheorie liegt ein Strukturverständnis von subjektiven Rechten zugrunde, wonach zwischen der subjektiv-rechtlichen Gewährleistung und ihren normativen Verkürzungen unterschieden werden muss, die beide als völlig unterschiedliche Kategorien voneinander zu trennen sind. Die Einräumung einer subjektiven Gewährleistung sei gedanklich etwas vollkommen anderes, als die rechtlichen Verkürzungen desselben und nur eine klare, konsequente Trennung beider Gegenstände sorge für Nachvollziehbarkeit und Objektivität des Normenverständnisses.[451] Eine solche konsequente Trennung soll konstruktiv erreicht werden, indem eine subjektiv-rechtliche Gewährleistung bereits als ein vollwertiges subjektives Recht anzusehen ist, während die normativen Verengungen als sog. „Schranken" nachträglich – also nach Ermittlung der Gewährleistung des subjektiven Rechts – von außen angelegt werden.[452] Der Begriff der „Schranken" soll dazu dienen, diese von außen herantretenden Verengungen räumlich vorstellbar zu umschreiben.[453] Dadurch, dass diese „Schranken" dem subjektiven Recht von außen angelegt werden, leitet sich die Bezeichnung der Außentheorie ab. Danach ist das Bestehen eines subjektiven Rechts zwar notwendige – aber keine hinreichende – Voraussetzung für das Bestehen einer darauf bezogenen Schranke. Deswegen ist ein subjektives Recht hiernach auch ohne den Begriff der Schranke denkbar.[454]

bb) Innentheorie

Einen anderen Weg wählt die Innentheorie. Ihr liegt die Vorstellung zugrunde, dass kein Recht absolut und unendlich weit gelten kann, sondern bereits bei seiner rechtlichen Einräumung eine Begrenzung und Ausgestaltung erfahren muss, um dem Gemeinwohl nicht zu schaden.[455] Jedes subjektive Recht soll als ein soziales Recht,[456] als eine durch die Gemeinschaft vermittelte Position,

---

451 *Borowski*, Grundrechte als Prinzipien, 3. Aufl., 2018, S. 83: „*Stufung der Argumentation*".

452 *Meister*, System des Freiheitsschutzes, 2011, S. 24.

453 *Meister*, System des Freiheitsschutzes, 2011, S. 41; *Borowski*, Grundrechte als Prinzipien, 3. Aufl., 2018, S. 33; *Bolz*, Verhältnis von Schutzobjekt und Schranken, 1991, S. 220.

454 *Alexy*, Theorie der Grundrechte, 2. Aufl., 1994, Kap. 6, I 1, S. 250.

455 *Häberle*, Wesensgehaltsgarantie, 3. Aufl., 1983, S. 185; *v. Gierke*, Die soziale Aufgabe des Privatrechts, 1. Aufl., 1889, S. 20; vgl. *Siebert*, Verwirkung, 1934, S. 88.

456 *v. Gierke*, Die soziale Aufgabe des Privatrechts, 1. Aufl., 1889, S. 20.

verstanden werden.[457] Da die Ausübung eines jeden subjektiven Rechts an eine bestimmte Rechtsordnung gebunden ist, erhält das subjektive Recht hierdurch seinen Rahmen. Andere Normen der Rechtsordnung bilden so auch eine gewisse Konkretisierung und Bestimmung des Inhalts eines subjektiven Rechts. Aus diesem Grund sind alle sachlichen Verkürzungen eines subjektiven Rechts immer eng mit seinem gewährleisteten Inhalt verbunden.[458] Diese gesetzlichen Verkürzungen des Rechtsinhalts werden derart zum Wesen eines subjektiven Rechts, dass beide als Einheit zu betrachten sind.[459] Sämtliche Verkürzungen werden damit auf Tatbestandsebene zum Inhalt eines subjektiven Rechts hinzugezählt.[460] Danach gibt es also nicht das subjektive Recht an sich oder irgendwelche Verkürzungen dieses Rechts, sondern nur das subjektive Recht mit seinem bestimmten Inhalt.[461] Demzufolge ist jedes subjektive Recht hiernach ein Recht, dass von vornherein nur als definitives Recht denkbar ist. Diese Vorstellung, dass das subjektive Recht bereits aus seinem Inneren heraus begrenzt[462] ist, verleiht der Innentheorie ihren Namen.

Dabei werden die rechtlichen Verkürzungen, die nach der innentheoretischen Vorstellung den Inhalt des subjektiven Rechts ausgestalten, als sog. Grenzen bezeichnet,[463] um so der Vorstellung einer Inhaltsausgestaltung terminologisch Rechnung zu tragen,[464] denn eine von außen herantretende rechtliche Einbuße, die den Rechtsinhalt unberührt lasse, sei schon nicht denkbar.[465] Dies würde zu einem unentwirrbaren Kreislauf zwischen Anerkennung eines subjektiven Rechts und Unzulässigkeit der Ausübung des beschränkten Inhalts führen.[466]

---

457 *Meister*, System des Freiheitsschutzes, 2011, S. 47 m. w. N. *Siebert*, Verwirkung, 1934, S. 87 f.; vgl. *v. Gierke*, Die soziale Aufgabe des Privatrechts, 1. Aufl., 1889, S. 20.

458 *Borowski*, Grundrechte als Prinzipien, 3. Aufl., 2018, S. 68 f.; am Beispiel des § 826 BGB als Grenze der Rechtsausübung: *Siebert*, DJZ 1934, 1240 (1243); zur Verwirkung als inhaltliche Begrenzung eines Rechts: *ders.*, JW 1934, 1829 (1831).

459 So: *Häberle*, Wesensgehaltsgarantie, 3. Aufl., 1983, S. 179.

460 *Bettermann*, Grenzen der Grundrechte, 1968, S. 14.

461 *Borowski*, Grundrechte als Prinzipien, 3. Aufl., 2018, S. 68 f.

462 *Misera-Lang*, Einschränkbarkeit vorbehaltloser Freiheitsrechte, 1999, S. 77 f.

463 *Alexy*, Theorie der Grundrechte, 2. Aufl., 1994, Kap. 6, I 1, S. 250.

464 Vgl. *Meister*, System des Freiheitsschutzes, 2011, S. 41; ferner: *Häberle*, Wesensgehaltsgarantie, 3. Aufl., 1983, S. 180.

465 *Siebert*, Verwirkung, 1934, S. 88.

466 *Endemann*, Bürgerliches Recht, Bd. I, 8. Aufl., 1903, § 84a, S. 422, Fn. 8.

cc) Stellungnahme

Bei dem Streitgegenstand zwischen Innen- und Außentheorie um das begriffliche Verständnis von subjektiven Rechten geht es allein um die Frage der gemeinschaftlich gebotenen, rechtlichen Verkürzungen.[467] Während die Vertreter der Innentheorie ein sozial-gebundenes subjektives Recht schaffen wollten, indem sie das subjektive Recht so konstruieren, dass eine rechtliche Verkürzung, die sog. Grenze, bereits auf den Inhalt eines subjektiven Rechts einwirkt,[468] wollen demgegenüber die Vertreter der Außentheorie den Begriff des subjektiven Rechts an sich unangetastet lassen und die Verkürzung, die sog. Schranke, nur nachträglich dem subjektiven Recht auferlegen.[469] Insoweit konstruieren beide Auffassungen den Begriff des subjektiven Rechts jeweils von einem eigenen Standpunkt aus. Dabei stehen beide Vorstellungen in einem Verhältnis gegenseitigen Ausschlusses[470] und benutzen die Bezeichnungen von Grenze und Schranke, um ihre Auffassungen voneinander abzugrenzen.[471]

Vor dem Hintergrund der allgemeinen Normentheorie bestehen dabei jedoch keine materiellen Unterschiede zwischen der Innen- und Außentheorie. Beide Vorstellungen gehen von einer logischen Stufung aus: Zunächst wird die konkrete subjektiv-rechtliche Gewährleistung bestimmt und erst danach werden die rechtlichen Verkürzungen, die sog. Grenzen oder Schranken, angelegt. Während die Vertreter Innentheorie erst der rechtlich verkürzten, also begrenzten, subjektiv-rechtlichen Gewährleistung den Begriff des Rechts zugestehen, geben die Vertreter der Außentheorie bereits der ursprünglichen, also der unbeschränkten, subjektiv-rechtlichen Gewährleistung den Begriff des Rechts. Damit ist nach beiden Vorstellungen der Begriff der Grenzen ebenso fest umrissen, wie der Begriff der Schranke.[472] Vor dem Hintergrund der allgemeinen Normentheorie ist der einzige Unterschied zwischen Innen- und Außentheorie psychologischer Natur. Die Bezeichnung „Recht“ für eine subjektive Gewährleistung im Sinne der Außentheorie ist in der Umgangssprache geläufiger und für eine

---

467 So auch: „Struktur von Rechten“ bei *Meister*, System des Freiheitsschutzes, 2011, S. 24; *Borowski*, Grundrechte als Prinzipien, 3. Aufl., 2018, S. 33, 84 f., 100.

468 Siehe Pkt. II. 2. lit. b) lit. bb), S. 122 f.

469 Siehe Pkt. II. 2. lit. b) lit. aa), S. 122.

470 *Meister*, System des Freiheitsschutzes, 2011, S. 24, 45; *Alexy*, Theorie der Grundrechte, 2. Aufl., 1994, Kap. 6, I 1, S. 250 f.; vgl. *v. Arnauld*, Freiheitsrechte und Schranken, 1999, S. 15 f.

471 Vgl. *Bettermann*, Grenzen der Grundrechte, 1968, S. 14.

472 A. A. *Borowski*, Grundrechte als Prinzipien, 3. Aufl., 2018, S. 83.

Rechtsordnung besser zu handhaben. Es ermangelt eher einem klaren Rechtsbegriff für das, was eine subjektive Gewährleistung im Sinne der Innentheorie auszeichnet, noch bevor es anhand von Grenzen zu einem subjektiven Recht ausgestaltet wurde. Insoweit mag die Innentheorie mit ihrer begrifflichen Trennung von subjektiver Gewährleistung und subjektivem Recht zu einer höheren gedanklichen Abstraktion zwingen und deshalb begrifflich schwer zu erfassen sein. Vor diesem Hintergrund ist wohl *Bettermann* auch dazu veranlasst gewesen, dem Streitgegenstand *„ausgesprochen begriffsjuristische Züge“*[473] zu attestieren, denn die Wahl einer der beiden Theorien liegt letztlich im Belieben des Betrachters.[474] Derjenige, der eine individualistische Staats- und Gesellschaftstheorie vertritt, wird eher zur Außentheorie neigen, während derjenige, der die Gliedstellung des einzelnen innerhalb des Gemeinwesens hervorheben möchte, zur Innentheorie neigen wird.[475]

Diese Feststellungen über den Unterschied zwischen Innen- und Außentheorie bei der Konstruktion subjektiver Rechte können aber nur vor dem Hintergrund der allgemeinen Normentheorie ihre Berechtigung beanspruchen. Sobald die innen- oder außentheoretische Denkweise auf konkrete Rechtsnormen treffen und angewendet werden müssen, können sich relevante Unterschiede dann ergeben, wenn spezifische Rechtsfolgen an die Inhaberschaft subjektiver Rechte geknüpft wird und der Adressat des subjektiven Rechts allein selber keinen Einfluss auf die Begrenzung bzw. Beschränkung der subjektiven Gewährleistung hat. Hier kann nicht ausgeschlossen werden, dass das Strukturverständnis der Innen- und Außentheorie doch zu erheblichen Unterschieden führt.

c) Anwendung der Innen- und Außentheorie auf die Grundrechte

Die Vorstellung der Innen- und Außentheorie über die Konstruktion von subjektiven Rechten und der daraus folgenden unterschiedlichen Terminologie von Grenze und Schranke ist auch auf die Grundrechte übertragbar.[476] Dabei geht es darum, ob Verkürzungen der grundrechtlichen Gewährleistung bereits auf den Inhalt des Grundrechts einwirken und daher i. S. d. Innentheorie eine sog. Grenze der Gewährleistung bilden oder ob die Verkürzungen der

---

473 *Bettermann*, Grenzen der Grundrechte, 1968, S. 14.

474 *Meister*, System des Freiheitsschutzes, 2011, S. 271.

475 *Alexy*, Theorie der Grundrechte, 2. Aufl., 1994, Kap. 6, I 1, S. 251.

476 *Merten*, in: Merten/Papier (Hrsg.), Handbuch der Grundrechte, Bd. III, 2009, § 60, Rdnr. 4; *Alexy*, Theorie der Grundrechte, 2. Aufl., 1994, Kap. 6, I 1, S. 250 f.; *Borowski*, Grundrechte als Prinzipien, 3. Aufl., 2018, S. 34.

grundrechtlichen Gewährleistung i. S. d. Außentheorie den Inhalt des Grundrechts als solches unberührt lassen und erst von außen her dem Grundrecht als sog. Schranke auferlegt werden.[477]

aa) Grundrechte als außentheoretische Rechte

Folgt man der Auffassung *Alexy*s, so wie einige im Schrifttum[478], so ist die Grundrechtstruktur aufgrund der Prinzipieneigenschaft von Grundrechten außentheoretisch zu begreifen.[479] Danach ist das Grundrecht als subjektives Recht von seinen Schranken logisch zu trennen.

Für die Auffassung *Alexy*s ist Ausgangspunkt die Prämisse, dass die Kategorie der Regeln einer definitiven Natur von Rechten entspricht und diese innentheoretisch sind, während Prinzipien einer prima facie-Natur von Rechten entsprechen und diese daher außentheoretisch beschaffen sind.[480] Sieht man die Grundrechte als Regeln i. S. definitiver Positionen an, so kann es *Alexy* zufolge niemals eine Recht darauf geben, dass das Grundrecht als schlichte subjektive Gewährleistung nicht verkürzt werden darf.[481] Soweit Grenzen rechtmäßig sind, gestalten sie nur den Gewährleistungsbereich zu subjektiven Rechten aus und soweit die Grenzen rechtswidrig sind, dann haben sie gar keine Wirkung auf die Inhaltsausgestaltung der Grundrechte.[482] Erachtet man Grundrechte stattdessen als Prinzipien und damit als prima facie-Rechte, so könnte die prima facie-Position der Grundrechte eingeschränkt werden, wobei aufgrund der Prinzipiennatur noch ein über die prima facie-Position hinausgehender Gehalt übrig bleibt, um Einschränkungen abzuwehren.[483] Da es sich nach *Alexy* bei den Grundrechten um Prinzipien handelt,[484] erkennt *Alexy* für die Freiheitsgewährleistungen der Grundrechte die Außentheorie an.[485] Die Grundrechte sind demzufolge als vollwertige subjektive Rechte zu begreifen und von den rechtlichen

---

477 Siehe Pkt. II. 2. lit. b), S. 121 ff.

478 Vgl. *Meister*, System des Freiheitsschutzes, 2011, S. 277; *v. Arnauld*, Freiheitsrechte und Schranken, 1999, S. 47; *Borowski*, Grundrechte als Prinzipien, 3. Aufl., 2018, S. 533.

479 *Alexy*, Theorie der Grundrechte, 2. Aufl., 1994, Kap. 6, I 1, S. 253, Zur der Prinzipiennatur der Grundrechte: *ders.*, Kap. 3, II 3.3, S. 125.

480 Vgl. *Alexy*, Theorie der Grundrechte, 2. Aufl., 1994, Kap. 6, I 1, S. 251.

481 *Alexy*, Theorie der Grundrechte, 2. Aufl., 1994, Kap. 6, I 1, S. 252

482 *Alexy*, Theorie der Grundrechte, 2. Aufl., 1994, Kap. 6, I 1, S. 252.

483 *Alexy*, Theorie der Grundrechte, 2. Aufl., 1994, Kap. 6, I 1, S. 253.

484 *Alexy*, Theorie der Grundrechte, 2. Aufl., 1994, Kap. 3, II 3.3; S. 122; Kap. 3, III 1.3, S. 133 f.; Kap. 6, I 4, S. 267.

485 *Alexy*, Theorie der Grundrechte, 2. Aufl., 1994, Kap. 6, I 1, S. 253.

aus der Verfassung herrührenden Grundrechtsverkürzungen als sog. Schranken i. S. d. Außentheorie gedanklich zu trennen.

bb) Grundrechte als innentheoretische Rechte

Nach *Klein*, *Hamel* und *Häberle* gibt es nur Grenzen der Grundrechte i. S. d. Innentheorie, da Verkürzungen der grundrechtlich gewährleisteten Freiheit selbst Gegenstand und Begriff des jeweiligen Grundrechts sind; diese sind wesensmäßig im Grundrecht angelegt.[486]

So argumentieren *Klein* und *Hamel*, dass es nach den Gesetzen reiner Logik keine Schranken von Grundrechten gibt, sondern nur Begriffe derselben.[487] So widerspräche es den Denkgesetzen, dass Grundrechtsbestimmungen einerseits durch Verfassungsrecht aufgestellt werden und durch Verfassungsrecht zugleich ihre nachträglichen Schrankenbestimmungen finden.[488] Vielmehr ist das Verfassungsrecht als eine einheitliche Gewährleistung zu verstehen, denn nach *Klein*s Auffassung bildet das Verfassungsrecht mit den Grundrechtsbestimmungen und den sog. Schrankenbestimmungen nur die Begriffsbestimmung eines Grundrechts.[489] So füllen sämtliche Grundrechtsvorbehalte, deren entsprechende Akte der öffentlichen Gewalt und die sonstigen kollidierenden Verfassungsrechtsgüter nur den Begriff des Grundrechts aus. Die Grundrechte werden also erst durch diese begrenzenden Bestimmungen konkretisiert.[490] Für *Hamel* stellt die Bezeichnung Inhalt eines Grundrechts nur die Sicht von der Warte des begrenzten Inhalts dar, während Schranke die Sicht von der Warte der Grenze des Inhalts aus beschreibt.[491] Hiermit verfolgen *Klein* und *Hamel* deutlich eine innentheoretische Konzeption, zur Verwirrung tragen beide jedoch bei, indem sie in ihren Ausführungen von Schranken statt von Grenzen sprechen, obwohl sie mit der Bezeichnung der Schranke den Begriff der Grenzen i. S. d. Innentheorie meinen.[492] Als Grund führt er an, dass der wörtliche Ausdruck der Schranke

---

486 *Hamel*, Die Bedeutung der Grundrechte, 1957, S. 45.

487 *Klein*, in: v. Mangoldt/Klein (Hrsg.), GG-Komm., Bd. I, 2. Aufl., 1957, B XV 1 b), S. 122; vgl. *Hamel*, Die Bedeutung der Grundrechte, 1957, S. 45.

488 Vgl. *Klein*, in: v. Mangoldt/Klein (Hrsg.), GG-Komm., Bd. I, 2. Aufl., 1957, B XV 1 b), S. 122.

489 Vgl. *Klein*, in: v. Mangoldt/Klein (Hrsg.), GG-Komm., Bd. I, 2. Aufl., 1957, B XV 1 b), S. 122.

490 *Klein*, in: v. Mangoldt/Klein (Hrsg.), GG-Komm., Bd. I, 2. Aufl., 1957, B XV 1 b), S. 122.

491 *Hamel*, Die Bedeutung der Grundrechte, 1957, S. 45.

492 Deutlich bei: *Hamel*, Die Bedeutung der Grundrechte, 1957, S. 45.

seit jeher typisch mit den Grundrechten verbunden ist und es aus rechtswissenschaftlicher Sicht nur darauf ankomme zu erkennen, dass es nur um eine bloße Begriffsbestimmung und nicht um echte Schranken i. S. d. Außentheorie geht.[493] Auch für *Häberle* ist jede Begrenzung eines Grundrechts bereits ein Stück der Inhaltsbestimmung, denn der Gesetzgeber, der die Grundrechte begrenzt, bestimmt sie damit inhaltlich und umgekehrt,[494] weshalb er sich ausdrücklich der innentheoretischen Konzeption von *Siebert* anschließt.[495] Irritierend wirkt es dabei, dass *Häberle* die Bestimmung der subjektiven Gewährleistung als Grundrechtsausgestaltung bezeichnen und diese begrifflich von der Grundrechtsbegrenzung als Funktion der Gesetzgebung trennen will.[496]

cc) Eigener Standpunkt

Wie weiter oben bereits zur Innen- und Außentheorie im Rahmen der allgemeinen Normentheorie festgestellt wurde, hängt die Wahl zwischen Innen- oder Außentheorie vom Standpunkt und Belieben des Betrachters ab.[497]

Allerdings ist sich zu vergegenwärtigen, dass es sich durch die Übertragung des Streitgegenstandes der allgemeinen Theorie auf die Grundrechte im Grundgesetz um einen ganz bestimmten Anwendungsbereich handelt. Die Grundrechte sind rechtspositiv im Grundgesetz geregelt, wobei sowohl an die Grundrechte Rechtsfolgen geknüpft werden, als auch die Grundrechte selber Rechtsfolgen knüpfen. Daher ist die Entscheidung für Innen- oder Außentheorie anhand der verfassungsrechtlichen Bestimmungen des Grundgesetzes zu treffen. Deshalb können die lediglich allgemein gehaltenen Auffassungen *Klein*s, *Hamel*s und *Häberle*s zur innentheoretischen Konzeption bei den Grundrechten nicht überzeugen.

*Alexy*s Auffassung von der außentheoretischen Konzeption der Grundrechte arbeitet zwar mit den positiv-rechtlich normierten Grundrechten, allerdings kann aus ihr nicht auf die außentheoretische Struktur der Grundrechte gefolgert

---

493 *Klein*, in: v. Mangoldt/Klein (Hrsg.), GG-Komm., Bd. I, 2. Aufl., 1957, B XV 1 b), S. 122.

494 *Häberle*, Wesensgehaltsgarantie, 3. Aufl., 1983, S. 179.

495 *Häberle*, Wesensgehaltsgarantie, 3. Aufl., 1983, S. 179.

496 *Häberle*, Wesensgehaltsgarantie, 3. Aufl., 1983, S. 180, 182: „*Einerseits* […] *das Verbot, das Grundrecht zu verletzen – insoweit sind sie Grenze für den Gesetzgeber –, andererseits enthalten sie das an den Gesetzgeber gerichtete Gebot, das Grundrecht im einzelnen auszugestalten – insoweit sind sie Gegenstand der Gesetzgebung* […]“.

497 Vgl. *Alexy*, Theorie der Grundrechte, 2. Aufl., 1994, Kap. 6, I 1, S. 251; *Meister*, System des Freiheitsschutzes, 2011, S. 271; vgl. Pkt. II. 2. lit. b) lit. cc), S. 124 f.

werden. Würde es sich bei den Grundrechten um definitive Positionen handeln, so ist sehr wohl nicht ausgeschlossen, dass auch Inhaltsausgestaltungen durch „verfassungswidrige" Grenzen der Grundrechte abgewehrt werden können. Ist eine Grundrechts-Grenze rechtswidrig, so kann das Grundrecht durch die Grenze nicht ausgestaltet werden und *Alexy* ist insoweit zuzustimmen, dass sich aus diesem Grundrecht danach kein materielles Recht ergibt, um die Ausgestaltung dieses Grundrechts durch rechtswidrige Grenzen abzuwehren[498]. Von dem Fehlen eines materiellen Rechts aus einem Grundrecht ist aber die rechtliche Fähigkeit, Rechtsbehelf einzulegen, zu unterscheiden. Nach Art. 93 Abs. 1 Nr. 4a GG kann eine Verfassungsbeschwerde erhoben werden, wenn jemand durch die öffentliche Gewalt in den Grundrechten verletzt wird. Die Befugnis zur Erhebung der Verfassungsbeschwerde knüpft ausweislich des Wortlauts an die im Verfassungstext normierten Grundrechte an. Daher bedarf es keiner vorherigen Ausgestaltung der Grundrechte durch innentheoretische Grenzen und der Vermittlung eines materiellen Rechts, um nach dem Verfassungsrecht eine Verletzung der im Verfassungstext normierten Grundrechte zu rügen. Auch eine innentheoretische Denkweise der Grundrechte schließt eine Abwehr verfassungswidriger Grenzen daher nicht aus.

Auch wenn die Innentheorie laut *Alexy* ihren Reiz darin haben mag, die Gewährleistung von Rechten durch den Staat und damit die Gliedstellung des Einzelnen im Staat hervorzuheben,[499] so ist das Grundgesetz einen anderen Weg gegangen und hat die Außentheorie übernommen. Wie *Alexy* an anderer Stelle selber aufzeigt, weist die Terminologie zu Grundrechtsverkürzungen im Grundgesetz, wie „Schranken" in Art. 5 Abs. 2; 14 Abs. 1 S. 2 GG sowie Art. 140 GG i. V. m. Art. 137 Abs. 3 S. 1 WRV, „Beschränkungen" in Art. 8 Abs. 2; 10 Abs. 2; 13 Abs. 7; 104 Abs. 1 GG sowie Art. 140 GG i. V. m. Art. 136 Abs. 1; 137 Abs. 2 S. 2 WRV und „Einschränkungen" in Art. 9 Abs. 3 S. 2, 11 Abs. 2; 12a Abs. 6 S. 1; 17a Abs. 1, 2; 19 Abs. 1 S. 1 GG auf die Vorstellung äußerer Schranken i. S. d. Außentheorie hin.[500] Man könnte wie *Alexy* erwägen, dass das Grundgesetz vom Wortlaut her zwar von Schranken spricht, aber normentheoretisch die sog. Grenzen beschreibt.[501] Jedoch ist in Art. 1 Abs. 3 GG deutlich normiert: *„Die nachfolgenden Grundrechte binden Gesetzgebung, vollziehende Gewalt und Rechtsprechung als unmittelbar geltendes Recht."* Durch die Bezeichnung, der in den

---

498 Siehe Pkt. II. 2. lit. c) lit. aa), S. 126.

499 Vgl. *Alexy*, Theorie der Grundrechte, 2. Aufl., 1994, Kap. 6, I 1, S. 251.

500 Vgl. *Alexy*, Theorie der Grundrechte, 2. Aufl., 1994, Kap. 6, I 1, S. 249.

501 *Alexy*, Theorie der Grundrechte, 2. Aufl., 1994, Kap. 6, I 1, S. 249 f.

Artikeln aufgezählten Grundrechte, als Rechte, welche unmittelbar auch die Gesetzgebung binden sollen, wird die außentheoretische Struktur deutlich.[502] Wäre man der Innentheorie gefolgt, so wäre vielmehr die Rede von „Gewährleistungen" oder „unselbstständigen Rechten", deren rechtlicher Inhalt anhand von Grenzen durch Gesetze oder sonstige hoheitlichen Maßnahmen erst noch ausgefüllt werden müsste, damit ein subjektives Recht entsteht. Aber laut Art. 1 Abs. 3 GG erfolgt eine Bindungswirkung der Grundrechte bereits „*unmittelbar*" und als „*geltendes Recht*" gegenüber dem Gesetzgeber. Demgegenüber würde bei der Innentheorie das Recht nicht den Gesetzgeber binden, sondern der Gesetzgeber würde erst durch die Normierung von Grenzen „*geltendes Recht*" schaffen können, welchem erst danach eine Bindungswirkung zukäme.

Wie der Wortlaut der Grundrechte und Art. 1 Abs. 3 GG zeigen, liegt dem Grundgesetz eine außentheoretische Konstruktion der Grundrechte zugrunde.[503] Daher haben sich rechtswissenschaftliche Ausführungen zu den Grundrechten auch an das außentheoretische Denkmodell und seine Terminologie zu halten. Die Auffassungen von *Klein*, *Hamel* und *Häberle* sind daher unzutreffend.

d) Schlussfolgerung für die begriffliche Struktur der Grundrechte und die nachfolgende Untersuchung

Wie die vorangehenden Betrachtungen gezeigt haben, ist in der allgemeinen Normentheorie zwischen den Begriffen der Grenze und Schranke in Hinsicht auf die Wahl der Innen- oder Außentheorie zu unterscheiden. Beide beschreiben nach ihrem jeweiligen Denkmuster die Struktur und Beschaffenheit eines subjektiven Rechts. Das Grundgesetz selbst bedient sich der außentheoretischen Konzeption, weshalb die Struktur der Grundrechte deshalb im Sinne der Außentheorie zu begreifen ist.[504]

Für die nachfolgende Untersuchung über das Schutzgut des Bestands des Staates und der Funktion staatlicher Einrichtungen ergibt sich daraus, dass potenzielle Auffassungen, die Grundrechtseinbußen durch den polizeilichen Schutz des Staates und seiner Einrichtungen mit einer verkappten innentheoretischen Konstruktion begründen, klarer aufgedeckt und als mit dem Grundgesetz

---

502 Art. 1 Abs. 3 GG im Zusammenhang mit der Außentheorie, jedoch ohne genaue Schlussfolgerung: *v. Arnauld*, Freiheitsrechte und Schranken, 1999, S. 39 f.

503 So im Ergebnis: *Alexy*, Theorie der Grundrechte, 2. Aufl., 1994, Kap. 6, I 1, S. 253; *Meister*, System des Freiheitsschutzes, 2011, S. 277; *v. Arnauld*, Freiheitsrechte und Schranken, 1999, S. 47; *Borowski*, Grundrechte als Prinzipien, 3. Aufl., 2018, S. 533.

504 Siehe Pkt. II. 2. lit. c), S. 125 ff.; Pkt. II. 2. lit. c) lit. cc), S. 128 ff.

unvereinbar festgestellt werden können. Zum anderen kann mit der Erkenntnis über die außentheoretische Struktur der Grundrechte auch Klarheit für die weitere Untersuchung geschaffen werden, dass mit der terminologischen Verwendung von Grenzen und Schranken der Grundrechte jedenfalls nicht die Begriffe der allgemeinen Normentheorie über die Beschaffenheit und Struktur der subjektiven Rechte gemeint sind. Stattdessen werden für die nachfolgende Untersuchung die, nach dem Verständnis bei *Merten*, *Degenhart*, *Isensee* und *Klein*, verwendeten Bezeichnungen von Grenzen und Schranken angewendet, um den Unterschied zwischen Schutzbereichsverkürzungen und äußeren Beschränkungen darzustellen.[505]

3. Begriffliche Struktur der Grundrechte in der Abwehrfunktion

Da nun klar ist, dass die Abwehrfunktion der Grundrechte gegenüber staatlichen Eingriffen einer außentheoretischen Begriffsstruktur i. S. d. allgemeinen Normentheorie folgt, ist somit das Verständnis für die Struktur der Grundrechte als subjektive Rechte gelegt. Daher werden die Bezeichnungen von Grenze und Schranke nicht genutzt, um die Innen- von der Außentheorie abzugrenzen, sondern beide Bezeichnungen werden, innerhalb der außentheoretischen Vorstellung eingebettet,[506] dazu verwendet, um die tatbestandliche Grenze der grundrechtlichen Gewährleistung (a) von der rechtlichen Verkürzung des Grundrechts, der sog. Schranke (b) zu unterscheiden.

a) Der Schutzbereich eines Grundrechts und seine Grenzen

In der abwehrrechtlichen Funktion der Grundrechte kommt die Freiheitsgewährleistung durch den Schutzbereich der Grundrechte zum Ausdruck.[507] Der grundrechtliche Schutzbereich ist die sprachliche Umschreibung eines

505 Vgl. *Merten*, in: Merten/Papier (Hrsg.), Handbuch der Grundrechte, Bd. III, 2009, § 60, Rdnr. 1; *Degenhart*, in: Merten/Papier (Hrsg.), Handbuch der Grundrechte, Bd. III, 2009, § 61, Rdnr. 3; *Isensee*, in: Festschrift für H. Sendler, 1991, S. 39 (39 f.); *Klein*, Der Staat, Bd. 14 (1975), 153 (156 f.).

506 Vgl. zu den Begriffen Grenze und Schranke innerhalb der außentheoretischen Vorstellung auch bei: *Borowski*, Grundrechte als Prinzipien, 3. Aufl., 2018, S. 73 f.

507 *Hillgruber*, in: Isensee/Kirchhof (Hrsg.), Handbuch des Staatsrechts, Bd. IX, 3. Aufl., 2011, § 200, Rdnr. 1, 4; *Merten*, in: Merten/Papier (Hrsg.), Handbuch der Grundrechte, Bd. III, 2009, § 56, Rdnr. 1; *v. Münch/Kunig*, in: v. Münch/Kunig (Hrsg.), GG-Komm., Bd. 1, 6. Aufl., 2012, Vorb. Art. 1–19, Rdnr. 11; *Lübbe-Wolff*, Eingriffsabwehrrechte, 1988, S. 25 f.

bestimmten Lebensbereichs oder besonderer Verhaltensweisen durch den Wortlaut einer Grundrechtsnorm, welche verfassungsrechtlichen Schutz genießen sollen.[508] Mit der sprachlichen Umschreibung der Lebensbereiche oder besonderer Verhaltensweisen geht also damit der sachlich im Grundrechtswortlaut angelegte Umfang des jeweiligen Schutzbereichs einher. Der Begriff der Grenzen bzw. Grundrechtsgrenzen ist dabei eng mit dem vermittelten Inhalt und Umfang des Schutzbereichs verknüpft, er verleiht ihm Konturen.[509] Die sog. Grenze beschreibt nämlich die semantische oder tatbestandliche Reichweite des Schutzumfangs, also die Wortlaut- und Begriffsgrenze.[510] So schützt beispielsweise die Versammlungsfreiheit in Art. 8 Abs. 1 GG das Recht, sich ohne Anmeldung oder Erlaubnis zu versammeln. Die weiteren einengenden Merkmale, wie Friedlichkeit und Waffenlosigkeit der Versammlung innerhalb des Tatbestands werden somit zu den Grenzen des hierdurch vermittelten Schutzes.[511] Der Begriff der Grundrechtsgrenze drückt also nichts anderes aus, als eine Beschreibung der im Wortlaut einer Grundrechtsnorm verwendeten Begriffe. Er verkürzt die Freiheit nicht, sondern verdeutlicht nur die tatbestandlich gewährleistete Freiheit,[512] daher unterliegt er keinen verfassungsrechtlichen Anforderungen.[513] Der Schutzbereich, zusammen mit seinen in ihm angelegten Grenzen, bildet daher denjenigen Lebensbereich, in welchem die durch das Grundrecht zugesicherte Freiheitssphäre in ihrer verfassungsrechtlichen Unberührtheit zum Ausdruck kommt.

b) Die Einschränkung eines Grundrechts

Ist der Schutzbereich eines Grundrechts anhand des Wortlauts und den darin vorkommenden Grenzen bestimmt, so sieht das Grundgesetz die Möglichkeit

---

508 *Böckenförde*, Der Staat, Bd. 42 (2003), 165 (166 f.); *Merten*, in: Merten/Papier (Hrsg.), Handbuch der Grundrechte, Bd. III, 2009, § 56, Rdnr. 23.

509 *v. Arnauld*, Freiheitsrechte und Schranken, 1999, S. 68.

510 *Eckhoff*, Der Grundrechtseingriff, 1992, S. 18 m. w. N. *Schnapp*, JuS 1978, 729 (730); vgl. *Meister*, System des Freiheitsschutzes, 2011, S. 36; vgl. BVerfGE 7, 377 (404).

511 Vgl. *Isensee*, in: Festschrift für H. Sendler, 1991, S. 39 (39 f., 43 f.); *Schnapp*, JuS 1978, 729 (730).

512 *Merten*, in: Merten/Papier (Hrsg.), Handbuch der Grundrechte, Bd. III, 2009, § 60, Rdnr. 12; vgl. BVerfGE 12, 45 (53).

513 Vgl. auch *Isensee*, in: Festschrift für H. Sendler, 1991, S. 39 (39 f.): *„Es muß sich nicht an den eigentümlichen formellen und materiellen Kautelen messen lassen, die das Abwehrgrundrecht – ein solches ist die Versammlungsfreiheit – sonst für freiheitsbeschränkende Maßnahmen einfordert.“*.

von Einschränkungen derselben vor. Bei den Einschränkungen geht es nicht um die Ausgestaltung des Schutzbereichs eines Grundrechts, was beispielsweise aus einer innentheoretischen Vorstellung folgen würde, sondern um die rechtliche Rechtfertigung eines Eingriffs in das im Grundrecht zum Ausdruck kommende subjektive Recht.[514] Eine Einschränkung setzt daher gedanklich einen Eingriff sowie eine rechtliche Rechtfertigung für den jeweiligen Eingriff voraus.

Unter einen Eingriff in die Grundrechte ist jede Einwirkung der öffentlichen Gewalt auf den Schutzbereich eines Grundrechts zu verstehen, der dessen Freiheitsgewährleistung mindert oder verkürzt.[515] Dabei ist der Eingriff eng auf den Schutzbereich eines Grundrechts, welches seine Freiheitsgewährleistung in sich trägt, bezogen.[516] Mit Blick auf den Untersuchungsgegenstand kann ein polizeiliches Einschreiten zum Schutz des Bestands des Staates und der Funktion staatlicher Einrichtungen den gesamten Lebensbereich berühren, sodass Eingriffe zu diesem Zweck deshalb auf jeder Ebene menschlichen Verhaltens denkbar sind. Zu denken wäre dabei an die Anwendung unmittelbaren Zwanges gegen den Ausführer von Bombenattentaten gegenüber Regierungsgebäuden, den Platzverweis gegenüber dem Störenfried einer staatlichen Kundgebung oder schließlich die Untersagung von Warnungen vor einer polizeilichen Verkehrskontrolle gegenüber „hilfsbereiten Bürgern“. Ein polizeiliches Einschreiten zum Schutz des Bestands des Staates und der Funktion seiner Einrichtungen schließt daher kaum ein Grundrecht von Eingriffen aus. Wie bereits erwähnt, bedarf ein Eingriff, so notwendig wie er für die Aufrechterhaltung der staatlichen Friedensordnung auch ist, einer rechtlich vermittelten Legitimation.[517] Aus der verfassungsrechtlichen Stellung der Grundrechte und der Bindung aller staatlichen Gewalt gemäß Art. 1 Abs. 3 GG folgt, dass jeder Eingriff in ein Grundrecht und die hierfür erforderliche Eingriffsrechtfertigung eine Grundlage in

---

514 Vgl. *Eckhoff*, Der Grundrechtseingriff, 1992, S. 19.

515 *Lübbe-Wolff*, Eingriffsabwehrrechte, 1988, S. 71; vgl. *Hufen*, Friedhelm, Staatsrecht II, 7. Aufl., 2018, § 6 I 7, S. 74 f, Rdnr. 21; *Merten*, in: Merten/Papier (Hrsg.), Handbuch der Grundrechte, Bd. III, 2009, § 60, Rdnr. 1; vgl. *Klein*, Der Staat, Bd. 14 (1975), 153 (156 f.).

516 *Kingreen/Poscher*, Grundrechte, 35. Aufl., 2019, § 6 III, S. 86, Rdnr. 280; *v. Arnauld*, Freiheitsrechte und Schranken, 1999, S. 90; *Eckhoff*, Der Grundrechtseingriff, 1992, S. 19 f.

517 Siehe Pkt. II. 1., S. 116 ff.

der Verfassung finden muss.[518] Allein obrigkeitsstaatliches Denken stellt unter Geltung des Rechtstaatsprinzips und der Bindung aller staatlicher Gewalt an die Grundrechte gemäß Art. 20 Abs. 3; 1 Abs. 3 GG keine zulässige Legitimationsgrundlage für staatliche Eingriffe dar.[519] Dies gilt vor allem für die Eingriffsrechtfertigung zum Schutz des Staates und staatlicher Einrichtungen, welche laut *Kugelmann* in besonderer Weise im Verdacht obrigkeitsstaatlichen Denkens stehen können.[520]

aa) Begriff der Schranken

Da die rechtliche Freiheit des Grundgesetzes eine gesellschaftlich vermittelte Freiheit ist, können die Freiheitsgewährleistungen der Grundrechte nicht unendlich weit gelten.[521] Verknüpft man diese Erkenntnis mit dem bereits gewonnenen, außentheoretischen Verständnis über die Grundrechtsstruktur, so zieht man für die von Außen dem subjektiven Recht auferlegten Freiheitsverkürzungen den Begriff der sog. Schranken heran. Daher ist auch bei Grundrechten die Rede von Grundrechtsschranken[522] Sie sind eigene Rechtsnormen[523], die den Eingriff in den grundrechtlich gewährten Schutzbereich rechtfertigen.[524]

Da jeder Eingriff einer Schranke bedarf, rücken Eingriff und Schranke oftmals gleichzeitig in den Mittelpunkt der rechtlichen Betrachtung. Dadurch werden beide Begriffe in der Praxis oft synonym gebraucht, obwohl der Schrankenbegriff sachlich vom Eingriffsbegriff her zu trennen ist. Während der Eingriff eine freiheitsverkürzende und rechtfertigungsbedürftige Maßnahme darstellt, ist die Schranke diejenige Rechtsnorm, die diese Maßnahme überhaupt gestattet.[525] Die Grundrechtsschranke wird damit zum Mittler zwischen Eingriff und Grundrecht. Wenn demnach ein Eingriff den Voraussetzungen der Schrankennorm

---

518 *Friauf*, JR 1970, 215 (215); vgl. *Böckenförde*, Der Staat, Bd. 42 (2003), 165 (168); *Bettermann*, Grenzen der Grundrechte, 1968, S. 6.

519 *Friauf*, JR 1970, 215 (215); vgl. ferner: *Henke*, DÖV 1984, 1 (4).

520 So etwa: *Kugelmann*, Polizei- und Ordnungsrecht, 2. Aufl., 2012, S. 80, Rdnr. 46; vgl. ferner auch: *Waechter*, NVwZ 1997, 729 (736).

521 Vgl. *Henke*, DÖV 1984, 1 (4); *Friauf*, JR 1970, 215 (215).

522 BVerfGE 7, 377 (404).

523 *Alexy*, Theorie der Grundrechte, 2. Aufl., 1994, Kap. 6, I 2, S. 254; *Eckhoff*, Der Grundrechtseingriff, 1992, S. 23; *Winkler*, Kollision von Schutznormen, 2000, S. 30 f.

524 *Eckhoff*, Der Grundrechtseingriff, 1992, S. 23; vgl. *Hillgruber*, in: Isensee/Kirchhof (Hrsg.), Handbuch des Staatsrechts, Bd. IX, 3. Aufl., 2011, § 200, Rdnr. 104.

525 *Eckhoff*, Der Grundrechtseingriff, 1992, S. 22; vgl. *Degenhart*, in: Merten/Papier (Hrsg.), Handbuch der Grundrechte, Bd. III, 2009, § 61, Rdnr. 60.

entspricht, dann wird er gedanklich von der verfassungsrechtlich normierten Schranke aufgenommen und so in die Ebene des Verfassungswortlauts gehoben. Dadurch steht der Eingriff gedanklich in gleicher Rangebene mit dem Grundrecht und kann dieses zulässig und wirksam verkürzen.[526] Jedoch unterliegen Grundrechtsschranken im Gegensatz zu Grundrechtsgrenzen aufgrund ihrer Eingriffslegitimation selber Anforderungen an die Verfassungskonformität.[527] Die für den Begriff der Schranke unterschiedlich verwendeten Bezeichnungen von Beschränkung, Einschränkung oder Schrankenklausel[528] stellen in der Sache denselben rechtlichen Begriff dar.[529] Gelegentlich wird sogar die Bezeichnung der Grenze bzw. Begrenzung für den Begriff der Schranke verwendet,[530] was in Anbetracht der Ergebnisse aus der vorangegangenen Untersuchung äußerst irreführend ist.

bb) Die verschiedenen Arten von Schranken

Die Schranken der Grundrechte haben über ihrer Ermächtigung zu Eingriffen in den Schutzbereich hinaus auch ein sehr ausdifferenziertes System verschiedener Anforderungen, die im Wortlaut der Schranken selbst formuliert sind. Aufgrund der starken Differenzierung behauptet *Bettermann*, dass den Schrankenregelungen im Grundgesetz keine einheitliche Konzeption zugrunde liegt. Sie leide an Willkürlichkeit und Widersprüchlichkeit,[531] denn das Grundgesetz habe kein Schrankensystem sondern ein Schrankenwirrwarr errichtet.[532] Eine solche Auffassung setzt aber bereits bestimmte rechtspolitische Vorstellungen und Erwartungen an das Schrankensystem des Grundgesetzes voraus. Dies ist

---

526 Vgl. ferner: *Winkler*, Kollision von Schutznormen, 2000, S. 32 f.

527 Vgl. auch: *Isensee*, in: Festschrift für H. Sendler, 1991, S. 39 (39 f.): „*Es muß sich nicht an den eigentümlichen formellen und materiellen Kautelen messen lassen, die das Abwehrgrundrecht – ein solches ist die Versammlungsfreiheit – sonst für freiheitsbeschränkende Maßnahmen einfordert.*"

528 Vgl. *Alexy*, Theorie der Grundrechte, 2. Aufl., 1994, Kap. 6, I 2, S. 254 f., 259; vgl. auch: *Sachs*, in: Sachs (Hrsg.), GG-Komm., 8. Aufl., 2018, Vor Art. 1, Rdnr. 96.

529 *Kingreen/Poscher*, Grundrechte, 35. Aufl., 2019, § 6 II 1, S. 83, Rdnr. 265.

530 Vgl. *Sachs*, in: Sachs (Hrsg.), GG-Komm., 8. Aufl., 2018, Vor Art. 1, Rdnr. 96, 134; *ders.* in: Stern (Hrsg.), Staatsrecht, Bd. III/2, 1994, § 79, I 1, S. 225 f.; *Heß*, Grundrechtskonkurrenzen, 2000, S. 111; *Terwiesche*, Die Begrenzung der Grundrechte, 1999, S. 34 ff,; vgl. BVerfGE 44, 37 (49f.); 52, 223 (246 f.).

531 *Bettermann*, Grenzen der Grundrechte, 1968, S. 1.

532 *Bettermann*, Grenzen der Grundrechte, 1968, S. 3; so auch: *Kloepfer*, Verfassungsrecht II, 2010, § 51 I, S. 88, Rdnr. 40.

jedoch abzulehnen. Stattdessen ist das Schrankensystem des Grundgesetzes als gesetzt anzunehmen und systematisch zu gliedern. So kann das Schrankensystem des Grundgesetzes anhand der Grundrechte und ihrer möglichen Schrankenarten wie folgt dargestellt und gegliedert werden: Die Grundrechte unterteilen sich demnach einerseits in Grundrechte mit Grundrechtsvorbehalten, insbesondere Art. 2 Abs. 1 und Abs. 2 S. 3; Art. 5 Abs. 2; Art. 8 Abs. 2; Art. 12 Abs. 1 S. 2; Art. 104 Abs. 1 S. 1 GG, wobei diese nochmals in Grundrechte mit einfachem Gesetzesvorbehalt, wie in Art. 2 Abs. 2; Art. 2 Abs. 1 GG, Grundrechte mit einem qualifizierten Gesetzesvorbehalt, wie Art. 2 Abs. 1; Art. 11 Abs. 1, 2 GG sowie in ein Grundrecht mit unmittelbaren Vorbehalt in Art. 13 Abs. 7 HS. 1 GG[533] unterschieden werden können und anderseits in vorbehaltlos gewährleistete Grundrechte, die keine ausdrücklich normierten Schranken aufweisen, wie Art. 4 Abs. 1, 2; Art. 5 Abs. 3; Art. 8 Abs. 1; Art. 17; Art. 101 Abs. 1 S. 2; Art. 103 Abs. 1 GG.[534] Überdies wird vom Schrifttum und der Rechtsprechung noch eine weitere Schranke, nämlich die sog. verfassungsimmanente Schranke, aus dem Grundgesetz hergeleitet.[535]

4. Zusammenfassung

Ausgehend von der außentheoretischen Begriffsstruktur der Grundrechte[536] konnte festgestellt werden, dass die vermittelte Freiheitsgewährleistung der Grundrechte sowohl von der inneren Reichweite des Schutzbereichs, als auch von den von Außen herantretenden, rechtlichen Verkürzungen abhängt. In diesem Zusammenhang konnte geklärt werden, dass die Reichweite des grundrechtlichen Schutzbereichs terminologisch durch die Grundrechtsgrenzen bestimmt wird, während staatliche Eingriffe in den Schutzbereich, als von außen herantretende Verkürzungen der Grundrechtsgewährleistung, einer Rechtfertigung

533 *Gornig*, in: v. Mangoldt/Klein/Starck/Huber/Voßkuhle (Hrsg.), GG-Komm., Bd. 1, 7. Aufl., 2018, Art. 13, Rdnr. 151, 155; *Kühne*, in: Sachs (Hrsg.), GG-Komm., 8. Aufl., 2018, Art. 13, Rdnr. 50; *Papier*, in: Maunz/Dürig/Herzog/Herdegen/Scholz/Klein (Hrsg.), GG-Komm., 88. EL (2019); Art. 13, Rdnr. 117.

534 Vgl. *Kingreen/Poscher*, Grundrechte, 35. Aufl., 2019, § 6 IV 1, S. 90, Rdnr. 304 ff.; *Kloepfer*, Verfassungsrecht II, 2010, § 51 IV, S. 90, Rdnr. 46; *Hillgruber*, in: Isensee/Kirchhof (Hrsg.), Handbuch des Staatsrechts, Bd. IX, 3. Aufl., 2011, § 201, Rdnr. 11.

535 *Kingreen/Poscher*, Grundrechte, 35. Aufl., 2019, § 6 IV 1, S. 90, Rdnr. 304 ff.; vgl. BVerfGE 28, 243 (261); BVerfGE 41, 29 (50f.); 41, 88 (107f.); 44, 37 (49f., 53); 47, 327 (369); 52, 223 (246f.); 57, 70 (99); 84, 212 (228); 93, 1 (21); 107, 104 (118); 108, 282 (297).

536 Siehe Pkt. II. 2. lit. c), S. 125 ff.; Pkt. II. 2. lit. c) lit. cc), S. 128 ff.

durch Grundrechtsschranken bedürfen.[537] Dabei hängt von der Unterscheidung zwischen Grenze und Schranke auch die Frage besonderer Anforderungen ab. Da Grundrechtsgrenzen in den Grundrechten selber vorkommen und das Grundrecht ausgestalten, stehen Grenzen unter keinen Anforderungen. Dort wo Grundrechtsgrenzen nicht eingehalten werden, endet der Schutzbereich. Das Grundrecht gilt dann nicht.[538] Demgegenüber legitimieren Grundrechtsschranken Eingriffe in den grundrechtlichen Schutzbereich, welche von Außen an das Grundrecht angelegt werden. Die Schranken müssen daher, anders als Grenzen, selber verfassungskonformen Anforderungen unterliegen.[539] Wie dies zeigt, hat die Einordnung als Grenze oder Schranke daher erhebliche Konsequenzen für die Grundrechtsgewährleistung und mithin für die individuelle Freiheitsausübung.

Daher ist es bedeutsam, sich Klarheit darüber zu verschaffen, auf welchen der zwei Ebenen eine Befugnis zu polizeilichem Einschreiten zum Schutz des Bestands des Staates und der Funktion staatlicher Einrichtungen als Freiheitseinbuße gerechtfertigt werden kann: aufgrund einer im grundrechtlichen Schutzbereich liegende Grenze (**III.**) oder aufgrund einer den Grundrechtseingriff legitimierenden Schranke (**IV.**).

III. Der Bestand des Staates und die Funktion staatlicher Einrichtungen als Grenze der Grundrechte

Der Schutz des Bestands des Staates und der Funktion staatlicher Einrichtungen kann entsprechend der vorangegangenen Ausführungen als eine Grundrechtsgrenze den grundrechtlichen Gewährleistungen begriffsbildend mitgedacht sein. Dann würde es sich um ein Bestandteil des grundrechtlichen Schutzbereichs und demnach um eine Voraussetzung für die Grundrechtsausübung handeln. Ein Schaden für den Bestand des Staates oder die Funktion staatlicher Einrichtungen würden demnach den Grundrechtsschutz entfallen lassen.

Anhand der vorangehenden Untersuchung unter **I.** konnten die Begriffe des Bestands des Staates und Funktion staatlicher Einrichtungen als Gegenstand des polizeilichen Schutzguts der öffentlichen Sicherheit bestimmt werden. Unter den Bestand des Staates versteht man das Vorhandensein bzw. die Existenz der Bundesrepublik Deutschland. Zu den Wesensmerkmalen, die die Bundesrepublik

537 Siehe Pkt. II. 3., S. 131 ff.
538 Siehe Pkt. II. 3. lit. a), S. 131 f.
539 Siehe Pkt. II. 3. lit. b) lit. aa), S. 134 f.

Deutschland als juristischen Staat kennzeichnen, gehören folgende sechs Merkmale: das körperschaftliche Verbandsgebilde Deutschland, dessen Gliederung in Bund und Länder, der in der Präambel des Grundgesetzes genannte Bestand an Ländern, die Ausübung von Staatsgewalt durch staatliche Organe, die Ausübung von Staatsgewalt durch Wahlen und Abstimmungen des deutschen Volkes und schließlich das deutsche Volk als Summe aller Staatsangehörigen.[540] Mit Blick auf die Funktion der staatlichen Einrichtungen versteht man unter staatlichen Einrichtungen sämtliche hoheitlichen Regelungs- und Handlungskomplexe, während der darauf bezogene Begriff der Funktion den jeweiligen, individuellen Zweck der staatlichen Einrichtung beschreibt.[541]

Nunmehr ist zu untersuchen, ob die Begriffe des Bestands des Staates und der Funktion staatlicher Einrichtungen Grundrechtsgrenzen darstellen. Dazu müsste der Schutz des Bestands des Staates und der Funktion staatlicher Einrichtungen als eine Grenze in den grundrechtlichen Gewährleistungen enthalten sein.

1. Bestand des Staates und Funktion staatlicher Einrichtungen als geschriebene Grundrechtsgrenze

Es stellt sich die Frage, ob auf Grundlage eines außentheoretischen Strukturverständnisses der Bestand des Staates und die Funktion staatlicher Einrichtungen zur tatbestandlichen Grenze des grundrechtlichen Schutzbereichs gehört. Ob Grundrechte eine solche tatbestandliche Schutzbereichsgrenze dahingehend enthalten, lässt sich allerdings nur anhand des Wortlauts eines jeden einzelnen Grundrechts ermitteln. Betrachtet man die Grundrechtsbestimmungen und grundrechtsgleichen Bestimmungen des Grundgesetzes in Art. 1 bis 19 GG, Art. 38 GG sowie Art. 101 bis 104 GG, so ist festzustellen, dass an mehreren Stellen die Begriffe „Staat“, „staatlich“ oder „Ordnung“ gebraucht werden. Zudem werden Begriffe wie „öffentliche Sicherheit“ oder „friedlich“ verwendet, bei denen sich die Frage stellt, ob hiermit die Begriffe Bestand des Staates und Funktion staatlicher Einrichtungen oder Begriffsbestandteile derselben umfasst sind.

a) Menschenwürde, Art. 1 Abs. 1 GG

In Art. 1 Abs. 1 S. 2 GG wird die Achtung und der Schutz der Menschenwürde zur Verpflichtung aller „*staatlichen Gewalt*“ bestimmt. Damit erfährt die rechtliche Gewährleistung der Menschwürde durch den Begriff der Staatsgewalt

540 Siehe Pkt. I. 4. lit. a), S. 43 ff.; Pkt. I. 4. lit. a) lit. ii), S. 82 f.; Pkt. I. 5., S. 113 ff.
541 Siehe Pkt. I. 4. lit. b), S. 83 ff.; Pkt. I. 4. lit. b) lit. dd), S. 113; Pkt. I. 5, S. 113 ff.

jedoch keine rechtliche Verkürzung, sondern es wird der Staatsgewalt eine Achtungs- und Schutzpflicht[542] der Menschenwürde aufgegeben. Der Begriff der staatlichen Gewalt stellt hier keine Grundrechtsgrenze dar.

b) Allgemeine Handlungsfreiheit, Art. 2 Abs. 1 GG

Nach Art. 2 Abs. 1 GG hat jeder das Recht auf freie Entfaltung seiner Persönlichkeit, soweit er insbesondere dabei nicht gegen die verfassungsmäßige Ordnung verstößt.

Es fragt sich, ob vom Begriff der verfassungsmäßigen Ordnung der Bestand des Staates oder die Funktion staatlicher Einrichtungen umfasst ist und ob diesem durch den Begriff „*soweit*" auch die Eigenschaft einer Grundrechtsgrenze zukommt. Zwar wird unter dem Begriff der verfassungsmäßigen Ordnung die Gesamtheit der Rechtsnormen, die formell und materiell der Verfassung gemäß sind, verstanden.[543] Damit fallen zunächst der Bestand des Staates und die Funktion staatlicher Einrichtungen, soweit es sich bei letzteren um hoheitliche Regelungskomplexe und nicht nur um reine Handlungskomplexe handelt, unter den Begriff der verfassungsmäßigen Ordnung. Jedoch wird die Gewährleistung der allgemeinen Handlungsfreiheit verkürzende Formulierung „*soweit*" im zweiten Halbsatz in Art. 2 Abs. 1 GG so verstanden, dass es sich um eine äußerliche Grundrechtsschranke handelt und nicht um eine tatbestandliche Grundrechtsgrenze.[544] Eine Grundrechtsgrenze durch den Bestand des Staates oder der Funktion staatlicher Einrichtungen wird hiermit nicht aufgestellt.

---

542 *Starck*, in: v. Mangoldt/Klein/Starck/Huber/Voßkuhle (Hrsg.), GG-Komm., Bd. 1, 7. Aufl., 2018, Art. 1, Rdnr. 37, 39 f.; vgl. *Kunig*, in: v. Münch/Kunig (Hrsg.), GG-Komm., Bd. 1, 6. Aufl., 2012, Art. 1, Rdnr. 29; *Enders*, Die Menschenwürde, 1997, S. 335.

543 *Starck*, in: v. Mangoldt/Klein/Starck/Huber/Voßkuhle (Hrsg.), GG-Komm., Bd. 1, 7. Aufl., 2018, Art. 2, Rdnr. 25; BVerfGE 6, 32 (37 f.); 50, 256 (262); 55, 159 (165); 63, 88 (108 f.); 80, 137 (153); 90, 145 (171 f.); 91, 186 (200 f.); 96, 375 (397 f.); 103, 197 (215); 113, 88 (103).

544 *Di Fabio*, in: Maunz/Dürig/Herzog/Herdegen/Scholz/Klein (Hrsg.), GG-Komm., 88. EL (2019); Art. 2 Abs. 1, Rdnr. 37; *Starck*, in: v. Mangoldt/Klein/Starck/Huber/Voßkuhle (Hrsg.), GG-Komm., Bd. 1, 7. Aufl., 2018, Art. 2, Rdnr. 21; *Kunig*, in: v. Münch/Kunig (Hrsg.), GG-Komm., Bd. 1, 6. Aufl., 2012, Art. 2, Rdnr. 22.

c) *Freiheit der Lehre, Art. 5 Abs. 3 GG*

In Art. 5 Abs. 3 S. 1 GG wird gewährleistet, dass insbesondere die Forschung und Lehre frei sind. In Hinsicht auf die Freiheit der Lehre bestimmt Art. 5 Abs. 3 S. 2 GG: Die Freiheit der Lehre *„entbindet nicht von der Treue zur Verfassung"*. Bei der Bestimmung „nicht von der Treue zur Verfassung entbunden zu sein" in Art. 5 Abs. 3 S. 2 GG könnte es sich um eine Grundrechtsgrenze für die Freiheit der Lehre aus Art. 5 Abs. 3 S. 1 GG handeln, bei der von dieser „Treueklausel" auch der Schutz des Bestands des Staates oder der Funktion staatlicher Einrichtungen umfasst ist. Jedoch sind die rechtliche Einordnung und der begriffliche Umfang über das, was die Treueklausel bestimmt, in mehreren Hinsichten umstritten.

aa) *Treueklausel als Grundrechtsgrenze*

Für die vorliegende Untersuchung ist zunächst die Frage relevant, ob die Treueklausel als eine Grundrechtsgrenze der in Art. 5 Abs. 3 S. 1 GG geschützten Freiheit der Lehre eingeordnet werden kann. Hierzu ist sich zunächst Klarheit über das Grundrecht der Lehrfreiheit zu verschaffen. Die Freiheit der Lehre schützt nach einhelliger Auffassung in sachlicher Hinsicht ausschließlich die „wissenschaftliche Lehre".[545] Hiernach ist der Begriff der *„Lehre als der wissenschaftlich fundierten Übermittlung, der durch die Forschung gewonnenen Erkenntnisse"* zu verstehen.[546] Das Merkmal der Wissenschaftlichkeit kennzeichnet dabei diejenige Tätigkeit, die *„als ernsthafter planmäßiger Versuch zur Ermittlung der Wahrheit anzusehen ist."*[547]

Nach ihrer Entstehungsgeschichte knüpft die Treueklausel an dieses Merkmal der Wissenschaftlichkeit der Lehre an. Im Parlamentarischen Rat begründete *Schmid* die Notwendigkeit der Treueklausel mit: *„Die Bestimmung solle verhindern, daß unter dem Vorwand wissenschaftlicher Kritik vom Katheder aus eine hinterhältige Politik betrieben werde, die die Demokratie und ihre Einrichtungen nicht kritisiere, sondern verächtlich mache. Dies sei eine Warnung an alle diejenigen, die es versuchen sollen, die Demokratie „wissenschaftlich zu unterlaufen"."*[548]

545 BVerfGE 35, 79 (113); vgl. BVerfGE 47, 327 (367 f.); *Thieme/Wehrhahn*, Kunst- und Wissenschaftsfreiheit, 1967, S. 77; *Britz*, in: Dreier (Hrsg.), GG-Komm., Bd. I, 3. Aufl., 2013, Art. 5 III (Wissenschaft), Rdnr. 29; *Starck/Paulus*, in: v. Mangoldt/Klein/Starck/Huber/Voßkuhle (Hrsg.), GG-Komm., Bd. 1, 7. Aufl., 2018, Art. 5, Rdnr. 490; *Löwer*, Merten/Papier (Hrsg.), Handbuch der Grundrechte, Bd. IV, 2011, § 99, Rdnr. 52.

546 BVerfGE 35, 79 (113).

547 BVerfGE 35, 79 (113); vgl. BVerfGE 47, 327 (367); 90, 1 (12).

548 *Matz*, JöR n. F., Bd. I (1951), 79 (92).

Vor diesem Hintergrund wird die Treueklausel nach überwiegender, allerdings verschieden akzentuierter, Auffassung als Verdeutlichung der Grenzen der Lehrfreiheit angesehen, dass hierunter nur die wissenschaftliche Lehre zählt und nicht zielgerichtetes politisches Handeln gegen die Verfassung und deshalb die Treueklausel als Grundrechtsgrenze eingeordnet wird.[549] Demgegenüber ist *Löwer* der Auffassung, dass es sich bei der Treueklausel ausdrücklich nicht um eine Grundrechtsgrenze handeln würde, sondern um eine einfache Verbotsnorm mit unbestimmten Rechtsfolgen.[550] Verfassungsrechtliche Belege für die Einordnung führt *Löwer* indes nicht an.[551] Demgegenüber ist der überwiegenden Lehre zu folgen. Bereits die Formulierung „*Die Freiheit der Lehre entbindet nicht von der Treue zur Verfassung*" zeigt durch die Wahl des Wortes „entbindet", dass hierdurch die gewährleistete Freiheit der Lehre eingehegt werden soll, also begrenzt wird. Würde es sich stattdessen um eine Verbotsnorm handeln, würde die Treueklausel eine andere Struktur aufweisen („[…] darf nicht […]", „Es ist verboten, […]", „[…] ist untersagt […]"). Zudem zeigt auch die oben genannte Begründung *Schmids* zu Art. 5 Abs. 3 S. 2 GG in der Verfassungsgebung, dass durch die Treueklausel offengelegt und klargestellt werden soll, dass die politische Verächtlichmachung der Verfassung die Grenzen der wissenschaftlichen Lehre überschreitet. Demzufolge kann es sich bei der Treueklausel nicht nur um ein schlichtes Verbot handeln. Die Treueklausel ist daher rechtlich als Grundrechtsgrenze der Lehrfreiheit einzuordnen.

---

549 *Merten*, BayVBl. 1978, 554 (558); *Bethge*, in: Sachs (Hrsg.), GG-Komm., 8. Aufl., 2018, Art. 5, Rdnr. 225, 227; *ders.*, JA 1985, 249 (256 f.); *Starck/Paulus*, in: v. Mangoldt/Klein/Starck/Huber/Voßkuhle (Hrsg.), GG-Komm., Bd. 1, 7. Aufl., 2018, Art. 5, Rdnr. 535, 549; *Britz*, in: Dreier (Hrsg.), GG-Komm., Bd. I, 3. Aufl., 2013, Art. 5 III (Wissenschaft), Rdnr. 50; *Wehrhahn*, Lehrfreiheit und Verfassungstreue, 1955, S. 49; *Schmitt*, DVBl. 1966, 6 (166, 171); *Hesse*, Grundzüge des Verfassungsrechts, 20. Aufl., 1995, § 12 I, S. 175, Rdnr. 403; vgl. BVerfGE 47, 327 (368) – wobei das Bundesverfassungsgericht in dieser Entscheidung terminologisch nicht zwischen Grenzen und Schranken unterscheidet.

550 *Löwer*, Merten/Papier (Hrsg.), Handbuch der Grundrechte, Bd. IV, 2011, § 99, Rdnr. 65 f.

551 Vgl. *Löwer*, Merten/Papier (Hrsg.), Handbuch der Grundrechte, Bd. IV, 2011, § 99, Rdnr. 65 f.

bb) Bestand des Staates und Funktion staatlicher Einrichtungen in der Treueklausel

Nunmehr stellt sich die Frage, ob von der Grundrechtsgrenze durch die Treueklausel „*entbindet nicht von der Treue zur Verfassung*" auch der Schutz des Bestands des Staates oder der Funktion staatlicher Einrichtungen mitumfasst ist. Dazu ist sich zunächst dem Gesichtspunkt zuzuwenden, ob die Treueklausel in Art. 5 Abs. 3 S. 2 GG überhaupt den Schutz des Staat oder einer staatlichen Einrichtung beinhaltet.

Für *Starck/Paulus, Britz* und *Hesse* besteht der Regelungsgehalt der Treueklausel des Art. 5 Abs. 3 S. 2 GG darin, dass die Freiheit der wissenschaftlichen Lehre nicht die politische Tätigkeit oder beiläufige Bekundungen schützt, welche vom eigenen wissenschaftlichen Fach nicht umfasst sind.[552] Dieses Begriffsverständnis der Treueklausel stellt offenbar eine Hervorhebung des Aspekts dar, dass die Treueklausel die Begriffsgrenzen der wissenschaftlichen Lehre offenlegen soll und von einer wissenschaftlichen Lehre nicht diejenigen politischen Tätigkeiten und Bekundungen umfasst sind, welche das jeweilige wissenschaftliche Fach nicht betreffen.

Allerdings führt ein solches Verständnis dazu, dass die „*Treue zur Verfassung*" auf den Schutz der Lehre vor jedweder Form der fachfremden, politischen Tätigkeit reduziert wird und damit der klare Verfassungsbezug im Wortlaut nivelliert wird. Dies hätte zur Folge, dass sich der Regelungsgehalt der Treueklausel hin zu einer generellen Immunisierung der Wissenschaft vor politischen Bekundungen verschiebt. Dies ist jedoch unzutreffend. Zwar fällt die zielgerichtete politische Tätigkeit – unabhängig von ihrem Inhalt – nach gängigem Begriffsverständnis nicht unter die Freiheit der Lehre. Jedoch folgt dieser Ausschluss der zielgerichteten politischen Tätigkeit nur aus dem Merkmal der Wissenschaftlichkeit der Lehre i. S. d. Art. 5 Abs. 3 S. 2 GG, nicht jedoch aus der Treueklausel in Art. 5 Abs. 3 S. 2 GG. Nach dem Wortlaut der Treueklausel werden nämlich fachfremde und zielgerichtete politische Bekundungen zur Verteidigung der Verfassung und ihrem Geltungsgrund jedoch nicht vom Schutz der Lehrfreiheit ausgeschlossen.

Daher ist die von *Bethge* und *Wendt* vertretene Auffassung zutreffend, dass die Bestimmung „*entbindet nicht von der Treue zur Verfassung*" so zu verstehen ist, dass von der Freiheit der wissenschaftlichen Lehre nicht diejenige

552 *Starck/Paulus*, in: v. Mangoldt/Klein/Starck/Huber/Voßkuhle (Hrsg.), GG-Komm., Bd. 1, 7. Aufl., 2018, Art. 5, Rdnr. 549; *Britz*, in: Dreier (Hrsg.), GG-Komm., Bd. I, 3. Aufl., 2013, Art. 5 III (Wissenschaft), Rdnr. 50; *Hesse*, Grundzüge des Verfassungsrechts, 20. Aufl., § 12 I, S. 175, Rdnr. 403.

politische Tätigkeit geschützt ist, die freiheitlich-demokratische Grundordnung anzugreifen[553] oder die Verfassung bzw. den Geltungsgrund der Verfassung zu bestreiten.[554] Die freiheitlich-demokratische Grundordnung ist nach der Rechtsprechung des Bundesverfassungsgerichts als *„diejenige Ordnung bestimmen, die unter Ausschluss jeglicher Gewalt- und Willkürherrschaft eine rechtsstaatliche Herrschaftsordnung auf der Grundlage der Selbstbestimmung des Volkes nach dem Willen der jeweiligen Mehrheit und der Freiheit und Gleichheit darstellt.“*[555] Die hiervon mindestens umfassten Verfassungsbestimmungen konkretisiert das Bundesverfassungsgericht als *„im Grundgesetz konkretisierten Menschenrechten,* [...] *Recht der Persönlichkeit auf Leben und freie Entfaltung, die Volkssouveränität, die Gewaltenteilung, die Verantwortlichkeit der Regierung, die Gesetzmäßigkeit der Verwaltung, die Unabhängigkeit der Gerichte, das Mehrparteienprinzip und die Chancengleichheit für alle politischen Parteien mit dem Recht auf verfassungsmäßige Bildung und Ausübung einer Opposition.“*[556] Zur freiheitlich-demokratischen Grundordnung gehören damit jedenfalls die Verfassungsbestimmungen in Art. 1 Abs. 1 S. 1; Art. 2 Abs. 1, Abs. 2; Art. 20 Abs. 2, Abs. 3; Art. 65 S. 1; Art. 97 Abs. 1; Art. 21 Abs. 1 S. 1, 2, 3; Art. 38 Abs. 1 GG. Die hieran anknüpfende, umstrittene Frage im Schrifttum, ob der Begriff der freiheitlich-demokratischen Grundordnung weiter zu fassen ist und hierzu weitere Verfassungsbestimmungen zählen würden, kann für die vorliegende Untersuchung dahinstehen. Fest steht mit den bisherigen Ergebnissen jedenfalls, dass die freiheitlich-demokratische Grundordnung einen Bestand verschiedener Verfassungsbestimmungen umfasst.

Ruft man sich die Ergebnisse der vorangegangenen Untersuchung in Erinnerung, nach denen der Begriff der staatlichen Einrichtungen sehr weitgehend zu verstehen ist und hierunter sämtliche hoheitlichen Regelungs- und Handlungskomplexe zählen,[557] so stellen sowohl die Verfassung als auch diejenige Summe der Verfassungsbestimmungen, die die freiheitlich-demokratische Grundordnung abbilden, beides hoheitliche Regelungskomplexe dar. Bei der Verfassung sowie der freiheitlich-demokratischen Grundordnung, welchen gegenüber die

---

553 *Wendt*, in: v. Münch/Kunig (Hrsg.), GG-Komm, Bd. 1, 6. Aufl., 2012, Art. 5, Rdnr. 114; *Schmitt*, DVBl. 1966, 6 (8).

554 *Bethge*, in: Sachs (Hrsg.), GG-Komm., 8. Aufl., 2018, Art. 5, Rdnr. 225, 227; *Kingreen /Poscher*, Grundrechte, 35. Aufl., 2019, § 14 II 2, S. 210, Rdnr. 733.

555 BVerfGE 2, 1 (12 f.); 5, 85 (140); vgl. BVerfGE 144, 20 (203, Rdnr. 531).

556 BVerfGE 2, 1 (12 f.); vgl. BVerfGE 144, 20 (203 f.; Rdnr. 531).

557 Siehe Pkt. I. 4. lit. b) lit. bb), S. 84 f.

Treue nach Art. 5 Abs. 3 S. 2 GG besteht, handelt es sich demzufolge um staatliche Einrichtungen im Sinne des polizeirechtlichen Schutzguts.

Da die Treueklausel durch den Schutz der Verfassung bzw. der freiheitlich-demokratischen Grundordnung demzufolge auch dem Schutz des Bestands von staatlichen Einrichtungen dient, fragt sich im weiteren, ob hiervon auch speziell die Funktion der staatlichen Einrichtungen geschützt wird.

Vom Wortlaut wird in der Treueklausel des Art. 5 Abs. 3 S. 2 GG bestimmt: „[…] *entbindet nicht von der Treue zur Verfassung*". Legt man also die vorgenannte Auffassung *Bethge*s und *Wendt*s zugrunde, dass sich der Schutzgegenstand „*Verfassung*" in der Bestimmung auf die staatlichen Einrichtungen der Verfassung und der freiheitlich-demokratischen Grundordnung erstreckt, so ist Anknüpfungspunkt für die Reichweite dieses Schutzes der Begriff „*Treue zur* […]" Jedoch ist der exakte Begriff der Treue i. S. d. Art. 5 Abs. 3 S. 2 GG umstritten, während *Bethge* von einem besonderen Treuebegriff ausgeht, welcher sich an der „Jedermann"-Pflicht zur Befolgung der Verfassung orientiert,[558] legt etwa *Mager* einen beamtenrechtlichen Treuebegriff zugrunde.[559] Auf diesen Streitstand braucht jedoch nicht näher eingegangen werden, da der Treuebegriff, gleich welche Ansicht man hier zugrundelegt, mindestens auch die Anerkennung der Geltung der Verfassung bzw. der Verfassungsrechtsnormen beinhaltet.[560] Dies entspricht auch der Funktion der Verfassung bzw. der Verfassungsrechtsnormen, denn deren Funktion besteht darin, den juristischen Staat rechtlich zu verfassen, ihm eine rechtliche Grundordnung zu geben.[561] Die Verfasstheit und rechtliche Grundordnung des Staates wird von der Anerkennung der Geltung der Verfassung sowie der Verfassungsrechtsnormen bereits mit umfasst, da die Verfasstheit des Staates und staatliche Grundordnung unmittelbare Rechtsfolge der Geltung sind. Damit wird von der Bestimmung „*Treue zur Verfassung*" in Art. 5 Abs. 3 S. 2 GG implizit auch die Verfasstheit des Staates und die staatliche Grundordnung mitumfasst. Die Treueklausel beinhaltet damit den Schutz der Funktion der staatlichen Einrichtungen der Verfassung und der

558 *Bethge*, in: Sachs (Hrsg.), GG-Komm., 8. Aufl., 2018, Art. 5, Rdnr. 225, 227; *ders.*, JA 1985, 249 (256 f.).

559 *Mager*, in: Isensee/Kirchhof (Hrsg.), Handbuch des Staatsrechts, Bd. VII, 3. Aufl., § 166, Rdnr. 29.

560 Vgl. *Bethge*, in: Sachs (Hrsg.), GG-Komm., 8. Aufl., 2018, Art. 5, Rdnr. 225, 227; *ders.*, JA 1985, 249 (256 f.); *Mager*, in: Isensee/Kirchhof (Hrsg.), Handbuch des Staatsrechts, Bd. VII, 3. Aufl., § 166, Rdnr. 29; *Thieme/Wehrhahn*, Kunst- und Wissenschaftsfreiheit, 1967, S. 78; *Schmitt*, DVBl. 1966, 6 (9 f.).

561 *Sachs*, in: Sachs (Hrsg.), GG-Komm., 8. Aufl., 2018, Einführung, Rdnr. 4.

Verfassungsrechtsnormen, welche die freiheitlich-demokratische Grundordnung abbilden.

cc) *Folgerung*

Zusammenfassend ist daher festzustellen, dass die Bestimmung in Art. 5 Abs. 3 S. 2 GG eine Grundrechtsgrenze der Freiheit der Lehre darstellt, welche die Funktion der staatlichen Einrichtungen der Verfassung bzw. der freiheitlich-demokratischen Grundordnung schützt. Andere darüber hinausgehende staatliche Einrichtungen oder der Bestand des Staates werden dadurch aber nicht geschützt.

d) *Recht der Ehe und Familie; Art. 6 GG*

In Art. 6 Abs. 1 GG werden Ehe und Familie unter den besonderen Schutz der „*staatlichen Ordnung*" gestellt. In Art. 6 Abs. 2 S. 1 GG wird zusätzlich bestimmt, dass über die Betätigung der elterlichen Pflege und Erziehung der Kinder die „*staatliche Gemeinschaft*" wacht.

Auch nach diesen Bestimmungen wird für die rechtlichen Gewährleistungen von Ehe und Familie oder die elterliche Pflege und Erziehung der Kinder dem Staat und mithin den staatlichen Organen ein Schutzauftrag[562] und Wächteramt[563] aufgegeben, welche das Grundrecht nicht verkürzen.[564] Daher sind in den Bestimmungen des Art. 6 Abs. 1 GG und Art. 6 Abs. 2 S. 1 GG keine Grundrechtsgrenzen zu erblicken, die den Schutz des Bestands des Staates und der Funktion staatlicher Einrichtungen beinhalten würden.

e) *Gewährleistung des Schulwesens; Art. 7 Abs. 1 und 4 GG*

Nach Art. 7 Abs. 1 GG steht das gesamte Schulwesen unter der Aufsicht des „*Staates*". Gemäß Art. 7 Abs. 4 S. 2 GG bedürfen private Schulen der Genehmigung des „*Staates*".

---

562 *Robbers*, in: v. Mangoldt/Klein/Starck/Huber/Voßkuhle (Hrsg.), GG-Komm., Bd. 1, 7. Aufl., 2018, Art. 6, Rdnr. 20; *Brosius-Gersdorf*, in: Dreier (Hrsg.), GG-Komm., Bd. I, 3. Aufl., 2013, Art. 6, Rdnr. 58 ff.

563 *Robbers*, in: v. Mangoldt/Klein/Starck/Huber/Voßkuhle (Hrsg.), GG-Komm., Bd. 1, 7. Aufl., 2018, Art. 6, Rdnr. 238 ff.; *Coester-Waltjen*, in: v. Münch/Kunig (Hrsg.), GG-Komm., Bd. 1, 6. Aufl., 2012, Art. 6, Rdnr. 92; *Brosius-Gersdorf*, in: Dreier (Hrsg.), GG-Komm., Bd. I, 3. Aufl., 2013, Art. 6, Rdnr. 175 f.

564 *Brosius-Gersdorf*, in: Dreier (Hrsg.), GG-Komm., Bd. I, 3. Aufl., 2013, Art. 6, Rdnr. 176.

Während die Bestimmung in Art. 7 Abs. 1 GG bereits schon kein Grundrecht darstellt, sondern das staatliche Herrschaftsrecht bzw. Aufsichtsrecht über das Schulwesen begründet,[565] wird mit der Bestimmung in Art. 7 Abs. 4 S. 2 GG das Grundrecht zur Errichtung privater Schulen lediglich unter einen staatlichen Genehmigungsvorbehalt gestellt, wonach private Schulen die Voraussetzungen gemäß Art. 7 Abs. 4 S. 3, 4 GG erfüllen müssen.[566] Daher lassen sich aufgrund der fehlenden Grundrechtseigenschaft des 7 Abs. 1 GG sowie aufgrund des fehlenden Schutzes des Bestands des Staates oder der Funktion staatlicher Einrichtung in Art. 7 Abs. 4 S. 2 GG keine entsprechenden Grundrechtsgrenzen feststellen.

f) Versammlungsfreiheit; Art. 8 Abs. 1 GG

In Art. 8 Abs. 1 GG wird bestimmt, dass alle Deutschen das Recht haben, sich „*friedlich*" und ohne Waffen zu versammeln.

Wendet man den Blick dem Begriff „*friedlich*" in Art. 8 Abs. 1 GG zu, so handelt es sich dabei um eine tatbestandliche Grundrechtsgrenze für den Schutzbereich der Versammlungsfreiheit, sodass eine Versammlung jenseits der Friedlichkeit rechtlich nicht gewährleistet wird.[567] Es stellt sich daher die Frage, ob im Begriff der Friedlichkeit der Versammlung auch der Bestand des Staates und die Funktion staatlicher Einrichtungen oder Begriffsbestandteile derselben inbegriffen sind.

Nach der Auffassung *Samper*s beispielsweise setzt der Begriff der Friedlichkeit der Versammlung voraus, dass eine Versammlung keinen gewalttätigen und aufrührerischen Verlauf nimmt, wobei *Samper* darunter Verstöße gegen die öffentliche Sicherheit oder öffentliche Ordnung erblickt.[568] Nach Auffassung des Bundesverfassungsgerichts ist für den Begriff der Friedlichkeit nicht

---

565 *Boysen*, in: v. Münch/Kunig (Hrsg.), GG-Komm., Bd. 1, 6. Aufl., 2012, Art. 7, Rdnr. 38, 53; *Brosius-Gersdorf*, in: Dreier (Hrsg.), GG-Komm., Bd. I, 3. Aufl., 2013, Art. 7, Rdnr. 20.

566 *Boysen*, in: v. Münch/Kunig (Hrsg.), GG-Komm., Bd. 1, 6. Aufl., 2012, Art. 7, Rdnr. 94; *Brosius-Gersdorf*, in: Dreier (Hrsg.), GG-Komm., Bd. I, 3. Aufl., 2013, Art. 7, Rdnr. 113, 119.

567 *Gusy*, in: v. Mangoldt/Klein/Starck/Huber/Voßkuhle (Hrsg.), GG-Komm., Bd. 1, 7. Aufl., 2018, Art. 8, Rdnr. 22, 92; *Kunig*, in: v. Münch/Kunig (Hrsg.), GG-Komm., Bd. 1, 6. Aufl., 2012, Art. 8, Rdnr. 22; *Isensee*, in: Festschrift für H. Sendler, 1991, S. 39 (39 f.).

568 *Samper*, Demonstrations- und Versammlungsrecht, 1968, S. 14.

auf die Unversehrtheit polizeirechtlicher Schutzgüter abzustellen, sondern auf die Frage, ob keine „*Gewalttätigkeiten gegen Personen oder Sachen*“ begangen werden.[569] Das überwiegende Schrifttum versteht den Begriff der Friedlichkeit einer Versammlung nicht als Entgegensetzung zum strafrechtlichen Gewaltbegriff i. S. d. § 240 StGB, sondern versucht ihn in Hinsicht auf die Versammlungsfreiheit spezifisch verfassungsgeleitet zu interpretieren.[570] Friedlichkeit der Versammlung ist demnach so zu verstehen, dass „*weder ihr Zweck noch ihr Verlauf die Begehung oder den Versuch von Straftaten gegen Leib, Leben, Freiheit oder sonstige erhebliche Rechtsgüter Dritter oder der Allgemeinheit mit sich bringt.*“[571] Eine Ausrichtung der Begriffsbestimmung der Friedlichkeit anhand des Gewaltbegriffs scheidet deswegen aus, da der strafrechtliche Gewaltbegriff i. S. d. § 240 StGB auf die Ausübung körperlichen Zwanges abstellt, welches bei einer Versammlung, insbesondere bei Aufzügen, bereits allein durch die körperliche Wirkung der Masse an Versammlungsteilnehmern erfüllt werden kann.[572] Daher ist die Friedlichkeit einer Versammlung danach zu bewerten, dass diese keinen gewalttätigen und aufrührerischen Verlauf nimmt.[573] Insbesondere führt nicht jedweder Verstoß gegen Polizei- oder Strafrecht zur Unfriedlichkeit der Versammlung.[574]

Nach der Auffassung *Depenheuer*s und *Müller-Franken*s werden durch den Begriff der Friedlichkeit der Versammlung in Art. 8 Abs. 1 GG nicht nur besondere Formen der Gewalt gegen Leib, Leben und Freiheit von Personen oder gegen erhebliche Rechtsgüter Dritter oder der Allgemeinheit ausgeschlossen, sondern

569 BVerfGE 69, 315 (360); 73, 206 (248); 87, 399 (406); vgl. BVerfGE 104, 92 (106).

570 *Gusy*, in: v. Mangoldt/Klein/Starck/Huber/Voßkuhle (Hrsg.), GG-Komm., Bd. 1, 7. Aufl., 2018, Art. 8, Rdnr. 22; *Kunig*, in: v. Münch/Kunig (Hrsg.), GG-Komm., Bd. 1, 6. Aufl., 2012, Art. 8, Rdnr. 23; *Schwäble*, Versammlungsfreiheit, 1975, S. 120.

571 *Gusy*, in: v. Mangoldt/Klein/Starck/Huber/Voßkuhle (Hrsg.), GG-Komm., Bd. 1, 7. Aufl., 2018, Art. 8, Rdnr. 23; *Schulze-Fielitz*, in: Dreier (Hrsg.), GG-Komm., Bd. I, 3. Aufl., 2013, Art. 8, Rdnr. 41; vgl. *Kunig*, in: v. Münch/Kunig (Hrsg.), GG-Komm., Bd. 1, 6. Aufl., 2012, Art. 8, Rdnr. 23.

572 *Gusy*, in: v. Mangoldt/Klein/Starck/Huber/Voßkuhle (Hrsg.), GG-Komm., Bd. 1, 7. Aufl., 2018, Art. 8, Rdnr. 22.

573 BVerfGE 69, 315 (360); 73, 206 (249); *Schwäble*, Versammlungsfreiheit, 1975, S. 119, 121.

574 *Gusy*, in: v. Mangoldt/Klein/Starck/Huber/Voßkuhle (Hrsg.), GG-Komm., Bd. 1, 7. Aufl., 2018, Art. 8, Rdnr. 22; *Schulze-Fielitz*, in: Dreier (Hrsg.), GG-Komm., Bd. I, 3. Aufl., 2013, Art. 8, Rdnr. 42.

jedwede körperliche Gewalt.[575] Dies würde sonst dazu führen, dass beispielsweise Drohungen gegen Personen oder körperliche Gewalt gegen Sachen noch als friedlich i. S. d. Art. 8 Abs. 1 GG einzuordnen wäre und daher den Schutz der Versammlungsfreiheit genießen würde.[576] Somit würden gewisse Formen von Gewalt legitimiert und sogar gefördert werden, mit welcher die Versammlungsteilnehmer öffentliche Aufmerksamkeit erlangen wollten.[577]

Bezogen auf die Interpretation des Begriffs der Friedlichkeit in Art. 8 Abs. 1 GG ist mit dem Bundesverfassungsgericht die Auffassung *Samper*s abzulehnen, dass Inhalt des Begriffs der Friedlichkeit die Wahrung der öffentlichen Sicherheit und Ordnung umfasst. Dies würde die Friedlichkeit mit dem polizeirechtlichen Zustand der öffentlichen Ruhe gleichsetzen. Da es aber möglich ist, dass Versammlungen im Fall einer großen Masse von Versammlungsteilnehmern und lautstarker Meinungskundgabe damit bereits teilweise die öffentliche Ordnung gefährden und bei Versammlungsaufzügen über öffentliche Straßen damit die Funktion dieser staatlichen Einrichtung stören, liegt ebenfalls eine Störung für die öffentliche Sicherheit vor. Versammlungen sind per se mit einer Gefahr oder Störung für bestimmte Teile der öffentlichen Sicherheit und Ordnung verbunden. Versteht man die Friedlichkeit der Versammlung daher als polizeirechtlichen Zustand der öffentlichen Ruhe, würde die Versammlungsfreiheit damit weitgehend leer laufen.

Versteht man die Friedlichkeit daher als Ausschluss von Gewalt, so liegen beide Auffassungen im Schrifttum gar nicht so weit auseinander. Es ist zutreffend, dass die Friedlichkeit der Versammlungsfreiheit geringfügige Gewalt nicht schützen kann. Dies würde die Grenze der Friedlichkeit in Art. 8 Abs. 1 GG verkehren und daraus geringfügige Gewaltanwendung oder Drohungen unter Schutz stellen, sobald es sich um Versammlungen handelt. Versammlungen, die neben der Meinungsbildung auch eine Funktion als „Einschüchterungsmarsch" hätten, wären rechtlich geschützt. Eine Strafbarkeit wegen Nötigung durch Drohungen gemäß § 240 Abs. 1 GG wäre in solchen Versammlungen stets ausgeschlossen. Jedoch dürfte auch die überwiegende Auffassung im Schrifttum dies

575 *Depenheuer*, in: Maunz/Dürig/Herzog/Herdegen/Scholz/Klein (Hrsg.), GG-Komm., 88. EL (2019), Art. 8, Rdnr. 80; *Müller-Franken*, in: Schmidt-Bleibtreu/Klein/Hofmann/ Henneke (Hrsg.), GG-Komm., 14. Aufl., 2018, Art. 8, Rdnr. 25.

576 Vgl. *Müller-Franken*, in: Schmidt-Bleibtreu/Klein/Hofmann/Henneke (Hrsg.), GG-Komm., 14. Aufl., 2018, Art. 8, Rdnr. 25.

577 Vgl. *Depenheuer*, in: Maunz/Dürig/Herzog/Herdegen/Scholz/Klein (Hrsg.), GG-Komm., 88. EL (2019), Art. 8, Rdnr. 80.

wohl kaum anerkennen. Grund für den Ausschluss geringfügiger Gewalt nach der überwiegenden Auffassung dürfte das Nötigungspotenzial sein, das eine Versammlung als Ganzes haben kann. So weist *Höfling* zutreffend darauf hin, dass etwa eine Versammlung in raumknappen Innenstadtbereichen dazu führt, dass sich die Versammlungsteilnehmer geradezu körperlich, optisch und akustisch aufdrängen.[578] Damit verfolgen aber beide Auffassungen keine gegensätzlichen Ansätze. Gewalt in und durch Versammlungen soll ausgeschlossen sein, während der Umstand, dass sich Teilnehmer versammelt haben, sowie die damit einhergehende Sammlungswirkung nicht als körperlich wirkende Gewalt und damit nicht als unfriedlich gewertet werden sollen.

Dieser Begriffsstreit über die genaue Begriffsbestimmung der Friedlichkeit braucht jedoch nicht entschieden werden. Richtet man den Begriff der Friedlichkeit in Art. 8 Abs. 1 GG, wie vom Bundesverfassungsgericht und dem Schrifttum vertreten, an den Begriff der Gewalt bzw. bestimmten Steigerungsformen aus,[579] so steht damit bereits fest, dass der Schutz des Bestands des Staates oder der Funktion staatlicher Einrichtungen davon nicht vollständig umfasst ist. Eine Versammlung kann aufgrund hoher Lautstärke unbeabsichtigt einen Staatsempfang stören und damit die Funktion dieser staatlichen Einrichtung gefährden, ohne dass darin nach der Auffassung des Bundesverfassungsgerichts oder des Schrifttums zugleich ein Verstoß gegen die Friedlichkeit der Versammlung zu sehen wäre. Dies zeigt, dass der Bestand des Staates und die Funktion staatlicher Einrichtungen nicht vom Begriff der Friedlichkeit in Art. 8 Abs. 1 GG umfasst ist und in Hinsicht darauf keine Grundrechtsgrenze darstellen kann.

g) Vereinigungsfreiheit, Art. 9 Abs. 1, 2 GG

Zu dem in Art. 9 Abs. 1 GG gewährleisteten Recht, Vereine und Gesellschaften zu bilden, bestimmt Art 9 Abs. 2 GG, dass Vereinigungen, die sich gegen die verfassungsmäßige Ordnung richten, verboten sind. Ebenso wie zur allgemeinen Handlungsfreiheit in Art 2 Abs. 1 GG stellt sich die Frage, ob der in Art. 9 Abs. 2 GG verwendete Begriff der verfassungsmäßigen Ordnung den Schutz des Staates und der Funktion staatlicher Einrichtungen umfasst und ob es sich bei der verfassungsmäßigen Ordnung dabei um eine Grundrechtsgrenze handelt. Wie bereits der zweite Halbsatz in Art. 2 Abs. 1 GG wird auch das Vereinigungsverbot

---

578 *Höfling*, in: Sachs (Hrsg.), GG-Komm., 8. Aufl., 2018, Art. 8, Rdnr. 30.

579 Siehe oben Pkt. III. 1. lit. f), S. 146 ff.

in Art. 9 Abs. 2 GG als Schranke der grundrechtlichen Gewährleistung[580] und damit nicht als tatbestandliche Grundrechtsgrenze verstanden. Eine Grundrechtsgrenze in Gestalt des Bestands des Staates oder der Funktion staatlicher Einrichtungen besteht bei der Vereinigungsfreiheit damit nicht.

h) Recht auf das Brief-, Post- und Fernmeldegeheimnis; Art. 10 GG

In Art. 10 Abs. 2 S. 2 GG wird bestimmt, dass eine Beschränkung des Brief-, Post- und Fernmeldegeheimnisses, welches dem Schutz des *„Bestandes oder der Sicherung des Bundes oder eines Landes“* dient, insbesondere dem Betroffenen nicht mitgeteilt werden muss.

Bei dieser Bestimmung handelt es sich um eine verfahrensrechtliche Regelung, dass im Falle einer Einschränkung des Grundrechts der Brief-, Post- und Fernmeldegeheimnisses insbesondere eine Benachrichtigung des Betroffenen entbehrlich ist.[581] Inhaltlich nimmt diese Bestimmung damit Bezug auf die Beschränkungsmöglichkeit des Grundrechts nach Art. 10 Abs. 2 S. 1 GG. Eine Grundrechtsgrenze kann darin also nicht erblickt werden.

i) Recht auf Freizügigkeit; Art. 11 Abs. 2 GG

In Art. 11 Abs. 2 GG wird bestimmt, dass die Freizügigkeit im ganzen Bundesgebiet nur durch Gesetz oder aufgrund eines Gesetzes eingeschränkt werden darf, welches insbesondere für den Fall der Abwehr einer drohenden Gefahr für den *„Bestand oder die freiheitliche demokratische Grundordnung des Bundes oder eines Landes“* dient.

Bei dieser Bestimmung handelt es sich um eine qualifizierte Anforderung an die Beschränkung des Grundrechts der Freizügigkeit.[582] Hierin liegt also keine tatbestandliche Grundrechtsgrenze der Freizügigkeit vor.

580 *Kemper*, in: v. Mangoldt/Klein/Starck/Huber/Voßkuhle (Hrsg.), GG-Komm., Bd. 1, 7. Aufl., 2018, Art. 9, Rdnr. 70, 79; *Bauer*, in: Dreier (Hrsg.), GG-Komm., Bd. I, 3. Aufl., 2013, Art. 9, Rdnr. 54; *Scholz*, in: Maunz/Dürig/Herzog/Herdegen/Scholz/Klein (Hrsg.), GG-Komm., 88. EL (2019), Art. 9, Rdnr. 112; *Höfling*, in: Sachs (Hrsg.), GG-Komm., 8. Aufl., 2018, Art. 9, Rdnr. 40; BVerfG, Beschl. v. 13.07.2018 – 1 BvR 1474/12, 1 BvR 670/13, 1 BvR 57/14, Rdnr. 100 = BVerfG NVwZ 2018, 1788 (1790).

581 *Gusy*, in: v. Mangoldt/Klein/Starck/Huber/Voßkuhle (Hrsg.), GG-Komm., Bd. 1, 7. Aufl., 2018, Art. 10, Rdnr. 95; vgl. *Durner*, in: Maunz/Dürig/Herzog/Herdegen/Scholz/Klein (Hrsg.), GG-Komm., 88. EL (2019), Art. 10, Rdnr. 166.

582 *Durner*, in: Maunz/Dürig/Herzog/Herdegen/Scholz/Klein (Hrsg.), GG-Komm., 88. EL (2019), Art. 11, Rdnr. 138; *Kunig*, in: v. Münch/Kunig (Hrsg.), GG-Komm., Bd. 1,

j) Berufswahl- und Berufsausübungsfreiheit, Art. 12 Abs. 1 GG

Nach der Bestimmung in Art. 12 Abs. 2 GG darf niemand zu einer bestimmten Arbeit gezwungen werden, außer im Rahmen einer herkömmlichen allgemeinen, für alle gleichen „*öffentlichen Dienstleistungspflicht*“. Hierbei stellt sich die Frage, ob die „öffentliche Dienstleistungspflicht“ i. S. d. Art. 12 Abs. 2 GG eine Grundrechtsgrenze für das Verbot des Arbeitszwangs statuiert und im Rahmen einer solchen auch die Pflicht zu Diensten enthalten ist, die dem Schutz des Bestands des Staates und der Funktion staatlicher Einrichtungen zu dienen bestimmt ist. Allerdings handelt es sich auch bei der öffentlichen Dienstleistungspflicht gemäß Art. 12 Abs. 2 GG um eine Anforderung an die Beschränkung des Verbots des Arbeitszwanges[583] und daher nicht um eine tatbestandliche Grundrechtsgrenze.

k) Recht auf Unverletzlichkeit der Wohnung; Art. 13 GG

In Art. 13 Abs. 4 S. 1 GG wird bestimmt, dass technische Mittel zur Überwachung von Wohnungen aufgrund richterlicher Anordnung eingesetzt werden dürfen, wenn dies zur Abwehr einer dringenden Gefahr für die öffentliche Sicherheit dient. In Art. 13 Abs. 7 GG dürfen Eingriffe und Beschränkungen des Rechts auf Unverletzlichkeit der Wohnung insbesondere nur zur Verhütung dringender Gefahren für die öffentliche Sicherheit vorgenommen werden. Auch bei diesen Bestimmungen handelt es sich um inhaltliche Anforderungen an die Beschränkung des Grundrechts der Unverletzlichkeit der Wohnung.[584] Tatbestandliche Grundrechtsgrenzen stellen diese Bestimmungen indes nicht dar.

---

6. Aufl., 2012, Art. 11, Rdnr. 21, 23; *Gusy*, in: v. Mangoldt/Klein/Starck/Huber/ Voßkuhle (Hrsg.), GG-Komm., Bd. 1, 7. Aufl., 2018, Art. 11, Rdnr. 55, 58.

583 *Manssen*, in: v. Mangoldt/Klein/Starck/Huber/Voßkuhle (Hrsg.), GG-Komm., Bd. 1, 7. Aufl., 2018, Art. 12, Rdnr. 307; *ders.*, Staatsrecht I, 1995, S. 10, Rdnr. 30; *Gusy*, JuS 1989, 710 (713); *Scholz*, in: Maunz/Dürig/Herzog/Herdegen/Scholz/Klein (Hrsg.), GG-Komm., 88. EL (2019), Art. 12, Rdnr. 495.

584 *Papier*, in: Maunz/Dürig/Herzog/Herdegen/Scholz/Klein (Hrsg.), GG-Komm., 88. EL (2019), Art. 13, Rdnr. 49, 67, 117; *Kunig*, in: v. Münch/Kunig (Hrsg.), GG-Komm., Bd. 1, 6. Aufl., 2012, Art. 13, Rdnr. 17; vgl. *Hermes*, in: Dreier (Hrsg.), GG-Komm., Bd. I, 3. Aufl., 2013, Art. 13, Rdnr. 80, 114.

l) *Zugang zu öffentlichem Amt; Art. 33 GG*

In Art. 33 Abs. 2 GG wird bestimmt, dass jeder Deutsche nach seiner Eignung, Befähigung und fachlichen Leistung gleichen Zugang zu jedem öffentlichen Amte hat.

Nach dieser Bestimmung wird die Freiheit, dass ein jeder Deutsche gleichen Zugang zu jedem öffentlichen Amte hat unter die Bedingung gestellt, dass hierfür die entsprechende Eignung, Befähigung und fachliche Leistung nachgewiesen ist. Nach dem überwiegendem Begriffsverständnis gehört zum Merkmal der Eignung auch die Verfassungstreue.[585] Die beamtenrechtliche Verfassungstreue i. S. d. der hergebrachten Grundsätze des Berufsbeamtentums[586] wird vom Bundesverfassungsgericht so verstanden, dass nicht der *„Staat und seine verfassungsmäßige Grundlage in Frage gestellt werden"*[587] dürfen. Voraussetzung für die Tätigkeit ist daher, dass *„der Beamte den Staat* [...] *und die geltende verfassungsrechtliche Ordnung, so wie sie in Kraft steht,* [...] *als schützenswert anerkennt, in diesem Sinne sich zu ihnen bekennt und aktiv für sie eintritt."*[588] Ein Beamter muss demnach den Staat und die verfassungsrechtliche Ordnung als „schützenswert" anerkennen. Daraus folgt, dass der Schutz des Staates sowie der Schutz der Verfassung und der verfassungsrechtlichen Einrichtungen Gegenstand für den Begriff der Verfassungstreue sind. Das Bundesverfassungsgericht geht hinsichtlich der beamtenrechtlichen Treuepflicht über diese Schutzgüter noch weiter hinaus und fasst hierunter auch die Grundwerte der Verfassung, wie Art. 1 GG, die wehrhafte Demokratie und konkretisiert diese Güter insgesamt als *„freiheitliche demokratische, rechts- und sozialstaatliche Ordnung"*.[589] Vor diesem Hintergrund formuliert das Bundesverfassungsgericht die allgemeinen Bestimmung der beamtenrechtlichen Treuepflicht, nach der Voraussetzung für den Zugang zu einem öffentlichem Amt ist, dass nur solche Personen ins Beamtenverhältnis zu berufen sind, *„die auch die Gewähr dafür bieten, dass sie jederzeit für die freiheitliche demokratische Grundordnung einzutreten bereit sind."*[590]

---

585 *Battis*, in: Sachs (Hrsg.), GG-Komm., 8. Aufl., 2018, Art. 33, Rdnr. 32; *Jachmann-Michel/Kaiser*, v. Mangoldt/Klein/Starck/Huber/Voßkuhle (Hrsg.), GG-Komm., Bd. 2, 7. Aufl., 2018, Art. 33, Rdnr. 19; vgl. *Siems*, DÖV 2014, 338 (342); BVerfGE 39, 334 (351 f.).

586 BVerfGE 39, 334 (346).

587 BVerfGE 39, 334 (348).

588 BVerfGE 39, 334 (348).

589 BVerfGE 39, 334 (349).

590 BVerfGE 39, 334 (352).

Da entsprechend der Herleitung des Bundesverfassungsgericht unter dem Eintreten für die freiheitliche demokratische Grundordnung insbesondere auch die schützenswerte Anerkennung des Staates, der verfassungsrechtlichen Ordnung und mithin der darin geschützten verfassungsrechtlichen Einrichtungen gehört, werden der Bestand des Staates, der Verfassung und die verfassungsrechtliche Einrichtungen somit zur Grenze für die Freiheit des Zugangs zu einem öffentlichen Amt nach Art. 33 Abs. 2 GG. Allerdings werden unterverfassungsrechtliche, staatliche Einrichtungen nicht mitumfasst, sodass staatliche Einrichtungen und ihre Funktion nicht in jeder Hinsicht geschützt werden.

m) Zusammenfassung

Die Betrachtung der Grundrechte und grundrechtsgleichen Rechte hat gezeigt, dass zwar beispielsweise der Begriff des Staates oder Bestandteile des Begriffs Funktion staatlicher Einrichtungen vereinzelt in den geschriebenen Grundrechtsgewährleistungen vorkommen, jedoch weder die Gesamtheit der Grundrechte noch ihre Mehrzahl über eine Grenze verfügen, dass diese nur im Rahmen des Bestands des Staates und der Funktion staatlicher Einrichtungen gewährleistet werden. Wie festgestellt werden konnte, weisen die Freiheit der Lehre in Art. 5 Abs. 3 S. 1, 2 GG sowie die Freiheit zum Zugang zu einem öffentlichen Amt gemäß Art. 33 Abs. 2 GG beide über eine Grenze zum Schutz des Staates und staatlicher Einrichtungen auf. Nach Art. 5 Abs. 3 S. 2 GG findet der Schutzbereich der Freiheit der Lehre seine Grenze in der Treue zur Verfassung, welche die Funktion der staatlichen Einrichtung der Verfassung bzw. der in den Verfassungsrechtsnormen enthaltenen freiheitlich-demokratischen Grundordnung umfasst. Da die von der Treueklausel umfasste Funktion der staatlichen Einrichtung in der Anerkennung der Geltung der Verfassung bzw. der in den Verfassungsrechtsnormen enthaltenen freiheitlich-demokratischen Grundordnung besteht, geht diese Grundrechtsgrenze auch nicht weiter als die allgemeine Rechtsbefolgungspflicht. Insoweit schützt die in der Treueklausel enthaltene Grundrechtsgrenze das polizeiliche Schutzgut der Funktion der staatlichen Einrichtungen der Verfassung und der freiheitlich-demokratischen Grundordnung nicht weiter, als die Geltung des Grundgesetzes selber. Die Besonderheit der Treueklausel besteht darin, dass die Geltung der Verfassung bzw. der freiheitlich-demokratischen Grundordnung als Grundrechtsgrenze ausdrücklich geschrieben ist.[591] Demgegenüber weist die beamtenrechtliche Verfassungstreue

591 Siehe Pkt. III. 1. lit. c) lit. bb), S. 142 ff.

im Rahmen der Einung für den Zugang zu einem öffentlichen Amt nach Art. 33 Abs. 2 GG eine Grenze zum Schutz des Staates sowie der staatlichen Einrichtungen der Verfassung und der darin enthaltenen Verfassungseinrichtungen auf.[592] Zudem konnte auch festgestellt werden, dass bei der Gewährleistung der Versammlungsfreiheit gemäß Art. 8 Abs. 1 GG die dort geschriebene Grundrechtsgrenze der Friedlichkeit der Versammlung nicht den Schutz des Bestands des Staates oder der Funktion staatlicher Einrichtungen umfasst.[593]

Insgesamt gibt es aber weder eine allgemeine, für alle Grundrechte geltende, Grundrechtsgrenze zum Schutz des Bestands des Staates und der Funktion staatlicher Einrichtungen, noch gibt es ein einzelnes Grundrecht, dass umfassend in den Grenzen des Bestands des Staates und der Funktion sämtlicher staatlicher Einrichtungen gewährleistet wäre. Daher kann als Zwischenergebnis der bisherigen Untersuchung festgestellt werden, dass es keine geschriebene Grundrechtsgrenze zum Schutz des Bestands des Staates und der Funktion staatlicher Einrichtungen gibt.

2. Bestand des Staates und Funktion staatlicher Einrichtungen als „immanente" Grundrechts- bzw. Verfassungsvoraussetzung?

Nach der Auffassung *Krüger*s, *Erichsen*s, *Bettermann*s und *Isensee*s ist der Schutz des Staates den Grundrechtsnormen als eine sog. Verfassungsvoraussetzung bzw. innewohnenden Grenze gedanklich immanent.[594] Die Lehre von den Verfassungs- bzw. Grundrechtsvoraussetzungen wird damit gerechtfertigt, dass es für das Bestehen einer Verfassung und der Geltung von Verfassungsrechtsnormen gewisser realer Momente bzw. Faktoren bedarf, die außerhalb des Gewährleistungsbereichs einer Rechtsnorm liegen.[595] Eine solche Verfassungsvoraussetzung ist damit eine Bedingung für die praktische Wirksamkeit der Verfassung.[596]

---

592 Siehe Pkt. III. 1. lit. l), S. 152 f.

593 Siehe Pkt. III. 1. lit. f), S. 146 ff.

594 *Krüger*, in: Festschrift für U. Scheuner, 1973, S. 285 (293 ff.); *Isensee*, in: Isensee/ Kirchhof (Hrsg.), Handbuch des Staatsrechts, Bd. IX, 3. Aufl., 2011, § 190, Rdnr. 57; 119, 124, 129, 136, 142; vgl. *Erichsen*, VVDStRL Heft 35, (1977), 171 (192 f.); *Bettermann*, Grenzen der Grundrechte, 1968, S. 20.

595 *Isensee*, in: Isensee/Kirchhof (Hrsg.), Handbuch des Staatsrechts, Bd. IX, 3. Aufl., 2011, § 190, Rdnr. 84; vgl. *Krüger*, in: Festschrift für U. Scheuner, 1973, S. 285 (286 f.).

596 *Krüger*, in: Festschrift für U. Scheuner, 1973, S. 285 (287); vgl. hinsichtlich Grundrechtsvoraussetzungen: *Isensee*, in: Isensee/Kirchhof (Hrsg.), Handbuch des Staatsrechts, Bd. IX, 3. Aufl., 2011, § 190, Rdnr. 49 f.

Krüger vergleicht hierfür den Begriff der Verfassungsvoraussetzung mit dem der Geschäftsgrundlage bei einem bürgerlich-rechtlichen Vertrag;[597] diese ist nicht notwendig Teil des Vertrags, aber liegt dem Vertrag zugrunde und bedingt ihn insoweit, dass bei Wegfall sich der Vertrag erledigt.[598] So soll es sich bei der Existenz bzw. dem Bestand des Staates um eine solche Verfassungsvoraussetzung handeln, da eine Verfassung allein außerstande ist, eine unstaatliche Menge von Menschen in Gestalt der Staatlichkeit zu bringen und als solche zu verfassen.[599] Demzufolge ergibt sich etwa der Bestand des Staates als eine ungeschriebene, immanente Grenze innerhalb jeder Grundrechtsnorm.[600]

Eine nähere Betrachtung über die Art und den Umfang der Lehre von den Verfassungsvoraussetzungen kann allerdings dahinstehen, denn bereits aus der Herleitung der Verfassungs- bzw. Grundrechtsvoraussetzungen zeigt sich, dass ein solches interpretatorisches Verständnis aus zwei Gesichtspunkten keine Richtigkeit beanspruchen kann. Zunächst ist festzustellen, dass sich aus dem Wortlaut der Grundrechte oder des Grundgesetzes keine solche Verfassungs- oder Grundrechtsvoraussetzung, wie den Bestand des Staates, ergibt. Daher kann der Lehre von den Verfassungs- bzw. Grundrechtsvoraussetzungen entgegengehalten werden, dass sie die jeweiligen Voraussetzungen – wie etwa die Staatlichkeit als mögliche Grundrechtsgrenze – nicht aus dem Verfassungsrecht herleitet, sondern aus einem verfassungsrechtlichem Vorverständnis und die gesamte Lehre demzufolge außerhalb des Rechts steht.[601] Somit sind Gegenstand bei ihr nicht die Verfassung oder der Inhalt von Verfassungsrechtsnormen,[602] sondern außerrechtliche Gesichtspunkte.[603] Demgegenüber geht es bei den rechtlichen Grundrechtsgrenzen darum, was ein mit einer Verfassung

---

597 *Krüger*, in: Festschrift für U. Scheuner, 1973, S. 285 (286 f.).

598 Vgl. *Krüger*, in: Festschrift für U. Scheuner, 1973, S. 285 (286 f.).

599 *Krüger*, in: Festschrift für U. Scheuner, 1973, S. 285 (293); *Isensee*, in: Isensee/Kirchhof (Hrsg.), Handbuch des Staatsrechts, Bd. IX, 3. Aufl., 2011, § 190, Rdnr. 57.

600 Vgl. auch: *Erichsen*, VVDStRL Heft 35, (1977), 171 (192 f.); *Bettermann*, Grenzen der Grundrechte, 1968, S. 20.

601 So aber beabsichtigt: *Isensee*, in: Isensee/Kirchhof (Hrsg.), Handbuch des Staatsrechts, Bd. IX, 3. Aufl., 2011, § 190, Rdnr. 81, 86.

602 *Isensee*, in: Isensee/Kirchhof (Hrsg.), Handbuch des Staatsrechts, Bd. IX, 3. Aufl., 2011, § 190, Rdnr. 81.

603 *Isensee*, in: Isensee/Kirchhof (Hrsg.), Handbuch des Staatsrechts, Bd. IX, 3. Aufl., 2011, § 190, Rdnr. 81: „*Der Standpunkt* […] *ist nicht der des Verfassungsinterpreten, sondern des Beobachters der Verfassungsinterpretation, der Distanz hält zum positiven Recht und seiner Anwendung.*"; Rdnr. 83: „[…] *nicht auf die juristische Methode festgelegt.*".

überformter Staat anhand seiner Grundrechte für Gewährleistungen einräumt und welche Geltung den grundrechtlichen Gewährleistungen gegenüber anderen rechtlichen Gewährleistungen zukommt und diese daher begrenzt werden. Bei den Grundrechten und ihren Grenzen handelt es sich um positives Recht, daher lassen sich die Grundrechte nicht durch die Existenz des Staates vor seiner Verfassungsgebung eingrenzen, sondern – da sich der soziologische Staat rechtlich überformt hat und zu einem juristischen Staat wurde – nur anhand der rechtlichen Verfasstheit des Staates.[604] Auf die Frage, welche rechtlichen Grenzen die Grundrechte haben, haben solche Verfassungsvoraussetzungen als geisteswissenschaftliche Erklärungen darüber, wie ein Staat zu verfassen ist oder woher die Verfassung kommt, keinen Einfluss. Das hieße sonst, das Verfassungsrecht gegen eine Kultur- und Sozialwissenschaft einzutauschen.[605]

Selbst wenn man der Figur der sog. Verfassungsvoraussetzung eine normative Geltung beimessen würde, so rechtfertigt es die Annahme *Krüger*s, *Erichsen*s, *Bettermann*s und *Isensee*s jedoch nicht, solche Verfassungsvoraussetzungen als stillschweigend den Grundrechten innewohnende Grenze zu betrachten. Da es sich nämlich bei den Verfassungsvoraussetzungen um gewisse reale Momente oder Faktoren handeln soll, die außerhalb der Gewährleistung der Grundrechtsnormen liegen und an diese von außen herantreten, aber dabei das Grundrecht gleichsam von Anfang an eingrenzen sollen, handelt es sich um eine zutiefst innentheoretische Vorstellung.[606] Wie bereits aber die vorangegangene Untersuchung gezeigt hat, ist eine solche innentheoretische Strukturvorstellung von Grundrechten und ihren Grenzen nach dem Grundgesetz ausgeschlossen. Das Grundgesetz verfolgt gemäß des Wortlauts, wie auch von der Systematik her, ein außentheoretisches Strukturverständnis.[607] Die Lehre von den Verfassungsvoraussetzungen müsste daher auf die Schrankenebene verwiesen werden, bei welcher sie ihre Bedeutung, begriffsbildend auf die grundrechtliche Freiheitsgewährleistung einzuwirken, jedoch verliert. Demzufolge kann es keine stillschweigend mitgedachte bzw. immanente Grenze des Schutzes des Staates oder seiner staatlichen Einrichtungen geben.

---

604 Vgl. dazu auch: *Möllers*, Staat als Argument, 2000, S. 263, 271.

605 So aber: *Isensee*, in: Isensee/Kirchhof (Hrsg.), Handbuch des Staatsrechts, Bd. IX, 3. Aufl., 2011, § 190, Rdnr. 85; *Häberle*, Wesensgehaltsgarantie, 3. Aufl., 1983, S. 385, 398 ff.; *ders.*, Verfassungslehre als Kulturwissenschaft, 2. Aufl., 1998, S. 87 f., 90 ff., 1162.

606 Vgl. Pkt. II. 2. lit. b) lit. bb), S. 122 f.

607 Siehe Pkt. II. 2. lit. c), S. 125 ff.; Pkt. II. 2. lit. c) lit. cc), S. 128 ff.

3. Zusammenfassung

Die vorangehende Untersuchung hat gezeigt, dass der polizeiliche Schutz des Bestands des Staates und der Funktion staatlicher Einrichtungen nicht als eine tatbestandliche Grenze im Schutzbereich der Grundrechte angelegt ist. Daraus folgt, dass die Ausübung der Grundrechte, auf Grundlage der nach der Außentheorie zu verstehenden Grundrechtsstruktur, nicht unter einem generellen polizeirechtlichen „Vorbehalt" des Bestands des Staates oder der Funktion staatlicher Einrichtungen steht.

IV. Der Bestand des Staates und die Funktion staatlicher Einrichtungen als Schranke der Grundrechte

Wie sich bei der Erörterung des Schrankenbegriffs anhand der außentheoretischen Struktur der Grundrechte gezeigt hat, handelt es sich bei den Schranken um diejenigen rechtlichen Verkürzungen, die von außen an die Grundrechte herantreten.[608] Nun stellt sich die Frage, ob der Schutz des Staates und staatlicher Einrichtungen eine solche Grundrechtsschranke darstellt. Wie anhand der obigen Ausführungen gezeigt wurde, gibt es bei den Grundrechten vielgestaltige Arten von Grundrechtsvorbehalten. So lassen sich Grundrechtsvorbehalte in einfache und qualifizierte Gesetzesvorbehalte und in einen unmittelbaren Vorbehalt unterteilen. Daneben gibt es noch vorbehaltlos gewährleistete Grundrechte.[609]

1. Der Bestand des Staates und die Funktion staatlicher Einrichtungen als zulässige Schranke für die Grundrechtsvorbehalte

Wie bereits oben erwähnt wurde, unterliegen zahlreiche Grundrechte geschriebenen Vorbehalten, die sich in einfache Gesetzesvorbehalte, qualifizierte Gesetzesvorbehalte und einem unmittelbaren Grundrechtsvorbehalt unterteilen. Nun stellt sich die Frage, ob das polizeiliche Schutzgut des Bestands des Staates und der Funktion staatlicher Einrichtungen den Merkmalen dieser Vorbehalte entspricht und demzufolge für jene Grundrechte mit geschriebenem Vorbehalt eine Grundrechtsschranke darstellt.

---

608 Siehe Pkt. II. 3. lit. b), S. 132 ff.; Pkt. II. 4., S. 136 f.

609 Siehe Pkt. II. 3. lit. b) lit. bb), S. 135 f.

Hierzu sind sich nochmals die Begriffe des Bestands des Staates und der Funktion staatlicher Einrichtungen aus der Untersuchung unter **I.** vor die Augen zu führen: Danach ist der Begriff Bestand des Staates gemäß des juristischen Staatsbegriffs im Grundgesetz als das Vorhandensein der Merkmale des körperschaftlichen Verbandsgebildes Deutschland, dessen Gliederung in Bund und Länder, den in der Präambel des Grundgesetzes genannten Bestand an Ländern, der Ausübung von Staatsgewalt durch staatliche Organe sowie der Ausübung von Staatsgewalt durch Wahlen und Abstimmungen des deutschen Volkes und schließlich des Volkes bzw. des deutschen Volkes als Summe aller Staatsangehörigen zu verstehen.[610] Der Begriff der Funktion staatlicher Einrichtungen ist das Vorhandensein und die Funktion der staatlichen Einrichtungen. Unter staatlichen Einrichtungen sind alle hoheitlichen Regelungs- und Handlungskomplexe zu verstehen.[611]

Versteht man daher die Begriffe des Bestands des Staates und der Funktion staatlicher Einrichtungen wie im vorgenannten Sinne, so fällt zunächst auf, dass keine der geschriebenen Grundrechtsvorbehalte die Begriffe der beiden polizeilichen Schutzgüter oder ihre Bestandteile im Wortlaut verwendet. Jedoch könnten sie vom sachlichen Umfang der Grundrechtsvorbehalte umfasst sein:

a) Grundrechte mit einfachem Gesetzesvorbehalt

Die einfachen Gesetzesvorbehalte gestatten eine Einschränkung der Grundrechte nur, soweit diese in Form oder aufgrund eines Gesetzes erfolgt.[612] Dabei ist der Gesetzgeber zwar grundsätzlich frei, die Zwecke, zu denen die Einschränkung erfolgen soll, selber zu bestimmen.[613] Allerdings muss es sich um legitime Zwecke, d. h. um berechtigte öffentliche Interessen bzw. legitime Gemeinwohlbelange handeln.[614] Als legitime Zwecke werden vom Bundesverfassungsgericht solche öffentliche Interessen bzw. Gemeinwohlbelange anerkannt, die verfassungsrechtlich nicht per se ausgeschlossen sind und den in jedem Grundrecht zum Ausdruck kommenden Freiheitsgehalt nicht vollständig aufheben.[615]

---

610 Siehe Pkt. I. 4. lit. a), S. 43 ff.; Pkt. I. 4. lit. a) lit. ii), S. 82 f.; Pkt. I. 5., S. 113 ff.

611 Siehe Pkt. I. 4. lit. b), S. 83 ff.; Pkt. I. 4. lit. b) lit. dd), S. 113; Pkt. I. 5, S. 113 ff.

612 *Hillgruber*, in: Isensee/Kirchhof (Hrsg.), Handbuch des Staatsrechts, Bd. IX, 3. Aufl., 2011, § 201, Rdnr. 54; vgl. *Voßkuhle*, JuS 2007, 429 (430).

613 *Hillgruber*, in: Isensee/Kirchhof (Hrsg.), Handbuch des Staatsrechts, Bd. IX, 3. Aufl., 2011, § 201, Rdnr. 54; vgl. *Voßkuhle*, JuS 2007, 429 (430).

614 BVerfGE 80, 137 (159); 104, 337 (347); 124, 300 (331); 125, 260 (316).

615 BVerfGE 124, 300 (331); vgl. BVerfGE 125, 260 (316 f.); *Hillgruber*, in: Isensee/Kirchhof (Hrsg.), Handbuch des Staatsrechts, Bd. IX, 3. Aufl., 2011, § 201, Rdnr. 55 f.

Vor diesem Hintergrund kann zunächst festgestellt werden, dass die polizeilichen Schutzgüter des Bestands des Staates und der Funktion staatlicher Einrichtungen den formellen Anforderungen der einfachen Gesetzesvorbehalte genügen: Die Polizeigesetze des Bundes und der Länder regeln die Abwehr von Gefahren und die Beseitigung von Störungen von dem polizeirechtlichen Schutzgut der öffentlichen Sicherheit. Dabei wird der Begriff der öffentlichen Sicherheit vom polizeirechtlichen Schrifttum und der Rechtsprechung insbesondere in dem vorgenannten Begriffssinn verstanden.[616] Wie die geschichtliche Herkunft der beiden Schutzgüter Bestand des Staates und Funktion staatlicher Einrichtungen gezeigt hat, wurde auch zur Entstehungszeit der Polizeigesetze des Bundes und der Länder der Begriff der öffentlichen Sicherheit im vorgenannten Begriffssinne verstanden,[617] sodass kein Zweifel daran besteht, dass die beiden Schutzgüter den formellen Anforderungen an die Gesetzesform genügen. Problematisch erscheint an diesem Punkt aber die Frage, inwieweit der polizeiliche Schutz des Bestands des Staates und der Funktion staatlicher Einrichtungen als eigenwertige Schutzgüter legitime, freiheitsbeschränkende Gemeinwohlbelange darstellen können. Während das Bundesverfassungsgericht davon ausgeht, „[...] *dass die Sicherheit des Staates als verfasster Friedens- und Ordnungsmacht und die* [...] *zu gewährleistende Sicherheit der Bevölkerung Verfassungswerte sind, die mit anderen hochwertigen Verfassungsgütern im gleichen Rang stehen.*“[618], geht beispielsweise *Kugelmann* davon aus, dass ein abstrakter polizeilicher Schutz des Staates und seiner Einrichtungen als legitimes Eingriffsziel unzulässig ist, da sonst hierdurch „[...] *eine Einbruchstelle für obrigkeitsstaatliches Denken eröffnet werden könnte* [...]“[619] Der Schutz des Staates und seiner Einrichtung als legitimer Eingriffszweck ist laut *Kugelmann* nicht abstrakt, sondern nur individuell und in konkreten Zusammenhängen möglich.[620] Die Frage, ob also der Bestand des Staates und die Funktion staatlicher Einrichtungen als abstrakte Eingriffszwecke geeignet sind, legitime, grundrechtsbeschränkende Gemeinwohlbelange darzustellen, könnte sich rechtlich abschließend nur dann beantworten lassen, wenn eine grundrechtsbeschränkende Wirkung beider Schutzgüter dem Grundgesetz unmittelbar selbst entnommen werden könnte. Dies wirft aber die Frage

616 Siehe Pkt. A, S. 25.
617 Siehe Pkt. I. 3., S. 34 ff., 42.
618 BVerfGE 141, 220 (267 f.).
619 *Kugelmann*, Polizei- und Ordnungsrecht, 2. Aufl., 2012, S. 80, Rdnr. 46.
620 Vgl. *Kugelmann*, Polizei- und Ordnungsrecht, 2. Aufl., 2012, S. 80, Rdnr. 46, 50; so ähnlich: *Waechter*, NVwZ 1997, 729 (736).

auf, ob der Bestand des Staates und die Funktion staatlicher Einrichtungen als verfassungsimmanente Schranken im Grundgesetz vorkommen. Mit der Frage, ob der Bestand des Staates oder die Funktion staatlicher Einrichtungen eigenständige verfassungsimmanente Schranken darstellen, könnte womöglich auch die Frage obsolet sein, ob die beiden Schutzgüter den einfachen Grundrechtsvorbehalten entsprechen, da sich dann die Beschränkungswirkung aus der Natur als verfassungsimmanente Schranken ergeben könnte. Daher kann die Untersuchung hier abgebrochen werden und es ist nachfolgend unter **Pkt. 2.** die Untersuchung zu der Frage fortzuführen, ob der Bestand des Staates oder die Funktion staatlicher Einrichtungen verfassungsimmanente Schranken darstellen.

b) Grundrechte mit qualifiziertem Gesetzesvorbehalt

Im Gegensatz zu den einfachen Gesetzesvorbehalten weisen qualifizierte Gesetzesvorbehalte auch inhaltliche Anforderungen an die Beschränkung auf und treffen somit bereits eine Vorauswahl zulässiger Eingriffszwecke. So fragt es sich, ob bei den Grundrechten mit qualifiziertem Gesetzesvorbehalt der Schutz des Bestands des Staates und der Funktion staatlicher Einrichtungen als zulässiger Beschränkungszweck ausdrücklich vorgesehen ist. Soweit dies der Fall wäre, stellt sich bei jenen Grundrechten nicht die Frage, ob es sich bei dem Bestand des Staates und der Funktion staatlicher Einrichtungen um einen legitimen Eingriffszweck handelt. Hierzu sind die Grundrechte mit qualifizierten Gesetzesvorbehalten im Folgenden zu betrachten.

aa) Die Schranken der allgemeinen Handlungsfreiheit, Art. 2 Abs. 1 GG

Das Grundrecht der allgemeinen Handlungsfreiheit in Art. 2 Abs. 1 GG steht unter einem qualifizierten Gesetzesvorbehalt, der als sog. Schrankentrias bezeichnet wird.[621] Danach ist eine Beschränkung der allgemeinen Handlungsfreiheit nur zum Schutz der Rechte anderer, der verfassungsmäßigen Ordnung oder zum Schutz des Sittengesetzes möglich. Die verfassungsmäßige Ordnung umschreibt alle Rechtsnormen, die ihrerseits im Einklang mit der Verfassung stehen, also formell und materiell verfassungsmäßig sind.[622] Die Schutzgüter

---

621 *Kunig*, in: v. Münch/Kunig (Hrsg.), GG-Komm., Bd. 1, 6. Aufl., 2012, Art. 2, Rdnr. 19; *Dreier*, in: Dreier (Hrsg.), GG-Komm., Bd. I, 3. Aufl., 2013, Art. 2, Rdnr. 51.

622 *Starck*, in: v. Mangoldt/Klein/Starck/Huber/Voßkuhle (Hrsg.), GG-Komm., Bd. 1, 7. Aufl., 2018, Art. 2, Rdnr. 25; BVerfGE 6, 32 (37 f.); 50, 256 (262); 55, 159 (165); 63, 88 (108 f.); 80, 137 (153); 90, 145 (171 f.); 91, 186 (200 f.); 96, 375 (397 f.); 103, 197 (215); 113, 88 (103).

des Bestands des Staates und der Funktion staatlicher Einrichtungen werden zwar vom Begriff der öffentlichen Sicherheit in den Polizeigesetzen des Bundes und der Länder umfasst und haben unter diesem Aspekt die erforderliche „Rechtsnormqualität". Zudem sind auch keine Anhaltspunkte erkennbar, dass die beiden Schutzgüter in formeller oder materieller Hinsicht gegen die Verfassung verstoßen würden. Allerdings ist auch nicht erkennbar, dass durch den Begriff der verfassungsmäßigen Ordnung in Art. 2 Abs. 1 GG vornehmlich der Schutz des Bestands des Staates und die Funktion staatlicher Einrichtungen als Beschränkungszweck vorgezeichnet wird. Insoweit stellt sich auch bei dem qualifizierten Gesetzesvorbehalt in Art. 2 Abs. 1 GG die gleiche Frage, wie bei den Grundrechten mit einfachem Gesetzesvorbehalt, ob nämlich der Bestand des Staates oder die Funktion staatlicher Einrichtungen geeignete, legitime Zwecke sind, um die allgemeine Handlungsfreiheit beschränken zu können.

bb) Die Schranken der Kommunikationsgrundrechte, Art. 5 Abs. 1, 2 GG

Die in Art. 5 Abs. 1 GG gewährleisteten Kommunikationsgrundrechte, wie beispielsweise die Freiheit der Meinungsäußerung und -verbreitung gemäß Art. 5 Abs. 1 S. 1 HS. 1, 2 GG, die Informationsfreiheit gemäß Art. 5 Abs. 1 S. 1 HS. 3 GG oder die Presse- oder Rundfunkfreiheit gemäß Art. 5 Abs. 1 S. 2 Var. 1 und 2 GG[623] unterliegen gemäß Art. 5 Abs. 2 GG einem qualifizierten Gesetzesvorbehalt in Gestalt der allgemeinen Gesetze, den gesetzlichen Bestimmungen zum Schutze der Jugend und dem Recht der persönlichen Ehre. Der Vorbehalt der allgemeinen Gesetze in Art. 5 Abs. 2 Var. 1 GG beschreibt nach der Rechtsprechung des Bundesverfassungsgerichts solche Gesetze, „[...] *die nicht eine Meinung als solche verbieten, die vielmehr dem Schutze eines schlechthin, ohne Rücksicht auf eine bestimmte Meinung, zu schützenden Rechtsguts dienen, dem Schutze eines Gemeinschaftswerts, der gegenüber der Betätigung der Meinungsfreiheit den Vorrang hat.*"[624] Vor diesem Hintergrund gibt auch der Begriff der allgemeinen Gesetze in Art. 5 Abs. 2 Var. 1 GG nicht ausdrücklich den Schutz des Bestands des Staates oder der Funktion staatlicher Einrichtungen

623 Zum Begriff der Kommunikationsgrundrechte und deren Aufzählung: vgl. *Schulze-Fielitz*, in: Dreier (Hrsg.), GG-Komm., Bd. I, 3. Aufl., 2013 Art. 5 I, II, Rdnr. 39 f.; *Starck/Paulus*, in: v. Mangoldt/Klein/Starck/Huber/Voßkuhle (Hrsg.), GG-Komm., Bd. 1, 7. Aufl., 2018, Art. 5, Rdnr. 6; *Grabenwarter*, in: Maunz/Dürig/Herzog/Herdegen/ Scholz/Klein (Hrsg.), GG-Komm., 88. EL (2019); Art. 5 Abs. 1, Abs. 2, Rdnr. 2 ff.

624 BVerfGE 7, 198 (209 f.); vgl. BVerfGE 97, 125 (146); 111, 147 (155); 117, 244 (260); 120, 180 (200).

als Beschränkungszweck vor. Auch mit Blick auf den qualifizierten Gesetzesvorbehalt in Art. 5 Abs. 2 Var. 1 GG stellt sich die Frage, ob der Bestand des Staates oder die Funktion staatlicher Einrichtungen geeignet ist, legitime Zwecke zur Beschränkung der Kommunikationsgrundrechte darzustellen.

cc) Die Schranken der Vereinigungsfreiheit, Art. 9 Abs. 1, 2 GG

Einem qualifiziertem Gesetzesvorbehalt unterliegt auch die allgemeine Vereinigungsfreiheit in Art. 9 Abs. 1 GG, da die Bestimmung in Art. 9 Abs. 2 GG als eine Schrankenregelung zu verstehen ist.[625] Danach sind Beschränkungen nur in Form von Strafgesetzen oder zum Schutz der verfassungsmäßigen Ordnung oder des Gedankens der Völkerverständigung zulässig. Der Begriff der verfassungsmäßigen Ordnung in Art. 9 Abs. 2 ist ein anderer als in Art. 2 Abs. 1 GG,[626] er umschreibt nach Auffassung des Bundesverfassungsgerichts den gleichen Begriff, wie die freiheitliche, demokratische Grundordnung in Art. 18 GG und Art. 21 Abs. 2 GG, nämlich die elementaren Grundsätze der Verfassung.[627] Im Zusammenhang mit der Vereinigungsfreiheit zählt das Bundesverfassungsgericht zu solchen elementaren Grundsätzen die Menschenwürde in Art. 1 Abs. 1 GG sowie das Demokratie- und Rechtstaatsprinzip.[628] Mit Blick auf die Schutzgüter des Bestands des Staates und der Funktion staatlicher Einrichtungen kann bereits an dieser Stelle festgestellt werden, dass davon bereits die Funktion staatlicher Einrichtungen nicht umfasst ist: Wie die Untersuchung unter **I.** gezeigt hat,[629] umfasst das Schutzgut der Funktion staatlicher Einrichtungen sämtliche hoheitlichen Regelungs- und Handlungskomplexe und damit auch solche, die nicht-verfassungsrechtlicher Natur sind und daher außerhalb der elementaren Grundsätze der Verfassung stehen, wie beispielsweise die staatliche Einrichtung der von der Verkehrspolizei aufgestellten Radargeräte zur Geschwindigkeitskontrolle. Ob der Begriff des Bestands des Staates einen elementaren Grundsatz der

---

625 *Durner*, in: Maunz/Dürig/Herzog/Herdegen/Scholz/Klein (Hrsg.), GG-Komm., 88. EL (2019), Art. 11, Rdnr. 138; *Kunig*, in: v. Münch/Kunig (Hrsg.), GG-Komm., Bd. 1, 6. Aufl., 2012, Art. 11, Rdnr. 21, 23; *Gusy*, in: v. Mangoldt/Klein/Starck/Huber/ Voßkuhle (Hrsg.), GG-Komm., Bd. 1, 7. Aufl., 2018, Art. 11, Rdnr. 55, 58.

626 *Höfling*, in: Sachs (Hrsg.), GG-Komm., 8. Aufl., 2018, Art. 9, Rdnr. 46; vgl. BVerfGE 6, 20 (38).

627 BVerfGE 149, 160 (197, Rdnr. 107); BVerfGE 6, 20 (38).

628 BVerfGE 149, 160 (197, Rdnr. 107) m. w. N. BVerwGE 134, 275 (292 f., Rdnr. 44); *Höfling*, in: Sachs (Hrsg.), GG-Komm., 8. Aufl., 2018, Art. 9, Rdnr. 46; *Bauer*, in: Dreier (Hrsg.), GG-Komm., Bd. I, 3. Aufl., 2013, Art. 9, Rdnr. 57.

629 Siehe Pkt. I. 4. lit. b) lit. bb), S. 84 f.

Verfassung darstellt oder von einem solchen umfasst ist und demzufolge einen legitimen Beschränkungszweck für Grundrechte begründet, läuft letztlich auch auf die Frage hinaus, ob der Bestand des Staates in der Verfassung enthalten ist und ihm eine grundrechtsbeschränkende Natur entnommen werden kann.

dd) Die Schranken der Freizügigkeit, Art. 11 Abs. 1, 2 GG

Die gemäß Art. 11 Abs. 1 GG gewährleistete Freizügigkeit im Bundesgebiet wird nach Art. 11 Abs. 2 GG unter den qualifizierten Gesetzesvorbehalt gestellt, dass Beschränkungen durch Gesetz oder aufgrund eines Gesetzes nur in solchen Fällen zulässig sind, in denen eine ausreichende Lebensgrundlage nicht vorhanden ist oder ansonsten für die Allgemeinheit besondere Lasten entstehen würden oder dies zur Abwehr einer drohenden Gefahr für den Bestand oder die freiheitliche demokratische Grundordnung des Bundes oder eines Landes dient, oder zur Bekämpfung von Seuchengefahr, Naturkatastrophen oder besonders schweren Unglücksfällen oder die Beschränkung zum Schutze der Jugend vor Verwahrlosung erfolgt oder um strafbaren Handlungen vorzubeugen.

Der qualifizierte Gesetzesvorbehalt in Art. 11 Abs. 2 GG umfasst damit auch den Staatssicherheits-[630] bzw. Notstandsvorbehalt[631], dass als Beschränkungszweck ausdrücklich der Bestand des Bundes vorgesehen ist. Wie die Untersuchung zum Staatsbegriff und seiner Bundestruktur unter **I.** gezeigt hat,[632] ist mit dem Begriff des Bundes gleichsam auch die Bundesrepublik Deutschland als Gesamt- bzw. Oberstaat angesprochen[633] und demzufolge der maßgebliche, rechtliche Begriff des Staates. Damit lässt sich feststellen, dass der qualifizierte Gesetzesvorbehalt in Art. 11 Abs. 2 GG ausdrücklich den Schutz des Bestands des Staates als legitimen Eingriffszweck vorgibt. Demgegenüber bleibt aber auch festzustellen, dass die Funktion staatlicher Einrichtungen aufgrund der sachlichen Weite ihres Begriffsumfangs, in welchem sämtliche Behörden oder schlicht-hoheitliches Handeln inbegriffen sind, nicht vom Bestand des Bundes

---

630 *Merten*, in: Merten/Papier (Hrsg.), Handbuch der Grundrechte, Bd. IV, 2011, § 94, Rdnr. 101.

631 Vgl. *Gusy*, in: v. Mangoldt/Klein/Starck/Huber/Voßkuhle (Hrsg.), GG-Komm., Bd. 1, 7. Aufl., 2018, Art. 11, Rdnr. 58.

632 Siehe Pkt. I. 4. lit. a) lit. hh) lit. ccc) lit. bbbb) lit. β), S. 76 ff.

633 Begriff des Bundes als Staat im Sinne des Grundgesetzes einordnend: *Gusy*, in: v. Mangoldt/Klein/Starck/Huber/Voßkuhle (Hrsg.), GG-Komm., Bd. 1, 7. Aufl., 2018, Art. 11, Rdnr. 58; bei dem Begriff des Bundes auch auf das Gemeinwesen abstellend: *Merten*, in: Merten/Papier (Hrsg.), Handbuch der Grundrechte, Bd. IV, 2011, § 94, Rdnr. 101.

oder Landes oder der freiheitlich demokratischen Grundordnung derselben als mitumfasst angesehen werden kann.

ee) Die Schranken der Unverletzlichkeit der Wohnung, Art. 13 GG

Das Grundrecht der Unverletzlichkeit der Wohnung in Art. 13 Abs. 1 GG verfügt je nach Art des möglichen Grundrechtseingriffs über unterschiedliche, qualifizierte Gesetzesvorbehalte.

Soweit es um einen Grundrechtseingriff in Gestalt der Durchsuchung der Wohnung geht, enthält Art. 13 Abs. 2 GG einen qualifizierten Gesetzesvorbehalt, nach welchem das beschränkende Gesetz Anforderungen an die Zuständigkeit und das Verfahren der Durchsuchung enthalten muss. Jedoch sind solche formellen Anforderungen an das beschränkende Gesetz unabhängig von der Frage, ob die Schutzgüter Bestand des Staates oder die Funktion staatlicher Einrichtungen für sich genommen legitime Eingriffszwecke darstellen. Die Frage legitimer Eingriffszwecke wird von dem qualifizierten Gesetzesvorbehalt in Art. 13 Abs. 2 GG nicht vorgegeben, sodass sich damit auch hier die Frage stellt, ob der Bestand des Staates oder die Funktion staatlicher Einrichtungen legitime Zwecke zur Beschränkung darstellen.

Handelt es sich hingegen bei dem Grundrechtseingriff um den Einsatz technischer Mittel zur akustischen Wohnraumüberwachung, so sieht Art. 13 Abs. 3 S. 1 GG einen qualifizierten Gesetzesvorbehalt zum Zweck der Strafverfolgung vor. Da es bei der vorliegenden Betrachtung aber um den polizeirechtlichen Schutz des Bestand des Staates und der Funktion staatlicher Einrichtungen geht, ist der qualifizierte Gesetzesvorbehalt in Art. 13 Abs. 3 S. 1 GG thematisch nicht einschlägig und bleibt daher außer Betracht. Stattdessen ist der Blick hierfür Art. 13 Abs. 4 S. 1 GG zuzuwenden.

Für den Einsatz technischer Mittel zur Wohnraumüberwachung enthält in Art. 13 Abs. 4 S. 1 GG einen qualifizierten Gesetzesvorbehalt, wonach technische Mittel nur zur Abwehr dringender Gefahren für die öffentliche Sicherheit, insbesondere einer gemeinen Gefahr oder einer Lebensgefahr, und nur aufgrund richterlicher Anordnung eingesetzt werden dürfen. Aus der Begründung zur Verfassungsänderung des Art. 13 Abs. 4 S. 1 GG geht hervor, dass mit dem Begriff der dringenden Gefahr für die öffentliche Sicherheit auf das allgemeine polizeirechtliche Begriffsverständnis Bezug genommen wurde.[634] Daraus folgt, dass vom Begriff der öffentlichen Sicherheit die beiden Schutzgüter des Bestands

634 BT-Drs. 13/8650, S. 5.

des Staates und der Funktion staatlicher Einrichtungen mitumfasst sind.[635] Allerdings wird der Begriff der dringenden Gefahr in Art. 13 Abs. 4 S. 1 GG in der Absicht verwendet, um damit Gefahren ausschließlich für hochrangige Rechtsgüter zu beschreiben, weshalb auch die Begriffe der gemeinen Gefahr und der Lebensgefahr als Unterfälle in Art. 13 Abs. 4 S. 1 GG genannt werden.[636] Vor diesem Hintergrund scheidet der Schutz der Funktion staatlicher Einrichtungen am Merkmal der dringenden Gefahr als legitimer Eingriffszweck in Art. 13 Abs. 4 S. 1 GG aus.

Schließlich enthält Art. 13 Abs. 7 HS. 2 GG für sonstige Grundrechtsingriffe – neben einem unmittelbaren Grundrechtsvorbehalt in Art. 13 Abs. 7 HS. 1 GG, der später zu betrachten ist – einen qualifizierten Gesetzesvorbehalt. Danach sind Beschränkungen aufgrund eines Gesetzes nur zu dem Zweck zur Verhütung dringender Gefahren für die öffentliche Sicherheit und Ordnung, insbesondere zur Behebung der Raumnot, zur Bekämpfung von Seuchengefahr oder zum Schutze gefährdeter Jugendlicher zulässig. Da auch hier eine Beschränkung nur zum Zwecke dringender Gefahren für die öffentliche Sicherheit zulässig ist, gelten die vorangegangenen Feststellungen zu Art. 13 Abs. 4 S. 1 GG. Danach ist zwar der Bestand des Staates als legitimer Eingriffszweck, implizit durch den Begriff der öffentlichen Sicherheit, vorgegeben. Demgegenüber scheidet der Schutz der Funktion staatlicher Einrichtungen am Merkmal der dringenden Gefahr als legitimer Eingriffszweck aus.

ff) Sonstige qualifizierte Gesetzesvorbehalte

Das Grundgesetz enthält neben den bislang genannten Grundrechten mit qualifizierten Gesetzesvorbehalten noch weitere qualifizierte Gesetzesvorbehalte, wie Art. 104 Abs. 1 S. 1 GG für die in Art. 2 Abs. 2 S. 2 GG gewährleistete Freiheit der Person oder Art. 10 Abs. 2 S. 2 GG bei besonderen Beschränkungen des in Art. 10 Abs. 1 GG gewährleisteten Brief-, Post- und Fernmeldegeheimnisses. Allerdings kann die Betrachtung jedes einzelnen der anderen qualifizierten Gesetzesvorbehalte außer Betracht bleiben, da sie nur formale Anforderungen an das zu beschränkende Gesetz stellen und nicht den Eingriffszweck näher bestimmen, sodass hieraus auch keine Schlussfolgerung zur Frage der Legitimität von

---

635 Vgl. zur Einschränkung der Unverletzlichkeit der Wohnung in Hinsicht auf die Frage von Bestandsgefährdungen für die Bundesrepublik Deutschland: PlPr. 13/214, S. 19529.

636 BT-Drs. 13/8650, S. 5.

Beschränkungen zum Schutz des Bestands des Staates und der Funktion staatlicher Einrichtungen gezogen werden kann.

gg) Ergebnis

Wie dies zeigt, kann auch den qualifizierten Gesetzesvorbehalten nicht generell die Bestimmung entnommen werden, dass der Bestand des Staates und die Funktion staatlicher Einrichtungen verfassungsrechtlich anerkannte, legitime Eingriffszwecke darstellen. Insbesondere geht aus den qualifizierten Gesetzesvorbehalten in Art. 9 Abs. 2, Art. 11 Abs. 2 sowie Art. 13 Abs. 4 S. 1 und Art. 13 Abs. 7 HS. 2 GG hervor, dass das polizeirechtliche Schutzgut der Funktion staatlicher Einrichtungen nicht den Anforderungen an den legitimen Eingriffszweck entspricht und damit auch nicht die Grundrechte der allgemeinen Vereinigungsfreiheit in Art. 9 Abs. 1 GG, der Freizügigkeit gemäß Art. 11 Abs. 1 GG sowie der Unverletzlichkeit der Wohnung gemäß Art. 13 Abs. 1 GG – ausgenommen hiervon jedoch zum Zweck von Durchsuchungen, Art. 13 Abs. 2 GG – beschränken kann.

Demgegenüber wird von den qualifizierten Gesetzesvorbehalten in Art. 11 Abs. 2 GG und Art. 13 Abs. 4 S. 1 und Art. 13 Abs. 7 HS. 2 GG der Schutz des Bestands des Staates als legitimer Eingriffszweck vorgegeben, sodass das Schutzgut des Staates mit Blick auf die allgemeine Freizügigkeit gemäß Art. 11 Abs. 1 GG und die Unverletzlichkeit der Wohnung gemäß Art. 13 Abs. 1 GG einen legitimen Eingriffszweck darstellt.

Bei den übrigen qualifizierten Gesetzesvorbehalten im Grundgesetz ist festzustellen, dass der Schutz des Bestands des Staates und der Funktion staatlicher Einrichtungen von den inhaltlichen Anforderungen der Gesetzesvorbehalte nicht ausdrücklich als legitimer Zweck vorgegeben wird. Um eindeutige Ergebnisse zu erzielen, ist daher auch hier die Untersuchung zu den qualifizierten Gesetzesvorbehalten abzubrechen und nachfolgend unter **Pkt. 2.** die Untersuchung zu der Frage fortzuführen, ob der Bestand des Staates oder die Funktion staatlicher Einrichtungen eigenständige, verfassungsimmanente Schranken darstellen.

c) Unmittelbarer Grundrechtsvorbehalt

Das Grundrecht der Unverletzlichkeit der Wohnung gemäß Art. 13 Abs. 1 GG unterliegt einem unmittelbaren Grundrechtsvorbehalt in Art. 13 Abs. 7 HS. 1 GG, wonach die Unverletzlichkeit der Wohnung ohne vorherige gesetzliche Ausgestaltung rechtlich unmittelbar beschränkt werden kann, wenn dies zur Abwehr einer gemeinen Gefahr oder einer Lebensgefahr für einzelne Personen dient.

Der Begriff der gemeinen Gefahr ist dem preußischen Polizeirecht entlehnt und umschreibt hiernach leib- und lebensbedrohende Gefahren für die Allgemeinheit, wie besondere Katastrophen- oder Unglücksfälle.[637] Dem Begriff der gemeinen Gefahr gegenübergestellt in Art. 13 Abs. 7 HS. 1 GG ist die Lebensgefahr für einzelne Personen. Damit zeigen bereits die Schutzgüter des unmittelbaren Grundrechtsvorbehalts, dass der legitime Zweck der Beschränkung ausschließlich an Personenschäden anknüpft und nicht an abstrakte Schutzgüter, wie den Bestand des Staates oder die Funktion staatlicher Einrichtungen.

Damit kann der Schutz des Bestands des Staates und der Funktion staatlicher Einrichtungen das in Art. 13 Abs. 1 GG gewährleistete Grundrecht der Unverletzlichkeit der Wohnung nicht aufgrund des Art. 13 Abs. 7 HS. 1 GG unmittelbar beschränken.

d) Zusammenfassung und weitere Schlussfolgerung

Die Grundrechte verfügen in ihren ausdrücklichen Vorbehalten nicht über eine generelle Beschränkungsmöglichkeit zugunsten des Schutzes des Bestands des Staates und der Funktion staatlicher Einrichtungen.

Zunächst sind hierzu die vorbehaltlos gewährleisteten Grundrechte anzuführen, die ohne Schrankenklausel keine Beschränkung zugunsten des Bestands des Staates und der Funktion staatlicher Einrichtungen zulassen. Dies betrifft die Gewissens- und Bekenntnisfreiheit gemäß Art. 4 Abs. 1 GG, die Religionsausübungsfreiheit gemäß Art. 4 Abs. 2 GG, die Kunstfreiheit gemäß Art. 5 Abs. 3 S. 1 GG, die Wissenschaftsfreiheit mit der Lehr- und Forschungsfreiheit gemäß Art. 5 Abs. 3 S. 1 GG, die Versammlungsfreiheit in geschlossenen Räumen gemäß Art. 8 Abs. 1 GG, das Petitionsrecht gemäß Art. 17 GG, das Recht auf einen gesetzlichen Richter gemäß Art. 101 Abs. 1 S. 2 GG sowie der Anspruch auf rechtliches Gehör gemäß Art. 103 Abs. 1 GG.

Wie die vorangehende Betrachtung außerdem gezeigt hat, lassen auch die qualifizierten Gesetzesvorbehalte in Art. 9 Abs. 2, Art. 11 Abs. 2 sowie Art. 13 Abs. 4 S. 1 und Art. 13 Abs. 7 HS. 2 GG keine Beschränkungsmöglichkeit zugunsten des Schutzes der Funktion staatlicher Einrichtungen zu,[638] während der unmittelbare Grundrechtsvorbehalt in Art. 13 Abs. 7 HS. 1 GG überdies

---

637 *Kunig*, in: v. Münch/Kunig (Hrsg.), GG-Komm., Bd. 1, 6. Aufl., 2012, Art. 13, Rdnr. 61; *Papier*, in: Merten/Papier (Hrsg.), Handbuch der Grundrechte, Bd. IV, 2011, § 91, Rdnr. 75; *Gornig*, in: v. Mangoldt/Klein/Starck/Huber/Voßkuhle (Hrsg.), GG-Komm., Bd. 1, 7. Aufl., 2018, Art. 13, Rdnr. 156, 157.

638 Siehe Pkt. IV. 1. lit. b), S. 160 ff.; Pkt. IV. 1. lit. b) lit. gg), S. 166.

auch unmittelbare Beschränkungen zugunsten des Bestands des Staates sowie der Funktion staatlicher Einrichtungen ausschließt.[639] Einzige ausdrückliche Beschränkungsmöglichkeit zugunsten des Schutzes des Bestands des Staates folgt aus den qualifizierten Gesetzesvorbehalten in Art. 11 Abs. 2 GG sowie Art. 13 Abs. 4 S. 1 und Art. 13 Abs. 7 HS. 2 GG.[640]

In Hinsicht auf die einfachen Gesetzesvorbehalte und den übrigen qualifizierten Gesetzesvorbehalten, wie Art. 2 Abs. 1 GG, Art. 104 Abs. 1 S. 1 GG oder Art. 5 Abs. 2 GG ist es denkbar, dass der Schutz des Bestands des Staates und der Funktion staatlicher Einrichtungen einen legitimen Eingriffszweck darstellt und demnach solche Grundrechte entsprechend beschränken kann. Ob den beiden Schutzgütern eine solche verfassungsrechtliche Legitimation tatsächlich zukommt, lässt sich jedenfalls nur dann mit Gewissheit aussagen, wenn sich die grundrechtsbeschränkende Wirkung unmittelbar aus dem Grundgesetz selber ergibt.[641] Dies wäre der Fall, wenn es sich bei dem Schutz des Bestands des Staates und der Funktion staatlicher Einrichtungen auch gleichzeitig um verfassungsimmanente Schranken handelt. Nur dann wäre auch die legitime, grundrechtsbeschränkende Wirkung beider Schutzgüter nachgewiesen, wenngleich es dann erstens, den geschriebenen Gesetzesvorbehalten der Grundrechte nicht mehr bedürfte, um die Grundrechte einzuschränken und zweitens auch die Gruppe der vorbehaltlos gewährleisteten Grundrechte eingeschränkt werden könnte.

Daher wird sich die Untersuchung auf die hauptsächliche Frage konzentrieren, ob der Bestand des Staates und die Funktion staatlicher Einrichtungen verfassungsimmanente Schranken darstellen. Damit dürfte sich die Frage allgemeingültig beantworten lassen, ob der polizeirechtliche Schutz des Bestands des Staates und der Funktion staatlicher Einrichtungen die Grundrechte beschränken kann.

2. Der Bestand des Staates und die Funktion staatlicher Einrichtungen als verfassungsimmanente Grundrechtsschranke

In Rechtsprechung und Schrifttum ist bereits seit längerem die Figur sog. verfassungsimmanenter Grundrechtsschranken anerkannt, welche aus der Verfassung

639 Siehe Pkt. IV. 1. lit. c), S. 166 f.
640 Siehe Pkt. IV. 1. lit. b) lit. dd), S. 163; Pkt. IV. 1. lit. b) lit. ee), S. 164 f.
641 Vgl. Pkt. IV. 1. lit. a), S. 159 f.

gewonnen werden und deswegen auch zu einer Einschränkung von vorbehaltlos gewährleisteten Grundrechten sowie womöglich auch gegenüber Grundrechten mit ausdrücklichem Grundrechtsvorbehalt führen können.[642] Die genaue Herleitung der Figur dürfte immer noch umstritten und nach verbreiteter Auffassung nicht befriedigend geklärt sein.[643]

Daher ist zunächst die Figur der verfassungsimmanenten Schranken zu bestimmen und danach zu untersuchen, ob der Bestand des Staates und die Funktion staatlicher Einrichtungen die Merkmale einer solchen verfassungsimmanenten Schranke erfüllt und demnach Grundrechte beschränken kann.

a) Die Idee von verfassungsimmanenten Grundrechtsschranken

Die Idee von verfassungsimmanenten Grundrechtsschranken, die unmittelbar im Wortlaut oder der Systematik der Verfassung ihre Grundlage finden, kam zunächst im Zusammenhang mit den vorbehaltlos gewährleisteten Grundrechten auf.[644] Entsprechend der obigen Ausführungen setzt die Gewährleistung und Aufrechterhaltung der staatlichen Friedensordnung voraus, dass die Freiheitsinteressen jedes einzelnen hinreichend vor denen, der anderen geschützt werden und hierfür widerstreitende Freiheitsinteressen in rechtsfriedenssichernder Weise austariert werden. Um die widerstreitenden Freiheitsinteressen austarieren zu können, sind Möglichkeiten zur Einschränkung der Freiheiten vonnöten. Daher ist die staatliche Friedensordnung auf die Beschränkung der Freiheitsinteressen jedes einzelnen denknotwendig angewiesen.[645] Hierzu kann auf *Lassally* verwiesen werden: „*Eine schrankenlose Freiheit wird stets zur Anarchie führen; in einem Rechtsstaat ist daher auch eine schrankenlose Freiheit undenkbar.*“[646]

---

642 *Böckenförde*, Der Staat Bd. 42 (2003), 165 (168 ff.); vgl. *Kokott*, in: Merten/Papier (Hrsg.), Handbuch der Grundrechte, Bd. I, 2004, § 22, Rdnr. 38; *Pecher*, Verfassungsimmanente Schranken, 2002, S. 296 f.; *Terwiesche*, Die Begrenzung der Grundrechte, 1999, S. 251; *Schwacke/Stolz*, Staatsrecht, 2. Aufl., 1988, S. 249; vgl. BVerfGE 4, 7 (15f.); 28, 243 (261); 108, 282 (297); vgl. BVerwGE 1, 48 (52); 7, 125 (139).

643 Vgl. dazu: *Pecher*, Verfassungsimmanente Schranken, 2002, S. 296 f.; *Terwiesche*, Die Begrenzung der Grundrechte, 1999, S. 251; *v. Pollern*, JuS 1977, 644 (645).

644 *Böckenförde*, Der Staat Bd. 42 (2003), 165 (170); *Sachs*, in: Stern (Hrsg.), Staatsrecht, Bd. III/2, 1994, § 81 IV 1, S. 515; *Merten*, in: Merten/Papier (Hrsg.), Handbuch der Grundrechte, Bd. III, 2009, § 60, Rdnr. 87.

645 Siehe Pkt. I. 1., S. 31 ff.; Pkt. II. 1., S. 116 f.

646 *Lassally*, MDR 1953, 76 (76); vgl. auch: *Jellinek*, Subjektive öffentliche Rechte, 2. Aufl., 1905, S. 103.

Indem die Grundrechtsartikel im Grundgesetz gegenüber den Artikeln über die staatliche Ordnung vorangestellt wurden, ist somit zu erkennen gegeben wurden, dass sich die staatliche Ordnung aus der Gewährleistung der Grundrechte und der inneren Friedensordnung legitimiert.[647] Obwohl die innere Friedensordnung auf die rechtliche Einschränkung von Grundrechten angewiesen ist, haben aber nicht alle Grundrechte eine ausdrückliche Schranke. So sind die Grundrechte in den Art. 4 Abs. 1, Abs. 2; Art. 5 Abs. 3 S. 1; Art. 8 Abs. 1; Art. 17; Art. 101 Abs. 1 S. 2; Art. 103 Abs. 1 GG vom Wortlaut her vorbehaltlos gewährleistet und stehen damit im Widerspruch zur Verteilungsfunktion und damit letztlich zur Verwirklichung der staatlichen Friedensordnung.[648] Die erheblichen Gefahren, die sich aus einem wildwüchsigen Freiheitsgebrauch für die Allgemeinheit ergeben können, hat *Nawiasky*, der auch an der Verfassungsgebung beteiligt war,[649] in seinen Exzessbeispielen über *„sadistische Sekten"*, *„Freiheit der Kunst in […] Verherrlichung des Kampfes gegen Gesetz und Recht"* *„Freiheit der Forschung in […] maßloser Tierquälerei"* oder *„Beschwerderecht in gröblichsten Ehrverletzungen"* zusammengefasst.[650] Die Exzessbeispiele von *Nawiasky* sollten nicht als fernliegend oder abwegig von der Hand gewiesen werden, denn eine sinngebende und vorausschauende Verfassung des Gemeinwesens, darf sich mit *Schmitts* Worten: „[…] *vor dem extremen Falle nicht zurückzuziehen* […]."[651] Daraus folgt die Einsicht, dass vorbehaltlos gewährleistete Grundrechte nicht unendlich weit gelten, denn nur so können *„unhaltbare"*[652] bzw. *„bedenkliche bis bestürzende"*[653] Ergebnisse vermieden werden.[654] Über die Frage der dringenden Notwendigkeit einer Beschränkung vorbehaltloser Grundrechte bestehen nach *Sachs* keinerlei Zweifel,[655] lediglich das richtige Maß der Einschränkbarkeit erscheint klärungsbedürftig.[656]

---

647 Siehe Pkt. I. 1., S. 32 f.

648 *Pecher*, Verfassungsimmanente Schranken, 2002, S. 3, 8.

649 Hierzu: *Sachs*, in: Stern (Hrsg.), Staatsrecht, Bd. III/2, 1994, § 81 II 2, S. 501.

650 *Nawiasky*, Grundgedanken des Grundgesetzes, 1950, S. 24.

651 *Schmitt*, Politische Theologie, 9. Aufl., 2009, S. 21.

652 *Klein*, in: v. Mangoldt/Klein (Hrsg.), GG-Komm., Bd. I, 2. Aufl., 1957, Art. 9, VI 1, S. 331.

653 *Schwacke/Stolz*, Staatsrecht, 2. Aufl., 1988, S. 249.

654 *Pecher*, Verfassungsimmanente Schranken, 2002, S. 7; vgl. *Bamberger*, Schranken vorbehaltloser Freiheitsgrundrechte, 1999, S. 103; der sogar davon spricht, dass ein soziales Gemeinwesen keinen grenzenlosen Grundrechtsgebrauch verkraftet.

655 *Sachs*, JuS 1995, 984 (985).

656 Vgl. *Sachs*, in: Stern (Hrsg.), Staatsrecht, Bd. III/2, 1994, § 81 IV 1, S. 515.

Vor dem Hintergrund, dass Grundrechtsschranken aufgrund der Grundrechtsbindung aller staatlichen Gewalt gemäß Art. 1 Abs. 3 GG ihre Grundlagen nicht außerhalb der Verfassung, etwa durch Gesetzgebung, sondern nur innerhalb der Verfassung finden können,[657] wurden verschiedene Figuren von verfassungsimmanenten Grundrechtsschranken hergeleitet bzw. entwickelt,[658] bei denen auch die Frage aufgeworfen werden kann, ob diese auch auf Grundrechte mit ausdrücklichem Vorbehalt angewendet werden können.[659]

b) Bestimmung der verfassungsimmanenten Grundrechtsschranken

Im Folgenden ist die Bestimmung von verfassungsimmanenten Grundrechtsschranken darzustellen, um nachfolgend untersuchen zu können, ob der Bestand des Staates und die Funktion staatlicher Einrichtungen eine verfassungsimmanente Schranke darstellt. Für die Herleitung und Gewinnung von verfassungsimmanenten Grundrechtsschranken wurden verschiedene Gedankenmodelle entwickelt:[660]

aa) Übernahme der Schranken der allgemeinen Handlungsfreiheit

Eine Lösung, verfassungsrechtlich fundierte Schranken aus der Verfassung zu gewinnen, bestand darin, dass man die Schrankentrias des Art. 2 Abs. 1 HS. 2 GG heranzog und versuchte, sie auf andere Grundrechte entsprechend anzuwenden. Bei der Schrankentrias des Art. 2 Abs. 1 HS. 2 GG handelt es sich um praktikable, als auch in der Verfassung geschriebene[661], Schranken.

---

657 *Friauf*, JR 1970, 215 (215).

658 Vgl. *Klein*, in: v. Mangoldt/Klein (Hrsg.), GG-Komm., Bd. I, 2. Aufl., 1957, Art. 2 Anm. III 5 b, S. 167; BVerwGE 1, 48 (52); 2, 85 (87); BVerfGE 4, 7 (16); 28, 243 (261); 30, 1 (20); vgl. *Misera-Lang*, Einschränkbarkeit vorbehaltloser Freiheitsrechte, 1999, S. 144.

659 *Sachs*, in: Stern (Hrsg.), Staatsrecht, Bd. III/2, 1994, § 81 IV 2, S. 522 f.; *Bamberger*, Schranken vorbehaltloser Freiheitsgrundrechte, 1999, S. 5; *Kingreen/Poscher*, Grundrechte, 35. Aufl., 2019, § 6 V 1, S. 106, Rdnr. 384; *Schoch*, DVBl. 1991, 667 (671 f.); *Bethge*, in: Sachs (Hrsg.), GG-Komm., 8. Aufl., Art. 5, Rdnr. 173; *Terwiesche*, Die Begrenzung der Grundrechte, 1999, S. 130, 131 ff.; *Eckhoff*, Der Grundrechtseingriff, 1992, S. 11; vgl. *Degenhart*, in: Merten/Papier (Hrsg.), Handbuch der Grundrechte, Bd. III, 2009, § 61, Rdnr. 68, 73; *Böckenförde*, Der Staat Bd. 42 (2003), 165 (173); BVerfGE 66, 116 (136); 111, 147 (157); BVerwGE 83, 358 (365); 87, 37 (46).

660 Vgl. dazu: *Stern*, in: Stern (Hrsg.), Staatsrecht, Bd. III/2, 1994, § 82 IV 3, S. 661 ff.

661 *Sachs*, in: Stern (Hrsg.), Staatsrecht, Bd. III/2, 1994, § 81 IV 4, S. 547; *Dürig*, in: Maunz/Dürig (Hrsg.), GG-Komm., 2. Aufl., 1968, Art. 2 Abs. I, Rdnr. 70 f.; vgl. *Krüger*, NJW 1955, 201 (202 f.).

Dies zeigte sich in den vielen, verschiedenen Ansätzen, auf die Schrankenregelung des Art. 2 Abs. 1 HS. 2 GG zuzugreifen[662] und als grundgesetzimmanente Schranke zu konstruieren. Allerdings muss man sich hier stets vor Augen halten, dass alle Modelle der Schrankenanleihe bei Art. 2 Abs. 1 HS. 2 GG ausschließlich nur für Freiheitsgrundrechte gelten.[663] Deren Entwicklungen soll hier dargestellt werden.[664]

aaa) Schranken aus Art. 2 Abs. 1 GG als Freiheitsrechtsleitsatz

Nach *Klein* ist die Schrankenbestimmung in Art. 2 Abs. 1 HS. 2 GG interpretativ auf alle Freiheitsgrundrechte anwendbar, soweit bei den Freiheitsgrundrechten keine ausdrücklich geschriebenen Grundrechtsschranken greifen.[665]

Gedankliche Grundlage dafür ist für *Klein* das Verständnis der allgemeinen Handlungsfreiheit des Art. 2 Abs. 1 HS. 1 GG als kein selbstständiges Grundrecht, sondern als einen „*Freiheitsrechtsleitsatz*“ bzw. „*Grundrechtsleitsatz*“[666]. Dieser soll eine Interpretationsregel für alle nachfolgenden Freiheitsgrundrechte darstellen.[667] Die Natur als allgemeiner Freiheitsrechtsleitsatz rührt laut *Klein* zum einen aus der „*Unbestimmtheit, Dehnbarkeit und Vagheit*“[668] der sachlichen Gewährleistung in Art. 2 Abs. 1 HS. 1 GG, wodurch die allgemeine Handlungsfreiheit in Art. 2 Abs. 1 GG nicht den rechtsstaatlichen Erfordernissen von Rechtssicherheit und Rechtsklarheit entspricht, die an ein subjektives Recht zu stellen sind und daher Art. 2 Abs. 1 GG bereits kein fähiges Grundrecht sei.[669] Zum anderen geht Art. 2 Abs. 1 GG den Grundrechten systematisch

662 Vgl. *Sachs*, in: Stern (Hrsg.), Staatsrecht, Bd. III/2, 1994, § 81 IV 4, S. 547.

663 Vgl. *Sachs*, in: Stern (Hrsg.), Staatsrecht, Bd. III/2, 1994, § 81 IV 4, S. 546, vgl. *Dürig*, JZ 1957, 169 (173).

664 Vgl. Darstellungen bei: *Sachs*, in: Stern (Hrsg.), Staatsrecht, Bd. III/2, 1994, § 81 IV 4, S. 546 ff.; *v. Pollern*, JuS 1977, 644 (645 f.); *Pecher*, Verfassungsimmanente Schranken, 2002, S. 142 ff.

665 Vgl. *Klein*, in: v. Mangoldt/Klein (Hrsg.), GG-Komm., Bd. I, 2. Aufl., 1957, Vorbem. B XV 3 a, S. 130.

666 So: *Klein*, in: v. Mangoldt/Klein (Hrsg.), GG-Komm., Bd. I, 2. Aufl., 1957, Art. 2 Anm. III 5 b, S. 167.

667 *Klein*, in: v. Mangoldt/Klein (Hrsg.), GG-Komm., Bd. I, 2. Aufl., 1957, Art. 2 Anm. III 5 b, S. 167.

668 *Klein*, in: v. Mangoldt/Klein (Hrsg.), GG-Komm., Bd. I, 2. Aufl., 1957, Art. 2 Anm. III 5 b, S. 167.

669 *Klein*, in: v. Mangoldt/Klein (Hrsg.), GG-Komm., Bd. I, 2. Aufl., 1957, Art. 2 Anm. III 5 b, S. 168.

voran. Beides zusammen zeige, dass Art. 2 Abs. 1 GG einen Leitsatz darstelle, der die individuelle Freiheitssphäre gegenüber den Interessen der Gemeinschaft abgrenzt und als Maßstab für das Verhältnis von Staat und Individuum dient.[670] Daher könne man im ersten Halbsatz von Art. 2 Abs. 1 GG kein Grundrecht, sondern nur einen allgemeinen, übergeordneten Freiheitsgedanken sehen. Art. 2 Abs. 1 GG ist somit eine Norm des objektiven Verfassungsrechts.[671] Aus dieser Eigenschaft folgt, dass Art. 2 Abs. 1 HS. 2 GG nicht die Schranken eines Grundrechts auf allgemeine Handlungsfreiheit enthält, sondern als Bestandteil eines Leitsatzes Anwendung auf alle Freiheitsgrundrechte und damit auch auf vorbehaltlos gewährleistete Freiheitsgrundrechte findet und ihnen dadurch Schranken kraft Interpretation vermittelt.[672]

Dass in der Gewährleistung und Schrankenregelung in Art. 2 Abs. 1 GG ein zusammenhängender Leitsatz gesehen werden kann, erklärt sich nur, indem man auch *Klein*s Prämissen zugrundelegt. *Klein*s Modell findet sein Grundlage innerhalb der innentheoretischen Konstruktionsstruktur der Grundrechte, wie von ihm unter Kapitel „Vorbemerkungen B XV 1 b“ dargelegt wird. Deshalb sind seine Ausführungen zu Art. 2 Abs. 1 GG als sog. „Grundrechtsleitsatz“ nur in Anbetracht der innentheoretischen Grundrechtskonstruktion zu verstehen. Daher stellt die subjektive Gewährleistung in Art. 2 Abs. 1 HS. 1 GG und die Verkürzung derselben in Art. 2 Abs. 1 HS. 1 GG eine zusammenhängende Gewährleistung und damit einen einzelnen Leitsatz dar. Zur Verwirrung trägt *Klein* dadurch bei, indem er zwar von Schranken spricht, obwohl er damit Grenzen i. S. d. Innentheorie meint.

Ähnliche Ansichten wie *Klein* vertreten auch *Lassally* und *Wertenbruch*. Nach *Lassally* stellt Art. 2 Abs. 1 HS. 1 GG kein Grundrecht, sondern eine Grundpflicht dar.[673] In Anbetracht dessen legt Art. 2 Abs. 1 HS. 2 GG dem Gesetzgeber keine

---

670 *Klein*, in: v. Mangoldt/Klein (Hrsg.), GG-Komm., Bd. I, 2. Aufl., 1957, Art. 2 Anm. III 5 b, S. 167.

671 *Klein*, in: v. Mangoldt/Klein (Hrsg.), GG-Komm., Bd. I, 2. Aufl., 1957, Art. 2 Anm. III 5 b, S. 167.

672 Vgl. *Klein*, in: v. Mangoldt/Klein (Hrsg.), GG-Komm., Bd. I, 2. Aufl., 1957, Art. 2 Anm. IV Vor 1, S. 176.

673 *Lassally*, MDR 1953, 76 (76): *„An die Spitze der Grundrechte hat der Gesetzgeber daher in Art. 2 GG die Grundpflichten gestellt, indem er das Recht auf freie Entfaltung der Persönlichkeit nur insoweit gewährt, als nicht die Rechte anderer, die verfassungsmäßige Ordnung oder das Sittengesetz verletzt werden. […] Offenbar ist die Bedeutung der Bestimmung des Art. 2 GG als Inhalt der Grundpflichten noch nicht genügend erkannt worden, weil sie nur versteckt im Nebensatz des 1. Absatzes aufgeführt worden sind.“*.

Bindung auf, sondern räumt ihm stattdessen einen Bereich ein, in welchem die Grundrechte nicht gelten.[674] *Wertenbruch* verneint ebenfalls die Grundrechtseigenschaft des Art. 2 Abs. 1 HS. 1 GG und sieht hierin eine objektive Verfassungsnorm, die bei Gesetzeslücken als Regulativ-Norm zur Begründung von Schranken vorsichtig herangezogen werden kann.[675]

Die Schwäche des *Kleinschen* Modells liegt in seinen Prämissen. Zum einen findet es seine Geltung als „Grundrechtsleitsatz" nur eingebettet in der innentheoretischen Auffassung. Hiernach kann der gesamte Art. 2 Abs. 1 GG als Ausdruck eines festgelegten, definitiven Inhalts angesehen werden. Da jedoch die außentheoretische Denkweise dem Grundgesetz immanent ist,[676] ist es fragwürdig, ob *Kleins* Interpretation als Grundrechtsleitsatz überhaupt noch innerhalb der Außentheorie Geltung beanspruchen kann. Zum anderen widerspricht das Verständnis des gesamten Art. 2 Abs. 1 GG als objektive Verfassungsnorm und als Grundrechtsleitsatz der Systematik des Grundgesetzes und der Intention des Verfassungsgebers, wonach es sich bei Art. 2 Abs. 1 GG um ein eigenständiges Grundrecht handelt. So spricht Art. 1 Abs. 3 GG von der Bindungswirkung der nachfolgenden Grundrechte, wodurch die Grundrechtsqualität des Art. 2 Abs. 1 HS. 1 GG impliziert wird.[677] Laut *Nipperdey* kann dieses systematische Argument zwar nur eine Vermutung für die Grundrechtseigenschaft des Art. 2 Abs. 1 HS. 1 GG darstellen,[678] allerdings wird diese Vermutung dadurch erhärtet, indem von dem „Recht auf die freie Entfaltung seiner Persönlichkeit" die Rede ist und diese Formulierung sich durch nichts gegenüber den anderen Grundrechten unterscheidet.[679] So ist die Wendung „Recht auf [...]" als subjektives Recht verstehen.[680] Dies zeichnet sich auch durch die Intention des Verfassungsgebers aus.[681]

Zudem führte schon die frühe Entwicklung der Rechtsprechung zur Anerkennung des Art. 2 Abs. 1 HS. 1 GG als eigenständiges Grundrecht, bei welchem

---

674 Vgl. *Lassally*, MDR 1953, 76 (77).
675 *Wertenbruch*, DVBl. 1958, 481 (486).
676 Siehe Pkt. II. 2. lit. c), S. 125 ff.; Pkt. II. 2. lit. c) lit. cc), S. 128 ff.; Pkt. II. 2. lit. d), S. 130 f.
677 Vgl. *v. Pollern*, JuS 1977, 644 (645); *Dürig*, in: Maunz/Dürig (Hrsg.), GG-Komm., 2. Aufl., 1968, Art. 2 Abs. I, Rdnr. 5.
678 *Nipperdey*, in: Bettermann/Nipperdey (Hrsg.), Handbuch der Grundrechte, Bd. 4/2, 2. Aufl., 1972, S. 744.
679 *Nipperdey*, in: Bettermann/Nipperdey (Hrsg.), Handbuch der Grundrechte, Bd. 4/2, 2. Aufl., 1972, S. 745.
680 Vgl. *Ridder/Stein*, DÖV 1962, 361 (366).
681 Vgl. *Matz*, JöR n. F., Bd. I (1951), 54 (54, 57, 62).

der erste Halbsatz als grundrechtliche Gewährleistung und der zweite Halbsatz als dessen Schranke interpretiert worden ist.[682] Demzufolge kann die Schrankentrias des Art. 2 Abs. 1 HS. 2 GG auch nicht als Grundrechtsleitsatz für die Beschränkung anderer Grundrechte herangezogen werden.[683]

Der Auffassung des Bundesverfassungsgerichts zufolge, wird ohne Grundrechtseigenschaft der allgemeinen Handlungsfreiheit ansonsten eine Vielzahl subtiler Handlungsfreiheiten, sog. Innominatrechte, nicht hinreichend durch die spezielleren Grundrechte geschützt.[684]

bbb) Elementar- bzw. Minimalschranken des Art. 2 Abs. 1 HS. 2 GG

Um die Negation der Grundrechtsnatur für die allgemeine Handlungsfreiheit durch das *Klein*sche Modell zu vermeiden, wurden andere Konstruktionen entwickelt. Ein anderer Weg, die Schrankentrias des Art. 2 Abs. 1 GG als allgemeingültige, verfassungsimmanente Schranken fruchtbar zu machen, bot sich in der Interpretation des Art. 2 Abs. 1 HS. 1 GG als sog. „Muttergrundrecht“[685] und des Art. 2 Abs. 1 HS. 2 GG als sog. „Elementarschranken“. Namhafte Vertreter dieses Verständnisses sind *Erbel* und *Krüger*. *Erbel* geht davon aus, dass alle anderen geschriebenen Freiheitsgrundrechte nichts weiter seien, als *„historisch bedingte und für die praktische Rechtsanwendung notwendige Aufschlüsselungen zum Zwecke der Konkretisierung und Sicherung des Stamm-Rechts“*[686] Dies bringt *Krüger* auf den Punkt, indem *„die einzelnen Grundfreiheiten Anwendungsfälle der allgemeinen Freiheit des Art. 2 sind* […]“.[687]

Die Schranken des Art. 2 Abs. 1 HS. 2 GG sind hiernach als *„Elementarschranken“*[688] bzw. *„Minimalschranken“*[689] aller Grundrechte zu verstehen.[690]

---

682 Vgl. BVerfGE 1, 7 (8); 1, 264 (273 f.); 6, 32 (35 f.); 54, 143 (144); 74, 129 (152); 80, 137 (152 f., 154).

683 So auch: BVerfGE 83, 130 (139).

684 Vgl. BVerfGE 6, 32 (37).

685 Vgl. *Erbel*, Kunstfreiheitsgarantie, 1966, S. 119.

686 *Erbel*, Kunstfreiheitsgarantie, 1966, S. 119.

687 *Krüger*, DVBl. 1950, 625 (627).

688 *Erbel*, Kunstfreiheitsgarantie, 1966, S. 120 f.

689 Die Bezeichnung *„Minimalschranke“* zusätzlich verwendend: *v. Pollern*, JuS 1977, 644 (646); *Sachs*, in: Stern (Hrsg.), Staatsrecht, Bd. III/2, 1994, § 81 IV 4, S. 548; *Bamberger*, Schranken vorbehaltloser Freiheitsgrundrechte, 1999, S. 105.

690 Vgl. *Ipsen*, DVBl. 1956, 358 (362): „[…] *daß die Schutzgüter des Art. 2 Abs. 1 GG nicht anderes darstellen als eine Umschreibung jener „inneren Grenzen“ aller Grundrechte, die ihnen nach den Leitentscheidungen der Verfassung selbst innewohnen.*“ – trotz solcher innentheoretischer Terminologie, folgt *Ipsen* hierbei der außentheoretischen

Sie können so die einzelnen Grundrechte auch dann einschränken, wenn das besondere Grundrecht keinen eigenen Vorbehalt enthält.[691] Dazu werden sie auf das jeweilige, vorbehaltlos gewährleistete Grundrecht übertragen.[692] Demzufolge gelten die in Art. 2 Abs. 1 HS. 2 GG niedergelegten Schranken für die Freiheitsgrundrechte der folgenden Grundrechtsartikel, soweit keine besonderen bzw. spezielleren Schranken gegeben sind.[693]

Eine solche Ansicht von „Elementar-" bzw. „Minimalschranken" führt in ihren Konsequenzen allerdings zu einem widersprüchlichen Ergebnis für das Schrankensystem des Grundgesetzes. Entweder werden die Grundrechtsschranken im Grundgesetz nivelliert[694] oder die speziellen und besonders scharfkantigen Grundrechte werden systematisch geringer geschützt, als die allgemeine Handlungsfreiheit.[695] Den Anstoß des Problems liefert schließlich der Begriff der „verfassungsmäßigen Ordnung" in der Schrankentrias des Art. 2 Abs. 1 HS. 2 GG. Schon früh war geklärt, dass dieser Begriff weit zu verstehen ist – im Sinne aller formell und materiell mit der Verfassung gemäßen Rechtsnormen.[696] Die Anwendung des weitgefassten Begriffs der „verfassungsmäßigen Ordnung" als sog. Elementar- bzw. Minimalschranke für nachfolgende Grundrechte würde die dezidierten und an besondere Anforderungen geknüpften Schrankenregelungen der Grundrechte auf das Maß bloßer verfassungskonformer Rechtsnormen abwerten.[697] Das Schrankensystem des Grundgesetzes, das in der Absicht des Verfassungsgebers so diffizil getroffen wurde[698], wäre damit aufgehoben.[699] Das zeigt sich insbesondere bei den Anforderungen der Schranken „*der allgemeinen Gesetze, den gesetzlichen Bestimmungen zum Schutze der Jugend und dem Recht der persönlichen Ehre*" in Art. 5 Abs. 2 GG und den Beschränkungen zum „*Schutze der freiheitlich demokratischen Grundordnung oder des Bestandes oder der Sicherung des Bundes oder eines Landes*" in Art. 10 Abs. 2 S. 2 GG,

---

Konzeption: „[…] *darf doch angenommen werden, daß die immanente allgemeine Grundrechtsbegrenzung zu im Ergebnis etwa gleichen Beschränkungen ermächtigt wie eben Art. 2 Abs. 1 in seinen drei Vorbehaltsklauseln.*".

691 *Krüger*, DVBl. 1950, 625 (627).

692 *Krüger*, DVBl. 1950, 625 (627, 628).

693 *Scholtissek*, NJW 1952, 561 (563).

694 *v. Nieuwland*, Immanente Grundrechtsschranken, 1981, S. 24.

695 *v. Nieuwland*, Immanente Grundrechtsschranken, 1981, S. 27.

696 BVerfGE 6, 32 (32, 37 f.).

697 Vgl. *Bamberger*, Schranken vorbehaltloser Freiheitsgrundrechte, 1999, S. 105 f.

698 Vgl. *Matz*, JöR n. F., Bd. I (1951), 176 (177).

699 *Knies*, Schranken der Kunstfreiheit, 1967, S. 91.

welche durch den Begriff der verfassungsmäßigen Ordnung nivelliert werden würden.[700]

Außerdem verbietet sich der Rückgriff auf die Elementarschranken des Art. 2 Abs. 1 HS. 2 GG auch aus systematischen Gesichtspunkten. Wie der Abgeordnete *von Mangoldt* im Parlamentarischen Rat zutreffend erklärte, ist eine Übernahme der Schrankenregelung des Art. 2 Abs. 1 GG aufgrund des Spezialitätsverhältnisses zwischen den Grundrechten rechtslogisch ausgeschlossen.[701] Die Grundrechtsartikel der besonderen Freiheitsrechte stehen zu Art. 2 Abs. 1 HS. 1 GG im Verhältnis der logischen Spezialität.[702] Demzufolge würde nach der Regel „lex specialis derogat legi generali" eine Sperrwirkung für die Anwendung der sog. Elementarschranken gegenüber den speziellen Freiheitsrechten eintreten.[703]

Zwar hat *Erbel* vorgeschlagen, den Begriff der verfassungsmäßigen Ordnung in Art. 2 Abs. 1 HS. 2 GG eng zu interpretieren, indem er darin nur den Inbegriff elementarer Verfassungsgrundsätze[704] sieht.[705] Damit würden die bei einigen Grundrechten enger gefassten Schranken nicht unterlaufen werden.[706] Um dem Verhältnis der logischen Spezialität zu begegnen, wendet *Erbel* ein, dass die Konstruktion des Art. 2 Abs. 1 GG als Muttergrundrecht nicht streng im Sinne der logischen Spezialität verstanden werden darf.[707] So sollen die sog. Elementarschranken im eigentlichen Sinne gar nicht übertragen werden, sondern bereits aus dem jeweiligen Grundrecht herausgelesen werden können.[708] Dies sei so zu verstehen, dass sämtliche Freiheitsgrundrechte nicht von vornherein der Schrankentrias unterliegen, sondern ihnen die Schranken nur „*mitgegeben*"[709] seien, dass bei deren Fehlen die Schrankentrias nur „*im Sinne einer Ausdehnung dieser Schranken*"[710] gegebenenfalls „*erweiternd*"[711] hinzutritt.

---

700 Vgl. *v. Pollern*, JuS 1977, 644 (646).

701 *Matz*, JöR n. F., Bd. I (1951), 73 (75); *ders.*, 138 (144).

702 *Wernicke*, in: Dolzer/Vogel (Hrsg.), Bonner Komm.-GG, 1950, Art. 2, Anm. II 1 lit. b).

703 Vgl. *v. Pollern*, JuS 1977, 644 (646) m. w. N. st.Rspr. BVerfGE 9, 63 (73); 23, 50 (55 f.); *v. Nieuwland*, Immanente Grundrechtsschranken, 1981, S. 23 f.

704 Vgl. *Erbel*, Kunstfreiheitsgarantie, 1966, S. 121 f.; BGH, DVBl. 1953, 471 (473).

705 *v. Pollern*, JuS 1977, 644 (646).

706 *Erbel*, Kunstfreiheitsgarantie, 1966, S. 120.

707 Vgl. *Erbel*, Kunstfreiheitsgarantie, 1966, S. 118.

708 *Erbel*, Kunstfreiheitsgarantie, 1966, S. 121.

709 *Erbel*, Kunstfreiheitsgarantie, 1966, S. 119.

710 *Erbel*, Kunstfreiheitsgarantie, 1966, S. 121.

711 Diesen Begriff verwendend: *Sachs*, in: Stern (Hrsg.), Staatsrecht, Bd. III/2, 1994, § 81 IV 4, S. 548.

Allerdings wird man dem Entwurf *Erbels* entgegenhalten müssen, dass eine enge Interpretation der verfassungsmäßigen Ordnung systematisch dazu führe, dass wichtige demokratische Teilhaberechte, wie die Meinungsfreiheit in Art. 5 Abs. 1 Alt. 1 GG, die Pressefreiheit in Art. 5 Abs. 2 Alt. 1 GG und die Versammlungsfreiheit in Art. 8 Abs. 1, 2 GG, die aufgrund ihrer historisch überragenden Bedeutung im Grundgesetz in scharfkantiger Formulierung rezipiert worden sind, durch ihre eigene Schrankenregelungen nun weniger geschützt sind, als die schlichte allgemeine Handlungsfreiheit, wenn man die Schranke der „verfassungsmäßigen Ordnung" als elementare Verfassungsgrundsätze interpretiert.[712] Zudem mag *Erbel* das Verhältnis zwischen Art. 2 Abs. 1 GG und den anderen Freiheitsgrundrechten nicht als logische Spezialität, sondern als „mitgegeben" oder „erweiternd hinzutretend" beschreiben. Dennoch kann eine solche Beschreibung nicht darüber hinweghelfen, dass *Erbel* damit nur Fragen der sachlichen Legitimation erörtert, es sich aber normentheoretisch stets um ein Verhältnis der logischen Spezialität handelt.[713] Das heißt notwendigerweise, den Rechtsgrundsatz „lex specialis derogat legi generali" anwenden zu müssen.

Deshalb führt eine Interpretation des Art. 2 Abs. 1 HS. 1 GG als „Muttergrundrecht", um aus der Schrankentrias des Art. 2 Abs. 1 HS. 2 GG sog. „Elementarschranken" zu gewinnen, sowohl zu systematischen als auch rechtslogischen Brüchen und kann daher für die Begründung von verfassungsimmanenten Schranken nicht fruchtbringend sein.

ccc) *Allgemeine Nichtstörungsschranken als objektive Verfassungsentscheidung*

Um aus Art. 2 Abs. 1 GG dennoch allgemeine, immanente Schranken zu gewinnen, ohne systematische Brüche zu erzeugen, entwickelte *Dürig* seine Theorie von den allgemeinen „*Nichtstörungsschranken*"[714] des Art. 2 Abs. 1 HS. 2 GG.[715] Danach ist bei der Grundrechtsinterpretation eine zusätzliche Gedankenebene

---

712 So: *v. Pollern*, JuS 1977, 644 (646) m. w. N. *Ridder/Stein*, DÖV 1962, 361 (366); *Küchenhoff*, DÖV 1966, 224 (226); *v. Nieuwland*, Immanente Grundrechtsschranken, 1981, S. 27.

713 Den Grundsatz der logischen Spezialität negierend: vgl. *Erbel*, Kunstfreiheitsgarantie, 1966, S. 118.

714 *Dürig*, in: AöR Bd. 79 (1970), S. 57 (80); *ders.*, in: Maunz/Dürig (Hrsg.), GG-Komm., 2. Aufl., 1968, Art. 2 Abs. I, Rdnr. 70.

715 Vgl. *v. Pollern*, JuS 1977, 644 (646).

einzuführen, wonach „[…] *Grundrechtsvorschriften sowohl ein Grundrecht im Sinne eines subjektiven Rechts als auch Entscheidungen des objektiven Verfassungsrechts enthalten können.*“[716] Für die Interpretation der Grundrechte folgt daraus einerseits eine feierliche, leitbildartige, staatsbegründende Funktion als objektive Verfassungsnormen und andererseits eine subjektive, dem Einzelinteresse dienende Funktion als subjektives Recht.[717]

Aus dieser doppelten Sinndeutung der Grundrechte lässt sich demzufolge auch für die Schrankentrias des Art. 2 Abs. 1 HS. 2 GG eine Doppelfunktion ableiten. Zum einen beschränkt die Schrankentrias die allgemeine Handlungsfreiheit selbst, sodass Art. 2 Abs. 1 HS. 1 GG als ein Grundrecht mit eigenständiger Bedeutung verstanden werden kann. Zum anderen kommt der Schrankentrias daneben noch eine Funktion als tragende objektive Verfassungsentscheidung zu. So steht nämlich der gesamte Art. 2 Abs. 1 GG am Beginn der Verfassung, wo Grundentscheidungen des objektiven Verfassungsrechts fallen. Aus der objektiven Wertentscheidung heraus, erklärt sich auch, dass die allgemeine Handlungsfreiheit das Hauptfreiheitsrecht des Grundgesetzes darstellt und auf alle spezielleren Freiheitsgrundrechte ausstrahlt.[718] Demzufolge stellt die Schrankentrias eine *„objektive Verfassungsentscheidung* […] *zu Lasten einer ungehemmten individuellen Freiheit“*[719] dar. Diese objektive Verfassungsentscheidung soll mit Verweis auf *Maunz* als *„Verfassungsvorbehalt zur Interpretation immanenter Grundrechtsschranken“*[720] zu verstehen sein.[721] Dadurch sollen in Art. 2 Abs. 1 HS. 2 GG diejenigen Schranken zum Ausdruck kommen, die jedem Freiheitsrecht bereits von Verfassungswegen als immanente Schranken interpretativ innewohnen. Da die Grundrechte außerhalb der Schrankentrias des Art. 2 Abs. 1 HS. 2 GG keine Freiheit schützen,[722] beinhalten diese Schranken die *„Pflicht zur Nichtstörung des spezifischen politischen (freiheitlich-demokratischen) Grundstils unserer Verfassungsordnung“*[723] und werden von *Dürig* deshalb als sog. Nichtstörungsschranken bezeichnet.

---

716 *Dürig*, in: Maunz/Dürig (Hrsg.), GG-Komm., 2. Aufl., 1968, Art. 2 Abs. I, Rdnr. 71.
717 Vgl. *Dürig*, in: Maunz/Dürig (Hrsg.), GG-Komm., 2. Aufl., 1968, Art. 2 Abs. I, Rdnr. 17.
718 *Dürig*, in: Maunz/Dürig (Hrsg.), GG-Komm., 2. Aufl., 1968, Art. 2 Abs. I, Rdnr. 72.
719 *Dürig*, in: Maunz/Dürig (Hrsg.), GG-Komm., 2. Aufl., 1968, Art. 2 Abs. I, Rdnr. 72.
720 *Maunz*, Deutsches Staatsrecht, 15. Aufl., 1966, § 14 I 2, S. 100.
721 *Dürig*, in: Maunz/Dürig (Hrsg.), GG-Komm., 2. Aufl., 1968, Art. 2 Abs. I, Rdnr. 72.
722 *Dürig*, in: AöR Bd. 79 (1970), S. 57 (63); *ders.*, JZ 1957, 169 (171).
723 *Dürig*, in: Maunz/Dürig (Hrsg.), GG-Komm., 2. Aufl., 1968, Art. 2 Abs. I, Rdnr. 23.

Dürig hat bei der Theorie der Nichtstörungsschranken betont, dass es sich nur um einen Versuch einer dogmatischen Konstruktion handelt, mithilfe derer eine Schrankenanleihe system- und wortgetreu begründet werden kann.[724] Somit könne eine Allgemeinwirkung der Schranken des Art. 2 Abs. 1 HS. 2 GG hergeleitet werden, ohne dabei einerseits die Grundrechtsqualität der allgemeinen Handlungsfreiheit in Art. 2 Abs. 1 HS. 1 GG zu negieren oder deren selbstständige Gewährleistung zu entleeren[725] und andererseits die allgemeine Handlungsfreiheit nicht in überhöhter Weise in die anderen Freiheitsgrundrechte hineinzulesen, dass die differenzierten Schrankenregelungen der speziellen Freiheitsgrundrechte dadurch leer liefen[726].

Die Zergliederung des Art. 2 Abs. 1 GG in eine subjektiv-rechtliche Grundrechtsebene und eine objektiv-rechtliche Verfassungsgrundsatzebene als Ausgangspunkt für die Interpretation der Beschränkungsmöglichkeit der einzelnen Freiheitsgrundrechte weist aber dennoch systematische Schwächen auf. So wird durch die objektive Verfassungsregel zur Interpretation von immanenten Grundrechtsschranken zwar nicht unmittelbar –, wie bei den Vertretern der Theorie von den Elementarschranken, aber dennoch mittelbar über den Weg der Interpretation den geschriebenen Schrankenregelungen der speziellen Grundrechte der allgemeine Vorbehalt des Art. 2 Abs. 1 HS. 2 GG unterstellt.[727] Dadurch folgt immer noch ein weitreichender Leerlauf der speziellen und dezidiert getroffenen Schrankenregelungen.[728]

Dieser Leerlauf ließe sich nur vermeiden, wenn man *Dürig*s Interpretation so verstehen würde, dass auf den Gewährleistungsinhalt eines Grundrechts eingewirkt werden soll. Wird aber durch Art. 2 Abs. 1 HS. 2 GG auf den Gewährleistungsgehalt von Grundrechten eingewirkt, so handelt es sich begrifflich um Grenzen i. S. d. Innentheorie.[729] Dadurch würde das Schrankenmodell der Außentheorie unterlaufen werden. Man müsste schon auf dem Boden der

---

724 Vgl. *Dürig*, in: Maunz/Dürig (Hrsg.), GG-Komm., 2. Aufl., 1968, Art. 2 Abs. I, Rdnr. 70 (lit. d).

725 Vgl. Ausführungen dazu bei: *Dürig*, in: Maunz/Dürig (Hrsg.), GG-Komm., 2. Aufl., 1968, Art. 2 Abs. I, Rdnr. 5.

726 Vgl. Ausführungen dazu bei: *Dürig*, in: Maunz/Dürig (Hrsg.), GG-Komm., 2. Aufl., 1968, Art. 2 Abs. I, Rdnr. 69 m. w. N. auf „*Erl. II 2*" zu: *ders.*, Rdnr. 6.

727 *v. Arnauld*, Freiheitsrechte und Schranken, 1999, S. 69 m. w. N. *v. Nieuwland*, Immanente Grundrechtsschranken, 1981, S. 26.

728 *v. Arnauld*, Freiheitsrechte und Schranken, 1999, S. 69, 70; vgl. *v. Nieuwland*, Immanente Grundrechtsschranken, 1981, S. 26.

729 Vgl. Pkt. II. 2. lit. b) lit. bb), S. 122 f.

Innentheorie stehen, um die Schrankentrias des Art. 2 Abs. 1 HS. 2 GG als eine Grundrechtsgrenze zu interpretieren.[730] Dies ist aber nicht möglich, da das innentheoretische Modell auf die Grundrechte nicht anwendbar ist, wie oben bereits gezeigt wurde.[731]

Außerdem lehnte der Parlamentarische Rat die allgemeinen Schranken der öffentlichen Sicherheit, Sittlichkeit und Gesundheit in den Art. 21 Abs. 3, 4 HChE ausdrücklich ab.[732] Daher wäre es eine Sinnverkehrung diese in Art. 2 Abs. 1 HS. 2 GG deckungsgleichen, allgemeinen Schranken über die Interpretation wieder einzuführen und würde einen Widerspruch zum Willen des Verfassungsgebers darstellen.[733] Zudem ist gemäß *Sachs* die Legitimation der Allgemeingültigkeit der Nichtstörungsschranken in Art. 2 Abs. 1 HS. 2 GG aufgrund des Standorts am Beginn der Verfassung im Gegensatz zu entstehungsgeschichtlichen Absage an eine allgemeine Schranke in Art. 21 Abs. 3, 4 HChE allzu dürftig begründet.[734]

Die unvermeidbaren systematischen Brüche mit anderen Schrankenbestimmungen und der Widerspruch zur Intention des Verfassungsgebers führen dazu, dass *Dürigs* Theorie von den Nichtstörungsschranken des Art. 2 Abs. 1 HS. 2 GG abzulehnen ist.

ddd) Zusammenfassung

Trotz unterschiedlicher Konzepte widerspricht eine Schrankenanleihe bei Art. 2 Abs. 1 HS. 2 GG für vorbehaltlos gewährleistete Grundrechte gegen die Systematik des Grundgesetzes.[735] Dabei sind hauptsächlich zwei systematische Erwägungen tragend.

Zum einen führt eine Übertragung der Schrankentrias aus Art. 2 Abs. 1 HS. 2 GG dazu, dass die Eingriffsschwelle für vorbehaltlose Grundrechte unter die Schwelle der Anforderungen spezieller Schrankenregelungen sinkt oder dass

---

730 *v. Arnauld*, Freiheitsrechte und Schranken, 1999, S. 70.

731 Siehe Pkt. II. 2. lit. c), S. 125 ff.; Pkt. II. 2. lit. c) lit. cc), S. 128 ff.; Pkt. II. 2. lit. d), S. 130 f.

732 *v. Arnauld*, Freiheitsrechte und Schranken, 1999, S. 70 m. w. N. *v. Nieuwland*, Immanente Grundrechtsschranken, 1981, S. 3, 26.

733 *v. Arnauld*, Freiheitsrechte und Schranken, 1999, S. 70 m. w. N. *v. Nieuwland*, Immanente Grundrechtsschranken, 1981, S. 3, 26.

734 *Sachs*, in: Stern (Hrsg.), Staatsrecht, Bd. III/2, 1994, § 81 IV 4, S. 550; vgl. auch: *Ridder/Stein*, DÖV 1962, 361 (367).

735 So auch: *Bamberger*, Schranken vorbehaltloser Freiheitsgrundrechte, 1999, S. 105; *Papier*, in: Merten/Papier (Hrsg.), Handbuch der Grundrechte, Bd. III, 2009, § 64, Rdnr. 13.

bei der Übertragung der Schrankentrias auf alle Freiheitsgrundrechte die speziellen Schrankenregelungen obsolet werden. Um diesem Problem zu entgehen, kann versucht werden, den Begriff der verfassungsmäßigen Ordnung in Art. 2 Abs. 1 HS. 2 GG eng zu fassen. Doch daraus folgt ein anderer systematischer Bruch, wonach die sehr weitreichende, allgemeine Handlungsfreiheit in Art. 2 Abs. 1 HS. 1 GG, wegen der engen Interpretation des Begriffs der verfassungsmäßigen Ordnung, nun höhere Anforderungen an einen Eingriff stellt, als speziellere Grundrechte.

Schließlich führt die Übertragung der Schrankentrias aus Art. 2 Abs. 1 HS. 2 GG wegen der drei genannten Rechtsgüter zu einem allgemeinen Gesetzesvorbehalt, welcher in seiner weiten Fassung dem Art. 21 Abs. 3, 4 HChE so gut wie gleicht, dessen Aufnahme in das Grundgesetz aber von dem Parlamentarischen Rat ausdrücklich zugunsten spezieller Schrankenregelung abgelehnt worden ist.[736]

bb) Formel vom Gemeinschaftsvorbehalt des Bundesverwaltungsgerichts

Das Bundesverwaltungsgericht ist von Anfang an einen anderen Weg gegangen, als die geschriebenen Schranken des Art. 2 Abs. 1 HS. 2 GG den vorbehaltlosen Grundrechten zu leihen.[737] Stattdessen hat es eine allgemeine Schranke aus den Legitimationsüberlegungen subjektiver öffentlicher Rechten hergeleitet. Dabei stellt es folgende These an den Anfang seiner Ausführungen: „[…] *Jedes Grundrecht setzt den Bestand der staatlichen Gemeinschaft voraus, durch die es gewährleistet wird.*“[738] Auf dieser These aufbauend, formuliert es seine Theorie: Danach „*gehört es zum Inbegriff aller Grundrechte* […], *daß sie nicht in Anspruch genommen werden dürfen, wenn dadurch die für den Bestand der Gemeinschaft notwendigen Rechtsgüter gefährdet werden.*“[739] Die Formulierung „*Inbegriff aller Grundrechte*“ soll in der Intention des Bundesverwaltungsgerichts ausdrücken, dass der sog. „*Gemeinschaftsvorbehalt*“[740] den Grundrechten immanent und damit ungeschrieben vorausgesetzt ist.[741] Das Bundesverwaltungsgericht sah

736 *Matz*, JöR n. F., Bd. I (1951), 176 (177); vgl. auch: *Enders*, in: Festschrift für R. Wahl, 2011, S. 283 (283); BVerfGE 32, 54 (74 f.): „[…] *vom Verfassungsgeber jeweils sorgfältig dem Wesen der einzelnen Grundrechte angepaßten Schrankenregelung* […]“.

737 Vgl. BVerwGE 1, 48 (51).

738 BVerwGE 1, 48 (52); 2, 85 (87); 2, 89 (94); 2, 295 (300); 4, 95 (96).

739 BVerwGE 1, 48 (52); 1, 92 (94); 1, 165 (168); 1, 244 (245); 1, 269 (270); 1, 303 (307); 2, 85 (87); 2, 89 (94); 2, 295 (300); 2, 345 (346); 3, 21 (24); 4, 95 (96); 4, 167 (171); 5, 153 (159); 6, 13 (17); 7, 125 (139).

740 Dieser Begriff geht zurück auf: *Bachof*, JZ 1957, 334 (337).

741 Vgl. BVerwGE 2, 295 (300); 2, 345 (346).

seine Formel vom Gemeinschaftsvorbehalt darüber hinaus auch als eine Ausnahme zur Wesensgehaltsgarantie in Art. 19 Abs. 2 GG.[742] Weitergehende Ausführungen zum Gemeinschaftsvorbehalt, als die Nennung dieser immer wiederkehrenden Formel, hat das Bundesverwaltungsgericht nicht angestellt.[743] Es hat wohl vorausgesetzt, dass dem Betrachter die geistesgeschichtliche Vorstellung der subjektiven Rechte als gemeinschaftlich vermittelte Positionen bekannt ist und dieser die Vorstellung teilt.[744] Anders sind die Überlegungen des Bundesverwaltungsgerichts nicht zu erklären. Gewissheit über die eindeutige Herleitung besteht mangels genauerer Verweise in den Entscheidungen jedoch nicht. Es wird auch kein verfassungsrechtlicher Anknüpfungspunkt genannt, sodass das Bundesverwaltungsgericht eine rechtspositive Legitimation schuldig ist.[745]

Dies hat dem Bundesverwaltungsgericht den Vorwurf *Bachofs* eingebracht, dass seine Schrankenkonstruktion *„mehr oder minder frei und willkürlich“*[746] erfunden ist. Darüber hinaus ist die Formulierung „[…] *wenn dadurch die für den Bestand der Gemeinschaft notwendigen Rechtsgüter gefährdet werden*“ so vage und unbestimmt gehalten, dass sie hierdurch *„jeglicher Missbrauchsmöglichkeit Tür und Tor öffnet“*[747]. Dies macht sie schließlich zu einer weit formulierten Sozialklausel, bei welcher der Begriff der notwendigen Rechtsgüter der Gemeinschaft keinerlei nachvollziehbaren und ermessbaren Begrenzungen bzw. Limitierungen aufweist und dadurch der Grundsatz der Rechtssicherheit leidet. Deswegen besteht auch die Gefahr, dass die speziellen Schrankenregelungen der Grundrechte nivelliert werden – einem Einwand, dem sich schon die Vertreter der Schrankenanleihe bei Art. 2 Abs. 1 HS. 2 GG ausgesetzt sahen. Außerdem rückt die Formulierung „[…] *Inbegriff aller Grundrechte* […], *daß sie nicht in Anspruch genommen werden dürfen, wenn* […]“ das Modell des Bundesverwaltungsgerichts in die Nähe einer innentheoretischen Konzeption, wenn die Inanspruchnahme von Grundrechten mit dem Gemeinschaftsvorbehalt derart verknüpft wird, dass dieser in den Freiheitsbereich der Grundrechte hineingelegt

742 BVerwGE 1, 244 (245); vgl. BVerwGE 2, 89 (93f.); 4, 167 (172).

743 Vgl. BVerwGE 1, 48 (52); 1, 92 (94); 1, 165 (168); 1, 244 (245); 1, 269 (270); 1, 303 (307); 2, 85 (87); 2, 89 (94); 2, 295 (300); 2, 345 (346); 3, 21 (24); 4, 95 (96); 4, 167 (171); 5, 153 (159); 6, 13 (17); 7, 125 (139).

744 Siehe Pkt. II, S. 115 ff.

745 Vgl. auch: *Dürig*, in: Maunz/Dürig (Hrsg.), GG-Komm., 2. Aufl., 1968, Art. 2 Abs. I, Rdnr. 70.

746 *Bachof*, JZ 1957, 334 (337).

747 *Bachof*, JZ 1957, 334 (337).

wird.[748] Überdies verstößt die Auffassung des Bundesverwaltungsgerichts klar gegen den Wortlaut der Wesensgehaltsgarantie in Art. 19 Abs. 2 GG, soweit der Gemeinschaftsvorbehalt sogar dazu dienen soll, den Wesensgehalt eines Grundrechts anzutasten.[749] Dies hat später auch das Bundesverfassungsgericht festgestellt.[750]

Das Bundesverwaltungsgericht hat die Vorwürfe *Bachofs* jedoch insoweit zurückgewiesen, dass die Formel dem Missbrauch keinen Vorschub leistet, da es ein unabhängiges Gericht ist und als solches eine Gefährdung des Rechtstaatsprinzips nicht zu erwarten sei.[751] Damit hat das Bundesverwaltungsgericht zwar Stellung zum Vorwurf der Missbräuchlichkeit seiner Formel genommen, aber nicht den zugrundeliegenden Makel der fehlenden Rechtssicherheit ausgeräumt. Die Formel bleibt vage und unbestimmt, allein deswegen stellt sie eine erhebliche Beeinträchtigung rechtsstaatlicher Vorhersehbarkeit und damit auch der Rechtssicherheit dar.[752] Die fehlende verfassungsrechtliche Herleitung der Formel vom Gemeinschaftsvorbehalt drückt *Dürig* wie folgt aus: „*In der Tat wirkt die Formel trotz ihrer ständigen Wiederholung immer noch so frei erfunden wie am ersten Tag.*“[753] Schließlich ist das Bundesverwaltungsgericht dann im Jahr 1958 von seiner Formel des Gemeinschaftsvorbehalts abgewichen.[754] Einige Zeit später hat sich auch das Bundesverfassungsgericht geäußert und die Formel vom Gemeinschaftsvorbehalt ausdrücklich abgelehnt.[755]

cc) Beschränkungen nach der Theorie von kollidierendem Verfassungsrecht

Eine eigene Formel zur Beschränkung vorbehaltlos gewährleisteter Grundrechte hat auch das Bundesverfassungsgericht verwendet. Es hat aus Verfassungsrechtsnormen, die mit den Freiheitsgewährleistungen der vorbehaltlosen Grundrechte kollidieren, sog. verfassungsimmanente Schranken abgeleitet. Durch die Kollision von Verfassungsrechtsnormen mit vorbehaltlosen Grundrechten soll eine Einschränkung der vorbehaltlosen Grundrechte bewirkt werden. Das Modell

748 Vgl. *Bachof*, JZ 1958, 288 (288).
749 *Bachof*, JZ 1958, 288 (288).
750 BVerfGE 34, 238 (245).
751 BVerwGE 5, 153 (159).
752 *Bachof*, JZ 1958, 288 (288).
753 *Dürig*, in: Maunz/Dürig (Hrsg.), GG-Komm., 2. Aufl., 1968, Art. 2 Abs. I, Rdnr. 70.
754 Siehe bereits: BVerwGE 7, 358 (361).
755 BVerfGE 30, 173 (193); 32, 98 (108); 34, 238 (245); vgl. auch schon: BVerfGE 28, 243 (260f.).

verfassungsimmanenter Schranken durch kollidierendes Verfassungsrecht trat in der Frühphase der Rechtsprechung des Bundesverfassungsgerichts zunächst anhand der sog. „Menschenbildformel" in Erscheinung. Nach und nach wich das Bundesverfassungsgericht aber von der ausschließlichen Anwendung seiner Menschenbildformel ab und formulierte die Grundlagen seiner Beschränkungsformel allgemeiner und zog nunmehr auch andere Verfassungsgüter für eine Kollision heran:

aaa) Menschenbildformel des Bundesverfassungsgerichts als Ausgangspunkt

Für die Beschränkung von vorbehaltlosen Grundrechten nahm das Bundesverfassungsgericht das Grundgesetz als Anknüpfungspunkt, um hieraus ein bestimmtes Menschenbild als verfassungsimmanente Grundrechtsschranke abzuleiten. Anders als im klassischen liberalistischen Staat des 19. Jahrhunderts, in welchem der Mensch als autonomes, in sich geschlossenes, jede Einwirkung von außen ablehnendes Individuum[756] begriffen wurde, geht das Grundgesetz laut Bundesverfassungsgericht von einem anderen Menschenbild aus: *„Das Menschenbild des Grundgesetzes ist nicht das eines isolierten souveränen Individuums; das Grundgesetz hat vielmehr die Spannung Individuum – Gemeinschaft im Sinne der Gemeinschaftsbezogenheit und Gemeinschaftsgebundenheit der Person entschieden, ohne dabei deren Eigenwert anzutasten."*[757] Als verfassungsrechtlich fundierte Grundlage für die Vermittlung eines solchen Menschenbildes führt das Bundesverfassungsgericht nüchtern aus: *„Das ergibt sich aus einer Gesamtsicht der Art. 1, 2, 12, 14, 15, 19 und 20 GG."*[758]

Aus der hiermit gewonnenen Doppelstellung des Menschen zwischen Gemeinschaftsbezogenheit und Gemeinschaftsgebundenheit konstruiert das Bundesverfassungsgericht schließlich eine verfassungsimmanente Schranke: *„Der Einzelne muß sich diejenigen Schranken [...] gefallen lassen, die der Gesetzgeber zur Pflege und Förderung des sozialen Zusammenlebens in den Grenzen des bei dem gegebenen Sachverhalt allgemein Zumutbaren zieht, vorausgesetzt, daß dabei die Eigenständigkeit der Person gewahrt bleibt."*[759] Damit gewinnt das Bundesverfassungsgericht durch eine Zusammenschau verschiedener Verfassungsartikel

---

756 *Dürig*, in: Maunz/Dürig (Hrsg.), GG-Komm., 2. Aufl., 1968, Art. 1 Abs. I, Rdnr. 46.

757 BVerfGE 4, 7 (15f.); 30, 1 (20); vgl. BVerfGE 12, 45 (51); 27, 1 (7); 27, 344 (351); 30, 173 (193); 32, 373 (379).

758 BVerfGE 4, 7 (16); 30, 1 (20).

759 BVerfGE 4, 7 (16); 30, 1 (20); vgl. BVerfGE 59, 275 (279).

ein Leitbild, das Grundrechtseinschränkungen zugunsten der *„Pflege und Förderung des sozialen Zusammenlebens“* gestattet, soweit diese die Grenze des *„allgemein Zumutbaren“* und der Wahrung der *„Eigenständigkeit der Person“* nicht überschreitet. Diese Menschenbildformel in ihrer ursprünglichen Fassung kommt aber nur im ersten Urteil zur Begründung einer immanenten Schranke vor.[760] Danach wird sie als immanente Schranke mit marginalen Abweichungen oder auch Ergänzungen abgewandelt.[761] Später verselbstständigt sich die Figur der Menschenbildformel zu einem eigenen Verfassungswert, der als Maßstab für formelle Gesetze[762], als Interpretationsdirektive für grundrechtliche Gewährleistungen[763] oder für die Begründung der Einrichtung und Funktionsfähigkeit der Bundeswehr herangezogen wurde.[764] Obwohl die Menschenbildformel des Bundesverfassungsgerichts als verfassungsimmanente Schranke große Zustimmung erlangte[765], ist ihr entgegenzuhalten, dass es sich bei ihrer Herleitung um einen verkappten Gemeinschaftsvorbehalt, ähnlich dem des Bundesverwaltungsgerichts, handelt[766]. So ist die *„Pflege und Förderung des sozialen Zusammenlebens“* eine weitgefasste Formulierung, unter der man sämtliche Vorstellungen des Gemeinwohls fassen kann.[767] Sie ist dadurch genauso dehnbar, vage und unbestimmt[768] wie die Gemeinwohlformel des Bundesverwaltungsgerichts. Durch die Formel wird losgelöst von konkreten Grundrechtsbestimmungen der Begriff des Menschenbildes nur aus einer Gesamtschau von Grundrechten[769] als abstrakter Verfassungswert konstruiert. Dadurch droht eine Begriffsverschiebung des Menschenbildes weg von seinen geschriebenen verfassungsrechtlichen

---

760 BVerfGE 4, 7 (15f.).

761 Vgl. auch: BVerfGE 27, 344 (351); 30, 173 (193); 32, 373 (379); 59, 275 (279); *Sachs*, in: Stern (Hrsg.), Staatsrecht, Bd. III/2, 1994, § 81 IV 4, S. 540.

762 So: *Sachs*, in: Stern (Hrsg.), Staatsrecht, Bd. III/2, 1994, § 81 IV 4, S. 541; vgl. auch: BVerfGE 12, 45 (51); 28, 175 (189); vgl. ferner BVerfGE 47, 327 (369).

763 Vgl. BVerfGE 24, 119 (144); 27, 1 (6); 83, 130 (143).

764 Vgl. BVerfGE 48, 127 (161).

765 *Pecher*, Verfassungsimmanente Schranken, 2002, S. 10; vgl. auch: *Knies*, Schranken der Kunstfreiheit, 1967, S. 115 f.; *v. Nieuwland*, Immanente Grundrechtsschranken, 1981, S. 147.

766 Vgl. ferner: *Bamberger*, Schranken vorbehaltloser Freiheitsgrundrechte, 1999, S. 122.

767 Vgl. *Kloepfer*, Verfassungsrecht, Bd. II, 2010, § 51 IV 4, S. 93, Rdnr. 61.

768 *v. Pollern*, JuS 1977, 644 (648).

769 Kritisch zur Auswahl bestimmter Grundrechte: *Becker*, Das Menschenbild des Grundgesetzes, 1996, S. 93; kein erkennbarerer Begründungszusammenhang der ausgewählten Grundgesetzartikel: *Grawert*, Der Staat, Bd. 49 (2010), 507 (531).

Grundlagen hin zu naturrechtlichen Vorstellungen über die Beschaffenheit des Menschen.

Dass diese Gefahr einer Begriffsverschiebung eintreten kann, zeigt sich deutlich an der Auffassung *Kopps*; ihm zufolge *„handelt es sich bei diesem Menschenbild des geltenden Rechts nicht um einen abstrakten Begriff* […]. *Das Menschenbild, so wie es vor allem die Gerichte und das Schrifttum heute verstehen, ist ein konkretes, bestimmtes und auch praktisch aussagekräftiges Menschenbild* […]. *Für die Gerichte, die Rechtspraxis und des Gesetzgeber ist dieses Menschenbild der Maßstab nicht nur für die Ausfüllung wertender Begriffe im Recht, wie Treu und Glauben, gute Sitten, usw. sondern auch für die Entscheidung so kontroverser und brisanter Fragen wie der Frage nach der Zulässigkeit lebenslanger Haft, des Schwangerschaftsabbruchs, der Sterbehilfe, der Retortenbabys oder der Frage eines im Gesetz nicht ausdrücklich vorgesehenen Entschädigungsanspruchs wegen Verletzung des allgemeinen Persönlichkeitsrechts.“*[770] Das Verständnis *Kopps* führt deutlich vor die Augen, dass die Menschenbildformel auf die naturrechtliche Vorstellung eines jeden einzelnen Betrachters zurückgreift und es daher jedem Betrachter selber überlässt, wie das Menschenbild beschaffen sein soll, was als Bestandteil des Menschenbilds anzuerkennen ist[771] und demzufolge letztlich inwieweit Grundrechte einschränkbar sind. Diesem Relativismus der Menschenbildformel kann auch die eigene Rechtsprechung des Bundesverfassungsgerichts vorgehalten werden: So räumt das Bundesverfassungsgericht in einer späteren Entscheidung – als es Fragen zum „Schutz der Verfassung“ oder der „Funktionstüchtigkeit der Strafrechtspflege“ zu klären hatte – ein, dass formelhafte Schutzgüter nicht losgelöst von ihrer konkreten Verfassungsrechtsnorm vorbehaltlose Grundrechte einschränken können.[772]

Die Herleitung der Beschränkungsfähigkeit der Menschenbildformel ist zudem sachlich fehlerhaft. Der Verfassungsgeber mag sicherlich ein bestimmtes gemeinschaftsbezogenes und -gebundenes Menschenbild vor Augen gehabt haben. Diesem hat der Verfassungsgeber dadurch Ausdruck verliehen, indem

770 *Kopp*, in: Festschrift für K. Obermayer, 1986, S. 53 (55).

771 So auch: *Denninger*, Staatsrecht, Bd. 1, 1973, S. 21 f.: „[…] *ob man sich nicht vielmehr mit einem je nach Vormeinung des Adressaten mehr oder minder eindrucksvollen Plausibilitätsappell begnügt.*“; vgl. auch: *Forsthoff*, in: Festgabe für C. Schmitt, 2. Aufl., 2002, S. 185 (192): *„Das Menschenbild des Grundgesetzes* […] *Ein erstaunlicher Satz. Denn was er dem Grundgesetz als Entscheidung attestiert, hatte schon für die Verfassungen der konstitutionellen Monarchie wie für die Weimarer Reichsverfassung seine banale Richtigkeit.“*.

772 BVerfGE 77, 240 (255); 81, 278 (293).

er differenzierte Schrankenregelungen geschaffen hat[773] und sich anhand der speziellen Schranken einmal mehr oder einmal weniger für die Gemeinschaftsgebundenheit entschieden hat. Folglich muss von einer solchen Schrankensystematik auch das Menschenbild abhängen. Es ist daher äußerst widersprüchlich, wenn die Gemeinschaftsgebundenheit der Person allein aus Grundrechten mit Gesetzesvorbehalt herausgelesen wird, um deren „Gewährleistungs-Schranken-Beziehungen" dazu zu nutzen, sie gleichsam auf vorbehaltlose Grundrechte zu übertragen. Die Menschenbildformel hat in Hinsicht auf die Frage der Gemeinschaftsgebundenheit auch die Vorbehaltlosigkeit bestimmter Grundrechte zu beachten und kann nicht deren Einschränkbarkeit allein anhand von Grundrechten mit geschriebenem Vorbehalt rechtfertigen.[774] Daher kann die Menschenbildformel, ungeachtet ihrer verfassungsrechtlichen Herleitung, nicht als verfassungsimmanente Schranke herangezogen werden.

bbb) Wandel zu einer allgemeinen Beschränkung von Verfassungsgütern durch kollidierendes Verfassungsrecht

Wie deutlich wurde, hat das Bundesverfassungsgericht mithilfe des Menschenbildes bereits früh eine verfassungsimmanente Schranke herangezogen, um vorbehaltlose Grundrechte zu beschränken. Während die Heranziehung des Menschenbildes als verfassungsimmanente Schranke jedoch wegen seiner Wertausfüllungsbedürftigkeit, begrifflichen Unklarheit und fehlerhaften Ableitung abzulehnen ist, wurzelt in dieser Rechtsprechung dennoch der fruchtbare Gedanke, dass Verfassungsrecht – soweit es mit Grundrechten kollidiert – Beschränkungsmöglichkeiten entfalten kann: Mit der Menschenbildformel ist auch die Vorstellung verknüpft, dass das Menschenbild vornehmlich aufgrund seiner verfassungsrechtlichen Herleitung aus der Gesamtsicht der Art. 1, 2, 12, 14, 15, 19 und 20 GG geeignet ist, als Grundrechtsschranke gegenüber vorbehaltlosen Grundrechten zu dienen.[775] Aus dieser verfassungsrechtlichen Herleitung rührt auch die Beschränkungsfähigkeit. Jedoch behandelte das Bundesverfassungsgericht die Aufstellung des Menschenbildes und die Ableitung der Beschränkungsfähigkeit zusammen und trennte beide Aspekte nicht voneinander. Erst später verschob sich der argumentative Schwerpunkt der Rechtsprechung immer weiter von der Anwendung des Menschenbildes weg, hin

773 Vgl. Pkt. II. 3. lit. b) lit. bb), S. 135 f.
774 So ähnlich: *Bamberger*, Schranken vorbehaltloser Freiheitsgrundrechte, 1999, S. 140 f.
775 Siehe Pkt. IV. 2. lit. b) lit. cc) lit. aaa), S. 185.

zur Anwendung auch anderer, beschränkungsfähiger Verfassungswerte bzw. -rechtsgüter.[776]

Mit seiner Leitentscheidung im Jahr 1970 formulierte das Bundesverfassungsgericht erstmals die grundsätzliche Beschränkungsfähigkeit verfassungsrechtlicher Güter: *„Nur kollidierende Grundrechte Dritter und andere mit Verfassungsrang ausgestattete Rechtswerte sind mit Rücksicht auf die Einheit der Verfassung und die von ihr geschützte gesamte Wertordnung ausnahmsweise imstande, auch uneinschränkbare Grundrechte in einzelnen Beziehungen zu begrenzen.“*[777] Dem Bundesverfassungsgericht zufolge können also Verfassungsrechtsgüter wie *„Grundrechte Dritter“* oder *„mit Verfassungsrang ausgestattete Rechtswerte“* auch uneinschränkbare Grundrechte dann verkürzen, wenn man an die *„Einheit der Verfassung“* und die *„geschützte gesamte Wertordnung“* anknüpft. Diese Begriffsformel des Bundesverfassungsgerichts erfährt in der Leitentscheidung aus dem Jahr 1970 allerdings eine Einschränkung dahingehend, dass eine Grundrechtsbeschränkung nur *„ausnahmsweise“* und nur *„in einzelnen Beziehungen“* erfolgen soll. Aus dieser vorsichtigen Formulierung ließe sich eine Ausnahmenatur der Beschränkung schlussfolgern. Allerdings hat die nachfolgende Rechtsprechung des Bundesverfassungsgerichts gezeigt, dass die einschränkenden Merkmale *„ausnahmsweise“* und *„in einzelnen Beziehungen“* obsolet geworden sind und mittlerweile eine Fülle von verfassungsimmanenten Grundrechtsschranken besteht.[778] Auch die Richter *Mahrenholz* und *Böckenförde* gehen in ihrem Sondervotum zu einer späteren Entscheidung aus dem Jahre 1985 von einer nicht mehr ausnahmsweisen Beschränkung aus.[779] Daher ist *Eckertz* und *Misera-Lang* folgend, davon auszugehen, dass die Bezeichnungen *„ausnahmsweise“* und *„in einzelnen Beziehungen zu begrenzen“* nicht auf eine generelle Durchsetzbarkeit der Beschränkung hinweisen, sondern auf eine variable, anhand der konkreten Fallkonstellation ausgerichtete,

---

776 Vgl. BVerfGE 30, 173 (193); 47, 327 (369); sowie die Ausführungen zur Kollision von Verfassungsnormen: BVerfGE 28, 243 (260f.), und hierzu die zeitlich nachgelagerten Ausführungen zur Menschenbildformel: BVerfGE 32, 373 (379); 59, 275 (279).

777 BVerfGE 28, 243 (261); vgl. dazu nachfolgende Entscheidungen: BVerfGE 41, 29 (50f.); 41, 88 (107f.); 44, 37 (49f., 53); 47, 327 (369); 52, 223 (246f.); 57, 70 (99); 84, 212 (228); 93, 1 (21); 107, 104 (118); 108, 282 (297); Die Ansätze in der Rechtsprechung des Bundesverfassungsgerichts finden sich schon im Jahre 1952: BVerfGE 2, 1 (72f.).

778 Vgl. *Bamberger*, Schranken vorbehaltloser Freiheitsgrundrechte, 1999, S. 27 ff., 32.

779 BVerfGE 69, 1 ff. – Sondervotum der Richter Mahrenholz und Böckenförde, BVerfGE 69, 57 (59).

Abwägungsentscheidung.[780] Statt eines strikten Vorbehalts durch kollidierendes Verfassungsrecht tritt danach ein Abwägungsvorbehalt.[781]

Ausgehend hiervon setzen die Begriffsbestandteile „*ausnahmsweise*" und „*in einzelnen Beziehungen zu begrenzen*" also bereits eine beschränkungsfähige Kollisionslage voraus, sodass der Blick für die Begründung der Kollisionslage den Elementen „*Rechtswerte mit Verfassungsrang*" sowie den beiden Formeln „*Rücksicht auf die Einheit der Verfassung und die von ihr geschützte gesamte Wertordnung*" zuzuwenden ist. Die beiden Formeln von der „*Rücksicht auf die Einheit der Verfassung*" und die „*geschützte gesamte Wertordnung*" wurden bereits in der früheren Rechtsprechung zu den inkorporierten Weimarer Reichsverfassungsartikeln in einen Zusammenhang gebracht, um die Schranken der kirchlichen Besteuerungspflicht offenzulegen.[782] Daher rührt die Kollisionsformel ursprünglich nicht aus der Grundrechtsbeschränkung, sondern aus der gegenseitigen Beschränkung anderen Verfassungsrechts. Die tragenden Bestandteile für die Beschränkung durch kollidierendes Verfassungsrecht, die Einheit der Verfassung und die gesamte geschützte Wertordnung, erscheinen einerseits in Zusammenhang mit der Begründung der Kollision und andererseits mit der Auflösung der Kollision. Darüber hinaus wird im rechtswissenschaftlichen Schrifttum behauptet, dass die Formeln das Kollisionsdenken begründen, aber selber keine Postulate für die Auflösung der Kollision beinhalten.[783] Daher sind im Folgenden die Elemente der Einheit der Verfassung, die gesamte geschützte Wertordnung und der Begriff der Rechtswerte mit Verfassungsrang zu untersuchen, um festzustellen, welche Anforderungen diese an eine Kollision stellen und welche Beachtung sie im Rahmen der Kollisionsformel finden.

aaaa) Einheit der Verfassung

Die Einheit der Verfassung ist unabdingbare Voraussetzung für die Formel vom kollidierenden Verfassungsrecht. Jedoch führt das Bundesverfassungsgericht in seiner Leitentscheidung zum kollidierenden Verfassungsrecht aus dem

780 *Misera-Lang*, Einschränkbarkeit vorbehaltloser Freiheitsrechte, 1999, S. 144.

781 *Eckertz*, Kriegsdienstverweigerung als Grenzproblem des Rechts, 1986, S. 139.

782 Vgl. BVerfGE 19, 206 (220).

783 *Mis-Paulußen*, Begrenzung vorbehaltlos gewährleisteter Grundrechte, 1998, S. 118; vgl. so ähnlich: *Bamberger*, Schranken vorbehaltloser Freiheitsgrundrechte, 1999, S. 144; vgl. auch: BVerfGE 69, 1 ff. – Sondervotum der Richter Mahrenholz und Böckenförde, BVerfGE 69, 57 (62 f.); a. A. *Hesse*, Grundzüge des Verfassungsrechts, 20. Aufl., 1995, § 2 III 2, S. 28, Rdnr. 72; umgekehrte Auffassung: *Misera-Lang*, Einschränkbarkeit vorbehaltloser Freiheitsrechte, 1999, S. 339.

Jahr 1970 nicht aus, was es in jenem Zusammenhang unter dem Begriff der Einheit der Verfassung versteht.[784] In anderen Entscheidungen des Bundesverfassungsgerichts wird der Begriff der Einheit der Verfassung oft vielgestaltig und daher wenig präzise verwendet.[785] Oft wird die Einheit der Verfassung wie folgt umschrieben: „*Das Grundgesetz kann nur als Einheit begriffen werden. Daraus folgt, daß auf der Ebene der Verfassung selbst ranghöhere und rangniederere Normen in dem Sinne, daß sie aneinander gemessen werden könnten, grundsätzlich nicht denkbar sind* […].“[786] „*Danach ist die Verfassung als in sich geschlossenes, harmonisches Ganzes zu betrachten.* […] *Sie beruht auf der richtigen Ansicht, dass der Verfassungsgeber nicht programmlos Vorschrift an Vorschrift gereiht hat, sondern sein Werk nach einer vorgefaßten Konzeption ausrichtete, und die einzelnen Verfassungsbestimmungen sozusagen den Ausdruck dieses Gesamtbildes darstellen sollen.*“[787] „*Das „Prinzip von der Einheit der Verfassung“ ist demnach* […] *die Aufgabe für Rechtsprechung und Lehre, die naturgegebenen Spannungsverhältnisse in das richtige Maß zu bringen, d. h. die einander widerstreitenden Prinzipien und Normen des Grundgesetzes in ihrer Bedeutung und in ihrem Gewicht zu erkennen und die sich überlagernden Wirkungsfelder nach beiden Seiten einzuengen.*“[788]

Diese Umschreibungen vermengen mehrere Aspekte miteinander und lassen die Einheit der Verfassung zu einem unpräzisen Konglomerat werden.[789] Dadurch wird die Handhabung mit diesem Begriff verschleiert. Jedoch kann man den Begriff wie in *Müller*s Untersuchung der gedanklichen Ordnung wegen in eine materielle, formale und funktionale Begriffsdimension unterteilen.[790] Dabei kam *Müller* zu dem Ergebnis, dass die Formel von der Einheit

---

784 Vgl. BVerfGE 28, 243 (261).

785 Vgl. BVerfGE 1, 14 (32 f.); 2, 380 (403); 3, 225 (231 f.); 15, 167 (194 f.); so auch: *v. Pestalozza*, Der Staat Bd. 11 (1972), 161 (180 f.).

786 BVerfGE 3, 225 (231 f.).

787 *Ossenbühl*, DÖV 1965, 649 (654); vgl. auch: BVerfGE 1, 14 (32); 2, 380 (403); *Ehmke*, VVDStRL Heft 20 (1963), 53 (77); *Scheuner*, VVDStRL Heft 20 (1963), 103 (125); bereits differenzierter: *Stern*, Staatsrecht, Bd. I, 2. Aufl., 1984, § 4 III 8, S. 131 f.

788 *Ossenbühl*, DÖV 1965, 649 (655); *Stern*, Staatsrecht, Bd. I, 2. Aufl., 1984, § 4 III 8, S. 132.

789 So ähnlich: *Misera-Lang*, Einschränkbarkeit vorbehaltloser Freiheitsrechte, 1999, S. 338.

790 Vgl. *Müller*, Die Einheit der Verfassung, 2. Aufl., 2007, S. 91, 92 ff., 145 ff., 173 ff. – wobei die ideologische Einheit, die Einheit des verfassungsgeschichtlichen Typus, und die legitimierende Einheit unter materieller Einheit zusammengefasst werden kann; zur Unterscheidung auch bei: *Pieroth*, AöR Bd. 114 (1989), S. 422 (438).

der Verfassung selber unbrauchbar ist. Dabei zeigt seine Unterteilung aber, dass bestimmte Begriffsdimensionen der Einheit der Verfassung für sich genommen eine gewisse Berechtigung haben.[791]

Auch wenn die Begriffsdimensionen der Einheit der Verfassung im übrigen Schrifttum nicht immer klar voneinander getrennt werden, sollen die drei Begriffsdimensionen im folgenden entsprechend der Unterteilung *Müller*s darauf untersucht werden, auf welche Begriffsdimension sich die Rechtsprechung des Bundesverfassungsgerichts stützt und welche Folgerungen sich hieraus für den Umgang mit der Kollisionsformel ableiten lassen.

α) Materielle Einheit der Verfassung

Im materiellen Sinne kann die Einheit der Verfassung als ideengeschichtliche, verfassungsgeschichtliche oder legitimierende Einheit begriffen werden.[792] Hiernach ist der Tatbestand einer jeden Verfassungsrechtsnorm inhaltlich dem Lichte eines ganz bestimmten materiellen Verfassungsbildes bzw. einer Ordnungsvorstellung unterstellt.[793]

Die Verfassung ist zwar ein Zusammenspiel verschiedener Rechtsnormen, weshalb bei der Rechtsanwendung auftretende Spannungen und Widersprüche unvermeidbar sind.[794] Jedoch zielt diese Vorstellung der materiellen Einheit auf die Herstellung einer harmonischen Ordnung.[795] Daher ist die Einheit der Verfassung nicht als bestimmtes Vorgegebenes zu denken, sondern vielmehr als ein Prinzip zur Interpretation der Verfassung.[796] Diesem Interpretationsprinzip

---

791 *Müller*, Die Einheit der Verfassung, 2. Aufl., 2007, S. 228 f., 230, 234; während er die Formel von der Einheit der Verfassung ablehnt, so erkennt er gleichwohl Bestandteile des hiermit umschriebenen Begriffs an, etwa Einheit der Rangebene und normativen Struktur der Verfassungsrechtsnormen: *ders.*, S. 228 f., und Einheit im Sinne einer Positivität der Verfassung: *ders.*, S. 230 f.

792 *Müller*, Die Einheit der Verfassung, 2. Aufl., 2007, S. 91.

793 Vgl. *Stern*, Staatsrecht, Bd. I, 2. Aufl., 1984, § 4 III 8, S. 131 f.; *Ossenbühl*, DÖV 1965, 649 (654); vgl. *Ehmke*, VVDStRL Heft 20 (1963), 53 (77), der hier von einer „*konkreten materialen Einheit einer Verfassung*“ spricht.

794 *Hesse*, Grundzüge des Verfassungsrechts, 20. Aufl., 1995, § 1 III 2, S. 11, Rdnr. 19, 20; vgl. *Ehmke*, VVDStRL Heft 20 (1963), 53 (77); *Ossenbühl*, DÖV 1965, 649 (654).

795 *Hesse*, Grundzüge des Verfassungsrechts, 20. Aufl., 1995, § 2 III 2, S. 27, Rdnr. 71; *Ehmke*, VVDStRL Heft 20 (1963), 53 (77); *Scheuner*, VVDStRL Heft 20 (1963), 103 (125).

796 *Sachs*, in: Stern (Hrsg.), Staatsrecht, Bd. III/2, 1994, § 81 IV 5, S. 560 m. w. N. *Müller*, Problem der Grundrechtsdogmatik, 1969, S. 21; *Ossenbühl*, DÖV 1965, 649 (655).

liegt die Vorstellung zugrunde, dass der Verfassungsgeber nicht programmlos Vorschrift an Vorschrift gereiht hat, sondern sein Werk nach einer vorgefassten Konzeption ausgerichtet hat, sodass die einzelnen Verfassungsbestimmungen Ausdruck eines harmonischen Gesamtbildes sind.[797] Sie sollen das Gemeinwesen verfassen und hängen dabei voneinander ab und wirken aufeinander zurück. Daher müssen sie als Einheit begriffen werden, damit das Grundgesetz als Verfassung richtig interpretiert werden kann.[798] Das Bundesverfassungsgericht bezeichnet das Interpretationsprinzip der Einheit der Verfassung als logisch-teleologisches Sinngebilde.[799] Das Verständnis von materieller Einheitlichkeit setzt aber notwendigerweise voraus, dass die sich entfaltende Verfassung widerspruchsfrei[800] sowie in sich abgeschlossen[801] und daher ideologisch lückenlos sein muss. Die Widerspruchsfreiheit der Verfassung gründet sich darauf, dass bei einer Ordnungsvorstellung Widersprüchliches nicht zugleich angewendet werden kann.[802]

Die Interpretation einer materiellen Einheit der Verfassung fordert demnach den zugrundeliegenden, gemeinsamen Ordnungsgedanken festzustellen und in seinem Licht jede einzelne Verfassungsbestimmung in einem widerspruchsfreien, lückenlosen, harmonischen Ganzen zu interpretieren.[803] Dies hat unweigerlich zur Folge, dass die inhaltliche Verfassungsbestimmung im Licht des gemeinsamen Ordnungsgedankens mit ihrer äußeren Wortlautformulierung als Verfassungsrechtsnorm in Einklang gebracht werden muss. Der äußere Wortlaut der Verfassungsrechtsnorm wird demnach durch die „inhaltlich gemeinte Verfassungsbestimmung" überlagert, um die Verfassungsbestimmung in ein harmonisches Ganzes der Verfassung einzufügen.

797 *Ossenbühl*, DÖV 1965, 649 (654); *Scheuner*, VVDStRL Heft 20 (1963), 103 (125); *Stern*, Staatsrecht, Bd. I, 2. Aufl., 1984, § 4 III 8, S. 132.

798 *Hesse*, Grundzüge des Verfassungsrechts, 20. Aufl., 1995, § 1 III 2, S. 11, Rdnr. 20; vgl. auch: BVerfGE 15, 167 (195 f.) – wonach die Verfassung neben einer inneren auch eine äußere Einheit darstellt und mit allen Bestimmungen als Ganzes steht oder fällt.

799 BVerfGE 19, 206 (220).

800 *Hesse*, Grundzüge des Verfassungsrechts, 20. Aufl., 1995, § 2 III 2, S. 27, Rdnr. 71; *Misera-Lang*, Einschränkbarkeit vorbehaltloser Freiheitsrechte, 1999, S. 339.

801 A. A. *Ehmke*, VVDStRL Heft 20 (1963), 53 (77); *Hesse*, Grundzüge des Verfassungsrechts, 20. Aufl., 1995, § 1 III 2, S. 11, Rdnr. 20.

802 *Müller*, Die Einheit der Verfassung, 2. Aufl., 2007, S. 103; *Ossenbühl*, DÖV 1965, 649 (654).

803 *Scheuner*, VVDStRL Heft 20 (1963), 103 (125); *Ossenbühl*, DÖV 1965, 649 (654 f.).

Zur Verdeutlichung der Methode lässt sich folgendes Beispiel für das Grundgesetz bilden: Nach Art. 5 Abs. 1 S. 3 GG findet eine Zensur der Presse nicht statt. Jedoch formuliert Art. 5 Abs. 2 GG, dass die Pressefreiheit ihre Schranken in den Vorschriften der allgemeinen Gesetze, den gesetzlichen Bestimmungen zum Schutze der Jugend und in dem Recht der persönlichen Ehre findet. Da die Zensur einen Anwendungsfall der Beschränkung der Pressefreiheit darstellt, widerstreben das Zensurverbot und die Ermächtigung zur Beschränkung der Pressefreiheit.[804] Ein darauf gegründeter Widerspruch lässt sich folglich nur auflösen, wenn man den gemeinsamen Ordnungsgedanken ermittelt und zugrundelegt. Zur Vereinfachung sei unterstellt, dass dieser Ordnungsgedanke nach *Ehmke* die *„freiheitliche, demokratische Grundordnung"*[805] ist. Demzufolge wären das Zensurverbot und die Beschränkungsmöglichkeiten in Art. 5 Abs. 2 GG im Lichte der freiheitlichen, demokratischen Grundordnung zu interpretieren und vor dem Hintergrund dieser freiheitlichen, demokratischen Grundordnung einer gegenseitigen Harmonie zuzuführen.

Ob aber so ein gemeinsamer Ordnungsgedanke, wie etwa die freiheitliche demokratische Grundordnung, besteht, ist eher fraglich. Zum einen ist der Begriff der freiheitlichen demokratischen Grundordnung sehr weit,[806] zum anderen ergibt sich aus der geschichtlichen und politischen Funktion einer Verfassung, dass sie eine bestimmende Grundordnung eines bestimmten Gemeinwesens mit seinen unterschiedlichen und gegeneinander gerichteten Kräften sein soll. Die Verfassungsrechtsnormen sind daher allesamt Ausdruck bestimmter Entscheidungen, einmal mehr zugunsten einer bestimmen Vorstellung oder einmal weniger. Die Verfassungsrechtsnormen haben daher je nach Regelungsbereich einen funktional wechselnden Grad normativer Dichte.[807] Daher lässt sich anhand dieser unterschiedlichen normativen Regelungsdichte auch schwer eine gewisse Ordnungsvorstellung ableiten.

Schließlich könnte zwar die Interpretation von Verfassungsrechtnormen als materielle Einheit, also die Interpretation von Verfassungsrechtsnormen im Lichte eines gemeinsamen Ordnungsgedankens, erklären, wie bei einer Kollision die Verfassungsrechtsnormen anhand eines bestimmten Einheitsbildes aufzulösen sind. Die Interpretation der Verfassung als materielle Einheit erklärt aber nicht, weshalb es überhaupt zu einer Kollision widerstreitender

---

804 Vgl. BVerfGE 33, 52 (72).

805 *Ehmke*, VVDStRL Heft 20 (1963), 53 (77).

806 Vgl. Pkt. III. 1. lit. c) lit. bb), S. 143.

807 *Müller*, Die Einheit der Verfassung, 2. Aufl., 2007, S. 175.

Verfassungsrechtsbestimmungen kommt, denn die Annahme einer gemeinsamen Ordnungsvorstellung ist darauf gerichtet, die Gründe für das Zustandekommen einer Kollisionslage zu nivellieren und die Kollision zu harmonisieren. Es muss daher ein anderes Moment geben, was die Kollision von Verfassungsrechtsbestimmungen auslöst.

β) Formale Einheit der Verfassung

Demgegenüber kann die Einheit der Verfassung auch in einem formalen Sinne als Gleichrangigkeit, Gleichwertigkeit bzw. untereinander bestehende Hierarchiefreiheit der Verfassungsbestimmungen verstanden werden.[808] Das bedeutet, dass die Verfassungsrechtsnormen, unabhängig von ihrem inhaltlichen Wert, ihrer gesellschaftlichen Bedeutung oder dem inneren Gewicht des Verfassungsgutes in ihrer verfassungsrechtlichen Stellung untereinander als formal gleichwertig oder gleichrangig bzw. hierarchiefrei anzusehen sind.[809] Die Einheit der Verfassung im formalen Sinne ist also ein Interpretationsprinzip, dass auf eine einheitliche, formale Geltung und Wirkung von Verfassungsrechtsnormen abstellt.

Demgegenüber ist die Durchsetzungskraft gegenüber anderen Verfassungsrechtnormen eine Frage der positiv-rechtlichen Normierung ihrer inhaltlichen Reichweite,[810] also ihrer Wertigkeit bzw. ihres Gewichts. Ein Vorzug für ein bestimmtes Verfassungsgut ist daher inhaltlich und gilt für den Einzelfall.[811] Daher muss zwischen den Merkmalen des äußeren hierarchischen Rangs einer Verfassungsrechtsnorm und dem Gewicht, als der inneren Wertigkeit des Inhalts einer Rechtsnorm, unterschieden werden.[812] Ein unterschiedlicher Rang wirkt

---

808 BVerfGE 3, 225 (231); *Müller*, Die Einheit der Verfassung, 2. Aufl., 2007, S. 91, 135, 144 f.; vgl. auch *Sachs*, in: Stern (Hrsg.), Staatsrecht, Bd. III/2, 1994, § 81 IV 5, S. 560; vgl. *Pieroth*, AöR Bd. 114 (1989), S. 422 (438); a. A. *Ehmke*, VVDStRL Heft 20 (1963), 53 (77).

809 BVerfGE 3, 225 (231 f.); 19, 206 (219); 41, 29 (51); vgl. *Müller*, Die Einheit der Verfassung, 2. Aufl., 2007, S. 135.

810 *Müller*, Die Einheit der Verfassung, 2. Aufl., 2007, S. 135 f.; Für die positiv-rechtliche Durchsetzungskraft siehe exemplarisch den Begriff der Unantastbarkeit in Art. 1 Abs. 1 S. 1; Art. 19 Abs. 2 GG sowie den Begriff der Unberührbarkeit in Art. 79 Abs. 3 GG.

811 *Müller*, Die Einheit der Verfassung, 2. Aufl., 2007, S. 135; vgl. auch *Knies*, Schranken der Kunstfreiheit, 1967, S. 41.

812 Zur unterschiedlichen Verwendung von Rang und Gewicht auch: *Jansen*, Der Staat, Bd. 36 (1997), 26 (43).

sich formal, in der äußeren Geltung und abstrakt gegenüber allen Verfassungsrechtsnormen aus, ein unterschiedliches Gewicht hat nur relative Wirkung für den Einzelfall. Auch das Bundesverfassungsgericht unterscheidet zwischen dem Gewicht und Rang von Verfassungsrechtsgütern.[813]

Eine formale Hierarchiefreiheit erklärt sich nach *Schmitt*, wonach ihm zufolge die Verfassung eine Vielzahl von Verfassungsgesetzen oder Verfassungsrechtsnormen als Institut „Verfassung" zusammenhält.[814] Die Verfassung entspricht damit einer eigenen normhierarischen Gesetzesebene. Daraus folgt auch, dass es keine Veranlassung gibt, in rein interpretativer Hinsicht von einer Rangebene innerhalb der Verfassung auszugehen. Eine solche Interpretation wäre sonst geeignet, Verfassungsrechtsnormen gegenseitig im Wege des Prinzips „lex superior derogat legi inferiori" verdrängen zu lassen und die hierdurch verfasste Rechtsordnung als Gefüge mit unbedingtem Geltungsanspruch von innen her aufzusprengen.[815] Ein Beispiel für das Grundgesetz können das Recht auf Leben in Art. 2 Abs. 2 S. 1 Alt. 1 GG und die Vereinigungsfreiheit in Art. 9 Abs. 1 GG herangezogen werden, die beide formal als gleichwertig bzw. gleichrangig anzusehen sind und keinem von beiden in dieser Stellung ein formaler Vorzug gegenüber dem anderen zukommt. Obwohl wohl niemand bestreiten mag, dass das Recht auf Leben gegenüber der Vereinigungsfreiheit gesellschaftlich bedeutender und dem Inhalt nach auch deutlich gewichtiger sein mag, spielt dies für die äußere Geltung als Verfassungsrechtsnorm im Grundgesetz keine Rolle.

Dieser formale Begriffssinn der Einheit der Verfassung steht als Interpretationsprinzip selbstverständlich unter dem Vorbehalt, dass die Verfassungsrechtsnormen selber keine eigenen formalen Vorrangregelungen in rechtspositiver Weise treffen. Da eine Rechtsordnung ihre Rangabstufung selbst vornehmen muss[816] und eine solche formale Rangabstufung im Grundgesetz nicht getroffen wird,[817] bleibt es bei der formalen Einheitlichkeit. Insbesondere Art. 79 Abs. 3 GG, der eine Änderung des Grundgesetzes für unzulässig erklärt, wenn die in Art. 1 und 20 GG niedergelegten Grundsätze berührt werden, nimmt seinem Inhalt nach nur Bezug auf andere Verfassungsrechtsnormen, regelt aber keinen

---

813 BVerfGE 3, 225 (231f.); 19, 206 (219); 41, 29 (51); vgl. BVerfGE 19, 135 (138).
814 *Schmitt*, Verfassungslehre (1928), 9. Aufl., 2003, S. 20 f.
815 *Forsthoff*, in: Festschrift für C. Schmitt, 3. Aufl., 1994, S. 35 (38).
816 *Forsthoff*, in: Festschrift für C. Schmitt, 3. Aufl., 1994, S. 35 (38).
817 So auch: *Bethge*, DÖV 2002, 673 (678); *Grabitz*, AöR Bd. 98 (1973), S. 568 (577, 579); *Wendt*, AöR Bd. 104 (1979), S. 414 (433).

formalen Vorrang i. S. e. normenhierarischen Höherrangigkeit der in Art. 1 und 20 GG niedergelegten Grundsätze gegenüber anderen Verfassungsrechtnormen.

Die Gleichrangigkeit von Rechtsnormen im Grundgesetz ist eine wesentliche Voraussetzung für die Theorie von kollidierendem Verfassungsrecht, dass vorbehaltlose Grundrechte überhaupt mit Verfassungsbestimmungen kollidieren können. Bestünde nämlich eine hierarchische Wertrangordnung zwischen den Rechtsnormen im Grundgesetz, so würden die höherrangigen Rechtsnormen nach dem Prinzip „lex superior derogat legi inferiori" gar nicht erst mit den Rechtsnormen niederen Ranges kollidieren, sondern diese verdrängen. Daher ist das Interpretationsprinzip der Einheit der Verfassung eng mit der Frage nach der Gleichrangigkeit von Verfassungsrecht verbunden.[818] Allerdings wurden aus der Einheit der Verfassung unterschiedliche Folgerungen für die Gleichrangigkeit der Verfassungsgüter gezogen:

αα) Höherrangigkeit einer metaphysisch vorgelagerten Ebene

Anfangs hat das Bundesverfassungsgericht mithilfe der Einheit der Verfassung versucht, aus dem Gesamtinhalt des Grundgesetzes und Sinnzusammenhang aller Verfassungsrechtsnormen eine abstrakte vorverfassungsrechtliche Ebene zu konstruieren, die in ihrem Rang über jeder einzelnen Verfassungsbestimmung steht.[819] So beruft sich der Zweite Senat[820] auf eine frühe Rechtsprechung des Bayerischen Verfassungsgerichtshofes[821] zu elementaren Grundsätzen der Verfassung, die der geschriebenen Verfassung vorgelagert seien und deshalb einen höheren Rang als Verfassungsrechtsnormen hätten.[822] Die Höherrangigkeit begründete der Bayerische Verfassungsgerichtshof mit Bezugnahme auf ein der Verfassung vorgelagertes Naturrecht.[823] Auch wenn sich der Zweite Senat des Bundesverfassungsgerichts auf die Entscheidung des Bayerischen Verfassungsgerichtshofs beruft, so knüpft er den höheren Rang bestimmter Verfassungsgrundsätze im Gegensatz zum Bayerischen Verfassungsgerichtshof nicht an schlichtes Naturrecht, sondern an eine abstrakte, metaphysische Ebene, die

---

818 *Müller*, Die Einheit der Verfassung, 2. Aufl., 2007, S. 132; ohne gedankliche Trennung: *Müller*, Problem der Grundrechtsdogmatik, 1969, S. 21.

819 BVerfGE 1, 14 (32f.); 2, 380 (403).

820 Vgl. BVerfGE 1, 14 (32).

821 Vgl. BayVfGHE 2, 45 (47f.); 4, 51 (58f.); 9, 1 (10); 13, 27 (30 f.); 14, 87 (98); 17, 94 (96); vgl. ferner: BayVfGHE 11, 146 (153, 159).

822 Vgl. BVerfGE 1, 14 (32); *Müller*, Die Einheit der Verfassung, 2. Aufl., 2007, S. 125.

823 BayVfGHE 2, 45 (47f.); 4, 51 (58 f.); 9, 1 (10); 13, 27 (30 f.); 14, 87 (98); 17, 94 (96).

er aus der Einheit der Verfassung konstruiert. Diese abstrakte, metaphysische Ebene steht in einer gedanklichen Nähe zur materiell-einheitsstiftenden Ordnungsvorstellung, die der gesamten Verfassung zugrunde liegt und in deren Licht auch jede Verfassungsrechtsnorm zu interpretieren ist. Diesem Verständnis über ein vorverfassungsmäßiges Gesamtbild ist dann auch der Erste Senat gefolgt.[824] Jedoch hat der Erste Senat später mithilfe des Prinzips der Einheit der Verfassung im Gegenteil dazu eine Gleichrangigkeit der Verfassungsgüter begründet,[825] dem sich dann der Zweite Senat auch implizit angeschlossen hat.[826]

ββ) Höherrangigkeit naturrechtlicher Verfassungsrechtsnormen

Bachof geht von der Höherrangigkeit naturrechtlich vorgegebener Verfassungsrechtsnormen gegenüber übrigen Verfassungsrechtsnormen aus.

Seiner Auffassung zufolge besteht die Möglichkeit, dass eine Verfassungsrechtsnorm gegen grundlegende Verfassungsgedanken verstoßen kann.[827] Zu solchen grundlegenden Verfassungsgedanken zählt *Bachof* allen voran das übergesetzliche Recht, also das Naturrecht. Eine Verletzung des Naturrechts ist für *Bachof* zugleich eine Verletzung des materiellen Verfassungsgehalts. Dabei unterscheidet er zwischen dem verfassungsrechtlich positivierten übergesetzlichen Recht – also dem übergesetzlichen Recht, dass sowohl formelles als auch materielles Verfassungsrecht darstellt[828] – und schlichtem übergesetzlichen Recht, das nicht in formelles Verfassungsrecht umgeformt wurde[829].

In Hinsicht auf das verfassungsrechtlich positivierte übergesetzliche Recht hat dieses gegenüber den anderen Verfassungsrechtsnormen zwar auch Verfassungsrang, sodass unter dieser Hinsicht eine Gleichrangigkeit besteht, allerdings verkörpert es als übergesetzliches Recht darüber hinaus auch höchste Wertungen

---

824 BVerfGE 2, 380 (403) m. w. N. BVerfGE 1, 14 (41, 45).

825 BVerfGE 3, 225 (231 f.); vgl. BVerfGE 12, 45 (52f.); 19, 135 (138); 19, 206 (219).

826 BVerfGE 30, 1 (19 f.): *„Alle Verfassungsbestimmungen müssen vielmehr so ausgelegt werden, daß sie mit den elementaren Grundsätzen des Grundgesetzes und seiner Wertordnung vereinbar sind (BVerfGE 19, 206 [220]).“* […] *„Nicht minder bedeutsam ist die Grundentscheidung des Grundgesetzes über die Grenzen, die den Grundrechten durch Rücksichten auf Gemeinwohl und zum Schutz überragender Rechtsgüter gezogen sind* […]. *Das Menschenbild des Grundgesetzes* […]. *Das ergibt sich insbesondere aus einer Gesamtsicht der Art. 1, 2, 12, 14, 15, 19 und 20 GG.“*.

827 *Bachof*, Verfassungswidrige Verfassungsnormen?, 1951, S. 37.

828 *Bachof*, Verfassungswidrige Verfassungsnormen?, 1951, S. 42.

829 *Bachof*, Verfassungswidrige Verfassungsnormen?, 1951, S. 45.

des Naturrechts.[830] Diese höchsten Wertungen begründen das Moment, aus welchem sich eine Höherrangigkeit bzw. der Vorrang gegenüber den anderen Verfassungsbestimmungen ergibt, denn die höchsten Wertungen stellen grundlegende materiale Verfassungsgehalte dar, sodass sich ein höherer Verfassungsrang des verfassungsrechtlich positivierten übergesetzlichen Rechts ergibt.[831]

Als eine weitere Gruppe sieht *Bachof* die Rechtsnormen des ungeschriebenen materiellen Verfassungsrechts. Diese umfassen die hintergründigen Konstitutionsprinzipien des Verfassungssinnes.[832]

Die Annahme *Bachofs* von verfassungswidrigem Verfassungsrecht beruht auf der Anerkennung überpositiven Naturrechts[833] und ungeschriebenen verfassungsrechtlichen Konstitutionsprinzipien[834], sowie nicht positivierten, übergesetzlichen Rechts. Woraus sich aber eine Höherrangigkeit derjenigen Verfassungsrechtsnormen ergeben soll, deren Regelungsgehalt auch naturrechtlichen Vorstellungen entspricht, ist nicht nachvollziehbar. Verfassungsrechtsnormen sind kraft ihres formellen Verfassungsranges in einen Ordnungszusammenhang gebracht, nämlich dem der Verfassung. Indem die verfassungsändernde Gewalt oder der Verfassungsgeber eine Rechtsnorm schafft, so wird wegen der authentischen Rechtsetzungsbefugnis zum Ausdruck gebracht, dass eine solche Rechtsnorm aufgrund ihrer Stellung innerhalb der Verfassung als Verfassungsrechtsnorm gelten soll und nicht wie jede andere beliebige Rechtsnorm unterhalb der Verfassung steht. Durch den Verfassungsrang wird einer Rechtsnorm somit eine formelle Bedeutung verliehen.

Der These *Bachofs*, dass eine Verfassungsrechtsnorm einen Widerspruch zu anderen Verfassungsgrundsätzen auslösen könne, ist entgegenzuhalten, dass vermeintlich widersprüchliche Verfassungsrechtsnormen deswegen gesetzt werden, um Ausnahmen zu statuieren. Selbst *Bachof* zufolge kann der objektive Wille der verfassungsändernden Gewalt nach objektiv-teleologischer Interpretation „[…] *bei einem scheinbaren Widerspruch zwischen einem Verfassungsgrundsatz und einer Einzelnorm der Verfassung doch wohl nur dahin verstanden werden, daß der Verfassungsgeber jener Einzelnorm entweder als Ausnahme von der Regel habe zulassen wollen, oder daß er das Vorhandensein eines solchen Widerspruchs überhaupt verneint habe.*“[835] Zwar unterstellt *Bachof* auch, dass darüber hinaus

---

830 *Bachof*, Verfassungswidrige Verfassungsnormen?, 1951, S. 42.
831 *Bachof*, Verfassungswidrige Verfassungsnormen?, 1951, S. 42.
832 *Bachof*, Verfassungswidrige Verfassungsnormen?, 1951, S. 43.
833 *Bachof*, Verfassungswidrige Verfassungsnormen?, 1951, S. 42.
834 *Bachof*, Verfassungswidrige Verfassungsnormen?, 1951, S. 43.
835 *Bachof*, Verfassungswidrige Verfassungsnormen?, 1951, S. 39.

auch unauflösbare Widersprüche oder offenbare Normsetzungsversehen vorkommen können[836], jedoch erklärt er damit nicht, inwiefern solche unauflösbaren Widersprüche oder offenbaren Normsetzungsversehen einen Makel für die authentische Normensetzungsbefugnis der verfassungsändernden Gewalt darstellen können.

Ein Widerspruch von Verfassungsrechtsnormen kann allenfalls nur zu den Grundsätzen des Art. 79 Abs. 3 GG, aufgrund deren verfassungsrechtlichen Positivierung, entstehen. Die in Art. 79 Abs. 3 GG normierte Bestandsklausel entfaltet eine Sperrwirkung gegenüber denjenigen Verfassungsänderungen, die die dort benannten Grundsätze berühren und enthält damit zugleich die Aussage, dass Verfassungsänderungen, die andere Verfassungsbestimmungen berühren, nach dem Willen des Verfassungsgebers nicht per se unzulässig sind, da sie sonst in Art. 79 Abs. 3 GG mit aufgezählt worden wären. Dies mag die Möglichkeit verfassungsrechtlicher Unzulässigkeit logisch nicht ausschließen, jedoch streitet die Bestandsklausel gegen die schlichte Annahme, dass außerhalb der in Art. 79 Abs. 3 GG geschützten Grundsätze verfassungswidriges Verfassungsrecht vorkommt.

Zudem normiert der Art. 79 Abs. 3 GG nach seinem Wortlaut und seiner Intention auch keine Höherrangigkeit der geschützten Verfassungsbestimmungen, sondern nur deren Schutzanordnung.[837] Der Grund hierfür ist, dass es innerhalb der Verfassung kein zurücktretendes früheres oder vorangehendes späteres Recht nach dem Posterioritätsprinzip „lex posterior derogat legi priori" gibt.[838] Daher hat der Verfassungsgeber die Normierung des Art. 79 Abs. 3 GG für erforderlich gehalten, um bestimmte Grundsätze zu schützen, die nach verfassungsgeschichtlicher Entwicklung als tragende Strukturprinzipien gelten sollen. Die

836 *Bachof*, Verfassungswidrige Verfassungsnormen?, 1951, S. 39.

837 Vgl. BVerfGE 30, 1 (24 f.): *„Auch in Art. 20 GG sind mehrere Grundsätze niedergelegt, nicht jedoch ist dort „niedergelegt" das „Rechtstaatsprinzip", sondern nur ganz bestimmte Grundsätze des Rechtsstaatsprinzips* [...]. *Aus dem Rechtsstaatsprinzip lassen sich mehr als die in Art. 79 Abs. 3 GG in Bezug genommenen Rechtsgrundsätze des Art. 20 GG entwickeln* [...]. *Die mit der Formulierung des Art. 79 Abs. 3 GG verbundene Einschränkung der Bindung des verfassungsändernden Gesetzgebers muß bei der Auslegung um so ernster genommen werden, als es sich um eine Ausnahmevorschrift handelt, die jedenfalls nicht dazu führen darf, daß der Gesetzgeber gehindert wird, durch verfassungsänderndes Gesetz auch elementare Verfassungsgrundsätze systemimmanent zu modifizieren.*"; vgl. *Füßlein*, JöR n. F., Bd. I (1951), 573 (586).

838 *Winkler*, Kollision von Schutznormen, 2000, S. 246 m. w. N. *Schilling*, Rang und Geltung von Normen, 1994, S. 448.

Bestandsklausel in Art. 79 Abs. 3 GG ist hiernach die Ausnahme, um das Posterioritätsprinzip für die tragenden Strukturprinzipien zur Geltung zu bringen[839] und das Posterioritätsprinzip kann nur innerhalb einer gleichen Rangstufe von Rechtsnormen gelten.[840] Aus diesem Grund begründet die Bestandsklausel in Art. 79 Abs. 3 GG eben keine formale Höherrangigkeit der dort geschützten Grundsätze. Der Verfassungsgeber ist bei Art. 79 Abs. 3 GG also nicht von einer Rangordnung der Verfassungsrechtsnormen ausgegangen. Das legt es nahe, auch bei den restlichen Verfassungsbestimmungen von einer Gleichrangigkeit auszugehen und nicht – wie *Bachof* inzident unterstellt – die Höherwertigkeit bestimmter Verfassungsbestimmungen anzunehmen.[841]

γγ) Höherrangigkeit von wertvolleren Verfassungsrechtsgütern

Smend legt der Interpretation der Verfassung eine geisteswissenschaftliche Theorie zugrunde.[842] Seinem Leitgedanken folgend ist Staatsrecht gleich Integrationsrecht, denn Staatsrecht zielt auf ein integrierendes Zusammenspiel der staatlichen Institutionen und Funktionen zum Ganzen des Staatslebens.[843] Hieraus leitet sich *Smends* Integrationslehre ab. Nach der Integrationslehre werden die Rechtsnormen in das Sinnsystem eines staatlichen Integrationszusammenhanges gestellt, woraus sich formale Rangunterschiede zwischen den Rechtsnormen ergeben.[844]

Smend geht nach seiner Theorie davon aus, dass jede Verfassungsbestimmung gleichzeitig eine echte Wertentscheidung darstellt. Wertentscheidungen als solche gelten universell und strahlen ihrerseits in die unterverfassungsrechtliche Gesetzesebene, denn systematische Stellung und verfassungsgeschichtlicher Hintergrund deuten auf einen formal höheren Rang der Verfassungsbestimmung bzw. des Verfassungswertes gegenüber den anderen Rechtsnormen hin.[845] Diese Wertentscheidungen können aber durch außerverfassungsrechtliche Umstände und Entwicklungen in ihrem Gewicht verändert und daher in ihrem Rang verschoben werden.[846] Dies führt letztlich dazu, dass es im Dafürhalten

839 *Winkler*, Kollision von Schutznormen, 2000, S. 246.
840 *Schilling*, Rang und Geltung von Normen, 1994, S. 450.
841 So im Ergebnis auch: *Sachs*, in: Sachs (Hrsg.), GG-Komm., 8. Aufl., 2018, Art. 79, Rdnr. 28; *Pecher*, Verfassungsimmanente Schranken, 2002, S. 63.
842 *Smend*, Verfassung und Verfassungsrecht, 1928, S. 128.
843 *Smend*, Verfassung und Verfassungsrecht, 1928, S. 131.
844 *Smend*, Verfassung und Verfassungsrecht, 1928, S. 136.
845 *Smend*, Verfassung und Verfassungsrecht, 1928, S. 136.
846 *Smend*, Verfassung und Verfassungsrecht, 1928, S. 137.

von Rechtswissenschaft und Rechtsanwendung liegt, mittels Interpretation das Gewicht der Wertentscheidung und daher den Rang einer Verfassungsbestimmung zu bestimmen. Dieses ist nach *Smend „das regulative Prinzip nicht nur für den Verfassungsgesetzgeber, sondern sogar für die fließende Geltungsfortbildung des gesetzten Verfassungsrechts.*"[847]

Dass die Lehre von den Rangunterschieden der Verfassungsbestimmungen nach der *Smend*schen Integrationslehre keine Richtigkeit beanspruchen kann, zeigt sich anhand der von *Forsthoff* geübten Kritik. So wendet *Forsthoff* ein, dass eine durch Interpretation gewonnene Rangfrage von Rechtsnormen die Geltungsanordnung jeder einzelnen Rechtsnorm und damit auch jeder Verfassungsrechtsnorm preisgibt.[848] Er gibt zu bedenken: *„So wird mit der Forderung nach Rangunterscheidungen im Rechtssinne das Verfassungsgesetz von innen zerstört.*"[849] Es ist nur Aufgabe der Rechtsordnung selbst durch eigene normative Regelungen eine Rangabstufung vorzunehmen, wie den Vorrang der Verfassungsrechtsnorm vor dem einfachen Gesetze oder den Vorrang von Bundesrecht vor Landesrecht.[850]

Die Methode *Smends* lässt sich vor allem nur im Zusammenhang mit der verfassungsrechtlichen Bedeutung der Grundrechte innerhalb des zweiten Teils der Weimarer Reichsverfassung erklären. Es war umstritten, ob die verfassungsrechtliche Natur der Grundrechte in schlichten Programmsätzen bestehen.[851] Durch die Integrationslehre *Smends* wurde den Grundrechten durch Zuerkennung einer Wertqualität zwar eine gewisse rechtliche Sinnbedeutung verliehen, aber keine rechtlich bindende.[852] Die heutige Bedeutung der *Smend*schen Integrationslehre besteht darin, dass der Gedanke einer verfassungsrechtlichen Wertvorstellung eingeführt wurde, welche heute noch als Grundlage für die Lehre der Drittwirkung und in Ansätzen auch für die Begründung der Schutzpflichten herangezogen wird.[853] Allerdings wird durch die grundrechtliche Dimension der Wertentscheidung in der Rechtsprechung des Bundesverfassungsgerichts

---

847 *Smend*, Verfassung und Verfassungsrecht, 1928, S. 137 f.

848 *Forsthoff*, in: Festschrift für C. Schmitt, 3. Aufl., 1994, S. 35 (38); vgl. auch: *Müller*, Die Einheit der Verfassung, 2. Aufl., 2007, S. 181.

849 *Forsthoff*, in: Festschrift für C. Schmitt, 3. Aufl., 1994, S. 35 (38).

850 *Forsthoff*, in: Festschrift für C. Schmitt, 3. Aufl., 1994, S. 35 (38).

851 *Forsthoff*, in: Festschrift für C. Schmitt, 3. Aufl., 1994, S. 35 (38).

852 *Forsthoff*, in: Festschrift für C. Schmitt, 3. Aufl., 1994, S. 35 (39 f.).

853 *Forsthoff*, in: Festschrift für C. Schmitt, 3. Aufl., 1994, S. 35 (45); *Alexy*, Theorie der Grundrechte, 2. Aufl., 1994, Kap. 3, III 2, S. 134 f.

keine Wertrelativierung vorgenommen.[854] Außerdem besteht auch kein Grund, allein in Hinsicht auf die Grundrechte von einem höheren Rang gegenüber anderen Verfassungsbestimmungen auszugehen. Nach *Hesse* spricht nämlich die systematische Stellung der Grundrechte, nach welcher sie nicht nur innerhalb des ersten Abschnitts des Grundgesetzes Eingang gefunden haben, gegen die Annahme, dass die Grundrechte ein eigenes System mit eigenem Rang bilden.[855] Schließlich ist der von *Forsthoff* geübten Kritik zuzustimmen und die Rangunterscheidung durch Wertinterpretation nach *Smend* abzulehnen.

δδ) Höherrangigkeit der Menschenwürde und der würdegeprägten Grundrechte

Nach der Auffassung von *Wintrich* und *Dürig* ergibt sich eine formale Rangstufung innerhalb der Verfassungsrechtsnormen zwischen Grundrechten und anderen Verfassungsbestimmungen.[856] *Wintrich* und *Dürig* sehen sämtliche Grundrechte als eigenständigen Ausdruck der Menschenwürde an, sodass jede grundrechtliche Gewährleistung in ihrem Kern einen Einschlag der Menschenwürde in sich besitzt.[857] Aufgrund der Unantastbarkeit der Menschenwürde gemäß Art. 1 Abs. 1 GG schlägt sich die Unantastbarkeit auch in dem Menschenwürdekern eines jeden Grundrechts nieder, weshalb *Dürig* und *Wintrich* daraus folgern, dass bestimmte Gewährleistungen eines Grundrechts von vornherein rechtlich „*unübersteigbar*“ bzw. „*unüberschreitbar*“ seien; dies finde seinen Ausdruck auch in der Wesensgehaltsgarantie des Art. 19 Abs. 2 GG.[858]

Diese Auffassung von *Wintrich* und *Dürig* verkennt dabei allerdings, dass die Grundrechte formal eigenständig normierte Verfassungsbestimmungen sind, die mit Art. 1 Abs. 1 GG nicht identisch sind. Zwar mag in geisteswissenschaftlicher Hinsicht in jedem Grundrecht ein Menschenwürdekern innewohnen. Jedoch folgt aus der eigenständigen Normierung der Grundrechte ein

---

854 Keine Wertrelativierung der Grundrechte untereinander: vgl. BVerfGE 142, 74 (101, Rdnr. 82 f.); 148, 267 (280, Rdnr. 32), vgl. ferner: BVerfGE 7, 198 (204 ff.); 35, 79 (114, 116); 77, 170 (214).

855 *Hesse*, Grundzüge des Verfassungsrechts, 20. Aufl., 1995, § 9 III, S. 136, Rdnr. 300.

856 Vgl. *Wintrich*, BayVBl. 1957, 137 (137 f.); vgl. *Dürig*, in: Maunz/Dürig (Hrsg.), GG-Komm., 2. Aufl., 1968, Art. 1 Abs. I, Rdnr. 5 f., 45.

857 Vgl. *Wintrich*, BayVBl. 1957, 137 (138) m. w. N. *Dürig*, AöR, Bd. 81 (1956), S. 117 (125 f., 136 f.); *ders.*, in: Maunz/Dürig (Hrsg.), GG-Komm., 2. Aufl., 1968, Art. 1 Abs. I, Rdnr. 6 ff., 13, 15, 44 f.

858 *Wintrich*, BayVBl. 1957, 137 (140); *Dürig*, in: Maunz/Dürig (Hrsg.), GG-Komm., 2. Aufl., 1968, Art. 1 Abs. I, Rdnr. 45.

abgegrenzter, juristischer Schutz über einen innewohnenden Menschenwürdekern hinaus. Grundrechte werden auch nicht aus der Menschenwürde deduziert, sondern haben eine rechtliche Eigenstellung. Davon ist ihr materieller Gehalt zu unterscheiden. Deshalb kann die Frage des Menschenwürdekerns keine solche sein, die den formalen Rang des Grundrechts betrifft, sondern eine solche, die das materielle Gewicht, also den verkörperten Wert berührt. Deshalb kommt der Frage eine Bedeutung bei der Güterabwägung zu.[859] Letztlich bezieht sich die Unantastbarkeit lediglich auf die „formale“ Regelung des Art. 1 Abs. 1 GG, weshalb sie auch nicht auf die speziell normierten Grundrechte übertragen werden kann. Davon ist jedoch die Möglichkeit zu unterscheiden, dass die Menschenwürde zumindest als verfassungskonforme Anforderung an eine Beschränkung, also als Schranke-Schranke, verstanden werden. Das heißt aber nicht, dass die Schranke der Unantastbarkeit der Menschenwürde in das Grundrecht hineingelegt wird.

εε) Folgerungen für die formale Einheit der Verfassung

Wie gezeigt werden konnte, vermögen die Auffassungen über Rangebenen innerhalb der Verfassung nicht zu überzeugen. Es gibt keine substantiierten Gründe, von einem formalen hierarchisch höheren Rang bestimmter Verfassungsrechtsnormen gegenüber anderen innerhalb der Verfassung auszugehen. Weder der Menschenwürde in Art. 1 Abs. 1 GG oder den nach Art. 79 Abs. 3 GG bestandsgeschützten Grundsätzen aus Art. 1 und Art. 20 GG kommt ein formal höherer Rang zu. Höherwertig mag bei diesen Verfassungsbestimmungen das materielle Gewicht bzw. die empfundene Bedeutung sein, nicht jedoch die äußere Struktur oder ihr formaler Rang als Verfassungsrechtnormen. Insgesamt wird eine Rangordnung der Verfassungsrechtsgüter, insbesondere der Grundrechte, überwiegend abgelehnt.[860] Die Verfassungsrechtsnormen sind im Sinne der formalen Einheit der Verfassung daher allesamt als formal gleichrangig und hierarchiefrei zu begreifen. Diese formale Einheitlichkeit ist schließlich die Voraussetzung für die Möglichkeit von Grundrechtskollisionen und daher wesentliches

---

859 Vgl. *Stern*, in: Stern (Hrsg.), Staatsrecht, Bd. III/2, 1994, § 84 IV 6, S. 831.

860 Vgl. *Grabitz*, AöR Bd. 98 (1973), S. 568 (577, 579); *Stern*, in: Stern (Hrsg.), Staatsrecht, Bd. III/2, 1994, § 82 II 2, S. 614; *Müller*, Die Einheit der Verfassung, 2. Aufl., 2007, S. 132 f., 205; *Knies*, Schranken der Kunstfreiheit, 1967, S. 39 f.; *Grimmer*, Demokratie und Grundrechte, 1980, S. 118 f.; *Hillgruber*, in: Isensee/Kirchhof (Hrsg.), Handbuch des Staatsrechts, Bd. IX, 3. Aufl., 2011, § 201, Rdnr. 14; vgl. *Bethge*, Meinungsfreiheit, in: Festschrift für P. Kirchhof, Bd. I, 2013, S. 535 (536, Rdnr. 3).

Begriffselement für die Einheit der Verfassung im Sinne der Rechtsprechung des Bundesverfassungsgerichts. Zwar schafft die Interpretation der Verfassung als eine formale Einheit damit die Voraussetzung für die Kollision von Verfassungsrechtswerten, jedoch kann auch dieses Interpretationsprinzip nicht das Moment begründen, das die Kollision der Verfassungsrechtgüter auslöst.

γ) Funktionale Einheit der Verfassung

Während sich materielle und formelle Einheit als denkbare Begriffssinne für die Einheit der Verfassung aufdrängen, stellt das Verständnis von der Einheit der Verfassung in einem rein funktionalen Sinne die wohl abstrakteste und zugleich bedeutungsvollste Begriffsdimension dar. Nach *Müller* kann die Einheit der Verfassung im funktionalen Sinne als Aufgabe zu bzw. als Erstreben nach Zusammenhalten und Zusammenführen aller Verfassungsrechtsnormen verstanden werden.[861]

αα) Funktionale Einheit als Zusammenstreben der Verfassungsbestimmungen

Die funktionale Einheit der Verfassung ist das Zusammenhalten bzw. Zusammenstreben aller Verfassungsrechtsnormen. Die funktionale Einheit aller Verfassungsrechtsnormen ist deshalb nicht als statisch bereits vorgegeben vorauszusetzen, sondern als erstrebenswerter und aufgegebener Zustand zu verstehen.[862] Aufgrund dieses Zusammenstrebens aller Verfassungsrechtsnormen ist die Verfassung als unteilbar und nicht spaltbar zu betrachten.[863]

Die funktionale Betrachtung der Verfassung als Einheit aller Verfassungsrechtsnormen ist eine inhaltliche[864] und stellt nicht auf die Betrachtung der formalen Struktur der Verfassungsrechtsnormen ab. Daher ist die Aufgabe bzw. Zielstellung zu einem Zusammenstreben und Zusammenhalten aller Verfassungsrechtsnormen nicht darauf gerichtet, die eigenständige Normierung der Verfassungsrechtsnormen – die einzelnen Art. 1 GG bis Art. 146 GG – aufzuheben

---

861 *Müller*, Die Einheit der Verfassung, 2. Aufl., 2007, S. 91: „*[…] qualitative Einheitlichkeit nicht als vorgegebenes Datum, sondern als Aufgabe (funktionale Einheit)*“; *ders.*, S. 173 ff.; S. 231; dort die funktionale Einheit dem Begriff der „*Positivität der Verfassung*“ zugeordnet.

862 *Müller*, Die Einheit der Verfassung, 2. Aufl., 2007, S. 173.

863 *Müller*, Die Einheit der Verfassung, 2. Aufl., 2007, S. 173.

864 Vgl. „*Funktionale Einheit*“ unter der Überschrift „*Inhaltliche Möglichkeiten*“: *Müller*, Die Einheit der Verfassung, 2. Aufl., 2007, S. 173.

und zu einem Konglomerat zu vermengen. Stattdessen ist das Zusammenstreben und Zusammenhalten aller Verfassungsrechtsnormen so zu verstehen, dass die in den Verfassungsrechtsnormen enthaltenen Verfassungsbestimmungen räumlich nebeneinander zu legen und als zusammenstrebend zu betrachtet sind. Aus diesem Grund kann der Spezialitätsgrundsatz zwischen Verfassungsrechtsnormen Einschränkungen erfahren[865], während das Posterioritätsprinzip innerhalb der Verfassung vollständig nivelliert wird.

Das Zusammenstreben bzw. Zusammenhalten der Verfassungsbestimmungen heißt also, die Verfassungsbestimmungen als räumlich nebeneinander geordnet zu betrachten. Das Zusammenhalten und Zusammenstreben erfolgt dabei aufgrund der Eigenschaft als Verfassungsbestimmung und ist unabhängig von dem wertenden Inhalt oder ideologischen Ziel der Verfassungsbestimmung.[866] Aus dem Verhältnis räumlicher Nebenordnung und Zusammenstreben aller Verfassungsrechtsnormen folgt die gegenseitige Realisierung bzw. Verwirklichung aller Verfassungsrechtnormen auf ein funktionales Ganzes hin. Danach streben alle Verfassungsrechtsnormen in ihrer Gesamtheit auf ein Ganzes hin: die Einheit der Verfassung in einem rein funktional verstandenen Sinne. Diese funktionale Einheitsbetrachtung ist schließlich auch das Moment, was ein Berühren bzw. eine Überschneidung der Verfassungsrechtsnormen und damit die Kollision auslöst. Daher stellt die Interpretation der Verfassung als funktionale Einheit das Moment dar, welches die Kollisionslage begründet. Wird also die Einheit der Verfassung vom Bundesverfassungsgericht zur Begründung der Kollisionslage herangezogen, so ist es die funktionale Betrachtungsweise, auf die sich das Bundesverfassungsgericht hiermit beziehen dürfte.

ββ) Funktionale Einheit durch Eigenschaft von Verfassungsrechtsnormen als Optimierungsgebote/Prinzipiennatur?

Alexy und *Bumke* sind der Auffassung, dass sich die Kollision von Verfassungsrechtsnormen durch die Eigenschaft der Verfassungsrechtsnormen, insbesondere der Grundrechte, als sog. Prinzipien bzw. Optimierungsgebote erklären lässt.[867] In Hinsicht auf die Kollisionsformel des Bundesverfassungsgerichts

865 So bei: BVerfGE 34, 165 (182 f.).

866 *Müller*, Die Einheit der Verfassung, 2. Aufl., 2007, S. 174: *„Auch ohne Postulate einer materialen Einheit, einer Wertordnung oder eines Wertsystems läßt sich eine Verfassung als mehr verstehen denn als ein sachleeres, nur formalistisch bestimmtes Gerüst von Normtexten.“*.

867 *Alexy*, Theorie der Grundrechte, 2. Aufl., 1994, Kap. 3, II 3.3, S. 122 f.; *ders.*, Der Staat Bd. 29 (1990), 49 (61 f., 63); *Bumke*, Grundrechtsvorbehalt, 1998, S. 163 f. – wenngleich

misst *Alexy* der Prinzipiennatur nämlich eine grundrechtsbeschränkende Wirkung bei.[868] Dem folgend hebt *Bumke* hierbei die Eigenschaft von Prinzipien als Optimierungsgebote hervor, nach welcher Verfassungsrechtsnormen ihre weitestgehende, optimale Verwirklichung gebieten und dadurch miteinander in Konflikt geraten.[869] Der Idee nach kommt es durch die weitestgehende, optimale Verwirklichung nämlich zum Überschneiden und damit zum Ineinandergreifen von Verfassungsrechtsnormen. Es fragt sich daher, ob aus der Eigenschaft von Prinzipien, wie *Alexy* sie beschreibt, ein Überschneiden bzw. Ineinandergreifen von Verfassungsrechtsnormen und damit eine Kollision von Verfassungsrechtsnormen geschlussfolgert werden kann und dies daher der Idee nach in einem Zusammenhang mit dem Zusammenstreben bzw. Zusammenhalten zu einer funktionalen Einheit der Verfassung steht.

Nach *Alexy*s Begriffsbestimmung sind Prinzipien als Optimierungsgebote zu verstehen, *„die gebieten, dass etwas in einem relativ auf die rechtlichen und tatsächlichen Möglichkeiten möglichst hohen Maße realisiert wird“*.[870] Prinzipien sind daher prima facie auf weitestgehende bzw. optimale Verwirklichung ihrer selbst, in den Grenzen des rechtlich und tatsächlich Möglichen, angelegt. Da sie Gebote, Verbote oder sonstige Rechtsbefehle normieren, ist den Prinzipien eine deontologische Begriffsnatur eigen.[871] Die Prinzipieneigenschaft einer Rechtsnorm kann man sich nach *Alexy*s Umschreibung gedanklich wie einen Vektor vorstellen: Danach zielt die Rechtsnorm wie ein Vektor auf die Verwirklichung bzw. Realisierung ihres Regelungsgegenstands. Der Regelungsgegenstand einer Rechtsnorm wird dabei schon dann gewahrt, wenn seine definitive

---

Bumke das Verständnis, Verfassungsrechtsnormen als Optimierungsgebote anzusehen, letztlich für ungerechtfertigt hält und ablehnt; vgl. ferner: *Lepa*, DVBl. 1972, 161 (165, 167); *Hesse*, Grundzüge des Verfassungsrechts, 20. Aufl., 1995, § 2 III 2, S. 28, Rdnr. 72 – welche beide die Einheit der Verfassung in Zusammenhang mit der Eigenschaft von Optimierungsgeboten sehen und dies mit der Auflösung der Kollisionslage verknüpfen.

868 *Alexy*, Theorie der Grundrechte, 2. Aufl., 1994, Kap. 3, II 3.3, S. 122 f.; *ders.*, Der Staat Bd. 29 (1990), 49 (61 f., 63).

869 *Bumke*, Grundrechtsvorbehalt, 1998, S. 165 – wenngleich *Bumke* das Verständnis, Verfassungsrechtsnormen als Optimierungsgebote anzusehen, letztlich für ungerechtfertigt hält und ablehnt.

870 *Alexy*, Theorie der Grundrechte, 2. Aufl., 1994, Kap. 3, I 2, S. 75; *ders.*, Der Staat Bd. 29 (1990), 49 (54).

871 *Alexy*, Theorie der Grundrechte, 2. Aufl., 1994, Kap. 3, III 1.1, S. 126.

Verwirklichung im Einzelfall hinter dem prima facie aufgegebenen Regelungsgegenstand zurückbleibt.[872]

Das kollisionsauslösende Moment erklärt sich nach *Alexy* wie folgt: Ruft man sich *Alexys* Beschreibung der Prinzipieneigenschaft in Erinnerung, so sind Prinzipien auf Verwirklichung in den Grenzen der rechtlichen und tatsächlichen Möglichkeiten gerichtet. Versteht man also Grundrechte daher jeweils nur in den Grenzen ihrer rechtlichen Möglichkeiten, so wird jedes einzelne Grundrecht gleichzeitig unter Vorbehalt der anderen Verfassungsrechtsnormen gestellt.[873] Daraus folgt, dass ein Grundrecht aufgrund seiner Prinzipiennatur stets nur soweit reichen kann, wie es ihm im Rahmen der anderen Verfassungsrechtsnormen ermöglicht wird. Die Grundrechte sind mit den anderen Verfassungsrechtsnormen danach wie zu einem gemeinsamen Netz verwoben. Da jede Verfassungsrechtsnorm inbegriffen ist, führt dies notwendigerweise zum Ineinandergreifen und Überschneiden aller Verfassungsrechtsnormen.[874]

Alexys Folgerung, dass Grundrechte auch eine Prinzipiennatur aufweisen, darf jedoch nicht missverstanden werden. *Alexy* leitet die Prinzipiennatur der Grundrechte nicht aus der Verfassung her. *Alexy* weist lediglich anhand der Rechtsprechung des Bundesverfassungsgerichts nach, dass die Handhabe mit der Kollisionsformel bei der Abwägungsfähigkeit von Grundrechten nur den Schluss auf eine Prinzipiennatur zulässt.[875] Zudem zeigt *Alexy*, dass die Prinzipiennatur von Grundrechten den anerkannten Verhältnismäßigkeitsgrundsatz

872 *Bumke*, Grundrechtsvorbehalt, 1998, S. 165.

873 Vgl. *Alexy*, Theorie der Grundrechte, 2. Aufl., 1994, Kap. 3, I 2, S. 75 f.

874 A. A. *Heinold*, Die Prinzipientheorie bei Dworkin und Alexy, 2011, S. 310 f. – der davon ausgeht, dass sich aufgrund der Prinzipiennatur keine Kollision ergeben kann, da die prima facie-Natur von Prinzipien keine Vorgaben über die graduelle Verwirklichung trifft und damit die Erfüllung des Prinzips zu unbestimmt ist, um eine klare Kollisionslage zu begründen. Allerdings verwechselt *Heinold*, dass es für das Zustandekommen der Kollisionslage lediglich der prima facie-Natur bedarf, nach welcher die Erfüllung des Prinzips unter Vorbehalt der rechtlichen und tatsächlichen Möglichen gestellt wird. Dieses Ineinandergreifen ist unabhängig von der Frage, welche graduelle Verwirklichung die prima facie-Natur verlangt. Demgegenüber wird die Unbestimmtheit der prima facie-Natur nur relevant für die Frage, in welche Richtung die Auflösung der entstandenen Kollisionslage dem Grade nach tendiert.

875 Vgl. *Alexy*, Theorie der Grundrechte, 2. Aufl., 1994, Kap. 3, II 1, S. 104; Kap. 3, II 3.3, S. 123; vgl. hierzu die Untersuchung zur Menschenwürde in Art. 1 Abs. 1 GG: *ders.*, Kap. 3, I 7.2, S. 96 f.; vgl. ferner: *ders.*, Der Staat Bd. 29 (1990), 49 (55).

impliziert und umgekehrt.[876] Soweit also eine verhältnismäßige Abwägung mit Grundrechten infolge einer Normenkollision vorgenommen wird, so ist die Kollision auf die Prinzipiennatur zurückzuführen. Den Zusammenhang zwischen Prinzipiennatur und Verhältnismäßigkeit beschreibt *Alexy* als Kollisionsgesetz der Prinzipien.[877]

*Alexy*s Untersuchung, nach welcher die Grundrechte eine Prinzipiennatur aufweisen, ist aufgrund ihres Arbeitsthemas eigentlich nur auf die Grundrechte beschränkt. Da die Rechtsprechung aber auch Kollisionen mit anderen Verfassungsrechtswerten, wie etwa dem staatlichen Erziehungsauftrag aus Art. 7 Abs. 1 GG[878], dem Bauordnungs- und Bauplanungsrecht, insbesondere aufgrund der darin verankerten verfassungsrechtlichen Schutzgüter[879], oder der Wahlgleichheit und der Funktionsfähigkeit von Volksvertretungen[880] durch eine Abwägung auflöst, können *Alexy*s Aussagen aus Sicht der Rechtsprechung auch auf alle übrigen Verfassungsrechtsnormen hin verallgemeinert werden. Somit kann den Verfassungsrechtsnormen im Allgemeinen eine Prinzipiennatur unterstellt werden, sodass sämtliche Verfassungsrechtsnormen so zu verstehen sind, dass sie nicht lediglich Gebote, Verbote oder sonstige Rechtsbefehle enthalten, sondern darüber hinaus auf eine Zielverwirklichung gerichtet sind.

Angesichts der Prinzipiennatur folgt eine Kollision also aus der relativierten Geltung einer Verfassungsrechtsnorm unter Vorbehalt und Begrenzung der anderen Verfassungsrechtsnormen. Mit einer solchen Betrachtung wird aber im Ergebnis nichts anderes erzielt, als die Verfassung als funktionales Zusammenstreben und Zusammenhalten aller Verfassungsrechtsnormen und damit als funktionale Einheit zu interpretieren – wie es anhand der vorangegangenen Ausführungen dargestellt wurde. Die Interpretation von Verfassungsrechtsnormen als Prinzipien führt damit unweigerlich zu einer funktionalen Einheit der Verfassung.

Auch wenn der Prinzipienbegriff *Alexy*s eine große analytische und erklärende Kraft[881] für das Zustandekommen der Grundrechtskollision hat, hat der Prinzipienbegriff mehrfach ablehnende Kritik erfahren. Daher fragt sich,

---

876 *Alexy*, Theorie der Grundrechte, 2. Aufl., 1994, Kap. 3, I 8, S. 100 ff.; *ders.*, Der Staat Bd. 29 (1990), 49 (54 f.).

877 *Alexy*, Theorie der Grundrechte, 2. Aufl., 1994, Kap. 3, I 3.2.1, S. 84.

878 BVerfGE 41, 29 (50 f.); 93, 1 (22 f.); 108, 282 (302 f.); 138, 296 (333).

879 BVerfG, Beschl. v. 09.05.2016 – 1 BvR 2202/13 = BVerfG NVwZ 2016, S. 1804 (1806).

880 BVerfGE 120, 82 (113).

881 *Bumke*, Grundrechtsvorbehalt, 1998, S. 166.

inwieweit die Kollisionsformel *Alexy*s vor dem Hintergrund der Kritik am Prinzipienbegriff haltbar ist.

Die Kritik am Prinzipienbegriff rührt im Wesentlichen aus der Abgrenzung des Begriffs des Prinzips von dem Begriff der Regel, da der Unterscheidung zwischen Regel und Prinzip eine begriffsbildende Wirkung für den Prinzipienbegriff zukommt. Die unterschiedlichen Auffassungen zur Abgrenzung von Regeln und Prinzipien lassen sich laut *Borowski* in eine starke und eine schwache Trennungsthese bis hin zu einer Übereinstimmungsthese gliedern[882]. Trotz der unterschiedlichen Auffassungen über die Abgrenzung von Prinzipien und Regeln besteht jedoch nach allen Auffassungen Einigkeit darin, dass Prinzipien die Eigenschaft einer relativen Verwirklichung, unter dem Vorbehalt anderer Rechtsnormen, aufweisen.[883] Insoweit kommt es für die Eigenschaft der Kollisionsfähigkeit von Prinzipien nicht auf die graduellen Unterscheidungen zwischen Prinzipien und Regeln an. Vor diesem Hintergrund kann eine weitere Erörterung der Kritik an *Alexy*s Prinzipienbegriff unterbleiben.

In anderer Hinsicht wurde die inhaltliche Ausgestaltung des Prinzipienbegriffs als Optimierungsgebot durch *Penski* und *Sieckmann* angezweifelt. *Penski* und *Sieckmann* kritisieren, dass die Begriffe von Prinzipien und Optimierungsgeboten voneinander verschieden sind.[884] Nach *Penski* zeichnet sich die Prinziennatur nicht durch weitestgehende, optimale Verwirklichung, sondern nur durch eine Verwirklichung in erforderlichem Maße aus.[885] Die Erfüllung des Regelungsgegenstandes ist daher nicht weitestgehend, sondern insoweit unbestimmt.[886] Demgegenüber sind nach *Sieckmann* Prinzipien nicht mit Optimierungsgeboten gleichzusetzen. Optimierungsgebote drücken einen definitiven Gehalt eines optimalen Zustands aus, während Prinzipien prima facie-Regelungen mit Zielbestimmungen sind.[887] Zwar hat diese Kritik an *Alexy*

---

882 *Borowski*, Grundrechte als Prinzipien, 3. Aufl., 2018, S. 116 f.

883 *Sieckmann* bezeichnet die Prinzipiennatur als Grund für das Zustandekommen einer Abwägung: *Sieckmann*, Regelmodelle und Prinzipienmodelle, 1990, S. 86 f.; *Penski* sieht die Prinzipieneigenschaft als Erfüllung in erforderlichem Maße und erkennt darin die Möglichkeit zur Überschneidung von Prinzipien: *Penski*, JZ 1989, 105 (109); *Borowski* ordnet der Prinzipiennatur im Ergebnis die Rekonstruktion der Kollisionsfähigkeit zu: *Borowski*, Grundrechte als Prinzipien, 3. Aufl., 2018, S. 160.

884 *Penski*, JZ 1989, 105 (109); *Sieckmann*, Regelmodelle und Prinzipienmodelle, 1990, S. 86 f.

885 *Penski*, JZ 1989, 105 (109).

886 *Penski*, JZ 1989, 105 (110).

887 Vgl. *Sieckmann*, Regelmodelle und Prinzipienmodelle, 1990, S. 86 f.

über die Gleichsetzung des Prinzipienbegriffs mit dem Begriff des Optimierungsgebots diesen veranlasst, eine spätere Unterscheidung zwischen „optimierenden Geboten“ und „Geboten zu optimieren“ zu treffen.[888] Allerdings braucht auf diesen Begriffsstreit nicht näher eingegangen werden. Der hier aufgezeigte Prinzipienbegriff *Alexy*s steht – ungeachtet der Frage seiner inhaltlichen Reichweite als Optimierungsgebot – auch nach *Sieckmann*s Auffassung lediglich unter dem Vorbehalt der rechtlichen Möglichkeiten[889] und führt daher zur Verflechtung bzw. Kollision mit anderen Rechtsnormen. Auch nach *Penski* ist die Kollisionsfähigkeit aufgrund der Unbestimmtheit des geforderten Regelungsgehalts von Prinzipien von vornherein angelegt[890] und ergibt sich daher aus der Anwendung der Prinzipien.[891]

Zusammenfassend kann also festgestellt werden, dass das Begriffsmodell der Prinzipien unabhängig von seinen umstrittenen Begriffsverständnissen[892] stets auch mit der Eigenschaft einer relativen, unter dem Vorbehalt anderer Rechtsnormen oder deren Anwendung stehenden Geltung, verknüpft ist. Diese relative Geltung führt zur Verflechtung der Verfassungsrechtsnormen und ist somit der kollisionsbegründende Umstand und als solcher identisch mit der Interpretation der Verfassung als funktionale Einheit.

γγ) Interpretation der Verfassung als funktionale Einheit bzw. Nachweis der Eigenschaft von Prinzipien

Ist man sich bewusst, dass die Methode der Betrachtung die jeweilige Erkenntnis erzeugt,[893] so wird klar, dass nicht die Richtigkeit des Interpretationsergebnisses nachzuweisen ist, sondern die Rechtfertigung der Interpretationsmethode, die zu einem solchen Ergebnis führt. Demzufolge reicht es nicht aus, das Ergebnis – die funktionale Einheit der Verfassung bzw. die Eigenschaft von Verfassungsrechtsnormen als Prinzipien – auf seine Richtigkeit hin zu überprüfen

---

888 *Alexy*, in: Schilcher/Koller/Funk (Hrsg.), Regeln, Prinzipien und Elemente, 2000, S. 31 (38 f.); *Borowski*, Grundrechte als Prinzipien, 3. Aufl., 2018, S. 138.

889 *Sieckmann*, Regelmodelle und Prinzipienmodelle, 1990, S. 85, 87.

890 *Penski*, JZ 1989, 105 (110).

891 *Penski* trifft insoweit eine graduelle Unterscheidung, wonach nicht der Sinngehalt des Prinzipienbegriffs, sondern deren Anwendung Kollisionen auslöst: *Penski*, JZ 1989, 105 (109).

892 So im Ergebnis auch: *Bumke*, Grundrechtsvorbehalt, 1998, S. 164, Fn. 631.

893 Siehe hierzu: *Wimmer*, Materiales Verfassungsverständnis, 1971, S. 24 f.; *Merkl*, Zum Interpretationsproblem (1916), in: Mayer-Maly/Schambeck/Grussmann (Hrsg.), Gesammelte Schriften, Bd. I/1, 1993, 63 (76, 81).

oder danach zu bewerten, ob ein solches Ergebnis einen Sinn macht oder große Erklärungskraft besitzt. Stattdessen muss sich eine Interpretationsmethode nachweisbar rechtfertigen, die die funktionale Einheit der Verfassung bzw. die Eigenschaft von Verfassungsrechtsnormen als sog. Prinzipien behauptet. Die Rechtfertigung einer Verfassungsinterpretation kann in rechtspositiver Hinsicht nur aus der Verfassung selber folgen, da aus Unterverfassungsrecht keine rechtlich bindenden Maßstäbe für die Verfassungsinterpretation entnommen werden können. Mit der Heranziehung von Verfassungsrecht wird aber, wie *Merkl* zutreffend festgestellt hat, die Richtigkeit der Methode an einem Maßstab gemessen, der mit dem Objekt der Methode zusammenfällt.[894] Dementsprechend wird anhand von Verfassungsrecht geklärt, wie Verfassungsrecht zu verstehen ist – ein von vornherein zirkuläres Unterfangen.[895] Doch ist dieser Methodenzirkel bei Verfassungsrechtsnormen schlechterdings unvermeidbar, da Verfassungsrechtsnormen anders als sonstige Rechtsnormen höchstrangiges Recht darstellen, wodurch sie selber nicht mehr an höherem Recht gemessen werden können. Verfassungsrechtsnormen gelangen nämlich nicht durch einen Normenableitungsvorgang zur Geltung, sondern tragen den Grund ihrer Geltung bereits in sich, sie ordnen ihren eigenen Geltungsgrund an.[896] Es gibt hiernach keine höhere Ebene geschriebenen Rechts. Demzufolge kann für die Rechtfertigung der Interpretationsmethoden nicht auf höherrangigere Regelungen zurückgegriffen werden, stattdessen könnten allenfalls metaphysisch fremde Elemente einfließen, wie beispielsweise das geschichtliche, verfassungsrechtliche Vorverständnis oder das naturrechtliche Gerechtigkeitsverständnis der jeweiligen Interpreten.[897]

Legt man die „canones" der Interpretation *v. Savigny*s zugrunde,[898] so stellt man anhand der grammatikalischen Methode fest, dass eine positive Anordnung über die Art und Weise der Interpretation von Verfassungsrechtsnormen sich im Grundgesetz ebenso wenig findet, wie diesbezügliche Interpretationsverbote. Der Wortlaut ist in dieser Hinsicht offen. Die Richtigkeit der Einheit der Verfassung und der Prinzipieneigenschaft wäre danach anhand der historischen

---

894 *Wimmer*, Materiales Verfassungsverständnis, 1971, S. 27; *Merkl*, Zum Interpretationsproblem (1916), in: Mayer-Maly/Schambeck/Grussmann (Hrsg.), Gesammelte Schriften, Bd. I/1, 1993, 63 (76 f.).

895 Vgl. *Merkl*, Zum Interpretationsproblem (1916), in: Mayer-Maly/Schambeck/Grussmann (Hrsg.), Gesammelte Schriften, Bd. I/1, 1993, 63 (81 ff.).

896 *Müller*, Die Einheit der Verfassung, 2. Aufl., 2007, S. 175 f.

897 Vgl. Pkt. I. 4. lit. a) lit. hh), lit. bbb), S. 58 ff.

898 *v. Savigny*, System, Bd. 1, 1840, § 33, S. 213 f.

und systematischen Methode zu überprüfen. Legt man dabei die Vorstellung *Merkls* von der Stufenordnung der Rechtsordnung und der erkenntnismäßigen Klärung durch Katarakten[899] zur Bedeutung der Rechtsprechung zugrunde, so dient die Rechtsprechung des Bundesverfassungsgerichts als verbindliche Erkenntnisquelle für das Verständnis der Verfassung. Danach wäre zu untersuchen, ob anhand der Rechtsprechung des Bundesverfassungsgerichts die Interpretation der Verfassung als funktionale Einheit bzw. der Prinzipiennatur der Verfassungsrechtsnormen nachgewiesen werden kann. So hat das Bundesverfassungsgericht bei dem Aufeinandertreffen von Glaubensfreiheit, dem staatlichen Erziehungsauftrag und dem elterlichen Erziehungsrecht schon mehrfach ausgeführt, dass Grundgesetznormen zusammen zu sehen sind, ihre Interpretation und ihr Wirkungsbereich aufeinander abzustimmen sind, weil erst die Konkordanz der geschützten Rechtsgüter der Entscheidung des Grundgesetzes gerecht wird.[900] Außerdem benennt das Bundesverfassungsgericht in einigen Entscheidungen im Zusammenhang mit dem Ausgleich kollidierender Verfassungswerte, die Grundrechte und Verfassungsbestimmungen als Prinzipien[901] oder erwägt die verfassungsrechtlich abgesicherte Funktionsfähigkeit des Deutschen Bundestags als Optimierungsgebot im Sinne eines Ausgleichs kollidierender Verfassungsrechtsgüter einzuordnen.[902] Zudem begründet Richterin *König* in einem Sondervotum ihre abweichende Meinung zur Kollision zweier infrage stehender Verfassungsstrukturprinzipien unter ausdrücklichen Hinweis auf die Untersuchung und Terminologie *Alexys*.[903] Aus der Formulierung des Sondervotums wird deutlich, dass die Abweichung von der Senatsmehrheit nicht etwa mit Blick auf *Alexys* Einordnung der Verfassungsrechtsnormen als kollidierende Prinzipien zur Begründung der Kollisionslage erfolgt ist, sondern mit Blick auf das Ergebnis der konkreten Auflösung der so entstandenen Kollisionslage.[904] Daher spricht nichts Erkennbares dagegen, den Verweis auf *Alexys*

---

899 *Merkl*, Das Recht im Lichte seiner Anwendung (1916–1919), in: Mayer-Maly/Schambeck/Grussmann (Hrsg.), Gesammelte Schriften, Bd. I/1, 1993, S. 85 (115 f.).

900 BVerfGE 41, 29 (51); 93, 1 (23); 108, 282 (302 f.); 138, 296 (333, Rdnr. 98).

901 Verwendung des Prinzipienbegriffs im Zusammenhang mit kollidierendem Verfassungsrecht: BVerfGE 57, 70 (99); BVerfG, Beschl. v. 18.07.2015 – 1 BvQ 25/15 = NJW 2015, 2485 (2485 f.).

902 BVerfGE 134, 141 (200) m. w. N. BVerfGE 120, 82 (113); 129, 300 (321, 323).

903 BVerfGE 141, 1 ff. – Sondervotum der Richterin König, BVerfGE 141, 44 (47 f.).

904 Vgl. BVerfGE 141, 1 ff. – Sondervotum der Richterin König, BVerfGE 141, 44 (48 f., Rdnr. 7 ff.).

Untersuchung im Sondervotum als auch mit der Senatsentscheidung übereinstimmend zu erachten.

Ferner bedient sich die Rechtsprechung des Bundesverfassungsgerichts in einem ganz anderen Zusammenhang der Prinzipiennatur speziell bei Grundrechten, indem es bei der Frage der Rechtfertigung von Grundrechtseingriffen eine Verhältnismäßigkeitsprüfung vornimmt und dabei postuliert, dass sich der Verhältnismäßigkeitsgrundsatz *„im Grunde bereits aus dem Wesen der Grundrechte selbst“* ergibt.[905] *Alexy* selber merkt dazu an, dass sich Verhältnismäßigkeit und Prinzipiennatur gegenseitig implizieren, sodass aus der Rechtsprechung des Bundesverfassungsgerichts notwendigerweise folgt, dass der Verhältnismäßigkeitsgrundsatz als Wesen der Grundrechte die Prinzipiennatur als Wesen der Grundrechte nach sich zieht.[906] Wie dies zeigt, gibt das Bundesverfassungsgericht in seiner Rechtsprechung zahlreiche Anknüpfungspunkte und Hinweise darauf, dass die Verfassung gedanklich wie eine funktionale Einheit bzw. die Verfassungsrechtsnormen als Prinzipien bzw. Optimierungsgebote zu interpretieren ist.

Der in einigen Entscheidungen zu Art. 24 Abs. 1 GG genannte Vorbehalt *„Kontext der Gesamtverfassung“* für die Übertragung von Hoheitsrechten an zwischenstaatliche Einrichtungen[907] kann allerdings nicht für oder wider ein funktionales Verständnis der Verfassung herangezogen werden. In diesen Entscheidungen verknüpft das Bundesverfassungsgericht den Begriff des Kontexts der Gesamtverfassung nur mit wesentlichen Grundstrukturen der Verfassung bzw. den Essentialen der Verfassung[908] und meint damit bestimmte materielle Ordnungsvorstellungen[909]. Zudem nimmt die Rechtsprechung von dem Vorbehalt des Kontexts der Gesamtverfassung jedoch wieder Abstand und bewegt sich stattdessen hin zu einem Vorbehalt, den es erst aus den Grenzen der Bestandsgarantie in Art. 79 Abs. 3 GG[910], danach aus dem Wesensgehalt der Grundrechte nach Art. 19 Abs. 2 GG und der Menschenwürde aus Art. 1 Abs. 1 GG[911] herleitet, um schließlich den Kontext der Gesamtverfassung wieder als Vorbehalt

---

905 BVerfGE 19, 342 (348 f.); vgl. BVerfGE 65, 1 (44); 76, 1 (50 f.).
906 *Alexy*, Der Staat Bd. 29 (1990), 49 (55); *Alexy*, in: Schilcher/Koller/Funk (Hrsg.), Regeln, Prinzipien und Elemente, 2000, S. 31 (35).
907 BVerfGE 37, 271 (279 f.); 58, 1 (40); vgl. auch: BVerfG DVBl. 2001, 1130 (1131); BVerfG NVwZ 2010, 641 (642).
908 BVerfGE 37, 271 (279 f.); 58, 1 (40).
909 BVerfGE 37, 271 (280); 58, 1 (40 f.).
910 BVerfGE 68, 1 (96).
911 BVerfGE 73, 339 (386); 89, 155 (174 f.).

hervorzuholen.[912] Da also über den Vorbehalt in Art. 24 Abs. 1 GG keine endgültige Klarheit besteht[913], kann auch aus dem herangezogenen *„Kontext der Gesamtverfassung“* nichts Sicheres für ein funktionales Verständnis der Verfassung geschlossen werden. Ohnehin weicht die Rechtsprechung über den verfassungsimmanenten Vorbehalt zu Art. 24 Abs. 1 GG in systematischer Hinsicht von der Kollisionsformel ab, da es auch bei Art. 24 Abs. 1 GG wie bei den vorbehaltlosen Grundrechten um die Begründung von verfassungsrechtlichen Schranken geht, aber die Rechtsprechung bei Art. 24 Abs. 1 GG eine andere Konstruktion wählt. Daher kann auch der *„Kontext der Gesamtverfassung“* aus den Entscheidungen des Bundesverfassungsgerichts nicht als Nachweis für ein funktionales Einheitsverständnis der Verfassung herangezogen werden, auch wenn man dies mit einer solchen Formulierung zunächst verbindet.

Unter Zugrundelegung der Rechtsprechung kann damit die hier dargestellte Interpretation einer funktionalen Einheit der Verfassung bzw. der Prinzipiennatur der Verfassungsrechtsnormen gestützt werden. Zur beispielhaften Verdeutlichung kann man das Spannungsverhältnis zwischen dem freien Mandat des Abgeordneten aus Art. 38 Abs. 1 S. 2 GG und der politischen Mitwirkung der Parteien aus Art. 21 Abs. 1 S. 1 GG für das Abstimmungsverhalten im Bundestag heranziehen.[914] Zum einen sind Abgeordnete nur ihrem freien Gewissen unterworfen und an Weisungen nicht gebunden, andererseits gebietet eine Funktionsfähigkeit des Parlaments, dass Abstimmungen im Rahmen der Partei- bzw. Fraktionszugehörigkeit getroffen werden. Nach der funktionalen Einheit der Verfassung sind beide Verfassungsbestimmungen auf jeweils weitestgehende Verwirklichung angelegt. Dadurch kollidieren sie miteinander. Fragen, wie die gegenseitige Vereinbarkeit miteinander, kann eine Betrachtung nach der funktionalen Einheit nicht beantworten.

δ) Zusammenfassung und Schlussfolgerung

Laut *Bumke* bedarf es der Eigenschaft von Optimierungsgeboten, damit die Grundrechte über eine Struktur verfügen, die eine Kollisionslage durch gegenseitig angestrebte Verwirklichung erzeugen kann.[915] Jedoch hat die vorangegangene Betrachtung gezeigt, dass es nicht notwendigerweise der Eigenschaft eines Optimierungsgebots bedarf, um eine Kollisionslage von Verfassungsrechtsnormen

912 BVerfG DVBl. 2001, 1130 (1131); BVerfG NVwZ 2010, 641 (642).

913 *Streinz*, in: Sachs (Hrsg.), GG-Komm., 8. Aufl., 2018, Art. 24, Rdnr. 28.

914 Vgl. *Stern*, Staatsrecht, Bd. I, 2. Aufl., 1984, § 4 I 4, S. 107 f.

915 *Bumke*, Grundrechtsvorbehalt, 1998, S. 163 f.

zu begründen. So berufen sich die Rechtsprechung des Bundesverfassungsgerichts und das rechtswissenschaftliche Schrifttum auf das Interpretationsprinzip der Einheit der Verfassung in seinen vielfältigen Begriffsdimensionen der formalen, materiellen oder funktionalen Einheit oder etwa auch auf die Eigenschaft der Verfassungsrechtsnormen als Prinzipien, um hierdurch eine Kollision von Verfassungsrechtsgütern zu begründen.

Die Einheit der Verfassung in materialer Hinsicht kann als Einheit eines aller Verfassungsbestimmungen zugrunde liegenden Ordnungsgedankens verstanden werden kann,[916] während die Einheit der Verfassung im formellen Sinne eine Einheit der äußeren Normstruktur, Geltung und Rangebene der Verfassungsrechtsnormen beschreibt.[917] Schließlich ist die Einheit der Verfassung in einem funktionalen Sinne als Einheit der Aufgabe bzw. des Erstrebens, jede Verfassungsbestimmung in einem Zusammenhalt zu betrachten bzw. zusammenzuführen, zu verstehen.[918]

Wegen einer solchen fehlenden Trennung der verschiedenen Begriffsdimensionen wird übersehen, dass durch die Annahmen von Geschlossenheit und Lückenlosigkeit sowie eines materiellen Ordnungszusammenhangs der Verfassungsrechtsnormen, also der Einheit der Verfassung im materiellen Sinne, der Verfassung ein Theorem unterstellt wird, das rechtspositiver Anknüpfungspunkte entbehrt und zum Einfallstor subjektiver Vorstellungen über eine gerechte Gesellschafts- und Rechtsordnung wird.[919] Dieses Einfallstor wirkt sich auf die beiden Ebenen der Verfassungsrechtskollision aus: Der Herbeiführung und der Auflösung der Kollision.

Auf der Ebene der Herbeiführung der Kollision würde die materielle Einheit der Verfassung mit ihrem Dogma der Geschlossenheit, Lückenlosigkeit und Widerspruchsfreiheit dazu führen, dass vom Normenbereich begrifflich nicht umfasste Sachverhalte unter die Verfassungsrechtsnorm subsumiert werden können. Diese würde gegen die mögliche Entscheidung des Verfassungsgebers, echte Lücken in der Verfassung zu belassen und sie gegebenenfalls einfachgesetzlicher Regelung vorzubehalten, verstoßen. Dabei kann die der Interpretation

---

916 Siehe Pkt. IV. 2. lit. b) lit. cc), lit. bbb) lit. aaaa) lit. α), S. 192 ff.

917 Siehe Pkt. IV. 2. lit. b) lit. cc), lit. bbb) lit. aaaa) lit. β), S. 195 ff.

918 Siehe Pkt. IV. 2. lit. b) lit. cc), lit. bbb) lit. aaaa) lit. γ), S. 205 ff.

919 Vgl. *Müller*, Die Einheit der Verfassung, 2. Aufl., 2007, S. 180: „[…] *daß der Gehalt der Verfassungsnormen von einem Gesamtsinn und einer funktionalen Wirklichkeit der Verfassung her bestimmt wird, die außerhalb ihrer liegen. Die Normativität geltenden Verfassungsrechts wird dadurch entscheidend eingeschränkt.*“; vgl. *Pieroth*, AöR Bd. 114 (1989), S. 422 (438): „*Ideologische Einheit verwischt die Grenze zur Politik* […]“.

der Verfassung als materielle Einheit zugrundeliegende Ordnungsvorstellung in rechtstechnischer Hinsicht noch nicht einmal die gegenseitige Kollision von Verfassungsrechtnormen begründen, sondern allenfalls eine Kollision von Verfassungsrechtsnormen mit der Ordnungsvorstellung selbst. Auf der Ebene der Auflösung der Kollisionslage würde die Anwendung einer materiellen Einheit der Verfassung eine Fehlgewichtung der geschützten Verfassungsgüter nach sich ziehen, da der materielle Ordnungsgedanke bzw. das verfassungsrechtliche Leitbild mit ihren jeweiligen vorpositiven Inhalten durchschlagen und zu einer Fehlgewichtung der kollidierenden Verfassungsgüter führen kann.[920]

Daher ist es zutreffend, wenn *Forsthoff* meint: „*Die unvermeidliche Folge dessen, der Preis, den man dafür bezahlt, ist eine Entwertung des Wortlauts und der begrifflichen Struktur der Verfassung.*“[921] Deshalb ist die Begriffsdimension der materiellen Einheit aus dem Interpretationsprinzip der Einheit der Verfassung auszuscheiden. Die Einheit der Verfassung ist stattdessen ausschließlich formal und funktional zu begreifen. Ein solches differenzierendes Verständnis hindert auch nicht die von der Rechtsprechung des Bundesverfassungsgerichts angenommene Kollisionsformel, da die formale Einheit der Verfassung die Verfassung als eigene Normenebene ohne natürliche Rangebenen bedingt und aus ihr folgt, dass eine Einzelfalldezision zwischen den Verfassungsrechtsnormen, ohne gegenseitige Verdrängung im Wege der Konkurrenz, möglich wird. Daneben führt die funktionale Einheit der Verfassung erst die Kollision herbei, indem sie den Verfassungsrechtsnormen eine Zielverwirklichung beigibt und sie so zu einem Ineinandergreifen führt. Dadurch wird eine Verdrängung im Wege der logischen Spezialität ausgeschlossen.[922] Es kommt dabei nicht darauf an, ob ein Widerspruch von Verfassungsrechtsnormen ausgeräumt wird. Zudem ist die Annahme der Lückenlosigkeit entbehrlich, da eine Rechtslücke ohnehin keine Frage der Kollision ist. Insoweit ist die Frage nach Geschlossenheit, Lückenlosigkeit und Widerspruchsfreiheit der Verfassung keine notwendige Voraussetzung für die Herbeiführung einer Kollision.

Geht man daher richtigerweise von der Einheit der Verfassung allein im funktionalen und formalen Sinne aus, so ließe sich gegen eine darauf aufbauende Kollisionsformel allenfalls einwenden, dass die Kollision durch die Annahme

---

920 Vgl. Pkt. IV. 2. lit. b) lit. cc), lit. bbb) lit. aaaa) lit. α), S. 192 ff.

921 *Forsthoff*, Problematik der Verfassungsauslegung, 1961, S. 28; wenngleich *Forsthoff* hierbei den Gewinn durch eine solche naturrechtlich-induzierte Systeminterpretation für größer hält.

922 Vgl. BVerfGE 34, 165 (182 f.).

der funktionalen Einheit erst künstlich herbeigeführt wird[923], um sie wiederum durch eine Einzelfalldezision mit Gewichtung und Abwägung in einem bestimmten Sinne aufzulösen.[924] Ohne die funktionale Einheit der Verfassung wäre es nie zu einer Kollision gekommen, sondern zu einer reinen Rechtsfolgenregelung, sodass es auch keiner Einzelfalldezision zu ihrer Auflösung bedürfte. Deshalb stehen alle Verfassungsrechtsnormen erst aufgrund der funktionalen Einheit der Verfassung unter dem Vorbehalt der Einzelfalldezision mit anderen Verfassungsrechtsnormen und würden so einen Teil ihrer Durchsetzungskraft einbüßen. In diese Richtung geht auch die Kritik *Wülfing*s, nach welcher das Eingefügtsein von Grundrechten in die Verfassung noch keinen Vorbehalt darstellt und deshalb der Einheit der Verfassung keine beschränkungsfähige Natur entnommen werden könne.[925] Hieran knüpft zudem auch die Kritik *Selk*s an, nach welcher die konstruktive Herbeiführung der Kollisionslage durch die Einheit der Verfassung die Überfrachtung eines Interpretationsprinzips darstellt.[926]

Eine solche Kritik verkennt aber, dass die Einheit der Verfassung im funktionalen Sinne kein normierter Rechtsgrundsatz ist und diesen Anspruch auch nicht erhebt, sondern ein der Rechtserkenntnis vorausgesetztes Interpretationsprinzip ist, um auf der Ebene des Verfassungsrechts aus den Verfassungsrechtsnormen und insbesondere den Grundrechten Erkenntnis über ihren Inhalt zu gewinnen. Schließlich werden mit der funktionalen Einheit der Verfassung auch keine materiellen Werte vermittelt oder Verfassungsrechtsnormen inhaltlich gestaltet, sondern diese nur als einen Zustand gegenseitiger Verwirklichung verstanden, der zur Kollision untereinander führen kann. Dies führt durchaus dazu, dass das Eingefügtsein der Grundrechte in die Verfassung eine Beschränkung der Reichweite grundrechtlicher Gewährleistung und damit einen gewissen Vorbehalt darstellen kann. Jedoch ist dieser Vorbehalt kein echter bzw. totaler Vorbehalt, nach welchem die grundrechtliche Gewährleistung durch andere Verfassungsbestimmungen in jedem Fall verkürzt wird. Stattdessen ist er nur ein Vorbehalt, nach welchem im Einzelfall und je nach Gewichtung gegenüber den anderen Verfassungsbestimmungen die Möglichkeit besteht, dass das Grundrecht verkürzt wird. Damit besteht je nach Fallkonstellation weiterhin die Möglichkeit, dass sich das Grundrecht auch gegenüber den anderen

923 So ähnlich: *Selk*, JuS 1990, 895 (899).

924 Vgl. auch: *Ossenbühl*, DVBl. 1995, 904 (908).

925 *Wülfing*, Gesetzesvorbehalte und Grundrechtsschranken, 1981, S. 122 m. w. N. *Müller*, Positivität der Grundrechte, 2. Aufl., 1990, S. 59.

926 *Selk*, JuS 1990, 895 (899).

Verfassungsbestimmungen durchsetzen kann und eben nicht verkürzt wird.[927] Das Interpretationsprinzip der Einheit der Verfassung stellt daher keinen „echten" Vorbehalt dar, der eine gebundene Verkürzung zur Folge hat, sondern nur einen Vorbehalt, der eine Einzelfallabwägung auslöst und etwa dem Gesetzgeber einen Gestaltungsspielraum einräumt.

Begreift man das Prinzip der Einheit der Verfassung daher ausschließlich im funktionalen und formalen Sinne, also als formale Gleichrangigkeit, Gleichwertigkeit bzw. gegenseitige Hierarchiefreiheit der Verfassungsrechtsbestimmungen, die ihrerseits funktional auf Zusammenhalten und Zusammenstreben sowie darüber hinaus auf optimale Verwirklichung gerichtet sind, so bildet die Einheit der Verfassung nach diesem Verständnis die Grundlage für die Formel vom kollidierenden Verfassungsrecht. Wie die Untersuchung auch gezeigt hat, sind die Interpretation von Verfassungsrechtsnormen als funktionale Einheit und die Interpretation von Verfassungsrechtsnormen als Prinzipien identisch. Beide führen dazu, dass die Verfassungsrechtsnormen als ineinandergreifend und zusammen zu betrachten sind.[928] Da die Prinzipieneigenschaft von Verfassungsrechtsnormen durch die Rechtsprechung des Bundesverfassungsgericht als anerkannt anzusehen sein dürfte, kann gleichsam die Interpretation der Verfassung als funktionale Einheit und mithin die Kollisionsfähigkeit von Verfassungsrechtswerten als anerkannt gelten.[929]

bbbb) Gesamte geschützte Wertordnung

Neben der Einheit der Verfassung wird in der Leitentscheidung des Bundesverfassungsgerichts zur Beschränkung vorbehaltlos gewährleisteter Grundrechte auch die gesamte geschützte Wertordnung des Grundgesetzes genannt.[930] Daher ist der Begriff der gesamten geschützten Wertordnung zu untersuchen, um Folgerungen für die Kollisionsfähigkeit des Schutzes des Staates und staatlicher Einrichtungen zu ziehen.

Der Begriff der Wertordnung und seine Synonyme finden in der Rechtsprechung des Bundesverfassungsgerichts eine vielgestaltige Verwendung,[931] was

927 Siehe Pkt. IV. 2. lit. b) lit. cc), lit. bbb), S. 189 f.

928 Vgl. Pkt. IV. 2. lit. b) lit. cc) lit. bbb) lit. aaaa) lit. γ) lit. αα), S. 205 f.; Pkt. IV. 2. lit. b) lit. cc) lit. bbb) lit. aaaa) lit. γ) lit. ββ), S. 206 ff.

929 Siehe Pkt. IV. 2. lit. b) lit. cc) lit. bbb) lit. aaaa) lit. γ) lit. γγ), S. 211 ff.

930 BVerfGE 28, 243 (261).

931 Aufzählung der verschiedenen Bezeichnungen bei: *Goerlich*, Wertordnung und Grundgesetz, 1973, S. 17, 64 f.

das Verständnis der Formel erschwert. Während in der Leitentscheidung sowie in einer späteren Entscheidung die Funktion des Begriffs der Wertordnung auch für das Zustandekommen der Kollisionslage verstanden werden kann[932], wurde in anderen Entscheidungen der Begriff der Wertordnung nur als Mittel zur sachgerechten Auflösung der Kollisionslage verwendet.[933]

Sieht man einmal von der Verwendung im Zusammenhang mit der Kollisionsformel ab, so wird in der Rechtsprechung des Bundesverfassungsgerichts die Wertordnung auch für die Heranziehung der staatlichen Schutzpflichten[934] und der sog. „Drittwirkung“[935] von Grundrechten benutzt.[936] Während aber bei der Kollisionsformel die Rede von „*Wertordnung des Grundgesetzes*“ ist[937], wird in der Rechtsprechung zu den Schutzpflichten und zur sog. „Drittwirkung“ von Grundrechten die Wertordnung oft nur allein auf die sog. Wertordnung der Grundrechte beschränkt.[938] Es fragt sich daher, was unter dem Begriff der „gesamten geschützten Wertordnung“ zu verstehen ist. Allein die Vielgestaltigkeit der verwendeten Bezeichnung Wertordnung in der Rechtsprechung des Bundesverfassungsgerichts deutet an, dass mehrere Funktionen oder Begriffssinne hinter dieser Bezeichnung stehen können.[939] Daher ist es geboten, die folgende Betrachtung allein auf ihren Zusammenhang mit der Kollisionsformel zu beschränken.

Wie bereits festgestellt werden konnte, findet der Begriff der gesamten geschützten Wertordnung eine unterschiedliche Verwendung im Zusammenhang mit der Kollisionsformel. Beachtlich dabei ist, dass bei dem Gebrauch der Kollisionsformel in der Rechtsprechung des Bundesverfassungsgerichts auch nicht stets auf die Wertordnung zurückgegriffen wird.[940] Da also die Bedeutung und Funktion der Wertordnung für die Kollisionsformel nicht deutlich aus der

---

932 BVerfGE 7, 198 (215); 12, 1 (4); 28, 243 (261); 33, 23 (29); 107, 104 (118).

933 BVerfGE 30, 173 (193); 32, 98 (108); 47, 327 (369).

934 Vgl. BVerfGE 35, 79 (114, 116); 39, 1 (42 f., 47); 49, 89 (141 f.); 77, 170 (214).

935 Vgl. BVerfGE 7, 198 (204 f.); 25, 256 (263); 81, 242 (254 ff.); 89, 214 (229 f.); das Modell der sog. „Drittwirkung“ wird vom Bundesverfassungsgericht selber nicht als Drittwirkung bezeichnet; vgl. dazu: BVerfGE 7, 198 (204).

936 *Herdegen*, JZ 2004, 873 (877).

937 Vgl. BVerfGE 28, 243 (261); 7, 198 (215); 12, 1 (4); 30, 173 (193); 32, 98 (108); 33, 23 (29); vgl. auch: *Sachs*, in: Stern (Hrsg.), Staatsrecht, Bd. III/2, 1994, § 81 IV 5, S. 561.

938 Vgl. BVerfGE 7, 198 (205); 25, 256 (263); 35, 79 (114, 116); 81, 242 (254 ff.); 89, 214 (229 f.); demgegenüber: BVerfGE 39, 1 (42 f., 47); 49, 89 (141 f.); 77, 170 (214).

939 Vgl. ferner: *Dreier*, Dimensionen der Grundrechte, 1993, S. 20 ff.

940 Vgl. BVerfGE 44, 37 (49 f.).

Rechtsprechung hervortritt, ist im Folgenden der Begriff der gesamten geschützten Wertordnung näher zu betrachten und sein Begriffssinn für die Kollisionsformel zu untersuchen.

α) *Begriff der gesamten geschützten Wertordnung*

Der Begriff der Wertordnung impliziert zunächst eine ideale, von der Gemeinschaft geteilte, materielle Vorstellung über eine Ordnung von grundlegenden, gesellschaftlichen Werten.[941] Der Begriff der Wertordnung erklärt sich daher aus dem Begriff des Wertes. Der Begriff des Wertes selber wird oft mit Grundsätzen bzw. Grundsatzaussagen in Verbindung gebracht[942] und in diesem Zusammenhang auch als sog. Wertentscheidung bezeichnet.[943] Beispielsweise können die Anerkennung bzw. das Bekenntnis zur Menschenwürde oder die Staatsstruktur als Sozialstaat in Art. 20 Abs. 1 GG als solche Grundsatzaussagen gewertet werden.[944] Dieses Wertedenken hat seinen Ausgangspunkt in der Integrationslehre *Smends*,[945] welches in den Grundrechten der Reichsverfassung ein Wert- und Gütersystem als Grundsatzentscheidungen bzw. Leitlinien erblickt hat.[946]

Jedoch kann es nicht bei der Gleichsetzung der Begriffe von Wert und Grundsatz verbleiben, denn die Bezeichnung Wert drückt eine gewisse Bedeutung, also eine bestimmte – höhere oder niedrigere – Wertigkeit oder Schätzung, eines Gegenstandes aus, während die Bezeichnung Grundsatz nur einen Grundkonsens, einen fundamental gewichtigen Gegenstand beschreibt. Eine besonders hohe Wertigkeit kann einen Gegenstand damit zu einem Grundsatz machen. Doch nicht jeder Wert ist gleichzeitig auch so bedeutend, dass man in ihm einen fundamentalen Grundsatz sehen könnte. Aus diesen Gründen können die Begriffe Wert und Grundsatz voneinander unterschieden werden, sodass unter dem Begriff des Wertes also noch etwas anderes verstanden werden kann als nur ein Grundsatz; der Begriff des Wertes bzw. der Wertentscheidung ist immer mit einer bestimmten höheren oder niederen Gewichtung oder Schätzung verbunden.

---

941 So etwa bei: BVerfGE 2, 1 (12 f.); *Pecher*, Verfassungsimmanente Schranken, 2002, S. 50.

942 BVerfGE 35, 79 (116); 77, 170 (214); 89, 214 (229).

943 BVerfGE 35, 79 (114, 116); 49, 89 (142); 77, 170 (214).

944 Vgl. *Hesse*, Grundzüge des Verfassungsrechts, 20. Aufl., 1995, § 1 I, S. 4, Rdnr. 3.

945 *Böckenförde*, Staat, Gesellschaft, Freiheit, 1976, S. 232; *Alexy*, Theorie der Grundrechte, 2. Aufl., 1994, Kap. 3, III 2, S. 134.

946 *Smend*, Staatsrechtliche Abhandlungen, 3. Aufl., 1994, S. 264; *ders.*, Verfassung und Verfassungsrecht, 1928, S. 45 ff., 48 f.

Deshalb sind Werte nach der Begriffsbestimmung *Alexys* axiologische Aussagen darüber, inwieweit einem Gegenstand eine gewisse Bedeutung bzw. ein bestimmtes Gewicht beigemessen wird und abhängig davon der Gegenstand einen Grad an Erfüllung verlangt[947]. Der Wert trägt nach diesem Verständnis also sein Gewicht nach außen zur Schau, indem er den Grad seiner Einhaltung bzw. Realisierung von seinem inneren Gewicht abhängig macht.

Hierbei ist der Begriff des Wertes von dem Begriff des Prinzips zu unterscheiden.[948] Prinzipien haben eine deontologische Begriffsnatur. Der deontologischen Begriffsnatur ist ein Sollen eigen, es geht hiernach um ein Gebot oder Verbot.[949] Prinzipien verlangen demzufolge ihre gleichmäßige Verwirklichung bzw. Einhaltung unter Vorbehalt aller rechtlichen und tatsächlichen Möglichkeiten – unabhängig von ihrem Gewicht oder einer inneren Durchsetzungsstärke. Werte hingegen verlangen zwar ebenfalls ihre Verwirklichung[950], aber weisen eine axiologische Begriffsnatur auf. Der axiologischen Begriffsnatur selber sind Schätzungen und Maße eigen, wie das Gute, das Bessere oder das Schlechte.[951] Werte verbinden den Grad ihrer Verwirklichung also mit ihrer materiellen Gewichtung.[952] So sind als niedrig klassifizierbare Werte nicht so durchsetzungsstark, wie höher klassifizierbare Werte. Demgegenüber verlangen Prinzipien ihrer deontologischen Natur nach ihre gesollte Verwirklichung, ungeachtet der Frage nach einem inneren Gewicht.[953]

Zusammenfassend kann man den Begriff der Werteordnung daher als Ordnung von Normen verstehen, denen jeweils ein spezifisches materielles Gewicht zukommt.

β) Bedeutung der Wertordnung für die Kollisionsformel

Während in der Leitentscheidung sowie in einer späteren Entscheidung die Funktion des Begriffs der Wertordnung für das Zustandekommen der Kollisionslage

947 *Alexy*, Theorie der Grundrechte, 2. Aufl., 1994, Kap. 3, III 1.1, S. 126, III 1.2.2, S. 133.

948 Vgl. ferner: *Schmitt*, Tyrannei der Werte, 3. Aufl., 2011, S. 42.

949 *Alexy*, Theorie der Grundrechte, 2. Aufl., 1994, Kap. 3, III 1.1, S. 126.

950 *Alexy*, Theorie der Grundrechte, 2. Aufl., 1994, Kap. 3, III 1, S. 125.

951 *Alexy*, Theorie der Grundrechte, 2. Aufl., 1994, Kap. 3, III 1.1, S. 126; vgl. *Schmitt*, Tyrannei der Werte, 3. Aufl., 2011, S. 13 f., 45 f.

952 Dies als axiologische Begriffsebene bezeichnend: *Alexy*, Theorie der Grundrechte, 2. Aufl., 1994, Kap. 3, III 1.1, S. 126, III 1.2.2, S. 133.

953 Vgl. *Alexy*, Theorie der Grundrechte, 2. Aufl., 1994, Kap. 3, III 1.3, S. 133, dies als deontologische Begriffsebene bezeichnend: *Alexy*, Theorie der Grundrechte, 2. Aufl., 1994, Kap. 3, III 1.1, S. 126, III 1.2.2, S. 133.

mit genannt wurde[954], wurde in anderen Entscheidungen der Begriff der Wertordnung nur als Mittel zur sachgerechten Auflösung der Kollisionslage verwendet.[955] Zu klären ist daher, welche Bedeutung der Wertordnung im Rahmen der Kollisionsformel im Einzelnen zukommt.

Legt man anhand der vorangegangenen Bestimmung den Begriff des Werts als axiologische Aussage zugrunde und wendet ihn auf die Kollisionsformel an, so folgt hieraus, dass die Wertnatur nicht geeignet ist, eine Kollisionslage herbeizuführen. Werte haben als axiologische Aussage keine deontologische Natur.[956] Der deontologischen Natur ist ein Sollen eigen, steht dieses unter den Vorbehalt der rechtlichen und tatsächlichen Möglichkeiten anderer Gebote oder Verbote,[957] so betrifft dieser Vorbehalt das Sollen einer Rechtsnorm und schlägt sich damit auf die Anwendung der Rechtsnorm durch. Mit der axiologischen Natur ist eine Bewertung und Gewichtung verbunden, steht diese im Vergleich zu anderen axiologischen Aussagen, so ist davon aber nur die Bewertung und Gewichtung der Rechtsnorm im Vergleich zu einer anderen betroffen; dies schlägt jedoch nicht auf das Sollen, also die normative Anwendung der Rechtsnorm durch, sondern nur auf die Gewichtrelation zur anderen Rechtsnorm.[958] Bei der Verwirklichung von Rechtsnormen geht es nämlich um das normative Sollen.[959] Die Kollisionslage wird durch Anwendung einer Rechtsnorm unter Vorbehalt anderer Rechtsnormen herbeigeführt, und nicht durch das spezifische Gewicht einer Rechtsnorm unter dem Vorbehalt, welches spezifische Gewicht einer anderen Rechtsnorm beizumessen ist. Die Kollisionslage zwischen Rechtsnormen wird daher nicht durch die Wertenatur begründet.

Zwar ist dadurch nicht ausgeschlossen, dass auch verschiedene Werte miteinander kollidieren können, soweit diese Werte nämlich zugleich eine Prinzipiennatur aufweisen und daher die Kollision aufgrund ihrer Prinzipiennatur ausgelöst wird. Es ist jedoch keine notwendige logische Bedingung, dass Werte gleichzeitig mit einer Prinzipiennatur verbunden sind.

---

954 BVerfGE 28, 243 (261); 107, 104 (118).

955 BVerfGE 30, 173 (193); 32, 98 (108); 47, 327 (369).

956 Vgl. *Alexy*, Theorie der Grundrechte, 2. Aufl., 1994, Kap. 3, III 1.1, S. 127.

957 Siehe Pkt. IV. 2. lit. b) lit. cc) lit. bbb) lit. aaaa) lit. γ) lit. ββ), S. 207 f.; Pkt. IV. 2. lit. b) lit. cc) lit. bbb) lit. bbbb) lit. α), S. 222.

958 Deontologischen Aussagen ist ein normativer Gehalt eigen, weshalb diese Normen im Rechtssinne sind, während Werte nur axiologische Normen darstellen: *Heinold*, Die Prinzipientheorie bei Dworkin und Alexy, 2011, S. 203.

959 *Alexy*, Theorie der Grundrechte, 2. Aufl., 1994, Kap. 3, III 1.3, S. 133.

Geht man bei Werten aufgrund ihrer axiologischen Eigenschaft von der Verwirklichung anhand ihres inneren Gewichts aus, so handelt es sich um ein Merkmal der eigenen graduellen Durchsetzbarkeit im Vergleich zu anderen Werten. Soweit also zwei Werte miteinander kollidieren, bestimmt die axiologische Natur, welcher von den beiden Werten – je nach spezifischem inneren Gewicht – hinter dem anderen zurücktritt. Die Wertnatur kann damit maßgebenden bzw. steuernden Einfluss auf die Auflösung einer Kollisionslage haben.

Dennoch geht *Alexy*, welcher den Begriff des Werts als axiologische Aussage eingeordnet hat und diesem von dem Begriff des Prinzips unterschieden hat, implizit davon aus, dass auch die Werteeigenschaft eine Kollisionslage begründen kann. Werte sind abwägungsfähig, zudem sind ihm zufolge Werte und Prinzipien strukturverwandt.[960] Der einzige Unterschied besteht laut *Alexy* darin, dass Prinzipien deontologischer Natur und damit normativer Natur sind, während Werte axiologischer Natur und daher dem Recht nicht eigen sind.[961] Jedoch kann jede Prinzipienkollision als Wertekollision dargestellt werden und umgekehrt.[962] Ferner gehen auch andere Teile des Schrifttums[963] und das Bundesverfassungsgericht in einigen Entscheidungen[964] davon aus, dass die Wertenatur nicht auf der Ebene der Auflösung der Kollisionslage angesiedelt ist, sondern dass die Wertenatur bereits kollisionsbegründend ist. Die Annahme einer solchen kollisionsbegründenden Eigenschaft würde jedoch zu einer Gleichsetzung des Begriffs des Wertes mit den hier untersuchten Begriffen des Prinzips und der Einheit der Verfassung unter ihrem funktionalen Aspekt führen.[965] Eine Gleichsetzung würde dann aber zu einer Doppelung in den Entscheidungsgründen des Bundesverfassungsgerichts führen, wenn von der Kollision unter „*Rücksicht auf die Einheit der Verfassung und von ihr geschützte gesamte Wertordnung*“ gesprochen wird.[966]

---

960 *Alexy*, Theorie der Grundrechte, 2. Aufl., 1994, Kap. 3, III 1, S. 125.

961 Vgl. *Alexy*, Theorie der Grundrechte, 2. Aufl., 1994, Kap. 3, III 1.3, S. 133.

962 *Alexy*, Theorie der Grundrechte, 2. Aufl., 1994, Kap. 3, III 1, S. 125; III 1.3, S. 133.

963 *Eckertz*, Kriegsdienstverweigerung als Grenzproblem des Rechts, 1986, S. 148 f., 150 f.; *Pecher*, Verfassungsimmanente Schranken, 2002, S. 44 ff., 189 f.; *Di Fabio*, JZ 2004, 1 (2): „*Zudem kann die Wirkungsverstärkung eines Grundrechts den Rechtfertigungsgrund für den Eingriff in die Grundrechte anderer bedeuten. Wer demnach die Wertentscheidung hinter einer Norm allzu sehr prononciert, verändert – beabsichtigt oder unbeabsichtigt – die Proportionen der Verfassungsordnung […]*“.

964 BVerfGE 28, 243 (261); 33, 23 (29); 107, 104 (118); vgl. BVerfGE 7, 198 (215); 12, 1 (4); a. A. jedoch bei BVerfGE 30, 173 (193); 32, 98 (108); 44, 37 (49 f.); 47, 327 (369).

965 Siehe Pkt. IV. 2. lit. b) lit. cc) lit. bbb) lit. aaaa) lit. γ), S. 205 ff.

966 BVerfGE 28, 243 (261).

Letztlich kann eine Entscheidung über die exakte Begriffsbedeutung der gesamten geschützten Wertordnung für die folgende Untersuchung also dahinstehen. Wie die vorangehende Betrachtung gezeigt hat, kann der Begriff der Wertordnung entweder aufgrund der axiologischen Natur des Wertebegriffs eine Kollision von Verfassungsrechtsgütern nicht begründen, da ihm steuernde Wirkung nur für die Auflösung der Kollisionslage zukommt, oder der Begriff der Wertordnung kann mit dem Prinzipienbegriff bzw. der Einheit der Verfassung unter ihrem funktionalem Begriffsaspekt gleichgesetzt werden, wodurch der Wertordnung keine weitergehende Bedeutung neben der Einheit der Verfassung zukommt.

Daher würde sich eine weitergehende Betrachtung des Begriffs der Wertordnung in Hinsicht auf den Schutz des Staates und staatlicher Einrichtungen erübrigen. Sofern aber gewisse Anforderungen mit dem Begriff der gesamten geschützten Wertordnung verknüpft werden, wie beispielsweise eine formal geltende Wertrangordnung,[967] könnte der Begriff der Wertordnung dennoch eine gewisse Bedeutung erlangen. Diese Frage ist im Folgenden näher zu beleuchten.

γ) Wertrangfolge als Merkmal der gesamten geschützten Wertordnung?

Eine besondere Bedeutung könnte dem Begriff der gesamten geschützten Wertordnung noch dadurch zukommen, indem man mit ihm zugleich eine Wertrangordnung verknüpft, also eine formale Rangfolge der als Werte verkörperten Verfassungsrechtsgüter.[968] Von einer solchen hatte bereits das Bundesverfassungsgericht in einer frühen Entscheidung ausdrücklich gesprochen, als es hervorgehoben hatte, es handele sich um eine „*Wertordnung, die zugleich eine Wert*rang*ordnung ist*“[969]. Nimmt man nun eine Wertrangfolge als Merkmal der geschützten Wertordnung an, so hätte dies jedenfalls Auswirkungen für die Ermittlung der Schutzgüter Staat und staatlicher Einrichtungen. Soweit sich der Schutz des Staates und staatlicher Einrichtungen als Verfassungswert ergibt, wäre zu bestimmen, welches abstrakte, verfassungsrechtliche Gewicht diesen Schutzgütern beizumessen ist. Nur so ließe sich feststellen, ob für beide Schutzgüter auf der Ebene der Kollisionsauflösung überhaupt eine Grundrechtseinschränkung vorgezeichnet ist und die Begründung der Kollisionslage letztlich nicht nur Makulatur ist.

967 So auch: *Sachs*, in: Stern (Hrsg.), Staatsrecht, Bd. III/2, 1994, § 81 IV 5, S. 561 f.
968 So auch: *Sachs*, in: Stern (Hrsg.), Staatsrecht, Bd. III/2, 1994, § 81 IV 5, S. 561 f.
969 BVerfGE 7, 198 (215) – Hervorhebung von „Wert*rang*ordnung“ im Original.

Doch zum einen wurde der Begriff der Wertrangordnung nicht im Zusammenhang mit der Kollisionsformel verwendet, zum anderen hat das Bundesverfassungsgericht weder besondere Folgerungen aus der Eigenschaft einer sog. Wertrangordnung gezogen, noch hat es die Behauptung einer Rangordnung näher begründet[970]. Im Ergebnis bleibt daher verhüllt, was mit dem Begriff der Wertrangordnung gemeint gewesen ist. Zwar scheint der Gedanke einer formalen Wertrangordnung in einer späteren Entscheidung in Gestalt der „*Würde des Menschen als obersten Wert*"[971], die sich in Ausprägung des allgemeinen Persönlichkeitsrechts gegen die Kunstfreiheit durchsetzt, aufgegriffen worden zu sein. Da aber eine Durchsetzungskraft der Menschenwürde durch ihre Unantastbarkeit gemäß Art. 1 Abs. 1 GG bereits rechtspositiv vorgegeben ist, stellt die Bezeichnung eines „obersten Wertes" nur eine Wiederholung der besonderen rechtlichen Absicherung der Menschenwürde dar, ohne dass man hieraus eine abstrakte Rangordnung aller Verfassungsrechtsbestimmungen ableiten könnte. Außerdem würde die Annahme einer formalen Wertrangordnung der gewonnenen Erkenntnis aus der Interpretationsmethode der Einheit der Verfassung widersprechen, die gemäß der vorangegangenen Untersuchung in ihrer formalen Begriffsdimension die Interpretation der Verfassungsrechtsnormen als gleichwertig bzw. gleichrangig fordert.[972] Mit diesem Argument hatte sich das Bundesverfassungsgericht bereits selbst in einer anderen Entscheidung am Anfang seiner Rechtsprechung gegen die Annahme einer formalen Rangordnung gewandt.[973]

Offensichtlich handelt es sich bei der Entscheidung zur Wertrangordnung nur um eine missverständlich formulierte Einzelfallfeststellung des Bundesverfassungsgerichts, bei der die benannte Rangordnung lediglich aus der Beurteilung der Werte nach ihrem „inneren" Gewicht folgte.[974] Das Bundesverfassungsgericht hat mit dem Begriff einer formalen Wert*rang*ordnung bislang nämlich auch nicht ernst gemacht.[975] Insgesamt ist daher auch nicht davon auszugehen,

---

970 Vgl. *Winkler*, Kollision von Schutznormen, 2000, S. 252.

971 BVerfGE 75, 369 (380).

972 Siehe Pkt. IV. 2. lit. b) lit. cc) lit. bbb) lit. aaaa) lit. β), S. 195 ff.

973 Vgl. BVerfGE 3, 225 (231 f.).

974 Vgl. auch: *Grabitz*, AöR Bd. 98 (1973), S. 568 (608 f.); vgl. dazu den Begriff der „weichen Ordnung" bei: *Alexy*, Theorie der Grundrechte, 2. Aufl., 1994, Kap. 3, III 2.2.1, S. 142 f.; so ausdrücklich auch: *Meyn*, Verschlüsselung und Innere Sicherheit, 2003, S. 120.

975 *Sachs*, in: Stern (Hrsg.), Staatsrecht, Bd. III/2, 1994, § 81 IV 5, S. 562; vgl. auch: BVerfGE 12, 45 (52 f.); 19, 135 (138).

dass mit der gesamten geschützten Wertordnung eine Wertrangordnung verknüpft ist. Daher kommt dem für die Kollisionsformel verwendeten Begriff der gesamten geschützten Wertordnung keine weitergehende Bedeutung als Wertrangordnung zu.

δ) Zwischenergebnis

Wie die vorangegangene Untersuchung gezeigt hat, kommt dem Begriff der gesamten geschützten Wertordnung insgesamt keine weitergehende Bedeutung für die Begründung der Kollision von Verfassungswerten zu.[976] Legt man für die gesamte geschützte Wertordnung dem Begriff des Werts eine axiologische Begriffsnatur zugrunde, so können Werte und die sich aus ihnen ergebende Wertordnung nach diesem Verständnis zwar Einfluss auf die Auflösung einer Kollisionslage haben, jedoch vermögen sie nicht die Herbeiführung der Kollisionslage zu begründen.[977]

Soweit man unter der gesamten geschützten Wertordnung die Vermittlung von Werten i. S. d. Prinzipienbegriffs versteht, sodass die Wertenatur gleichsam wie die Prinzipiennatur kollisionsbegründend ist, so würde sich die geschützte gesamte Wertordnung jedoch nicht von der Formel der Einheit der Verfassung unter ihrem funktionalem Begriffsaspekt unterscheiden.[978] Insbesondere ist mit der Vermittlung der Wertordnung auch keine hierarchische Wertrangordnung verbunden,[979] sodass der Begriff der Wertordnung auch unter dieser Hinsicht nicht weiter reichen kann, als die Einheit der Verfassung unter ihrem funktionalem Begriffssinn. Damit würde die Gleichheit zwischen gesamter geschützter Wertordnung und dem funktionalen Begriffssinn der Einheit der Verfassung zu einer begrifflichen Doppelung in der Rechtsprechung des Bundesverfassungsgerichts führen. Aufgrund einer solchen begrifflichen Doppelung hat die Formel von der gesamten geschützten Wertordnung keinen eigenen Erkenntniswert.

Daher braucht die Formel von der gesamten geschützten Werteordnung nach beiden möglichen Begriffsverständnissen – ungeachtet einer danebenstehenden, möglicherweise berechtigten Kritik an dem Werteverständnis des Bundesverfassungsgerichts[980] – in der folgenden Untersuchung über die Kollisionsfähigkeit

---

976 So im Ergebnis auch mit dem Zusatz, dass sich bei der Wertordnung nur um eine Verhüllungsformel handelt: *Böckenförde*, Staat, Gesellschaft, Freiheit, 1976, S. 235.

977 Siehe Pkt. IV. 2. lit. b) lit. cc) lit. bbb) lit. bbbb) lit. β), S. 222 ff.

978 Siehe Pkt. IV. 2. lit. b) lit. cc) lit. bbb) lit. bbbb) lit. β), S. 224.

979 Siehe Pkt. IV. 2. lit. b) lit. cc) lit. bbb) lit. bbbb) lit. γ), S. 225 ff.

980 Werteordnung als Topos, um richterliche Begründungen nicht offen legen zu müssen: *Goerlich*, Wertordnung und Grundgesetz, 1973, S. 187; zur verfassungszerstörenden

und Begründung einer Kollisionslage durch den Schutz des Staates und staatlicher Einrichtungen nicht weiter erörtert zu werden.

cccc) Die kollisionsfähigen, mit Verfassungsrang ausgestatteten Rechtswerte

Das Bundesverfassungsgericht führt in seiner Leitentscheidung und in einigen späteren Entscheidungen aus, dass nur „[…] *Grundrechte Dritter und andere mit Verfassungsrang ausgestattete Rechtswerte* […]“ kollisionsfähig sind.[981] Demzufolge sind nicht jedwede „Rechtswerte“ kollisionsfähig, sondern ausschließlich Rechtswerte, die Verfassungsrang aufweisen sowie insbesondere Grundrechte. Dass kollisionsfähige Rechtswerte einen Verfassungsrang aufweisen müssen, ergibt sich zudem schon auch aus der Herleitung der Kollisionslage aus der Einheit der Verfassung. Daher ist nun der Blick dem Begriff der „Rechtswerte mit Verfassungsrang“ zuzuwenden. Dabei lässt sich der in der Leitentscheidung und in einigen späteren Entscheidungen verwendete Begriff der „Rechtswerte mit Verfassungsrang“[982] in Hinsicht auf seine Begriffsbestandteile in den Begriff der „Rechtswerte“ und dem Begriff „mit Verfassungsrang“ aufteilen.

α) Verfassungsrang

Welchen Inhalt der Begriffsbestandteil „mit Verfassungsrang“ hat, wird in den Entscheidungen des Bundesverfassungsgerichts letztlich nicht hinreichend deutlich. Das Bundesverfassungsgericht geht dem Grunde nach davon aus, dass kollisionsfähige Rechtswerte anhand konkreter Verfassungsrechtsnormen ermittelt werden. Dabei dürfen die infrage kommenden Rechtswerte nicht formelhaft von der Verfassungsrechtsnorm losgelöst werden. Als Beispiel führt das Bundesverfassungsgericht den „*Schutz der Verfassung*“ und die „*Funktionstüchtigkeit der Strafrechtspflege*“ an, welche als kollisionsfähige Rechtswerte erst aus den Verfassungsrechtsnormen ermittelt werden müssen.[983] Das Bundesverfassungsgericht fordert ausdrücklich: „*Es ist daher geboten, anhand einzelner Grundgesetzbestimmungen die konkret verfassungsrechtlich geschützten Rechtsgüter festzustellen, die* […] *diese in Konkordanz zu diesem Grundrecht bringen.*“[984] Somit knüpft das

---

Eigenschaft des Werteverständnisses: *Schmitt*, Tyrannei der Werte, 3. Aufl., 2011, S. 39, 46 f., 48 ff.; *Forsthoff*, in: Festschrift für C. Schmitt, 3. Aufl., 1994, S. 35 (35 ff.).

981 BVerfGE 28, 243 (261); 107, 104 (118); sowie BVerfGE 69, 1, (54 f.); 84, 212, (228); 107, 104 (118); 108, 282 (297, 299).

982 BVerfGE 28, 243 (261).

983 BVerfGE 77, 240 (255); 81, 278 (293).

984 BVerfGE 77, 240 (255); vgl. BVerfGE 81, 278 (293).

Bundesverfassungsgericht die Kollisionsfähigkeit von Verfassungswerten im Einklang mit dem Interpretationsprinzip der Einheit der Verfassung zunächst an geschriebene Verfassungsrechtsnormen.

Allerdings spricht das Bundesverfassungsgericht in einer späteren Entscheidung davon: „*Das Verfassungsrecht besteht nicht nur aus den einzelnen Sätzen der geschriebenen Verfassung, sondern darüber hinaus aus gewissen sie verbindenden, innerlich zusammenhaltenden allgemeinen Grundsätzen und Leitideen, die der Verfassungsgeber, weil sie das vorverfassungsmäßige Gesamtbild geprägt haben, von dem er ausgegangen ist, nicht in einem besonderen Rechtssatz konkretisiert hat.*“[985] Zudem geht das Bundesverfassungsgericht in seiner Rechtsprechung auch ausdrücklich davon aus, dass der Schutz der Bundesflagge aus einem dem Art. 22 GG vorausgesetzten Recht der Selbstdarstellung[986] und der Schutz der Nationalhymne einem verfassungsrechtlich vorausgesetzten Recht zur Selbstdarstellung[987] gewährleistet werden und daher Verfassungsrang haben. In einer weiteren Entscheidung spricht das Bundesverfassungsgericht sogar vom Verfassungsrang des Rechtswerts Volksgesundheit, welche im Grundgesetz nicht bezeichnet ist, und dies ohne Ausführungen zur verfassungsrechtlichen Verankerung der Volksgesundheit zu treffen.[988]

Beispielhaft sollen die beiden Entscheidungen zur Bundesflagge und Nationalhymne herangezogen werden: In beiden Entscheidungen hat das Bundesverfassungsgericht den Verfassungsrang von Bundesflagge und Nationalhymne aus dem in der Verfassung vorausgesetzten Recht des Staates abgeleitet, sich zur Selbstdarstellung solcher Symbole zu bedienen, obwohl der Schutz der Bundesflagge, der Nationalhymne oder eines staatlichen Selbstdarstellungsrechts im Grundgesetz nicht als solche bezeichnet sind. Als Ausprägung eines der Verfassung vorausgesetzten Rechts misst das Bundesverfassungsgericht der Bundesflagge und Nationalhymne daher Verfassungsrang bei.[989] Daraus folgert *Bumke*, dass der Begriff des Verfassungsrangs also nicht unmittelbar an den geschriebenen Verfassungstext anknüpft.[990]

Die beiden Entscheidungen sind deswegen besonders bemerkenswert, da in der Entscheidung über den Schutz der Bundesflagge zunächst ausgeführt wird,

---

985 BVerfGE 141, 1 (78).
986 BVerfGE 81, 278 (293).
987 BVerfGE 81, 298 (308).
988 BVerfGE 80, 1 (21).
989 BVerfGE 81, 278 (293); vgl. BVerfGE 81, 298 (308).
990 *Bumke*, Grundrechtsvorbehalt, 1998, S. 176.

dass eine Kollision durch „*Verfassungsbestimmungen aller Art*" entstehen kann[991] und dass sich Einschränkungen „*nicht formelhaft mit allgemeinen Zielen [...] rechtfertigen lassen; vielmehr müssen anhand einzelner Grundgesetzbestimmungen diejenigen verfassungsrechtlich geschützten Güter konkret herausgearbeitet werden.*"[992] Folgt man zunächst diesen Ausführungen, so ist geschriebenes Verfassungsrecht eine Voraussetzung für den Begriff des Verfassungsranges. Allerdings sind die darauf folgenden Ausführungen des Bundesverfassungsgerichts widersprüchlich. Das Bundesverfassungsgericht führt in derselben Entscheidung zur Bundesflagge nämlich auch aus, dass der Schutz der Bundesflagge aus einem dem Art. 22 GG vorausgesetzten Recht des Staates folgt, sich zu seiner Selbstdarstellung solchen Symbolen wie den Bundesfarben zu bedienen.[993] Damit wird der Schutz der Bundesflagge nicht aus einer Verfassungsbestimmung hergeleitet, sondern aus einem ungeschriebenen, vorgelagerten Recht. Die Entscheidung des Bundesverfassungsgerichts erweist sich damit als in sich unschlüssig.

Es fragt sich daher, welche Anforderungen das Bundesverfassungsgericht an den Begriff Verfassungsrang knüpft. In der Rechtsprechung des Bundesverfassungsgerichts kann nichts Genaueres hierzu festgestellt werden; so werden oft Ausführungen zum Verfassungsrang getroffen, ohne dass die Anforderungen an das Merkmal Verfassungsrang dargelegt werden.[994] Als einziges Wesensmerkmal des Verfassungsranges kann die argumentative Verknüpfung mit der Verfassung gesehen werden.

Doch eine schlichte argumentative Verknüpfung mit der Verfassung widerspricht den Voraussetzungen für die Entstehung der Kollisionslage. Die Kollision entsteht aufgrund der Interpretation der Einheit der Verfassung in Gestalt des funktionalen Zusammenhaltens aller Verfassungsrechtsnormen bzw. der Prinzipieneigenschaft der Verfassungsrechtsnormen.[995] Die Kollision setzt gegenläufige Verfassungsrechtsnormen also zwingend voraus. Eine schlichte argumentative Verknüpfung mit der Verfassung, deren Begriff als die Gesamtheit aller Verfassungsrechtsnormen im Grundgesetz verstanden werden kann, genügt hierfür nicht.

Die Folgerung hieraus ist eine weitreichende: Entweder man würde eine Ausnahmeeigenschaft der beiden genannten Entscheidungen zur Bundesflagge und

---

991 BVerfGE 81, 278 (292).

992 BVerfGE 81, 278 (293).

993 BVerfGE 81, 278 (293).

994 BVerfGE 116, 69 (85); 116, 202 (223).

995 Siehe Pkt. IV. 2. lit. b) lit. cc) lit. bbb) lit. aaaa) lit. γ), S. 205 ff.

Nationalhymne als inkonsistente Entscheidungen anerkennen, da sie sich unter mehreren Gesichtspunkten in Widerspruch mit der eigenen Rechtsprechung des Bundesverfassungsgerichts[996] sowie im Fall der Bundesflagge sogar in Widerspruch mit den eigenen Ausführungen in derselben Entscheidung setzt. Oder man verzichtet sowohl auf den ermittelten Begriffssinn der Einheit der Verfassung als funktionale und formelle Einheit, als auch auf die Prinzipiennatur von Verfassungsrechtsnormen und den Begriff des Verfassungsranges, mit der unvermeidbaren Folge, dass die Kollisionsformel inhaltlich zur Gemeinwohlformel des Bundesverwaltungsgerichts[997] mutiert.

Da das Bundesverfassungsgericht selber die Gemeinwohlformel des Bundesverwaltungsgerichts abgelehnt hat[998] und daher bloße Gemeinwohlerwägungen für die Einschränkung von verfassungsrechtlich vorbehaltlos gewährleisteten Grundrechten nicht genügen, ist die Kollisionsfähigkeit von Rechtswerten notwendigerweise an die Eigenschaft als Verfassungsbestimmung zu knüpfen. Nur anhand von Verfassungsbestimmungen kann das Interpretationsprinzip der Einheit der Verfassung bzw. deren Prinzipiennatur Anwendung finden, um eine Kollisionslage zu begründen. Ansonsten liefe auch der stete Rückgriff des Bundesverfassungsgerichts auf die Einheit der Verfassung und die gesamte geschützte Wertordnung fehl, um die Kollisionslage zu begründen.

Auch wenn das Bundesverfassungsgericht in seiner Rechtsprechung bereits den Verfassungsrang von ungeschriebenen Rechtswerten anerkannt hat, besteht jedenfalls nur bei geschriebenem Verfassungsrecht die Gewissheit, dass diese über das Merkmal des Verfassungsrangs verfügen, welches für die Kollisionsfähigkeit erforderlich ist. Für die folgende Untersuchung soll der Verfassungsrang und damit die Kollisionsfähigkeit möglicher infrage kommender Rechtswerte, die den Schutz des Bestands des Staates und der Funktion staatlicher Einrichtungen gewährleisten, nach Maßgabe der Einheit der Verfassung bzw. der Prinzipieneigenschaft von Verfassungsrechtsnormen daher allein anhand von geschriebenen Normen des Grundgesetzes begründet werden.

β) Begriff des Rechtswerts

Neben dem Begriffsbestandteil „mit Verfassungsrang“ ist auch der Begriffsbestandteil des „Rechtswerts“ Voraussetzung für die Kollisionsfähigkeit. Bei positivem Recht sind die Unterscheidungen zwischen Rechtsnorm, Rechtsbestimmung

996 So auch: *Gusy*, JZ 1990, 640 (641).
997 Vgl. Pkt. IV. 2. lit. b) lit. bb), S. 182 ff.
998 Siehe Pkt. IV. 2. lit. b) lit. bb), S. 184.

und Rechtsgut[999] geläufig.[1000] Die Bezeichnung „Rechtswert" ist demgegenüber eher unklar.[1001] Es fragt sich daher, ob der Begriff des Rechtswerts nach der Kollisionsformel des Bundesverfassungsgerichts eine eigene Kategorie darstellt:

Das Bundesverfassungsgericht spricht statt der Verwendung des Begriffs „Rechtswert" in einigen Entscheidungen zu kollidierendem Verfassungsrecht auch davon, dass Grundrechte mit Verfassungsbestimmungen[1002] aller Art[1003] kollidieren können oder dass Verfassungsgüter[1004] in Widerstreit geraten. Hiermit wird für den Begriff des Verfassungswerts keine Unterscheidung zwischen den, in den Verfassungsrechtsnormen verkörperten, Verfassungsbestimmungen oder Verfassungsgütern getroffen. Zudem hat das Bundesverfassungsgericht in seiner Leitentscheidung und in drei Folgeentscheidungen zur Herbeiführung der Kollisionslage die Wehrpflicht als eigenständigen Rechtswert aus den Bestimmungen der Art. 12a Abs. 1; Art. 73 Abs. 1 Nr. 1 und Art. 87a Abs. 1 S. 1 GG hergeleitet.[1005] Damit wurde ein sog. „*Rechtswert*" aus drei Bestimmungen herangezogen, die aus einer Grundpflicht und zwei Kompetenzbestimmungen – unter welchen auch eine staatliche Auftragsbestimmung zu finden ist – bestehen. In einer anderen Entscheidung zieht das Bundesverfassungsgericht Art. 7 Abs. 1 GG zur Grundrechtskollision heran,[1006] der ein staatlicher Organisationsauftrag für das Schulwesen ist.[1007] Daran wird deutlich, dass in der Rechtsprechung zur Kollisionsformel auch Verfassungsbestimmungen zur Anwendung kommen, die zu den sog. organisationsrechtlichen Verfassungsbestimmungen zählen. Dies zeigt, dass mit dem Begriffsbestandteil der „*Rechtswerte*" keine inhaltlichen Anforderungen an die Verfassungsbestimmungen gestellt oder etwa nur bestimmte Verfassungsrechtsnormen bezeichnet

---

999 Zum Begriff Rechtsgut bereits: *Binding*, Die Normen und ihre Übertretung, Bd. I, 2. Aufl., 1890, S. 353 ff.

1000 Vgl. etwa zu den Begriffen Grundrechtsnormen, Grundrechtsbestimmungen: *Heß*, Grundrechtskonkurrenzen, 2000, S. 93 f.

1001 Vgl. *Stern*, in: Stern (Hrsg.), Staatsrecht, Bd. III/2, 1994, § 82 IV 9, S. 681.

1002 Vgl. BVerfGE 44, 37 (50); 52, 223 (246 f.); ferner auch: BVerfGE 81, 278 (292).

1003 BVerfGE 81, 278 (292).

1004 Vgl. BVerfGE 47, 327 (369); 77, 240 (255); 81, 278 (292, 293); 93, 1 (21); ferner auch: BVerfGE 108, 282 (299).

1005 Vgl. BVerfGE 28, 243 (261); 32, 40 (46); 48, 127 (159 f.); 69, 1 (21 f.).

1006 Vgl. BVerfGE 93, 1 (21).

1007 Vgl. *Thiel*, in: Sachs (Hrsg.), GG-Komm., 8. Aufl., 2018, Art. 7, Rdnr. 3, 16; *Badura*, in: Maunz/Dürig/Herzog/Herdegen/Scholz/Klein (Hrsg.), GG-Komm., 88. EL (2019), Art. 7, Rdnr. 34 f.

werden,[1008] sondern sämtliche in Verfassungsrechtsnormen zum Ausdruck kommenden Verfassungsbestimmungen geeignet sind, kollisionsfähige Rechtswerte mit Verfassungsrang zu sein.

Die Verwendung der Bezeichnung Rechtswert für die Verfassungsbestimmungen kann auch aus dem Zusammenhang mit dem Begriff der gesamten geschützten Wertordnung folgen. Das Bundesverfassungsgericht geht bei der Kollisionsformel nämlich davon aus, dass die Rechtswerte von Verfassungsrang mit Rücksicht auf die Einheit der Verfassung und die gesamte geschützte Wertordnung mit Grundrechten kollidieren können. Wie die bisherige Betrachtung gezeigt hat, kommt dem Begriff der gesamten geschützten Wertordnung keine eigenständige, weitergehende Bedeutung für die Begründung der Kollisionslage zu. Leitet sich die Bezeichnung der Rechtswerte von der gesamten geschützten Wertordnung ab, so erklärt dies, weshalb inhaltlich keine Anforderungen an die Bezeichnung der Rechtswerte gestellt werden. Damit greifen die Begriffe der Rechtswerte von Verfassungsrang, die Einheit der Verfassung mit dem Begriff der gesamten geschützten Wertordnung ineinander.

αα) Kritik an dem Umfang des Begriffs der Rechtswerte

Aus der Auffassung des Bundesverfassungsgerichts, wonach sämtliche Verfassungsbestimmungen geeignete kollisionsfähige Rechtswerte mit Verfassungsrang sein können, folgt, dass auch organisationsrechtliche Verfassungsbestimmungen, wie etwa die Kompetenztitel nach Art. 70 ff. GG[1009], die Einrichtungsgarantien von Verfassungsorganen nach Art. 38 ff.; Art. 50 ff.; Art. 53a; Art. 54 ff.; Art. 62 ff.; Art. 93 f. GG, die Vorschriften des Gesetzgebungsverfahrens nach Art. 76 ff. GG oder auch die Bundesflagge aus Art. 22 Abs. 2 GG[1010] kollisionsfähige Verfassungswerte darstellen. Dies wurde von einem Teil des Schrifttums angezweifelt. So könne man überhaupt nicht oder zumindest nicht in allen organisationsrechtlichen Verfassungsbestimmungen kollisionsfähige Rechtswerte erkennen.[1011] Beispielsweise könne man in der Kompetenz zur Regelung des Waffen- und Sprengstoffrechts gemäß Art. 73 Abs. 1 Nr. 12 GG wohl kaum

---

1008 So im Ergebnis auch: *Camilo de Oliveira*, Zur Kritik der Abwägung in der Grundrechtsdogmatik, 2013, S. 178 f.

1009 So: BVerfGE 28, 243 (261); 32, 40 (46); 48, 127 (159 f.); 69, 1 (21 f.).

1010 So etwa: BVerfGE 81, 278 (293).

1011 Vgl. *Goerlich*, Formenmißbrauch und Kompetenzverständnis, 1987, S. 40; *Schnapp*, JuS 1978, 729 (734 f.); siehe dazu nachfolgend unter lit. ββ) und lit. γγ).

einen verfassungsrechtlichen Schutz von Waffen oder Sprengstoff sehen oder das Waffen- und Sprengstoffrecht als einen Verfassungswert anerkennen.[1012]

ββ) Kompetenzbestimmungen

Der Streit um die Kollisionsfähigkeit organisationsrechtlicher Verfassungsbestimmungen entbrannte besonders in Hinsicht auf Kompetenzbestimmungen.[1013] Grund hierfür ist wohl, dass das Bundesverfassungsgericht in seiner Leitentscheidung zur Kollisionsformel und auch in drei späteren Entscheidungen den Kompetenztitel der Verteidigung in Art. 73 Abs. 1 Nr. 1 GG als kollisionsfähigen Rechtswert mit Verfassungsrang und damit zur Grundrechtsbeschränkung herangezogen hat,[1014] wodurch der Streit um die Kollisionsfähigkeit von organisationsrechtlichen Verfassungsbestimmungen sinnbildlich wurde. Bezüglich der Kollisionsfähigkeit von Kompetenzbestimmungen wird eine Vielzahl unterschiedlicher, teilweise nur in akzentuierten Abweichungen verschiedenen, Auffassungen vertreten:

ααα) Kompetenzbestimmung – keine kollisionsfähigen Rechtswerte von Verfassungsrang

Zur Auffassung, dass Kompetenzbestimmungen keinesfalls mit Grundrechten kollidieren können, zählen die Auffassungen von *Goerlich*, *Selk*, *Schnapp* sowie der Richter *Mahrenholz* und *Böckenförde* in ihrem Sondervotum.

Nach *Goerlich* können Kompetenztitel nicht mit den Grundrechten kollidieren, da Grundrechte und Kompetenzbestimmungen wesens- und formverschieden sind. Bei den Grundrechten handelt es sich um materielle Verfassungsbestimmungen; sie sind Befugnisse mit originärem Rechtsgehalt.[1015] Die Kompetenzbestimmungen hingegen sind ohne materiellen Rechtsgehalt. Kompetenzbestimmungen vermitteln nur eine abgeleitete Befugnis, wonach die Wahrnehmung der Kompetenz eine Beschränkung nach sich ziehen kann. Selber beschränken sie das Grundrecht nicht, sondern ordnen nur einen Sachbereich einer Staatsgewalt bzw. einem Organ zu.[1016] Sie gestalten kein Verhältnis zu anderen Verfassungsbestimmungen, wie etwa zu den Grundrechten, sondern treffen nur eine Aussage zum Kompetenzgefüge als funktionelle Ordnung.[1017]

1012 Vgl. zu dem Beispiel: *Winkler*, Kollision von Schutznormen, 2000, S. 103.
1013 Vgl. *Winkler*, Kollision von Schutznormen, 2000, S. 90.
1014 Vgl. BVerfGE 28, 243 (261); 32, 40 (46); 48, 127 (159 f.); 69, 1 (21 f.).
1015 *Goerlich*, Formenmißbrauch und Kompetenzverständnis, 1987, S. 36, 38.
1016 *Goerlich*, Formenmißbrauch und Kompetenzverständnis, 1987, S. 38 ff.
1017 *Goerlich*, Formenmißbrauch und Kompetenzverständnis, 1987, S. 41.

Die Wahrnehmung eingeräumter Befugnis führt auch nicht notwendig zu einer Beschränkung von Grundrechten,[1018] wie etwa die Wahrnahme eines Kompetenztitels durch die Gestaltungsbefugnis des Gesetzgebers.

So geht auch *Selk* davon aus, dass Kompetenzbestimmungen ungeeignet sind, beispielsweise mit vorbehaltlosen Grundrechten zu kollidieren.[1019] Hierzu fänden sich weder in der Entstehungsgeschichte der Kompetenzbestimmungen Ansätze[1020] noch ließe sich dies aus einem integrativ-harmonistischen Verfassungsverständnis bzw. der Einheit der Verfassung als Interpretationsprinzip ableiten.[1021] Kompetenzbestimmungen über die Kollision als Schranken zu nutzen, würde auch der Systematik der speziellen Gesetzesvorbehalte zuwiderlaufen,[1022] denn Kompetenzen eine grundrechtskollidierende und daher freiheitsbeschränkende Wirkung beizumessen, hätte auch zur Folge, dass der föderativen Ordnung des Bundesstaatsprinzips eine ungeahnte freiheitsbeschränkende Funktion entspringen würde,[1023] die es bei einer fehlenden Kompetenzverteilung in einem Zentralstaat so nicht gäbe.

Auch dem Sondervotum der Richter *Mahrenholz* und *Böckenförde* zum Urteil des Bundesverfassungsgerichts vom 24.04.1985 zufolge, können Kompetenzvorschriften keine Grundrechte beschränken,[1024] eine Kollision ist daher ausgeschlossen. Dabei wenden sie sich damit klar und deutlich gegen die in Mehrheit ergangene Entscheidung des Bundesverfassungsgerichts und führen dazu an, dass die in Bezug genommenen Kompetenzvorschriften den Sinn haben, die gesetzgeberischen Handlungsbereiche zwischen Bund und Ländern gegeneinander abzugrenzen.[1025] Ihr normativer Gehalt ist die Erlaubnis, dass die Wahrnehmung durch ein Organ zulässig ist, dabei werden aber die Gegenstände staatlichen Handelns nicht zu materiell-rechtlichen Handlungsaufträgen, Handlungsgeboten oder sonstigen Wertentscheidungen erhoben.[1026]

1018 *Goerlich*, Formenmißbrauch und Kompetenzverständnis, 1987, S. 40.
1019 *Selk*, JuS 1990, 895 (899).
1020 *Selk*, JuS 1990, 895 (897).
1021 *Selk*, JuS 1990, 895 (897, 898 f.).
1022 *Selk*, JuS 1990, 895 (897 f.).
1023 *Selk*, JuS 1990, 895 (898).
1024 BVerfGE 69, 1 ff. – Sondervotum der Richter Mahrenholz und Böckenförde, BVerfGE 69, 57 (59).
1025 BVerfGE 69, 1 ff. – Sondervotum der Richter Mahrenholz und Böckenförde, BVerfGE 69, 57 (60).
1026 BVerfGE 69, 1 ff. – Sondervotum der Richter Mahrenholz und Böckenförde, BVerfGE 69, 57 (60).

Außerdem haben die in der Entscheidung in Bezug genommenen Kompetenzbestimmungen auch keine rechtliche Doppelnatur dergestalt, dass sie neben ihrer Kompetenzzuweisung auch Ausdruck einer verfassungsrechtlichen Grundentscheidung seien. Weder der Wortlaut, die Entstehungsgeschichte, systematische Stellung oder ihre Funktion bieten hierfür Anhaltspunkte.[1027] Unter rechtspolitischen Aspekten weisen *Mahrenholz* und *Böckenförde* auch darauf hin, dass eine Erhebung von Kompetenztiteln zu kollisionsfähigen Verfassungsgütern dazu führt, dass jede Beschränkung legitimierbar wäre und dies die verfassungsimmanente Schranke zum Regelfall mache; Grundrechte drohten damit zum bloßen Abwägungsgesichtspunkt zu werden.[1028]

Auch *Schnapp* vermag Kompetenzbestimmungen keine grundrechtsbeschränkende Wirkung zuzuerkennen.[1029] Die Kompetenzen dienen dazu, die eröffnete Regelungsbefugnis im Rahmen der Grundrechtsvorbehalte auszuschöpfen und nicht selber Grundrechtsvorbehalte zu schaffen. Dies hätte sonst zur Folge, dass Grundrechtsausübung nur nach Maßgabe der gesetzgeberischen Kompetenz erfolgen könne und dies wiederum mit der Grundrechtsbindung der Staatsgewalt nach Art. 1 Abs. 3 GG schwerlich vereinbar sei.[1030]

βββ) Kompetenzbestimmungen als eingeschränkt kollisionsfähige Rechtswerte von Verfassungsrang

Demgegenüber geht *v. Pestalozza* davon aus, dass eine Kollisionsfähigkeit von Kompetenzbestimmungen und Grundrechten nicht ausgeschlossen ist, dabei jedoch nur eine Auswahl ganz bestimmter Kompetenzbestimmungen tatsächlich kollisionsfähig ist. Die Kollisionsfähigkeit von Kompetenzbestimmungen wird *v. Pestalozza* zufolge nur aufgrund einer sekundären Teilaussage bestimmter Kompetenzbestimmungen gerechtfertigt. Seiner Grundüberlegung zufolge enthalten alle Kompetenzbestimmung zwei Teilaussagen:[1031] Eine primäre Teilaussage, nach welcher ein bestimmter Verband oder ein Organ zur Ausübung der Kompetenz ermächtigt wird und eine sekundäre Teilaussage, wonach die kompetenziellen Regelungsbereiche die verfassungsrechtliche Zulässigkeit indizieren,

---

1027 BVerfGE 69, 1 ff. – Sondervotum der Richter Mahrenholz und Böckenförde, BVerfGE 69, 57 (61).

1028 Vgl. BVerfGE 69, 1 ff. – Sondervotum der Richter Mahrenholz und Böckenförde, BVerfGE 69, 57 (62, 64).

1029 *Schnapp*, JuS 1978, 729 (734).

1030 *Schnapp*, JuS 1978, 729 (734); vgl. auch: *Menzel*, DÖV 1983, 805 (806).

1031 *v. Pestalozza*, Der Staat Bd. 11 (1972), 161 (169).

also dass es eine Regelung „*geben darf*".[1032] Daher ist das Vorkommen reiner Zuständigkeitsnormen, deren Regelungsgegenstände von vornherein verfassungswidrig sein können, nicht denkbar.[1033] Der sekundären Teilaussage zufolge können bestimmte Kompetenzbestimmungen materiell-rechtliche Gehalt aufweisen, die mit Grundrechten kollidieren können. Hier untereilt *v. Pestalozza* die Kompetenzbestimmungen anhand ihrer sekundären Teilaussage in deklaratorische und konstitutive Bestimmungen.[1034] Konstitutive Kompetenzbestimmungen statuieren einen Kompetenzgegenstand mit materiell-rechtlichem Gehalt und Gewicht und erheben ihn so in Verfassungsrang.[1035] Nur soweit die sekundäre Teilaussage also eine konstitutive Kompetenzbestimmung enthält, folgt hieraus, dass der Regelungsgegenstand garantiert ist und dessen Begriffsminimum bzw. Begriffskern daher „verfassungsfest" ist. Deswegen können sog. konstitutive Kompetenzbestimmungen auch mit anderen Verfassungsrechtsgütern, wie Grundrechten, kollidieren und diese zurückdrängen.[1036] Demgegenüber hat die sekundäre Teilaussage einer deklaratorischen Kompetenzbestimmung nur einen verweisenden Gehalt, wenn der Kompetenzgegenstand bereits an anderer Stelle im Grundgesetz geregelt ist.[1037] Daraus folgt nach *v. Pestalozza*, dass deklaratorische Kompetenzbestimmungen ihren Gegenstand nicht mit materiellem Gehalt statuieren, sondern nur Bezug auf andere Verfassungsbestimmungen nehmen und dies demzufolge auch nicht mit den Grundrechten kollidieren können. Laut *v. Pestalozza* ist der Nachweis der sekundären Teilaussage als einer konstitutiven oder deklaratorischen Kompetenzbestimmungen für jeden Katalogpunkt gesondert zu prüfen.[1038]

Ähnlich wie *v. Pestalozza* unterscheidet *Pieroth* bei Kompetenzbestimmungen primäre und sekundäre Teilaussagen. Kompetenzbestimmungen enthalten auch *Pieroth* zufolge primär das organisatorische Entscheidungsziel, einen Regelungsgegenstand einem Organ oder Verband zuzuweisen.[1039] Soweit Kompetenzbestimmungen aber darüber hinaus auch ein bestimmtes Rechtsinstitut absichern, kommt ihnen auch eine Sekundärfunktion zu, nach derer die Kompetenzbestimmung eine materiell-rechtliche Wirkung hat. Das abgesicherte

---

1032 *v. Pestalozza*, Der Staat Bd. 11 (1972), 161 (169, 187); BVerfGE 12, 45 (50); 53, 30 (56).
1033 *v. Pestalozza*, Der Staat Bd. 11 (1972), 161 (169).
1034 *v. Pestalozza*, Der Staat Bd. 11 (1972), 161 (169).
1035 *v. Pestalozza*, Der Staat Bd. 11 (1972), 161 (169, 170 f.).
1036 *v. Pestalozza*, Der Staat Bd. 11 (1972), 161 (171, 187).
1037 *v. Pestalozza*, Der Staat Bd. 11 (1972), 161 (170).
1038 *v. Pestalozza*, Der Staat Bd. 11 (1972), 161 (171).
1039 *Pieroth*, AöR Bd. 114 (1989), S. 422 (442).

Rechtsinstitut hat hiernach Verfassungsrang und steht anderen Verfassungsbestimmungen in nichts nach; demzufolge kann es auch mit Grundrechten kollidieren.[1040] Diese grundrechtsbeschränkende Wirkung betrifft das „Begriffsminimum" des kompetenziellen Regelungsgegenstands, wonach diejenigen Sachverhalte mit Grundrechten kollidieren können, welche unentbehrlich mit der materiell-rechtlichen Ausgestaltung der Kompetenzbestimmung verbunden sind.[1041] Diese grundrechtsbeschränkende Wirkung der Sekundärfunktion könne aber nur gelten, soweit sich das Rechtsinstitut nicht mit einer geschriebenen Grundrechtsschranke bereits deckt.[1042]

γγγ) Kompetenzbestimmungen als kollisionsfähige Rechtswerte von Verfassungsrang

Schließlich nehmen *Ehmke*, *Ossenbühl* und *Terwiesche* die Möglichkeit der Grundrechtsbeschränkung durch Kompetenzbestimmungen und den darin genannten Kompetenzgegenständen ohne weiteres an.[1043] So ergebe sich aus dem Interpretationsprinzip der Einheit der Verfassung und seiner harmonistischen Betrachtungsweise, dass eine inhaltliche Zweiteilung der Verfassung, einerseits in einen materiellrechtlichen Teil, mit den Grundrechten inbegriffen, und andererseits in einen organisatorischen Teil, in welchen insbesondere die Kompetenzen inbegriffen sind, unrichtig sei.[1044] *Ehmke*, *Ossenbühl* und *Terwiesche* stützen ihre Auffassung dabei, neben einen teilweise funktionalen, vor allem auf einen materiellen Begriffssinn der Einheit der Verfassung, als dem eines zugrundeliegenden, gemeinsamen Ordnungsgedankens bzw. geschlossenes Gesamtbilds.[1045] Darüber hinaus baut *Ehmke*s Ansicht zusätzlich auch auf der Vorstellung der Verfassung als politische und rechtliche Entscheidungs- und Wirkungseinheit auf.[1046] Vor diesem Hintergrund sehen *Ehmke*, *Ossenbühl* und *Terwiesche* die

---

1040 *Pieroth*, AöR Bd. 114 (1989), S. 422 (440, 442, 445, 447).

1041 *Pieroth*, AöR Bd. 114 (1989), S. 422 (442, 446).

1042 *Pieroth*, AöR Bd. 114 (1989), S. 422 (441).

1043 Vgl. *Ehmke*, VVDStRL Heft 20 (1963), 53 (89 f.); *Ossenbühl*, DÖV 1965, 649 (657); *Terwiesche*, Die Begrenzung der Grundrechte, 1999, S. 70 f., 74.

1044 *Terwiesche*, Die Begrenzung der Grundrechte, 1999, S. 70 f.; *Ehmke*, VVDStRL Heft 20 (1963), 53 (89) m. w. N. *Smend*, Verfassung und Verfassungsrecht, 1928, S. 88; *Ossenbühl*, DÖV 1965, 649 (657).

1045 Vgl. *Terwiesche*, Die Begrenzung der Grundrechte, 1999, S. 70; *Ehmke*, VVDStRL Heft 20 (1963), 53 (77 f., 89); *Ossenbühl*, DÖV 1965, 649 (656 f., 657).

1046 *Ehmke*, VVDStRL Heft 20 (1963), 53 (89).

Eigenschaft von Kompetenzbestimmungen als kollisionsfähige Rechtswerte von Verfassungsrang als gegeben an.

δδδ) Kompetenzbestimmungen als kollisionsfähige Rechtswerte von Verfassungsrang unter Berücksichtigung ihrer Gewährleistung

Nach der differenzierten Ansicht von *Winkler* lassen sich Kompetenzbestimmungen grundsätzlich als kollisionsfähige Rechtswerte von Verfassungsrang einordnen,[1047] allerdings nur unter strikter Beachtung ihrer eigentlichen verfassungsrechtlichen Gewährleistung.[1048] Zur Beantwortung der Frage, ob es sich bei Kompetenzbestimmungen um kollisionsfähige Rechtswerte von Verfassungsrang handelt, kommt es nach *Winkler* zunächst darauf an, was durch Kompetenzbestimmungen normiert wird.[1049] So leide die Diskussion über die Kollisionsfähigkeit von Kompetenzbestimmungen darunter, dass die normierte Kompetenzbestimmung mit den in ihr genannten Kompetenztiteln bzw. -bereichen gleichgesetzt wird.[1050]

Bei Kompetenzbestimmungen handelt es sich *Winkler* zufolge um die Zuweisung von Aufgabenbereichen an bestimmte Funktionsträger,[1051] sodass eigentlich nicht die Kompetenzmaterien bzw. Kompetenzbereiche verfassungsrechtlich gewährleistet werden, sondern die jeweilige Zuweisung eines Kompetenzbereichs an einen Funktionsträger.[1052] Daraus folgert *Winkler*, dass die Kompetenzbestimmungen des Grundgesetzes die rechtliche Möglichkeit zur Ausübung der zugewiesenen Kompetenz gewährleisten, die sog. Kompetenzausübungsfähigkeit.[1053] Die Kompetenzausübungsfähigkeit wird danach beeinträchtigt, wenn der Funktionsträger an der Ausübung seiner durch Kompetenzbestimmung verliehenen Befugnis, bestimmte Aufgaben wahrzunehmen, gehindert wird.[1054] Hierbei gibt *Winkler* zu bedenken, dass die Behinderung

1047 *Winkler*, Kollision von Schutznormen, 2000, S. 92 f., 106 f.

1048 Vgl. *Winkler*, Kollision von Schutznormen, 2000, S. 91 ff., 106 f.

1049 Vgl. *Winkler*, Kollision von Schutznormen, 2000, S. 91 f.

1050 Vgl. *Winkler*, Kollision von Schutznormen, 2000, S. 91, 101 ff.; wobei *Winkler* hier für Kompetenztitel bzw. -bereiche die Bezeichnung von Kompetenzvorschriften verwendet – vgl. dazu: *ders.*, S. 102.

1051 *Winkler*, Kollision von Schutznormen, 2000, S. 91 m. w. N. *Isensee*, DVBl. 1995, 1 (3); *Kirchhof*, in: Isensee/Kirchhof (Hrsg.), Handbuch des Staatsrechts, Bd. III, 1988, § 59, Rdnr. 17 ff.; *Menzel*, DÖV 1983, 805 (806); *Pieroth*, AöR Bd. 114 (1989), S. 422 (434).

1052 *Winkler*, Kollision von Schutznormen, 2000, S. 92.

1053 *Winkler*, Kollision von Schutznormen, 2000, S. 92.

1054 *Winkler*, Kollision von Schutznormen, 2000, S. 92.

der Kompetenzausübung dabei wohl weniger von Grundrechtsträgern, als vielmehr von anderen staatlichen Organen droht, die in den zugewiesenen Kompetenzbereich eingreifen können.[1055] Mit der Kompetenzausübungsfähigkeit ist *Winkler* zufolge auch die Feststellung von Verfassungs wegen verbunden, dass ein Kompetenzgegenstand verfassungsrechtlich nicht per se unzulässig ist und daher die Wahrnehmung eines bestimmten Kompetenzbereichs grundsätzlich möglich sein muss, wenn gleichwohl daraus kein Freibrief zu beliebiger Gesetzgebung folgt.[1056] Aus der Nennung von Kompetenzgegenständen wie etwa das Waffen- und Sprengstoffrecht in Art. 73 Abs. 1 Nr. 12 GG folgt nämlich keine verfassungsrechtliche Gewährleistung des Waffen- und Sprengstoffrechts oder von Waffen oder Sprengstoff selber.[1057]

Neben dem Umstand, dass Kompetenzbestimmungen verfassungsrechtlich eigentlich nur eine Zuweisungsbefugnis normieren, kann *Winkler* zufolge auch wegen der Vielfalt der Kompetenzgegenstände, welche sowohl Rechtsmaterien als auch Wirklichkeitsausschnitte beinhalten,[1058] nicht auf eine grundsätzliche Gewährleistung aller Kompetenzgegenstände geschlossen werden.[1059] Vielmehr bedürfte es eines Begründungsaufwandes, um nachzuweisen, dass sich in der verfassungsrechtlichen Gewährleistung einer Kompetenzbestimmung auch eine verfassungsrechtliche Gewährleistung des Kompetenzgegenstands mit versteckt.[1060] Dies ist laut *Winkler* aber nicht erkennbar.[1061]

Vor diesem Hintergrund stellen Kompetenzbestimmungen nur in Hinsicht auf die zugewiesene Kompetenzausübungsfähigkeit oder der Aussage, dass die Wahrnehmung eines Kompetenzgegenstands nicht in jeder Hinsicht verfassungsrechtlich unzulässig ist, vom Begriff her kollisionsfähige Rechtswerte von Verfassungsrang dar.

εεε) Stellungnahme

Abgesehen von *Winkler*s Auffassung vermögen die genannten Auffassungen zur Kollisionsfähigkeit von Verfassungsrechtsnormen wie

1055 *Winkler*, Kollision von Schutznormen, 2000, S. 93, 106.
1056 *Winkler*, Kollision von Schutznormen, 2000, S. 92.
1057 Vgl. *Winkler*, Kollision von Schutznormen, 2000, S. 103.
1058 *Winkler*, Kollision von Schutznormen, 2000, S. 102 m. w. N. *Pieroth*, AöR Bd. 114 (1989), S. 422 (435).
1059 *Winkler*, Kollision von Schutznormen, 2000, S. 102.
1060 *Winkler*, Kollision von Schutznormen, 2000, S. 102.
1061 *Winkler*, Kollision von Schutznormen, 2000, S. 103 ff., 107.

Kompetenzbestimmungen nicht zu überzeugen. Die Auffassungen *v. Pestalozzas* und *Pieroths* über die einzelfallabhängige Kollisionsfähigkeit bestimmter Kompetenzbestimmungen sowie die Auffassungen *Ehmkes*, *Ossenbühls* und *Terwiesches* über die vollumfängliche Kollisionsfähigkeit von Kompetenzbestimmungen bauen allesamt auf der Annahme auf, dass die Nennung des Kompetenzgegenstands innerhalb der Kompetenzbestimmung einen kollisionsfähigen Rechtswert darstellt. Damit übersehen diese Auffassungen jedoch den – bei *Winkler* zutreffend hervorgehobenen – tatsächlichen Regelungsgehalt von Kompetenzbestimmungen und gelangen daher zu einer fehlerhaften Begründung der Kollisionsfähigkeit.

Mit *Winkler* ist davon auszugehen, dass sich die Frage der Kollisionsfähigkeit von Kompetenzbestimmungen nur beantworten lässt, wenn man sich darüber im Klaren ist, was durch Kompetenzbestimmungen normiert wird. Kompetenzbestimmungen sind dem Begriff nach solche Bestimmungen, die einem Kompetenzträger, sei es Bund oder Länder bzw. dessen Organen, die Befugnis einräumen, einen bestimmten Gegenstand zu regeln.[1062] Begrifflich sind Kompetenzbestimmungen daher auf die Zuweisung einer Regelungsbefugnis über einen bestimmten Regelungsbereich ausgerichtet.[1063] Es ist daher *Winkler* zu folgen, dass Kompetenzbestimmungen unter zwei Gesichtspunkten einen verfassungsrechtlichen Schutz entfalten: Zum einen wird die Zuweisung an einen bestimmten Kompetenzträger gewährleistet, sodass dieser vor Dritten, die ihn an der Kompetenzausübung hindern, geschützt wird.[1064] Zum anderen wird der

---

1062 *Goerlich*, Formenmißbrauch und Kompetenzverständnis, 1987, S. 13 f.; vgl. *Rozek*, in: v. Mangoldt/Klein/Starck/Huber/Voßkuhle (Hrsg.), GG-Komm., Bd. 2, 7. Aufl., 2018, Art. 70, Rdnr. 18 f., 55; *Uhle*, in: Maunz/Dürig/Herzog/Herdegen/Scholz/Klein (Hrsg.), GG-Komm., 88. EL (2019), Art. 70, Rndr. 33; *Stern*, Staatsrecht, Bd. I, 2. Aufl., 1984, § 4 II 3, S. 118; *Stettner*, Grundfragen einer Kompetenzlehre, 1983, S. 35, 439; *Kunig*, in: v. Münch/Kunig (Hrsg.), GG-Komm., Bd. 2, 6. Aufl., 2012, Art. 70, Rdnr. 1, 5; *Isensee*, in: Isensee/Kirchhof (Hrsg.), Handbuch des Staatsrechts, Bd. VI, 2008, § 133, Rdnr. 36 f.; *Wülfing*, Gesetzesvorbehalte und Grundrechtsschranken, 1981, S. 117; BVerfGE 69, 1 ff. – Sondervotum der Richter Mahrenholz und Böckenförde, BVerfGE 69, 57 (60); ferner auch: *Pieroth*, AöR Bd. 114 (1989), S. 422 (427): „[…] *verleiht nicht nur Aufgaben, sondern auch Befugnisse und kann insoweit auch als Kompetenznorm bezeichnet werden.*".

1063 *Winkler*, Kollision von Schutznormen, 2000, S. 91, 102; *Stettner*, Grundfragen einer Kompetenzlehre, 1983, S. 54, 439, 446.

1064 *Winkler*, Kollision von Schutznormen, 2000, S. 93; *Stettner*, Grundfragen einer Kompetenzlehre, 1983, S. 439, 446.

Kompetenzgegenstand insoweit verfassungsrechtlich gewährleistet, dass er nicht per se unzulässig ist und daher der Kompetenzträger die Möglichkeit haben muss, den Kompetenzgegenstand materiell-rechtlich gestalten zu können.[1065]

Besteht nun Klarheit darüber, was Kompetenzbestimmungen verfassungsrechtlich gewährleisten, so richtet sich die Frage, ob diese damit kollisionsfähige Rechtswerte von Verfassungsrang i. S. d. Kollisionsformel des Bundesverfassungsgerichts darstellen können, nach den gleichen Erwägungen, mit denen das Bundesverfassungsgericht die Kollisionsformel begründet. Die gesamte Kollisionsformel ist das Ergebnis aus der Interpretation von Verfassungsbestimmungen des Grundgesetzes, für welches das Bundesverfassungsgericht insoweit begriffsbildend gewirkt hat.[1066] Da das Bundesverfassungsgericht für die Kollisionsformel begriffsbildend war, sind für das Verständnis der Rechtswerte mit Verfassungsrang auch die gleichen Erwägungen wie zur Einheit der Verfassung und der gesamten geschützten Wertordnung tragend. Rekurriert man also gemäß der vorangegangenen Untersuchung auf die Begriffe der Einheit der Verfassung und der gesamten geschützten Wertordnung, so liegt der Kollision ein funktionales Begriffsverständnis von der Einheit der Verfassung zugrunde, wonach alle Verfassungsbestimmungen stets gleichzeitig zusammen zu betrachten und darauf angelegt sind, einander zusammenzustreben.[1067] Im Zusammenhang mit diesem funktionalen Verständnis steht auch die Prinzipiennatur von Verfassungsrechtsbestimmungen, wonach die Geltung einer Verfassungsrechtsbestimmung unter dem Vorbehalt ihrer rechtlichen Möglichkeiten, also den anderen Verfassungsrechtsbestimmungen, steht.[1068] Es ist nicht ersichtlich, weshalb Kompetenzbestimmungen als Verfassungsrechtsnormen von dem Interpretationsprinzip der funktionalen Einheit der Verfassung oder einer Prinzipiennatur ausgeschlossen sein sollten. Kompetenzbestimmungen befinden sich als Verfassungsbestimmungen im Grundgesetz und haben demzufolge auch ihren Anteil an der funktionalen Einheit der Verfassung bzw. können als solche auch eine Prinzipiennatur aufweisen. Daher entsprechen Kompetenzbestimmungen ebenfalls dem Begriff des Rechtswerts mit Verfassungsrang und sind somit ohne Weiteres kollisionsfähig.[1069]

1065 So auch: BVerfGE 69, 1 ff. – Sondervotum der Richter Mahrenholz und Böckenförde, BVerfGE 69, 57 (60); so ähnlich auch: *Wülfing*, Gesetzesvorbehalte und Grundrechtsschranken, 1981, S. 129.

1066 Siehe Pkt. IV. 2. lit. b) lit. cc) lit. bbb), S. 188 ff.

1067 Siehe Pkt. IV. 2. lit. b) lit. cc) lit. bbb) lit. aaaa) lit. γ) lit. αα), S. 205 f.

1068 Siehe Pkt. IV. 2. lit. b) lit. cc) lit. bbb) lit. aaaa) lit. γ) lit. ββ), S. 206 ff.

1069 So auch: *Wülfing*, Gesetzesvorbehalte und Grundrechtsschranken, 1981, S. 128 f.

Das bedeutet etwa in Hinsicht auf den Kompetenztitel der Einheit des Zoll- und Handelsgebiets in Art. 73 Abs. 1 Nr. 5 GG, dass der kollisionsfähige Rechtswert die Zuweisungsbefugnis ist, dass ausschließlich der Bund Regelungen über die Einheit des Zoll- und Handelsgebiets treffen darf sowie die ungehinderte Ausübung dieser Befugnis, dass der Bund bzw. das zuständige Bundesorgan in der Lage ist, Regelungen über die Einheit des Zoll- und Handelsgebiets treffen zu können und eine Regelung über die Einheit des Zoll- und Handelsgebiets verfassungsrechtlich nicht per se ausgeschlossen ist. Nicht kollisionsfähiges Rechtsgut hingegen ist die Einheit des Zoll- und Handelsgebiets als solche. Die Einheit des Zoll- und Handelsgebiets ist nämlich nur der Regelungsbereich der in Bezug genommenen Zuweisungsbefugnis und unterliegt der inhaltlichen Ausgestaltung, welche durch die Kompetenzzuweisung an den Bund in Art. 73 Abs. 1 Nr. 5 GG verfassungsrechtlich nicht vorgegeben oder geschützt ist. Dass eine solche Kollisionslage zwischen Grundrechten und der Zuweisungsbefugnis bei den Kompetenzbestimmungen überhaupt entsteht, mag eher selten vorkommen. Dies wäre jedenfalls dann der Fall, soweit die Grundrechtsausübung den jeweiligen Kompetenzträger, ob Bund oder Land, daran hindert, von seiner Kompetenz Gebrauch zu machen.

Soweit man die Kollisionsfähigkeit von Kompetenzbestimmung mit Verweis auf die Rechtsprechung des Bundesverfassungsgerichts zur Heranziehung eines kollisionsfähigen Rechtswerts Verteidigung aus Art. 73 Abs. 1 Nr. 1 GG[1070] ablehnt, so trifft dies nicht den Kern der Problematik. Bei genauer Betrachtung kann nämlich nicht infrage gestellt werden, dass Kompetenzbestimmungen wie Art. 73 Abs. 1 Nr. 1 GG grundsätzlich kollisionsfähig sind, sondern ob der kollisionsfähige Begriffs- bzw. Regelungsgehalt der Kompetenzbestimmung zur Verteidigung möglichweise vom Bundesverfassungsgericht zu weit gezogen wurde. Versteht man nämlich den Begriff der Kompetenzbestimmung in Art. 73 Abs. 1 Nr. 1 GG nicht nur als Zuweisung der Befugnis zur Regelung der Verteidigung, sondern auch als verfassungsrechtliche Absicherung des Kompetenzgegenstands Verteidigung, so kann auch die in Art. 73 Abs. 1 Nr. 1 GG erwähnte Verteidigung ein kollisionsfähiger Rechtswert sein.[1071] Dies ist dann aber keine Frage der Kollisionsfähigkeit von Kompetenzbestimmungen, sondern eine Frage wie weit das Bundesverfassungsgericht den Umfang des geschützten Rechtswerts in der Kompetenzbestimmung zieht. Insoweit müsste die Interpretation des Art. 73 Abs. 1 Nr. 1 GG darauf hin untersucht werden, ob neben einer Kompetenzbestimmung

1070 Vgl. BVerfGE 28, 243 (261); 32, 40 (46); 48, 127 (159 f.); 69, 1 (21 f.).
1071 Vgl. BVerfGE 28, 243 (261); 32, 40 (46); 48, 127 (159 f.); 69, 1 (21 f.).

noch materiell-rechtliche Gehalte enthalten sind.[1072] Andererseits deuten die Entscheidungssätze des Bundesverfassungsgerichts auch nur darauf hin, dass eine „Grundentscheidung"[1073] bzw. „Entscheidung"[1074] für die militärische Landesverteidigung zusätzlich aus der Zusammenschau mit anderen Verfassungsbestimmungen abgeleitet wird. Solche Interpretationsfragen über die verfassungsrechtliche Verankerung des Rechtswerts „militärische Landesverteidigung" stellen sich an diesem Punkt der Untersuchung nicht.

Damit kann festgestellt werden, dass Kompetenzbestimmungen in konstruktiver Hinsicht kollisionsfähige Rechtswerte im Sinne der Kollisionsformel darstellen. Dabei ist allerdings die Befugnis zur Kompetenzausübung bzw. -zuweisung selber und nicht etwa der Regelungsgegenstand der Kompetenz ein kollisionsfähiger Rechtswert. Zudem ist es der Auflösung der Kollisionslage im Einzelfall und nicht bereits der Begründung der Kollisionslage geschuldet, ob Kompetenzbestimmungen schließlich das jeweilige Grundrecht letztlich einschränken.[1075]

γγ) Verfahrensbestimmungen, Verfassungseinrichtungen und Staatsstrukturbestimmungen

Wie bei den Kompetenzbestimmungen ist auch bei anderen Verfassungsbestimmungen, welche als organisationsrechtlich eingeordnet werden, umstritten, inwieweit diese kollisionsfähige Verfassungswerte darstellen können und insoweit Grundrechte nach der Kollisionsformel des Bundesverfassungsgerichts beschränken können. Dies betrifft beispielsweise die Kategorien von Verfahrensbestimmungen, verfassungsrechtlich gesicherten Verfassungseinrichtungen und Staatsstrukturbestimmungen:[1076]

Verfahrensbestimmungen sind verfassungsrechtliche Bestimmungen, die Anforderungen an die Erfüllung hoheitlicher Aufgaben – dem Verfahren – stellen.[1077] Zu solchen Verfahrensbestimmungen zählen die Vorschriften des Gesetzgebungsverfahrens nach Art. 76 ff. GG und das Procedere für die Wahl des Bundespräsidenten nach Art. 54 Abs. 4 GG.

1072 So deutlich: BVerfGE 48, 127 (159 f.).

1073 BVerfGE 28, 243 (261); 69, 1 (21).

1074 BVerfGE 32, 40 (46).

1075 So ähnlich auch: *Terwiesche*, Die Begrenzung der Grundrechte, 1999, S. 204.

1076 Vgl. zu den Kategorien: *Wülfing*, Gesetzesvorbehalte und Grundrechtsschranken, 1981, S. 116 f.; *Winkler*, Kollision von Schutznormen, 2000, S. 83, 107.

1077 Vgl. *Hesse*, Grundzüge des Verfassungsrechts, 20. Aufl., 1995, § 1 III 2, S. 13, Rdnr. 28, § 6 II 1, S. 86, Rdnr. 193; vgl. zu Anforderungen an das Gesetzgebungsverfahren: *Maurer*, Staatsrecht I, 6. Aufl., 2010, § 17 IV, S. 541, Rdnr. 52.

Verfassungseinrichtungen gewährleisten die Existenz und Erhaltung bestimmter Einrichtungen, die von der Verfassung unmittelbar errichtet werden und umfassen die für ihren Bestand notwendigen Ordnungen.[1078] Solche Verfassungseinrichtungen sind beispielsweise der Bundestag nach Art. 38 ff. GG, die Bundesregierung nach Art. 62 ff. GG und die Bundesflagge nach Art. 22 Abs. 2 GG[1079].

Eine Staatsstrukturbestimmung ist eine Verfassungsrechtsnorm mit rechtlich bindender Wirkung, die der Staatstätigkeit die fortdauernde Beachtung oder Erfüllung bestimmter Aufgaben oder Ziele vorgibt.[1080] Zu solchen Staatsstrukturbestimmungen gehören die Staatsstrukturprinzipien in Art. 20 Abs. 1, 3 GG.

Auch bei den organisationsrechtlichen Verfassungsbestimmungen, wie Verfahrensbestimmungen, Verfassungseinrichtungen und Staatsstrukturbestimmungen ist die Anwendung als kollisionsfähige Rechtswerte in Zweifel gezogen wurden.[1081] Nach *Schnapp* dürfen verfassungsrechtlich installierte Einrichtungen zwar nicht ohne Weiteres der grundrechtlichen Freiheitsausübung geopfert werden.[1082] Allerdings sind nicht alle in den Verfassungsrechtsnormen erwähnten Einrichtungen kollisionsfähig, sondern solche, die sich an dem Gewicht der jeweilig einzuschränkenden grundrechtlichen Gewährleistung messen lassen kann.[1083] Staatsstrukturprinzipien haben nach *Schnapp* nur amorphe staatliche Funktionen oder staatliche Institutionen zum Adressaten; sie sind staatsgerichtet.[1084] Seinen Überlegungen stellt *Schnapp* voran, dass jeder Rechtssatz eines Adressaten bedarf, um in Bewegung gesetzt zu werden. Wie der Staat seinen

---

1078 *Winkler*, Kollision von Schutznormen, 2000, S. 107; vgl. *Terwiesche*, Die Begrenzung der Grundrechte, 1999, S. 187 m. w. N. *Wülfing*, Gesetzesvorbehalte und Grundrechtsschranken, 1981, S. 116 f.; *Scheuner*, in: Festschrift für E. Forsthoff, 2. Aufl., 1974, S. 325 (335 f.).

1079 So: BVerfGE 81, 278 (293).

1080 *Terwiesche*, Die Begrenzung der Grundrechte, 1999, S. 146 m. w. N. *Der Bundesminister des Innern/Der Bundesminister der Justiz*, Staatszielbestimmungen/Gesetzgebungsaufträge, 1983, S. 21; *Badura*, DÖV 1989, 491 (493); *Peters*, NVwZ 1995, 555 (555); *Stern*, Staatsrecht, Bd. I, 2. Aufl., 1984, § 4 II 3, S. 121 f.; *Scheuner*, in: Festschrift für H. U. Scupin, 1973, S. 323 (332 f.); vgl. *Winkler*, Kollision von Schutznormen, 2000, S. 149.

1081 BVerfGE 69, 1 ff. – Sondervotum der Richter Mahrenholz und Böckenförde, BVerfGE 69, 57 (59); *Schnapp*, JuS 1978, 729 (734 f.).

1082 *Schnapp*, JuS 1978, 729 (734 f.).

1083 *Schnapp*, JuS 1978, 729 (735) m. w. N. *Erichsen*, in: Festschrift für H. J. Wolff, 1973, S. 219 (239 f.).

1084 *Schnapp*, JuS 1978, 729 (734).

Verpflichtungen nachkommt, ist Angelegenheit seiner Binnenstruktur und bedarf der gesetzgeberischen Umsetzung, durch welche erst das Individuum in die Pflicht genommen werden kann. Daher können sich allein aus den Staatsstrukturprinzipien selber keine unmittelbaren Schranken ergeben.[1085]

Gemäß der vorangegangenen Untersuchung über die Eignung von Kompetenzbestimmungen als kollisionsfähige Rechtswerte von Verfassungsrang können die gleichen Folgerungen auch für die als organisationsrechtlich bezeichneten Verfassungsbestimmungen, wie Verfahrensbestimmungen, verfassungsrechtlich gesicherten Verfassungseinrichtungen und Staatsstrukturbestimmungen, gezogen werden. Danach sind sämtliche Verfassungsbestimmungen geeignet, als Rechtswerte von Verfassungsrang mit Grundrechten kollidieren zu können. Der Umfang der Kollision ergibt sich dabei aus dem Begriffs- bzw. Regelungsgegenstand jeder einzelnen Verfassungsbestimmung. Wie nämlich zu den Kompetenzbestimmungen festgestellt werden konnte, kollidiert nur die Zuweisungsbefugnis eines Regelungsgegenstands und nicht – wie etwa vielfach irrtümlich angenommen – der Regelungsgegenstand, auf welchen sich die Zuweisungsbefugnis bezieht.[1086] In Hinsicht auf die verfassungsrechtlich gesicherte Verfassungseinrichtungen kollidiert daher die Verfassungseinrichtung selbst, bei Staatsstrukturbestimmungen das jeweilige Strukturprinzip und schließlich bei Verfahrensbestimmungen nur die Gewährleistung der jeweilig bestimmten Verfahrensanforderungen. In Hinsicht auf die Bestimmungen über das Verfahren bei der Bundespräsidentenwahl nach Art. 54 Abs. 4 S. 1 GG bedeutet dies, dass nicht etwa der Regelungsgegenstand „*Ablauf der Amtszeit des Bundespräsidenten*" begrifflich geschützt wird, sondern das Procedere, dass bei Ablauf der Amtszeit des Bundespräsidenten innerhalb einer Dreißig-Tage-Frist die Bundesversammlung zusammentreten kann. Insoweit ist das Procedere ein Begriffsgegenstand in Art. 54 Abs. 4 S. 1 GG und dieses damit ein kollisionsfähiger Rechtswert von Verfassungsrang.

Verfassungsrechtlich gesicherte Verfassungseinrichtungen, Staatsstrukturbestimmungen und auch Verfahrensbestimmungen, sowie auch alle übrigen organisationsrechtlichen Verfassungsbestimmungen können daher – allerdings nur nach Umfang ihres Begriffs – mit Grundrechten kollidieren.

Im Übrigen kann auch der Einwand *Schnapp*s über den fehlenden Adressatenkreis von Staatsstrukturprinzipien[1087] nicht durchgreifen. Adressat der

---

1085 *Schnapp*, JuS 1978, 729 (734).

1086 Siehe Pkt. IV. 2. lit. b) lit. cc) lit. bbb) lit. cccc) lit. β) lit. ββ) lit. δδδ), S. 239 f.; Pkt. IV. 2. lit. b) lit. cc) lit. bbb) lit. cccc) lit. β) lit. ββ) lit. εεε), S. 240 ff.

1087 Siehe Pkt. IV. 2. lit. b) lit. cc) lit. bbb) lit. cccc) lit. β) lit. γγ), S. 245.

Staatsstrukturbestimmungen ist zwar der Staat selbst, doch gegenüber den Subjizierten erlangt die Staatsstrukturbestimmung als Rechtsreflex Bedeutung. Handeln die staatlichen Organe, so ist ihnen die Geltung und Wahrung der Staatsstrukturprinzipien aufgegeben, sodass auch grundrechtliche Gewährleistungen mit den Staatsstrukturprinzipien zusammen zu sehen sind. Insoweit kann es zur Kollision kommen. Daher ist es auch unbeachtlich, ob laut *Schnapp* Adressat der organisationsrechtlichen Bestimmung der Staat selbst ist.

Allerdings ist zur Kollisionsfähigkeit von Staatstrukturbestimmungen, Verfassungseinrichtungen oder Verfahrensbestimmungen zu vergegenwärtigen, dass die Rechtsprechung über den Begriffsinhalt der Verfassungsbestimmungen hinaus auch Rechtswerte anerkannt hat, deren Schutz nicht aus den Verfassungsbestimmungen herausgelesen werden können: die Bundesflagge mittelbar aus einem dem Art. 22 GG vorausgesetzten Recht der Selbstdarstellung[1088], das Schulwesen mit einem staatlichen Erziehungsauftrag aus Art. 7 Abs. 1 GG[1089], die finanzielle Sicherheit des Staates abgeleitet aus Art. 104a Abs. 1 GG[1090], die Einrichtung des Berufsbeamtentums ermittelt aus Art. 33 Abs. 5 GG[1091], das friedliche Zusammenleben gefolgert aus Art. 26 GG[1092], die Krankenversorgung aus dem Recht auf körperliche Unversehrtheit nach Art. 2 Abs. 2 S. 1 GG[1093] bzw. die Funktionsfähigkeit des Krankenversorgungssystems[1094] und die Funktionsfähigkeit der Arbeitslosenversicherung[1095] als Ausprägung des Sozialstaatprinzips aus Art. 20 Abs. 1 GG, die fristgemäße Weiterbesteuerung als Ausprägung des Art. 137 Abs. 6 WRV i. V. m. Art. 140 GG[1096] und die Einheitlichkeit des Wahlsystems als Ausprägung des Demokratieprinzips aus Art. 20 Abs. 1, 2 GG[1097].[1098] Aus der verfassungsrechtlichen Anknüpfung dieser Rechtswerte an konkrete Verfassungsbestimmungen folgt demnach auch deren Kollisionsfähigkeit. Auch wenn der verfassungsrechtliche Schutz dieser Rechtswerte in der

1088 BVerfGE 81, 278 (293).
1089 BVerfGE 41, 29 (44); 47, 46 (71 f.); 93, 1 (21).
1090 BVerfGE 32, 333 (338); 55, 274 (300 f.).
1091 BVerfGE 3, 58 (137); 8, 1 (12).
1092 BVerfGE 47, 327 (382).
1093 BVerfGE 57, 70 (99).
1094 BVerfGE 68, 193 (220).
1095 BVerfG NJW 1984, 912 (912).
1096 BVerfGE 44, 59 (67).
1097 BVerfGE 59, 119 (124).
1098 Vgl. Aufzählung bei: *Bamberger*, Schranken vorbehaltloser Freiheitsgrundrechte, 1999, S. 27 ff.

Rechtsprechung des Bundesverfassungsgerichts fragwürdig erscheint, jedenfalls aber begründungsbedürftig ist, kann hieraus nicht geschlussfolgert werden, dass die Kollisionsfähigkeit von Staatstrukturbestimmungen, Verfassungseinrichtungen oder Verfahrensbestimmungen zweifelhaft ist. Zweifelhaft ist allenfalls der Begriffsumfang den das Bundesverfassungsgericht aus den Verfassungsbestimmungen zieht und somit auch Rechtswerte wie das Recht der Selbstdarstellung oder die Einrichtung des Berufsbeamtentums hierunter fasst.

δδ) Zusammenfassung zum Begriff Rechtswerte mit Verfassungsrang

Der Begriff Rechtswerte mit Verfassungsrang umfasst gemäß der Untersuchung alle in Verfassungsrechtsnormen zum Ausdruck kommenden Verfassungsbestimmungen. Demnach sind auch Kompetenzbestimmungen, gesicherte Verfassungseinrichtungen, Staatsstrukturprinzipien und verfassungsrechtliche Verfahrensbestimmungen kollisionsfähige Rechtswerte. Die Kollision solcher organisationsrechtlichen Verfassungsbestimmungen mit vorbehaltlosen Grundrechten ergibt sich – wie auch bei jeder anderen Verfassungsbestimmung – jedoch immer nur gemäß des Regelungsbegriffs der einzelnen Verfassungsbestimmung. Das heißt in Bezug auf Kompetenzbestimmungen, dass kollisionsfähig nur die Zuweisungsbefugnis eines Kompetenzgegenstands und nicht etwa der Kompetenzgegenstand selber ist. Insbesondere für Kompetenzbestimmungen wird eine Kollision mit den Grundrechten daher nur anzunehmen sein, wenn das Grundrecht die Ausübung der Befugnis, von der Kompetenz Gebrauch zu machen, beeinträchtigt. Dies ist praktisch allerdings schwer vorstellbar und wird wohl auch in wenigen Fällen eintreffen.

Schließlich ist der Begriff der Rechtswerte mit Verfassungsrang keineswegs mit einer absoluten Einschränkung eines Grundrechts gleichzusetzen. Soweit eine Kollision vorliegt, ist es nämlich dem Einzelfall geschuldet, ob die Kollision zulasten des Grundrechts geht und das Grundrecht daher letztlich einschränkt wird oder ob dem Grundrecht der Vorzug zu gewähren ist und das Grundrecht daher uneingeschränkt bleibt.

dddd) Würdigung der Formel vom kollidierenden Verfassungsrecht

Für die Menschenbildformel bedeutete die Formel vom kollidierenden Verfassungsrecht keinen Widerspruch. Die Menschenbildformel war kraft ihrer verfassungsrechtlichen Natur ohnehin für die Heranziehung als kollidierendes Verfassungsrecht geeignet. Somit bildet die Entwicklung der Menschenbildformel sogar einen ersten Anwendungsfall der Lehre vom kollidierenden Verfassungsrecht. Im Laufe der früheren Rechtsprechung des Bundesverfassungsgerichts bewegte sich der Akzent von der Verwendung der Menschenbildformel weg und hin zur allgemeinen Formel über kollidierendes Verfassungsrecht mit der Heranziehung anderer geschriebener Verfassungsrechtsgüter.[1099]

Die Formel vom kollidierenden Verfassungsrecht seitens des Bundesverfassungsgerichts erweist sich als ein interpretativ legitimes Verfahren zur Herleitung von verfassungsimmanenten Schranken der Grundrechte. Die verfassungsimmanenten Schranken entsprechen dabei nämlich dem Erfordernis, dass Grundrechtsbeschränkungen in der Verfassung angelegt sein müssen[1100] und stehen so im Einklang mit den Vorstellungen des Parlamentarischen Rates.[1101]

Tragend für die Herbeiführung der Beschränkung sind dabei die Einheit der Verfassung und die geschützte Wertordnung. Für beide Begriffe gibt es eine Vielzahl unterschiedlicher Begriffsdeutungen. Zudem führt deren Verwendung in der Rechtsprechung des Bundesverfassungsgerichts zu begrifflichen Überschneidungen und Unklarheiten. Wie die Untersuchung gezeigt hat, kann die Kollisionslage von Verfassungswerten begründet werden, soweit man der Einheit der Verfassung den Grundsatz der formalen Gleichheit von Rang und Geltung der Verfassungsrechtsnormen und das gleichzeitige funktionale Zusammenhalten und Zusammenstreben aller in den Verfassungsrechtsnormen zum Ausdruck kommenden Bestimmungen bzw. die Prinzipiennatur von Verfassungsrechtsbestimmungen entnimmt.[1102] Demgegenüber ist festzustellen, dass aus der axiologischen Natur des Wertebegriffs selbst nur eine kollisionsauflösende, aber keine kollisionsbegründende Wirkung für die Formel von der gesamten geschützten Wertordnung entnommen werden kann. Dies wäre anders, wenn der Wertebegriff denknotwendig mit der deontologischen Natur der Prinzipien verknüpft wäre. Jedoch wäre in diesem Fall die gesamte geschützte Wertordnung gleichbedeutend mit der Einheit der Verfassung und hätte keine eigene Bedeutung.[1103]

1099 Siehe Pkt. IV. 2. lit. b) lit. cc) lit. bbb), S. 188 f.

1100 *Bethge*, in: Merten/Papier (Hrsg.), Handbuch der Grundrechte, Bd. III, 2009, § 72, Rdnr. 49; *Papier*, in: Merten/Papier (Hrsg.), Handbuch der Grundrechte, Bd. III, 2009, § 64, Rdnr. 19.

1101 *Papier*, in: Merten/Papier (Hrsg.), Handbuch der Grundrechte, Bd. III, 2009, § 64, Rdnr. 19.

1102 Siehe Pkt. IV. 2. lit. b) lit. cc) lit. bbb) lit. aaaa) lit. δ), S. 215 ff.

1103 Siehe Pkt. IV. 2. lit. b) lit. cc) lit. bbb) lit. bbbb) lit. δ), S. 227 f.

ccc) Anwendbarkeit der verfassungsimmanenten Schranke auf sämtliche Grundrechte

Wie aus der vorangegangenen Darstellung[1104] hervorgeht, wurde die Idee der verfassungsimmanenten Schranken und deren Gewinnung durch die Kollisionsformel zunächst in Hinsicht auf die textliche Unbeschränktheit der vorbehaltlos gewährleisteten Grundrechte entwickelt. Dieser Entwicklung lag die Vorstellung zugrunde, dass dem Staat die Funktion als Friedens- und Ordnungshüter zukommt und der Staat hierfür widerstreitende Interessen gerecht auszugleichen hat. Vorbehaltlose Grundrechte würden hierbei jedoch einen Widerspruch zu dieser Ausgleichfunktion und damit letztlich zur Funktion der Friedenssicherung aufweisen, da ihre Gewährleistung und ihr rechtlicher Schutz vollständig zulasten anderer Verfassungsrechtsgüter gehen. Daher bedurfte es dieser Idee nach Umgrenzungen bzw. Einhegungen der vorbehaltlos gewährleisteten Grundrechte, um dem „wildwüchsigen Freiheitsgebrauch“[1105] solcher Grundrechte entgegenzuwirken.[1106]

Die Entwicklung der verfassungsimmanenten Schranken für vorbehaltlos gewährleistete Grundrechte in der Rechtsprechung des Bundesverfassungsgerichts gab jedoch zudem Anlass die Frage nach verfassungsimmanenten Schranken auch für Grundrechte mit geschriebenem Vorbehalt zu stellen: Zum einen führe die Anwendung der verfassungsimmanenten Schranken auf vorbehaltlos gewährleistete Grundrechte nach der Kollisionsformel dazu, dass umfangreichere „Beschränkungen“ der vorbehaltlos gewährleisteten Grundrechte ermöglicht würden, als bei Grundrechten mit sehr eng gefassten Vorbehalten.[1107] Dies stellt einen offenbaren Widerspruch zur Schrankensystematik des Grundgesetzes dar, nach welcher die vorbehaltlos gewährleisteten Grundrechte einen umfangreicheren, stärkeren Schutz gewährleisten sollen, als Grundrechte, die unter einen Vorbehalt gestellt werden. Zum anderen stellt sich bei Anwendung der Kollisionsformel, die selber keinen Aufschluss über das Vorkommen von Verfassungsgütern gibt, zudem die Frage der Durchsetzungsfähigkeit jener Verfassungsgüter im Rahmen der Eingriffsrechtfertigung beschränkungsfähiger Grundrechte.

1104 Siehe Pkt. IV. 2. lit. a), S. 169 ff.

1105 Zum Begriff: *Kingreen/Poscher*, Grundrechte, 35. Aufl., 2019, § 6 II, S. 82, Rdnr. 263.

1106 Vgl. *Böckenförde*, Der Staat Bd. 42 (2003), 165 (167, 173).

1107 *Jarass*, in: Jarass/Pieroth (Hrsg.), GG-Komm., 15. Aufl., 2018, Vorb. vor Art. 1, Rdnr. 50.

Daher stellte sich die Frage, ob verfassungsimmanente Schranken auch auf Grundrechte mit geschriebenem Vorbehalt übertragbar bzw. bei diesen anwendbar sind.

aaaa) Geltung der verfassungsimmanenten Schranken für Grundrechte mit geschriebenem Vorbehalt

In der Rechtsprechung des Bundesverfassungsgerichts ist anerkannt, dass Grundrechte mit qualifiziertem Gesetzesvorbehalt auch verfassungsrechtlichen Schranken unterliegen können. Dies hat das Bundesverfassungsgericht ausdrücklich für die Pressefreiheit gemäß Art. 5 Abs. 1 S. 2 Var. 1 GG[1108], die Ausübung des Elternrechts nach Art. 6 Abs. 2 S. 1 GG[1109] und die Meinungsfreiheit gemäß Art. 5 Abs. 1 S. 1 Alt. 1 GG[1110] festgestellt. Allerdings trifft das Bundesverfassungsgericht hierbei weder weitergehende Ausführungen über die Anwendung der verfassungsimmanenten Schranken, noch legt es seine Begründung dafür offen. Stattdessen beschränkt sich das Bundesverfassungsgericht in seiner Entscheidung über die Beschränkung der Pressefreiheit auf einen schlichten Verweis zur Beschränkung des Art. 4 Abs. 2 GG[1111] und in seiner Entscheidung über die Beschränkung des Elternrechts auf einen Verweis auf seine ständige Rechtsprechung zu verfassungsimmanenten Schranken seit seiner Leitentscheidung im 28. Band.[1112] Daraus könnte geschlossen werden, dass das Bundesverfassungsgericht seine Kollisionsformel ganz grundlegend und nicht nur im Zusammenhang mit der Einschränkung vorbehaltloser Grundrechte verstanden wissen will und demzufolge keinen Widerspruch darin sieht, die Kollisionsformel auch für Grundrechte mit geschriebenem Vorbehalt anzuwenden.

Dieser Auffassung folgt auch *Merten*. Soweit es sich bei den verfassungsimmanenten Schranken um Beschränkungen unmittelbar aus Verfassungsrecht handelt,[1113] sind die verfassungsimmanenten Schranken aus kollidierendem Verfassungsrecht nicht nur allein auf vorbehaltlos gewährleistete Grundrechte

1108 BVerfGE 66, 116 (136).
1109 BVerfGE 107, 104 (118).
1110 BVerfGE 111, 147 (157).
1111 BVerfGE 66, 116 (136) m. w. N. BVerfGE 44, 37 (49 f.).
1112 BVerfGE 107, 104 (118) m. w. N. vgl. BVerfGE 28, 243 (261).
1113 *Merten*, in: Merten/Papier (Hrsg.), Handbuch der Grundrechte, Bd. III, 2009, § 60, Rdnr. 90.

beschränkt.[1114] Als Beispiele führt *Merten* den „Schutz des Staates" und den „Bestand der Bundesrepublik Deutschland und ihrer Grundordnung"[1115] an.

Einen anderen Ansatzpunkt für die Anwendung der verfassungsimmanenten Schranken nach der Kollisionsformel liefert hingegen das Bundesverwaltungsgericht. Grundlage der Auffassung des Bundesverwaltungsgerichts ist zunächst, dass sich die Grundrechtsbeschränkungen aufgrund der Kollisionsformel aus dem Verfassungsrecht ergeben. Daraus schlussfolgert es, dass solche Schranken aus unmittelbaren Verfassungsrecht notwendig solchen Beschränkungen vorangehen, die der Gesetzgeber kraft Grundrechtsvorbehalt ausgestalten kann.[1116] Aufgrund dieses Verhältnisses kommt es wohl nach der Auffassung des Bundesverwaltungsgericht nicht dazu, dass Grundrechtsvorbehalte eine Sperrwirkung für verfassungsimmanente Schranken entfalten und demzufolge Grundrechte mit geschriebenen Vorbehalt auch verfassungsimmanenten Schranken unterliegen.

bbbb) Sperrwirkung der geschriebenen Grundrechtsvorbehalte für „Übertragung" der verfassungsimmanenten Schranken

Die Anwendung der Kollisionsformel auch auf Grundrechte mit geschriebenem Vorbehalt führt dazu, dass neben den ausdrücklich geschriebenen Grundrechtsvorbehalten zusätzliche Beschränkungsmöglichkeiten treten. Allerdings ist zu vergegenwärtigen, dass bei Grundrechten mit qualifiziertem Vorbehalt die Bestimmung der jeweiligen Vorbehalte so gefasst ist, dass diese eine Sperrwirkung gegenüber anderen Beschränkungsmöglichkeiten entfalten sollen. So bestimmt für das Grundrecht der Freizügigkeit gemäß Art. 11 Abs. 1 GG der qualifizierte Vorbehalt in Art. 11 Abs. 2 GG: „*Dieses Recht darf nur durch Gesetz oder auf Grund eines Gesetzes und nur für die Fälle eingeschränkt werden, in denen eine ausreichende Lebensgrundlage nicht vorhanden ist und der Allgemeinheit daraus besondere Lasten entstehen würden oder in denen es zur Abwehr einer drohenden Gefahr für den Bestand oder die freiheitliche demokratische Grundordnung des Bundes oder eines Landes, zur Bekämpfung von Seuchengefahr, Naturkatastrophen oder besonders schweren Unglücksfällen, zum Schutze der Jugend vor Verwahrlosung oder um strafbaren Handlungen vorzubeugen, erforderlich ist.*"

1114 *Merten*, in: Merten/Papier (Hrsg.), Handbuch der Grundrechte, Bd. III, 2009, § 60, Rdnr. 90.

1115 *Merten*, in: Merten/Papier (Hrsg.), Handbuch der Grundrechte, Bd. III, 2009, § 60, Rdnr. 90 m. w. N. BVerfGE 33, 52 (71); 77, 240 (240).

1116 BVerwGE 87, 37 (46).

Durch die ausdrückliche Fassung des Vorbehalts mit dem Zusatz „nur" kommt zum Ausdruck, dass sich in Art. 11 Abs. 2 GG die Reichweite des Vorbehalts ausschließlich auf die genannten Fälle beschränken soll und die Beschränkungsmöglichkeiten insoweit abschließend sind.[1117] Eine sachliche Eingrenzung der infrage kommenden Grundrechtsbeschränkungen durch den Zusatz „nur" findet sich überdies auch im Wortlaut anderer Grundrechtsvorbehalte wieder: Art. 6 Abs. 3; Art. 13 Abs. 2 und Abs. 7; Art. 14 Abs. 3 S. 1 und S. 2; Art. 16 Abs. 1 S. 2 Alt. 2; Art. 104 Abs. 1 S. 1 und Abs. 2 S. 1; Art. 140 GG i. V. m. Art. 136 Abs. 3 S. 2 Alt. 2 WRV[1118] und ein Grundrechtsvorbehalt mit dem Zusatz „außer" in: Art. 12 Abs. 2 GG. Andere Grundrechte enthalten zwar keine solch ausdrückliche Fassung abschließender Beschränkungsmöglichkeiten, jedoch könne aus der Nennung der konkreten Beschränkungsmöglichkeiten auf eine rechtliche Spezialität geschlossen werden. Solche „schlicht" qualifizierten Grundrechtsvorbehalte befinden sich in: Art. 2 Abs. 1 HS. 2; Art. 5 Abs. 2; Art. 8 Abs. 2; Art. 9 Abs. 2 GG; Art. 17a Abs. 1 und Abs. 2; Art. 38 Abs. 1 S. 1 i. V. m. Art. 137 Abs. 1 GG; Art. 115c Abs. 2 GG.[1119] Der Kreis der dort genannten Beschränkungsmöglichkeiten würde aufgrund seiner Spezialität weitere Beschränkungen durch verfassungsimmanente Schranken verdrängen.

Daraus schließt ein Teil des Schrifttums, dass die verfassungsimmanenten Schranken der Kollisionsformel nicht auf Grundrechte mit qualifiziertem Vorbehalt übertragen werden können. Die verfassungsimmanenten Schranken der Kollisionsformel stellen lediglich das Ergebnis einer Interpretation der Verfassung dar. Demgegenüber sind die qualifizierten Grundrechtsvorbehalte geschriebenes und geltendes Verfassungsrecht und Ausdruck der Entscheidung des Verfassungsgebers. Der Verfassungsgeber habe hier die Notwendigkeit von Beschränkungen der Grundrechte gesehen und den dafür zulässigen Weg der Beschränkung anhand des geschriebenen Vorbehalts bereits vorgezeichnet.[1120] Soweit die qualifizierten Vorbehalte sachlich bestimmt und eingegrenzt sind, folge daraus auch, dass außerhalb der sachlichen Reichweite Eingriffe in das Grundrecht durch den qualifizierten Vorbehalt nicht zugelassen sind. Die Regelung der

---

1117 *Terwiesche*, Die Begrenzung der Grundrechte, 1999, S. 132 f.; *Sachs*, in: Stern (Hrsg.), Staatsrecht, Bd. III/2, 1994, § 81 IV 2, S. 523.

1118 Vgl. *Sachs*, in: Stern (Hrsg.), Staatsrecht, Bd. III/2, 1994, § 81 IV 2, S. 523.

1119 Vgl. *Sachs*, in: Stern (Hrsg.), Staatsrecht, Bd. III/2, 1994, § 81 IV 2, S. 523.

1120 *Bamberger*, Schranken vorbehaltloser Freiheitsgrundrechte, 1999, S. 108; *Terwiesche*, Die Begrenzung der Grundrechte, 1999, S. 133; *Sachs*, in: Stern (Hrsg.), Staatsrecht, Bd. III/2, 1994, § 81 IV 2, S. 523; *Pieroth*, AöR Bd. 114 (1989), S. 422 (444); *Kingreen/Poscher*, Grundrechte, 35. Aufl., 2019, § 6 V 1, S. 106, Rdnr. 384.

qualifizierten Vorbehalte stellt nicht nur eine Beschränkung der grundrechtlichen Gewährleistung dar, sondern grenzt durch deren Beschreibung die Einschränkungsmöglichkeiten des Vorbehalts sachlich ein.[1121] Dies kann auch auf die Intention des Verfassungsgebers zurückgeführt werden. So enthielt im Rahmen der Verfassungsgebung Art. 21 Abs. 3, Abs. 4 S. 1 HChE[1122] noch einen allgemeinen Vorbehalt für sämtliche Grundrechte, nach welchem die Grundrechte im Rahmen der allgemeinen Rechtsordnung zu verstehen sein sollten und unter die Voraussetzung gestellt werden sollten, dass es die öffentliche Sicherheit, Sittlichkeit oder Gesundheit zwingend erfordert. Jedoch lehnte der Verfassungsgeber letztlich den allgemeinen, grundrechtsumfassenden Vorbehalt des Art. 21 Abs. 3, Abs. 4 S. 1 HChE ab und entschied sich für die Einführung individueller und dezidierter Grundrechtsvorbehalte im Grundgesetz, um die Grundrechte durch individuelle Beschränkung so stärker zu sichern, als durch einen Allgemeinvorbehalt.[1123] Vor diesem Hintergrund wären die in den geschriebenen Grundrechtsvorbehalten enthaltenen Beschränkungsmöglichkeiten nach der Intention des Verfassungsgebers als erschöpfend anzusehen, was wiederum gegen eine Regelungslücke oder eine Erweiterung der Beschränkungsmöglichkeiten über die sachliche Reichweite in den Grundrechtsvorbehalten spricht.[1124] Demzufolge würden sich weitergehende Beschränkungsmöglichkeiten als eine regelungswidrige Abweichung von den verfassungsrechtlich geschriebenen

---

1121 Vgl. *Terwiesche*, Die Begrenzung der Grundrechte, 1999, S. 133; *Sachs*, in: Stern (Hrsg.), Staatsrecht, Bd. III/2, 1994, § 81 IV 2, S. 523.

1122 **Artikel 21 HChE:**

(1) [1]Die Grundrechte dürfen nicht beseitigt werden. [2]Auf ein solches Ziel gerichtete Anträge sind unzulässig.

(2) Die Grundrechte binden den Gesetzgeber, den Richter und die Verwaltung unmittelbar.

(3) Die Grundrechte sind, soweit sich aus ihrem Inhalt nichts anderes ergibt, im Rahmen der allgemeinen Rechtsordnung zu verstehen.

(4) [1]Eine Einschränkung der Grundrechte ist nur durch Gesetz und unter der Voraussetzung zulässig, daß es die öffentliche Sicherheit, Sittlichkeit oder Gesundheit zwingend erfordert. [2]Die Einschränkung eines Grundrechtes oder die nähere Ausgestaltung durch Gesetz muß das Grundrecht als solches unangetastet lassen.

(5) Das Notstandsgesetz (Art. 111 Abs. 3 und 4) bleibt unberührt.

1123 *Matz*, JöR n. F., Bd. I (1951), 41 (43 ff.); *ders.*, 176 (177).

1124 Vgl. *Bamberger*, Schranken vorbehaltloser Freiheitsgrundrechte, 1999, S. 108; vgl. ferner: *Bumke*, Grundrechtsvorbehalt, 1998, S. 173.

Vorbehalten erweisen und der verfassungsgeberischen Intention der dezidierten Vorbehalte zuwiderlaufen.[1125]

cccc) Begrenzte Übertragung verfassungsimmanenter Schranken bei Grundrechten mit geschriebenem Vorbehalt

Die Einwände gegen eine Übertragung der verfassungsimmanenten Schranken auf Grundrechte mit geschriebenem Vorbehalt führen dazu, dass *Bumke* und *Hillgruber* keine umfassende, sondern nur eine eingeschränkte Anwendung von verfassungsimmanenten Schranken auf die Grundrechte mit geschriebenem Vorbehalt für möglich halten. Hierzu unterteilt *Hillgruber* zunächst nach den Grundrechtsvorbehalten: Bei Grundrechten mit einfachem Vorbehalt sind verfassungsimmanente Schranken ohne weiteres anwendbar. Soweit nämlich auf Grundlage des einfachen Vorbehalts der „*Gesetzgeber die von ihm verfolgten Zwecke nach eigenem Gutdünken setzen, selbst grundrechtsbeschränkungstaugliche Schutzgüter einfachgesetzlich kreieren darf* […]“[1126], so gilt dies erst Recht für einen „*Rückgriff auf verfassungsrechtliche Schutzgüter zur Rechtfertigung eines Grundrechtseingriff* […]“[1127] Danach sollen verfassungsimmanente Schranken gleich einem argumentum a fortiori auf Grundrechte mit einfachem Vorbehalt anwendbar sein. Anderes gilt jedoch, *Bumke* und *Hillgruber* zufolge, bei Grundrechten mit qualifiziertem Vorbehalt. Bei diesen führt der qualifizierte Vorbehalt in der Regel dazu, dass die Einschränkung des jeweiligen Grundrechts unter qualifizierte Anforderungen gestellt wird und diese Anforderungen daher abschließenden Charakter haben.[1128] Allerdings gehen *Bumke* und *Hillgruber* dabei davon aus, dass nicht alle qualifizierten Vorbehalte vom Sinn und Zweck der Qualifikation auch den gesamten Schutzbereich abdecken und demzufolge die qualifizierten Vorbehalte „Lücken“ aufweisen, die ergänzend durch verfassungsimmanente Schranken geschlossen werden können.[1129] Als Beispiel führen *Bumke* und *Hillgruber* hierzu u. a. die Schranken des Grundrechts der Freizügigkeit in Art. 11 Abs. 2 GG an. So ist der qualifizierte Vorbehalt

1125 Vgl. *Terwiesche*, Die Begrenzung der Grundrechte, 1999, S. 133.

1126 *Hillgruber*, in: Isensee/Kirchhof (Hrsg.), Handbuch des Staatsrechts, Bd. IX, 3. Aufl., 2011, § 201, Rdnr. 21.

1127 *Hillgruber*, in: Isensee/Kirchhof (Hrsg.), Handbuch des Staatsrechts, Bd. IX, 3. Aufl., 2011, § 201, Rdnr. 21.

1128 Vgl. *Hillgruber*, in: Isensee/Kirchhof (Hrsg.), Handbuch des Staatsrechts, Bd. IX, 3. Aufl., 2011, § 201, Rdnr. 21; *Bumke*, Grundrechtsvorbehalt, 1998, S. 174.

1129 *Bumke*, Grundrechtsvorbehalt, 1998, S. 174; *Hillgruber*, in: Isensee/Kirchhof (Hrsg.), Handbuch des Staatsrechts, Bd. IX, 3. Aufl., 2011, § 201, Rdnr. 21.

des Art. 11 Abs. 2 GG erkennbar nur auf die „positive“ Freizügigkeit, das Recht zu einem bestimmten Ort hinziehen zu können, zugeschnitten. Demgegenüber gelte der Vorbehalt nicht jedoch für die „negative“ Freizügigkeit, das Recht an einem bestimmten Ort zu verweilen. Diese „negative“ Freizügigkeit wäre demnach nicht vom Sinn und Zweck der Qualifizierung des Vorbehalts in Art. 11 Abs. 2 GG umfasst, sodass hinsichtlich der „negativen Freizügigkeit“ auch verfassungsimmanente Schranken nicht gesperrt wären.[1130]

dddd) Kein Ausschluss der verfassungsimmanenten Schranken durch Spezialitätsgrundsatz

Einen ähnlichen Ansatzpunkt wie *Hillgruber* und *Bumke* nimmt auch *Winkler*, der die Frage der Geltung für Grundrechte mit qualifiziertem Vorbehalt danach beantwortet, ob der kollisionsfähige Verfassungswert durch den qualifizierten Grundrechtsvorbehalt im Wege des Spezialitätsgrundsatzes ausgeschlossen wird. Für *Winkler* ist der Spezialitätsgrundsatz entscheidend dafür, ob qualifizierte Grundrechtsvorbehalte die verfassungsimmanenten Schranken verdrängen oder ihnen Raum lassen.[1131] Ein qualifizierter Grundrechtsvorbehalt kann daher eine verfassungsimmanente Schranke aus kollidierendem Verfassungsrecht im Wege der logischen Spezialität ausschließen. Dies setzt nach *Winkler* jedoch voraus, dass der Grundrechtsvorbehalt und die verfassungsimmanente Schranke formal und logisch gleichrangige Gegenstände absichern, nämlich Verfassungsrechtsgüter.[1132] Während verfassungsimmanente Schranken aufgrund ihrer Herleitung aus der Kollisionsformel ausdrücklich geschützte Verfassungsrechtsgüter darstellen, so vermag *Winkler* in den Bestimmungen der Grundrechtsvorbehalte keine Gewährleistung von Verfassungsrechtsgütern erkennen.[1133] Ihm zufolge stellt die Nennung eines beschränkungsfähigen Rechtsguts in den qualifizierten Grundrechtsvorbehalten bei näherem Hinsehen lediglich die Modalitäten für die Einschränkung von Grundrechten dar. Es handelt sich hierbei um einen vorbeugenden Schutz der Verfassung, um Maßnahmen zur Sicherung und Durchsetzung der genannten Rechtsgüter zu treffen, aber nicht um diese Rechtsgüter originär durch die Verfassung zu gewährleisten.[1134]

1130 *Bumke*, Grundrechtsvorbehalt, 1998, S. 174; *Hillgruber*, in: Isensee/Kirchhof (Hrsg.), Handbuch des Staatsrechts, Bd. IX, 3. Aufl., 2011, § 201, Rdnr. 24.

1131 *Winkler*, Kollision von Schutznormen, 2000, S. 288.

1132 *Winkler*, Kollision von Schutznormen, 2000, S. 293.

1133 *Winkler*, Kollision von Schutznormen, 2000, S. 293, 294 f., 298.

1134 *Winkler*, Kollision von Schutznormen, 2000, S. 295.

Da die qualifizierten Grundrechtsvorbehalte keine Verfassungsrechtsgüter aufstellen und gewährleisten, sind sie ihrem Gegenstand nach von den verfassungsimmanenten Schranken verschieden, bei welchen es sich um kollisionsfähige Verfassungsrechtsgüter handelt. Aufgrund der unterschiedlichen Gegenstände zwischen Grundrechtsvorbehalten und verfassungsimmanenten Schranken ist der Spezialitätsgrundsatz nicht einschlägig. Ohne Spezialitätsverhältnis können die verfassungsimmanenten Schranken nach *Winkler* auch nicht von den qualifizierten Grundrechtsvorbehalten verdrängt werden.[1135] Die verfassungsimmanenten Schranken finden demnach ihre Anwendung auch für Grundrechte mit qualifiziertem Vorbehalt.

eeee) Eigener Standpunkt: Anwendung der verfassungsimmanenten Schranken aufgrund Herleitung der Kollisionsformel aus Interpretationsprinzip der Einheit der Verfassung bzw. Prinzipiennatur

Der Auffassung *Winkler*s, nach der eine Anwendung der verfassungsimmanenten Schranken auf Grundrechte mit qualifiziertem Vorbehalt deswegen nicht ausgeschlossen ist, da der Spezialitätsgrundsatz zwischen den qualifizierten Vorbehalten und verfassungsimmanenten Schranken nicht einschlägig wäre, kann nicht gefolgt werden. Die Feststellung *Winkler*s ist insoweit zwar zutreffend, dass die Regelungsgegenstände aus den qualifizierten Grundrechtsvorbehalten, wie der Jugendschutz in Art. 5 Abs. 2 GG oder die verfassungsmäßige Ordnung in Art. 2 Abs. 1 HS. 2 GG allein aufgrund ihrer Nennung in der Verfassung nicht unmittelbar als Verfassungsrechtsgüter aufgestellt und geschützt werden, so wie es auch bei den Regelungsgegenständen aus den Kompetenzbestimmungen des Grundgesetzes der Fall ist, wie bereits oben schon dargestellt wurde. Allerdings greift *Winkler*s Feststellung hier zu kurz. Wie nämlich bereits auch in der vorangegangenen Untersuchung festgestellt wurde, sind Verfassungsbestimmungen, gleich ob Grundrechtsvorbehalte oder Kompetenz- oder Verfahrensbestimmungen, jeweils entsprechend ihres Regelungsgehalts kollisionsfähige Rechtswerte von Verfassungsrang. Der Begriff der Rechtswerte von Verfassungsrang knüpft nämlich nicht ausschließlich an Rechtsgüter im engeren Sinne an, sondern an inhaltliche Bestimmungen.[1136] Daher handelt es sich bei qualifizierten

1135 Vgl. *Winkler*, Kollision von Schutznormen, 2000, S. 298.

1136 Siehe Pkt. IV. 2. lit. b) lit. cc) lit. bbb) lit. cccc) lit. β) lit. ββ), S. 234 ff.; Pkt. IV. 2. lit. b) lit. cc) lit. bbb) lit. cccc) lit. β) lit. γγ), S. 244 ff.; Pkt. IV. 2. lit. b) lit. cc) lit. bbb) lit. cccc) lit. β) lit. δδ), S. 248.

Grundrechtsvorbehalten selber um kollisionsfähige Rechtswerte mit Verfassungsrang im Sinne der Kollisionsformel des Bundesverfassungsgerichts, soweit auf den Regelungsgegenstand abgestellt wird, dass eine Beschränkung des Grundrechts nur unter den qualifizierten Anforderungen erfolgen soll. Die qualifizierten Grundrechtsvorbehalte stellen daher geschützte Verfassungswerte nicht mit Blick auf den isolierten Regelungsgegenstand, wie etwa den Jugendschutz, dar, sondern sie stellen Verfassungswerte in Hinsicht auf ihren Regelungsgehalt dar, dass eine Einschränkung der Pressefreiheit eben aus Gründen des Jugendschutzes erfolgen soll. Daher stünden die qualifizierten Grundrechtsvorbehalte nach *Winkler*s Vorbedingungen tatsächlich unter dem Spezialitätsvorbehalt. *Winkler*s Schlussfolgerung, wonach die verfassungsimmanenten Schranken mangels Anwendung des Spezialitätsgrundsatzes durch die qualifizierten Grundrechtsvorbehalte nicht verdrängt werden können, ist aus diesem Grund nicht haltbar. Zudem kann *Winkler*s Auffassung aus zwei weiteren Gründen nicht gefolgt werden. Zum einen wurde bereits in den vorangegangenen Ausführungen festgestellt, dass der Spezialitätsgrundsatz im Rahmen der Kollisionsformel ohnehin nicht uneingeschränkt gilt,[1137] sodass *Winkler* das Verhältnis zwischen qualifizierten Grundrechtsvorbehalten und verfassungsimmanenten Schranken nicht im Rahmen des Spezialitätsgrundsatzes klären kann. Zum anderen wäre für die Anwendung des Spezialitätsgrundsatzes bei einem großen Teil der Grundrechtsvorbehalte ohnehin kein Raum, da die qualifizierten Grundrechtsvorbehalte in Art. 6 Abs. 3; Art. 12 Abs. 2; Art. 13 Abs. 2 und Abs. 7; Art. 14 Abs. 3 S. 1 und S. 2; Art. 16 Abs. 1 S. 2 Alt. 2; Art. 104 Abs. 1 S. 1 und Abs. 2 S. 1; Art. 140 GG i. V. m. Art. 136 Abs. 3 S. 2 Alt. 2 WRV eine Grundrechtbeschränkung nach ihrem Wortlaut „nur“ bzw. „ausschließlich“ zu den dort genannten Anforderungen vorsehen.[1138] Bei diesen qualifizierten Grundrechtsvorbehalten würde sich die Frage nach der logischen Spezialität also deswegen nicht stellen, da hier bereits der geschriebene Wortlaut anderweitigen Beschränkungen entgegensteht.

Damit bleibt es bei der Frage, ob verfassungsimmanente Schranken auch für Grundrechte mit geschriebenem, insbesondere qualifiziertem, Grundrechtsvorbehalt gelten.

Wie bereits aus der oben beschriebenen Entscheidung des Bundesverfassungsgerichts zur Beschränkung der Pressefreiheit aus Art. 5 Abs. 1 S. 2 Var. 1 GG hervorgeht, wird die Anwendung verfassungsimmanenter Schranken aus

---

1137 Siehe Pkt. IV. 2. lit. b) lit. cc) lit. bbb) lit. aaaa) lit. γ) lit. αα), S. 205 f.; Pkt. IV. 2. lit. b) lit. cc) lit. bbb) lit. aaaa) lit. δ), S. 217.

1138 Siehe Pkt. IV. 2. lit. b) lit. cc) lit. ccc) lit. bbbb), S. 252 f.

kollidierendem Verfassungsrecht auf das Grundrecht der Pressefreiheit, welches dem qualifizierten Vorbehalt gemäß Art. 5 Abs. 2 GG unterliegt, mit schlichtem Verweis auf die Beschränkung der Religionsausübungsfreiheit in Art. 4 Abs. 2 GG belegt.[1139] Da keine weitere Begründung für die Anwendung verfassungsimmanenter Schranken auf Grundrechte mit geschriebenem Vorbehalt seitens des Bundesverfassungsgerichts erfolgt ist, lässt sich daraus schließen, dass die Kollisionsformel nach Auffassung des Bundesverfassungsgerichts allgemein und grundlegend zu verstehen ist.[1140] Legt man die Ergebnisse der bisherigen Untersuchung zum Zustandekommen der Kollisionslage zugrunde, so erweist sich die Auffassung des Bundesverfassungsgerichts zur Beschränkung der Grundrechte mit geschriebenem Vorbehalt als folgerichtig. Kollidierendes Verfassungsrecht kann ohne Weiteres auch Grundrechte mit geschriebenem Vorbehalt beschränken. In konstruktiver Hinsicht beruht die Kollisionsformel auf dem Interpretationsprinzip der Einheit der Verfassung im funktionalen Sinne bzw. der Prinzipiennatur der Verfassungsbestimmungen. Nach dem Interpretationsprinzip der Einheit der Verfassung in ihrem funktional verstandenen Sinne sowie dem Verständnis der Verfassungsrechtsnormen als Prinzipien sind sämtliche Verfassungsbestimmungen auf ein Zusammenstreben ausgerichtet bzw. stehen daher unter dem gegenseitigen Vorbehalt ihrer Verwirklichung.[1141] Da dies sämtliche Verfassungsbestimmungen einschließt, sind auch Grundrechte mit geschriebenem Vorbehalt hiervon nicht ausgenommen.[1142] Aus diesem Grund erweist sich auch die Frage, ob verfassungsimmanente Schranken von vorbehaltlos gewährleisteten Grundrechten auch auf solche Grundrechte mit einem geschriebenen Vorbehalt „übertragen" werden können, als grundlegendes Missverständnis. Die Kollisionsformel ist gemäß ihrer Herleitung nämlich gegenüber sämtlichen Verfassungsbestimmungen anzuwenden, sodass semantisch gar nicht von einer „Übertragung" verfassungsimmanenter Schranken die Rede sein kann, sondern vielmehr von schlichter Anwendung. Der Anwendung verfassungsimmanenter Schranken gegenüber Grundrechten mit geschriebenem Vorbehalt steht es insbesondere auch nicht entgegen, dass die Kollisionsformel zunächst in Hinsicht auf die vorbehaltlos gewährleisteten Grundrechte entwickelt wurde.[1143] Dies dürfte dem Umstand geschuldet sein, dass sich die

---

1139 Siehe Pkt. IV. 2. lit. b) lit. cc) lit. ccc) lit. aaaa), S. 251.

1140 Siehe Pkt. IV. 2. lit. b) lit. cc) lit. bbb), S. 189 f.

1141 Siehe Pkt. IV. 2. lit. b) lit. cc) lit. bbb) lit. aaaa) lit. γ), S. 205 ff.

1142 So ausdrücklich auch: *Manssen*, Staatsrecht II, 15. Aufl., 2018, § 8 II 3, S. 49, Rdnr. 167.

1143 Siehe Pkt. IV. 2. lit. a), S. 169 ff.

Rechtsfrage nach einer Beschränkung durch Verfassungsrecht aufgrund des weitreichenden Schutzes der vorbehaltlos gewährleisteten Grundrechte zunächst als erstes stellte.[1144] Allein der Umstand, dass die verfassungsimmanenten Schranken interpretativ zunächst für die vorbehaltlos gewährleisteten Grundrechte entwickelt wurden, ist für sich genommen auch kein Grund, der eine Anwendung derselben Grundsätze auch auf die Grundrechte mit geschriebenem Vorbehalt ausschließen würde.

Die sich aus der Kollisionsformel ergebende Anwendung der verfassungsimmanenten Schranken auf Grundrechte mit geschriebenem Vorbehalt wird auch nicht durch die qualifizierten Grundrechtsvorbehalte versperrt. Die Grundrechtseinschränkungen auf Grundlage der einfachen und qualifizierten Grundrechtsvorbehalte sind mit den Grundrechtseinschränkungen durch die verfassungsimmanenten Schranken strukturell nicht identisch und auch in ihren rechtlichen Folgen nicht wirkungsgleich:

α) Strukturelle Unterscheidung

Grundrechtseinschränkungen auf Grundlage von einfachen und qualifizierten Grundrechtsvorbehalten sind mit Grundrechtseinschränkungen durch verfassungsimmanente Schranken strukturell bereits voneinander verschieden. Die durch die Formel vom kollidierenden Verfassungsrecht bewirkte Heranziehung von Rechtswerten mit Verfassungsrang in Gestalt von geschriebenen Verfassungsbestimmungen als verfassungsimmanente Schranken stellt bei strenger Betrachtung gar keine Gewinnung von ausdrücklichen Schranken dar, sondern das Herbeiführen eines Normenkonflikts gegenläufiger Verfassungsbestimmungen[1145]: „Echte" Schranken zeichnen sich demgegenüber dadurch aus, dass sie vom Inhalt und Wortlaut her so formuliert sind, dass sie ein bestimmtes Grundrecht einschränken. Bei der Kollision von Verfassungsbestimmungen aber liest man keine solchen Wortlautbestimmungen aus dem Grundgesetz heraus, sondern nutzt die Interpretation der Verfassungsrechtsnormen, um Gegenläufigkeiten bzw. Widerstreitigkeiten von Verfassungsbestimmungen zu ermitteln, eine Kollision mit dem Grundrecht auszulösen und hierüber die Grundrechte einzuhegen.[1146] Verfassungsimmanente Schranken sind daher auf den Schutz anderer Rechtsgüter und nicht unmittelbar auf Grundrechtseinschränkung angelegt; sie

---

1144 Vgl. *Böckenförde*, Der Staat Bd. 42 (2003), 165 (173).

1145 Vgl. *Terwiesche*, Die Begrenzung der Grundrechte, 1999, S. 90; so ähnlich auch als *„Normeninterferenz"*: *Zeitler*, BayVBl. 1971, 417 (418 f.).

1146 Siehe Pkt. IV. 2. lit. b) lit. cc) lit. bbb) lit. aaaa) lit. δ), S. 218 f.

können daher als „unechte" Schranken qualifiziert werden.[1147] Aus dieser strukturellen Verschiedenheit zwischen Grundrechtsvorbehalten und verfassungsimmanenten Schranken ergeben sich Unterschiede für die sachliche Reichweite bzw. den Umfang der beschränkungsfähigen Rechtsgüter.

Zunächst ist sich dem Unterschied zwischen einfachen Gesetzesvorbehalten und den verfassungsimmanenten Schranken zuzuwenden. Einfache Gesetzesvorbehalte zeichnen sich dadurch aus, dass sie eine Einschränkung von Grundrechten nur durch oder aufgrund von Gesetzen zulassen. Die einfachen Gesetzesvorbehalte lassen aber den Kreis der beschränkungsfähigen Rechtsgüter offen. Damit öffnen einfache Grundrechtsvorbehalte die grundrechtlichen Gewährleistungen gegenüber unterverfassungsrechtlichen Rechtsgütern. Werden die einfachen Grundrechtsvorbehalte durch den Gesetzgeber oder die Exekutive aktiviert und ausgestaltet, so sind sie wie ein Schalter, der solche Rechtswerte, die den Anforderungen der Vorbehalte entsprechen, auf verfassungsrechtliche Ebene umschaltet. Der einfache Grundrechtsvorbehalt ermöglicht es dadurch, dass unterverfassungsrechtliche Rechtsgüter aufgenommen, auf Verfassungsrechtsebene gehoben und dort den Grundrechtsgewährleistungen als gleichrangig gegenüber gestellt werden.[1148] Einfache Grundrechtsvorbehalte sind daher wie Öffnungsklauseln zu verstehen, die Einschränkungen von Verfassungsrecht durch Unterverfassungsrecht zulassen. Insoweit können die Grundrechtsschranken auf Grundlage der einfachen Grundrechtsvorbehalte auch alle Rechtsgüter und -werte umfassen, die den Anforderungen der Vorbehalte entsprechen.[1149] Der Kreis der beschränkungsfähigen Rechtsgüter ist damit unbegrenzt. Demgegenüber weisen verfassungsimmanente Schranken eine völlig andere Struktur auf. Verfassungsimmanente Schranken entfalten sich ausschließlich aus Verfassungsrechtsgütern. Deren Anzahl ist abschließend durch die Verfassung, das Grundgesetz, bestimmt, sodass die verfassungsimmanenten Schranken also nicht unbegrenzt denkbar sind.[1150] Aufgrund ihres Verfassungsrangs brauchen verfassungsimmanente Schranken nicht erst auf Verfassungsebene gehoben werden, um den gleichen Rang wie grundrechtliche

---

1147 Zur Verwendung der Bezeichnung der „unechten Schranke" in anderem Kontext bei: *Merten*, in: Merten/Papier (Hrsg.), Handbuch der Grundrechte, Bd. III, 2009, § 60, Rdnr. 72.

1148 Siehe Pkt. II. 3. lit. b) lit. aa), S. 134 f.

1149 Siehe Pkt. IV. 1. lit. a), S. 158.

1150 Vgl. so ähnlich: *Hillgruber*, in: Isensee/Kirchhof (Hrsg.), Handbuch des Staatsrechts, Bd. IX, 3. Aufl., 2011, § 201, Rdnr. 21.

Gewährleistungen zu haben. Verfassungsimmanente Schranken und grundrechtliche Gewährleistungen sind nämlich gemäß der formellen Einheit der Verfassung von Grund auf gleichrangig.

Wendet man sich der Unterscheidung zwischen qualifizierten Gesetzesvorbehalten und verfassungsimmanenten Schranken zu, so führen die qualifizierten Anforderungen für die Grundrechtsbeschränkung in den qualifizierten Gesetzesvorbehalten zu einem anderen Ergebnis. Die qualifizierten Gesetzesvorbehalte begrenzen den Kreis der einschränkungsfähigen Rechtsgüter ebenso, sowie die geschützten Rechtswerte von Verfassungsrang bei den verfassungsimmanenten Schranken durch die Verfassung vom Umfang her begrenzt werden. In Hinsicht auf die Begrenztheit einschränkungsfähiger Rechtsgüter unterscheiden sich die qualifizierten Gesetzesvorbehalte und verfassungsimmanenten Schranken also nicht. Jedoch kommt bei qualifizierten Gesetzesvorbehalten im Gegensatz zu einfachen Gesetzesvorbehalten ein anderer Aspekt zum Tragen, der eine strukturelle Unterscheidung gegenüber verfassungsimmanenten Schranken ausweist: Klarheit besteht zunächst darüber, dass die qualifizierten Gesetzesvorbehalte dazu führen, dass eine Grundrechtsbeschränkung nur unter den qualifizierten Anforderungen zustande kommt. Das heißt, soweit die Anforderungen des Gesetzesvorbehalts erfüllt sind, kommt es zur Beschränkung des Grundrechts. Dies ist ein zweipoliges und lineares Verhältnis zwischen Grundrechtsgewährleistung und Beschränkung durch qualifizierten Gesetzesvorbehalt. Anders ist dieses Verhältnis jedoch bei Grundrechtsgewährleistung und der Beschränkung aufgrund von verfassungsimmanenten Schranken zu beurteilen. Hier spielt maßgeblich noch der Umstand hinein, dass es sich bei den qualifizierten Gesetzesvorbehalten ebenfalls um Verfassungsbestimmungen handelt. Wendet man nämlich konsequent das Interpretationsprinzip der Einheit der Verfassung in seinem funktionalen Begriffssinn bzw. die Prinzipiennatur der Verfassungsbestimmungen an, wonach sämtliche Verfassungsbestimmungen[1151] einander zusammenstreben[1152], so gilt dies auch mit Blick auf den qualifizierten Gesetzesvorbehalt. Was im Schrifttum so nicht erkennbar sein dürfte und bisher möglicherweise nicht erwogen wurde:[1153] Der qualifizierte Gesetzesvorbehalt ist eine

---

1151 Siehe Pkt. IV. 2. lit. b) lit. cc) lit. bbb) lit. cccc) lit. β) lit. δδ), S. 248.

1152 Siehe Pkt. IV. 2. lit. b) lit. cc) lit. bbb) lit. aaaa) lit. γ), S. 205 ff.

1153 Vgl. *Winkler*, Kollision von Schutznormen, 2000, S. 87 f., 291 ff., 298, 386 (These 15); *Terwiesche*, Die Begrenzung der Grundrechte, 1999, S. 131 ff., 206 f., 251 f.; *Bumke*, Grundrechtsvorbehalt, 1998, S. 174 ff., 237 f.; *v. Arnauld*, Freiheitsrechte und Schranken, 1999, S. 113 f., 128 ff., 131 f., 133 f.; *Hillgruber*, in: Isensee/Kirchhof (Hrsg.), Handbuch des Staatsrechts, Bd. IX, 3. Aufl., 2011, § 201, Rdnr. 21 ff.;

Verfassungsbestimmung, der die Beschränkung von Grundrechten nur zu den jeweiligen qualifizierten Anforderungen vorsieht und insoweit selber mit den verfassungsimmanenten Schranken kollidiert. Daher ist die Kollision zwischen einem Grundrecht mit qualifiziertem Gesetzesvorbehalt und einer verfassungsimmanenten Schranke unter Berücksichtigung des qualifizierten Gesetzesvorbehalts demnach ein dreipoliges und trianguläres Verhältnis. Wendet man also das Interpretationsprinzip der Einheit der Verfassung im funktionalen Sinne bzw. der Prinzipiennatur der Verfassungsbestimmungen konsequent und stringent an, so stehen sich die Grundrechtsgewährleistung, die verfassungsimmanente Schranke und der qualifizierte Gesetzesvorbehalt von drei Ecken aus gegenüber. Dies geht konstruktiv mit einer Abschwächung der verfassungsimmanenten Schranke einher, welche nicht nur mit der grundrechtlichen Gewährleistung kollidiert und sich gegen diese durchsetzen muss, sondern auch mit dem qualifizierten Gesetzesvorbehalt kollidiert, der eine Beschränkung des Grundrechts nur nach seinen Anforderungen zulassen will und sich dagegen durchsetzen muss. Dieses dreipolige, trianguläre Verhältnis entsteht jedoch nur bei dem Aufeinandertreffen von verfassungsimmanenten Schranken und Grundrechten mit qualifiziertem Gesetzesvorbehalt. Bei Grundrechten mit einfachem Gesetzesvorbehalt weisen die Gesetzesvorbehalte keine zusätzlichen Anforderungen auf und stellen damit bereits schon keine zu berücksichtigende zusätzliche Verfassungsbestimmung dar. Die oben genannten drei Entscheidungen des Bundesverfassungsgerichts[1154], in denen verfassungsimmanente Schranken bei Grundrechten mit qualifizierten Gesetzesvorbehalt ausdrücklich anerkannt werden, setzen sich nicht mit der Frage auseinander, weshalb und in welchem Maße von den geschriebenen Grundrechtsvorbehalten abzuweichen ist und thematisieren ein solch trianguläres Verhältnis damit nicht.[1155]

Es kann damit festgestellt werden, dass die Anwendung der Kollisionsformel auf Grundrechte mit geschriebenem Vorbehalt geeignet ist, die abgestufte

Merten, in: Merten/Papier (Hrsg.), Handbuch der Grundrechte, Bd. III, 2009, § 60, Rdnr. 90; *Degenhart*, in: Merten/ Papier (Hrsg.), Handbuch der Grundrechte, Bd. III, 2009, § 61, Rdnr. 67; den qualifizierten Gesetzesvorbehalt nicht als eigenständige Kollisionsnorm ansehend, sondern als absolute Vorrangregel und mithin als Kollisionsauflösungsregel zugunsten des Grundrechts: *Müller*, Die Einheit der Verfassung, 2. Aufl., 2007, S. 206 f.; *Bamberger*, Schranken vorbehaltloser Freiheitsgrundrechte, 1999, S. 108 ff.; vgl. ferner: *Wülfing*, Gesetzesvorbehalte und Grundrechtsschranken, 1981, S. 32 f.; 122 f.

1154 Siehe Pkt. IV. 2. lit. b) lit. cc) lit. ccc) lit. aaaa), S. 251.

1155 BVerfGE 66, 116 (136); 107, 104 (118); 111, 147 (157).

Schrankensystematik des Grundgesetzes zu wahren. Während vorbehaltlos gewährleistete Grundrechte danach nur aufgrund kollidierenden Verfassungsrechts eingeschränkt werden können, führt die Anwendung verfassungsimmanenter Schranken bei Grundrechten mit einfachem Gesetzesvorbehalt sowohl zur Beschränkung durch kollisionsfähige Rechtswerte als auch durch den Gesetzesvorbehalt. Im Gegensatz dazu wird bei Grundrechten mit qualifiziertem Gesetzesvorbehalt die Beschränkung durch verfassungsimmanenter Schranken noch stärker relativiert. Hier muss nicht nur die Kollision der verfassungsimmanenten Schranke mit der grundrechtlichen Gewährleistung aufgelöst werden, sondern bei konsequenter Anwendung der Kollisionsformel des Bundesverfassungsgerichts gleichzeitig auch die Kollision mit dem qualifizierten Gesetzesvorbehalt. Damit bleibt durch die Kollisionsformel gewahrt, dass vorbehaltlos gewährleiste Grundrechten am schwierigsten – nämlichen einzig und allein durch den begrenzten Kreis der kollisionsfähigen Rechtsgüter – einschränkbar sind.

β) Unterscheidung der Wirkungsweise von Einschränkungen aufgrund von Grundrechtsvorbehalten und solchen aufgrund von verfassungsimmanenten Schranken

Worauf in dieser Untersuchung bislang nicht eingegangen worden ist, da es nicht Gegenstand der Untersuchung ist, ist die Frage der Auflösung der entstandenen Kollisionslage zwischen einem Grundrecht und einer verfassungsimmanenten Schranke. Fest steht, dass formale Anforderungen für die Einschränkung aufgrund von geschriebenen Grundrechtsvorbehalten, wie die Wesensgehaltsgarantie aus Art. 19 Abs. 2 GG,[1156] oder das rechtsstaatliche Bestimmtheitsgebot[1157] auch für die Einschränkung eines Grundrechts aufgrund von verfassungsimmanenten Schranken gelten. Die interpretative Ableitung der verfassungsimmanenten Schranken führt nicht dazu, dass tatbestandlich einschlägige Anforderungen an Grundrechtseinschränkungen, wie die Wesensgehaltsgarantie in Art. 19 Abs. 2 GG, oder allgemeine rechtsstaatliche Anforderungen, wie das Bestimmtheitsgebot, nicht gelten würden.

1156 *Winkler*, Kollision von Schutznormen, 2000, S. 353; *Stern*, in: Stern (Hrsg.), Staatsrecht, Bd. III/2, 1994, § 95 V 6, S. 1745 f.; vgl. BVerfGE 69, 1 (54 f.); 28, 243 (261); vgl. bei verfassungsimmanenten Einschränkungen aufgrund kollidierender Schutzpflicht von Grundrechten: BVerfGE 39, 1 (43).

1157 BVerfGE 108, 282 (297); 83, 130 (142); *Winkler*, Kollision von Schutznormen, 2000, S. 351 m. w. N. *Discher*, JuS 1993, 463 (467); *Gassner*, ZG Bd. 11 (1996), 37 (56).

Fraglich sind jedoch die materiellen Maßstäbe, die die Auflösung der Kollisionslage dirigieren, also nach denen sich beurteilt, ob sich ein kollisionsfähiger Verfassungswert – worunter auch der Bestand des Staates und die Funktion staatlicher Einrichtungen zählt – sich im Einzelfall gegenüber einem Grundrecht durchsetzen kann. Diese Frage ist insoweit relevant, da aus ihr geschlussfolgert werden kann, ob sich die Wirkungsweise von Einschränkungen auf Grundlage der verfassungsimmanenten Schranken von der bei einer Einschränkung aufgrund von Grundrechtsvorbehalten unterscheidet.

αα) Wirkungsweise einer Einschränkung auf Grundlage der Grundrechtsvorbehalte

Der Blick auf die Anforderungen für eine Einschränkung auf Grundlage der geschriebenen Grundrechtsvorbehalte ist darauf zu legen, ob das einschränkende Gesetz bzw. die Maßnahme nicht übermäßig in das Grundrecht eingreift, sondern verhältnismäßig und erforderlich ist. Bei der Verhältnismäßigkeit und Erforderlichkeit handelt es sich um wesentliche Anforderungen, an denen sich die Einschränkung eines jeden Grundrechts messen lassen muss.[1158] Dabei herrscht eine uneinheitliche Terminologie vor.[1159] Von der Rechtsprechung des Bundesverfassungsgerichts wird der Grundsatz der Verhältnismäßigkeit im weiteren Sinne verstanden. In diesem Sinne erfordert der Verhältnismäßigkeitsgrundsatz, dass das jeweilig einschränkende Gesetz oder die Maßnahme den Zweckanforderungen des qualifizierten Grundrechtsvorbehalts entspricht oder bei unqualifizierten Grundrechtsvorbehalten einen legitimen Zweck verfolgt und zur Erreichung dieser Zwecke geeignet, erforderlich, verhältnismäßig im engeren Sinne ist.[1160] Die Verhältnismäßigkeit im engeren Sinne[1161] wird teilweise auch als Angemessenheit[1162], Abwägung[1163] oder Proportionalität[1164]

1158 *Hillgruber*, in: Isensee/Kirchhof (Hrsg.), Handbuch des Staatsrechts, Bd. IX, 3. Aufl., 2011, § 201, Rdnr. 51 f.

1159 So auch: *Grabitz*, AöR Bd. 98 (1973), S. 568 (570).

1160 BVerfGE 65, 1 (54); 67, 157 (173); 70, 278 (286); 81, 156 (188 f.); 90, 145 (172 f.); 92, 262 (273); 120, 378 (427); *Kingreen/Poscher*, Grundrechte, 35. Aufl., 2019, § 6 IV 4, S. 95, Rdnr. 330; *Grabitz*, AöR Bd. 98 (1973), S. 568 (570).

1161 BVerfGE 67, 157 (173); 90, 145 (173); 120, 224 (241); 120, 378 (428).

1162 *Voßkuhle*, JuS 2007, 429 (430).

1163 *Stern*, in: Stern (Hrsg.), Staatsrecht, Bd. III/2, 1994, § 84 IV 1, S. 814 f., § 84 IV 2, S. 815, § 84 IV 3, S. 818; *Ossenbühl*, DVBl. 1995, 904 (905, 906).

1164 *Grabitz*, AöR Bd. 98 (1973), S. 568 (571, 575); *Merten*, in: Merten/Papier (Hrsg.), Handbuch der Grundrechte, Bd. III, 2009, § 68, Rdnr. 71.

bezeichnet. Für die weitere Untersuchung wird *Voßkuhle* folgend[1165] die Bezeichnung der Angemessenheit zugrunde gelegt.

Der Begriff der Angemessenheit im Rahmen des Verhältnismäßigkeitsgrundsatzes beschreibt das Verhältnis zwischen den Einbußen der grundrechtlichen Gewährleistung durch die einschränkende Maßnahme und die daraus erwachsenden Vorteile für den Zweck der Einschränkung. Danach dürfen die Einbußen der grundrechtlichen Gewährleistung nicht in einem unangemessenen Verhältnis zu den, den Grundrechtseingriff legitimierenden, Zwecken stehen.[1166] Das Bundesverfassungsgericht begreift dieses Verhältnis nicht als positive Feststellung, dass eine bestimmte Einschränkung angemessen sein muss, sondern in negativer Weise, dass die Einschränkung nicht unangemessen sein darf.[1167] Vielfach wird dieses Verhältnis in der Rechtsprechung und im Schrifttum eher missverständlich als Zweck-Mittel-Relation beschrieben,[1168] was zu der Fehlvorstellung verleiten kann, dass es mit Blick auf die Mittel-Relation darum gehen würde, ob das gewählte Mittel den einschränkungslegitimierenden Zweck in einem angemessenen Grad verwirklicht. Darum geht es bei der Frage der Angemessenheit jedoch nicht. Wie der Blick in die Rechtsprechung des Bundesverfassungsgerichts zeigt, handelt es sich bei der Angemessenheit eines Zwecks nicht um eine Relation zu dem Mittel, sondern um eine Relation zu den rechtlichen Einbußen der grundrechtlichen Gewährleistung aufgrund des Mittels, denn die Rechtsprechung befasst sich hier mit einer Abwägung zwischen dem Gewicht der Einbußen des Grundrechtsschutzes und dem Gewicht

---

1165 *Voßkuhle*, JuS 2007, 429 (430).

1166 *Lerche*, Übermaß und Verfassungsrecht, 2. Aufl., 1999, S. 22; *Grabitz*, AöR Bd. 98 (1973), S. 568 (581); *Hillgruber*, in: Isensee/Kirchhof (Hrsg.), Handbuch des Staatsrechts, Bd. IX, 3. Aufl., 2011, § 201, Rdnr. 72 m. w. N. BVerfGE 65, 1 (54); 67, 157 (173, 175, 178); 90, 145 (173); 92, 262 (273); 96, 10 (23); 100, 313 (375 f.); *Merten*, in: Merten/Papier (Hrsg.), Handbuch der Grundrechte, Bd. III, 2009, § 68, Rdnr. 71 m. w. N. BVerfGE 44, 353 (373); 97, 228 (262 f.); BVerfG, Beschl. v. 24.07.1986 – 1 BvR 331/85, 1 BvR 623/85, 1 BvR 982/85 = NJW 1987, 180 (180); *Voßkuhle*, JuS 2007, 429 (430); BVerfGE 100, 313 (375 f.).

1167 *Grabitz*, AöR Bd. 98 (1973), S. 568 (576); vgl. BVerfGE 90, 145 (173); 113, 348 (382); 120, 224 (241); 120, 378 (429, 433).

1168 BVerfGE 16, 194 (202); 25, 236 (247 f.); 28, 264 (281); *Merten*, in: Merten/Papier (Hrsg.), Handbuch der Grundrechte, Bd. III, 2009, § 68, Rdnr. 71; *Lerche*, Übermaß und Verfassungsrecht, 2. Aufl., 1999, S. 19.

des grundrechtseinschränkungslegitimierenden Zweckes.[1169] In einigen Entscheidung spricht das Bundesverfassungsgericht dabei auch von Interessen bzw. Interessenabwägung.[1170] Diese Abwägung gestaltet sich so, dass das Bundesverfassungsgericht das Gewicht des einzuschränkenden Grundrechts sowie das Gewicht des einschränkungslegitimierenden Zwecks ermittelt und am Gewicht des Grundrechts die Intensität der konkreten Grundrechtseinbußen sowie am Gewicht des Einschränkungszwecks den konkreten Gewinn durch die Einschränkung feststellt und danach abwägt, ob der erstrebte Gewinn gegenüber den grundrechtlichen Einbußen nicht in einem unangemessenen Verhältnis steht.[1171] Das Ergebnis dieser Angemessenheitsprüfung beruht daher stets auf einer Einzelfalldezision.[1172] Ein darüber hinausgehendes Prüfungsschema oder objektivierbare Kriterien für die Frage, was Angemessenheit oder Unangemessenheit auszeichnet, bestehen nicht.[1173] *Hillgruber* bezeichnet die Angemessenheitsprüfung daher als „[…] *voluntativ und dezisionistisch und daher politischer Art.*“[1174]

Zu den weiteren Merkmalen des Verhältnismäßigkeitsgrundsatzes – im weiteren Sinne – wird nach der Rechtsprechung des Bundesverfassungsgerichts die Erforderlichkeit mitgezählt,[1175] während die Erforderlichkeit demgegenüber bei *Lerche* ein eigenständiges Gebot darstellt, welches neben dem Verhältnismäßigkeitsgrundsatz – im weiteren sowie engeren Sinne – tritt.[1176] An *Lerche*s Gegenüberstellung von Verhältnismäßigkeitsgrundsatz und Erforderlichkeitsgebot ist im Folgenden allein schon wegen der besseren Übersichtlichkeit festzuhalten, da

---

1169 Vgl. BVerfGE 16, 194 (202); 27, 211 (219); 28, 264 (281); 44, 353 (373); 65, 1 (54); 67, 157 (173, 178); 70, 278 (286); 81, 156 (189, 194); 90, 145 (173, 185); 100, 313 (375 f.); *Lerche*, Übermaß und Verfassungsrecht, 2. Aufl., 1999, S. 22.

1170 BVerfGE 44, 353 (373); vgl. BVerfGE 13, 97 (105); 16, 194 (202).

1171 Vgl. BVerfGE 16, 194 (202); 44, 353 (373 ff.); 67, 157 (178 ff.); 70, 278 (287); 81, 156 (194 ff.); 90, 145 (185 ff.); 100, 313 (375 f.); so auch: *Voßkuhle*, JuS 2007, 429 (430); vgl. *Ossenbühl*, DVBl. 1995, 904 (908).

1172 Vgl. BVerfG, Beschl. v. 09.11.2016 – 2 BvR 545/16 = NStZ-RR 2017, 55 (56 f.).

1173 BVerfGE 92, 277 (327); *Grabitz*, AöR Bd. 98 (1973), S. 568 (583); *Hillgruber*, in: Isensee/Kirchhof (Hrsg.), Handbuch des Staatsrechts, Bd. IX, 3. Aufl., 2011, § 201, Rdnr. 80.

1174 *Hillgruber*, in: Isensee/Kirchhof (Hrsg.), Handbuch des Staatsrechts, Bd. IX, 3. Aufl., 2011, § 201, Rdnr. 80.

1175 Vgl. BVerfGE 65, 1 (54); 67, 157 (173); 70, 278 (286); 81, 156 (188 f.); 90, 145 (172 f.); 92, 262 (273); 120, 378 (427).

1176 *Lerche*, Übermaß und Verfassungsrecht, 2. Aufl., 1999, S. XIII (Einleitung), S. 20 ff., 351; vgl. *Grabitz*, AöR Bd. 98 (1973), S. 568 (570).

hieran die Unterschiede zwischen Einschränkungen aufgrund von Grundrechtsvorbehalten und solchen aufgrund von verfassungsimmanenten Schranken aufgezeigt werden können.

Inhaltlich gibt das Erforderlichkeitsgebot bzw. die Erforderlichkeit vor, dass aus dem Instrumentarium der für die Zweckerreichung gleich geeigneten Maßnahmen oder Gesetzesbestimmungen nur dasjenige als Beschränkung des Grundrechts zulässig ist und ausgewählt werden darf, welches am mildesten und schonendsten für den Betroffenen des Grundrechtsingriffs ist.[1177] Bei der Erforderlichkeit geht es um eine Auswahlentscheidung zwischen allen potenziell in Betracht kommenden geeigneten Mitteln für die Vornahme der Grundrechtrechtseinschränkung. Die Erforderlichkeit fragt nicht nach dem Verhältnis eines Mittels gegenüber dem Einschränkungszweck – denn der Zweck der Einschränkung bleibt bei dieser Betrachtung konstant –, stattdessen fragt die Erforderlichkeit nach dem Verhältnis zwischen mehreren geeigneten Mitteln untereinander.[1178] Nur das per se mildeste Mittel erweist sich danach als erforderlich und darf ausgewählt werden. Der Unterschied zur Angemessenheit im Rahmen der Verhältnismäßigkeit kommt dadurch zum Ausdruck, dass es eine Vielzahl von nicht unangemessenen Mitteln zur Einschränkung eines Grundrechts geben kann, während es unter diesen Mitteln aber immer nur ein mildestes, also ein erforderliches Mittel geben kann.[1179]

Der Verhältnismäßigkeitsgrundsatz und das Erforderlichkeitsgebot, welche vom Bundesverfassungsgericht nach den vorangegangenen Ausführungen einheitlich unter der Verhältnismäßigkeit im weiteren Sinne verstanden werden,[1180] ergeben sich dem Bundesverfassungsgericht zufolge aus dem Wesen der Grundrechte selbst, die als subjektiv-rechtliche Ansprüche des Einzelnen gegenüber dem Staat, durch den Staat nur so weit beschränkt werden dürfen, als es zum Schutz der öffentlichen Interessen unerlässlich ist.[1181] Daraus folgt für das Wesen der Grundrechtseinschränkung aufgrund eines geschriebenen Grundrechtsvorbehalts, dass die Frage der Verhältnismäßigkeit und der Erforderlichkeit allein

---

1177 *Lerche*, Übermaß und Verfassungsrecht, 2. Aufl., 1999, S. 19; *Kingreen/Poscher*, Grundrechte, 35. Aufl., 2019, § 6 IV 4, S. 96, Rdnr. 336; S. 98, Rdnr. 346; BVerfGE 30, 292 (316); 39, 210 (230); 68, 155 (171 f.); 68, 193 (218 f.); 68, 272 (283); 70, 1 (29); 81, 156 (192); 89, 48 (63); 90, 145 (182); 109, 279 (340); 117, 272 (298).

1178 *Lerche*, Übermaß und Verfassungsrecht, 2. Aufl., 1999, S. 19.

1179 *Lerche*, Übermaß und Verfassungsrecht, 2. Aufl., 1999, S. 21.

1180 Siehe Pkt. IV. 2. lit. b) lit. cc) lit. ccc) lit. eeee) lit. β) lit. αα), S. 265 f.

1181 BVerfGE 19, 342 (349); 61, 126 (134); 65, 1 (44); 76, 1 (50 f.); vgl. BVerfGE 9, 338 (346); 16, 147 (173).

mit Blick auf die einschränkende Maßnahme oder das einschränkende Gesetz betrachtet wird.

ββ) Wirkungsweise bei der Einschränkung auf Grundlage verfassungsimmanenter Schranken

Eine Grundrechtseinschränkung auf Grundlage von verfassungsimmanenten Schranken setzt eine Auflösung der Kollision voraus. Nach der Rechtsprechung des Bundesverfassungsgerichts hat dies im Wege der Konkordanz bzw. praktischen Konkordanz[1182] der betroffenen Verfassungswerte zu erfolgen. Die Formulierung der Figur der praktischen Konkordanz geht dabei auf *Hesse* zurück, der verschiedene Ansätze bei *Bäumlin* und *Lerche* zusammengeführt hat.[1183] Im Folgenden sollen lediglich die Grundstrukturen der praktischen Konkordanz, wie sie in der Rechtsprechung des Bundesverfassungsgerichts verwendet werden, in der gebotenen Tiefe erläutert werden, da über die Figur der praktischen Konkordanz eine Vielzahl graduell-verschiedener Verständnisse herrscht.[1184] Nach der Figur der Konkordanz bzw. praktischen Konkordanz in der Rechtsprechung des Bundesverfassungsgerichts ist die Kollisionslage unter Würdigung der kollidierenden Verfassungswerte durch eine gegenseitige Zuordnung aufzulösen, dabei sollen die Verfassungswerte einen möglichst schonenden Ausgleich erfahren, wobei keinem der Verfassungswerte von vornherein ein Vorrang zukommt oder dieser als maximal behauptet wird.[1185] Der Ausgleich soll durch eine einzelfallbezogene Güterabwägung zwischen den Verfassungswerten vorgenommen werden.[1186] Teilweise spricht das Bundesverfassungsgericht bei der Auflösung der Kollision auch davon, dass die Verfassungswerte zusammen zu sehen und in der Interpretation aufeinander abzustimmen sind.[1187] Was nach diesen Rechtsprechungsgrundsätzen zunächst wie eine Abwägung ähnlich dem planungsrechtlichen Abwägungsgebot in §§ 1 Abs. 7; 2 Abs. 3 BauGB und § 7 Abs. 2 S. 1 ROG

1182 BVerfGE 41, 29 (51); 41, 88 (108); 93, 1 (21, 23); 122, 89 (107); 134, 204 (223, Rdnr. 68); 148, 296 (358, Rdnr. 139); BVerfK 2, 22 (23); 10, 423 (430).

1183 *Schladebach*, Der Staat, Bd. 53 (2014), 263 (267 f.) m. w. N. *Bäumlin*, Staat, Recht und Geschichte, 1961, S. 30; *Lerche*, Übermaß und Verfassungsrecht, 2. Aufl., 1999, S. 153; *Hesse*, Grundzüge des Verfassungsrechts, 20. Aufl., 1995, § 10 II 2, S. 142, Rdnr. 318.

1184 Vgl. *Schladebach*, Der Staat Bd. 53 (2014), 263 (271 f.).

1185 BVerfGE 41, 29 (51); 47, 327 (369 f.); 52, 223 (246 f.); 57, 70 (99); 93, 1 (21); 107, 104 (119); 148, 296 (358, Rdnr. 139); BVerfK 2, 22 (23).

1186 BVerfGE 47, 327 (369 f.); 107, 104 (119); vgl. BVerfGE 134, 204 (223, Rdnr. 68 f.).

1187 BVerfGE 93, 1 (23); 108, 282 (302 f.); vgl. BVerfGE 122, 89 (107).

anmutet, verstehen das Bundesverfassungsgericht und auch *Hesse* im Ergebnis jedoch als eine Verhältnismäßigkeitsprüfung einschließlich der Prüfung der Erforderlichkeit der Grundrechtsbeschränkung.[1188] Damit erfolgt die Auflösung der Kollisionslage zwischen einem Grundrecht und einer verfassungsimmanenten Schranke in der Rechtsprechung des Bundesverfassungsgerichts ebenso wie die Einschränkung eines Grundrechts aufgrund eines Grundrechtvorbehalts.

Betrachtet man jedoch die gedankliche Ebene der Kollisionsentstehung sowie die gedankliche Ebene der Kollisionsauflösung anhand der Formel der praktischen Konkordanz, so zeigt sich, dass das Verhältnismäßigkeitsgebot – im weiteren Sinne – und die Frage der Erforderlichkeit nicht ohne Weiteres auf Grundrechtseinschränkungen aufgrund von verfassungsimmanenten Schranken angewendet werden kann.

Wenn man den Blick auf das Vorfeld der praktischen Konkordanz zuwendet, nämlich auf das Zustandekommen der Kollisionslage, so zeigt sich bereits hier, dass die Frage der Erforderlichkeit der Grundrechtseinschränkung für die Auflösung der Kollisionslage keine Anwendung finden kann. Legt man die Kollisionsformel zugrunde, so kommt eine Kollisionslage überhaupt erst dadurch zustande, dass die Verfassungsbestimmungen nach der Einheit der Verfassung im funktionalen Sinn gegenseitig zusammenstreben und daher ineinandergreifen bzw. nach der Prinzipiennatur der Verfassungsbestimmungen ihre weitestgehende Verwirklichung verlangen und sich daher gegenseitig überlagern.[1189] Die Entstehung der Kollisionslage verhindert daher, dass bereits im Ansatz nur eines der beiden kollidierenden Verfassungswerte sich per se auf das mildeste Mittel beschränken soll, denn jeder der beiden kollidierenden Verfassungswerte fordert eine funktional-einheitsbildende bzw. prinzipienhaft weitestgehende Verwirklichung. Da die kollidierenden Verfassungswerte aufgrund der Einheit der Verfassung im formellen Sinne den gleichen formalen Rang haben, sind die Verfassungswerte auch auf gleicher Rangebene, weshalb keiner der Verfassungswerte per se hinter dem anderen zurücksteht.[1190] Die Voraussetzungen der Kollisionsformel fordern also nicht die Kollisionsauflösung nach dem mildesten

---

1188 BVerfGE 122, 89 (115, 116); 134, 204 (223, Rdnr. 68 f.; 225, Rdnr. 73; 227, Rdnr. 80); 148, 296 (361, Rdnr. 143, 367, Rdnr. 156, 369 f., Rdnr. 159); BVerfK 2, 22 (24, 27); 10, 423 (430, 432); *Hesse*, Grundzüge des Verfassungsrechts, 20. Aufl., 1995, § 10 II 2, S. 142, Rdnr. 318 m. w. N. *Grabitz*, AöR Bd. 98 (1973), S. 568 (573 f.); *Wendt*, AöR Bd. 104 (1979), S. 414 (416 f.).

1189 Siehe Pkt. IV. 2. lit. b) lit. cc) lit. bbb) lit. aaaa) lit. γ), S. 205 ff.

1190 Siehe Pkt. IV. 2. lit. b) lit. cc) lit. bbb) lit. aaaa) lit. β), S. 195 ff.

Mittel zulasten eines bestimmten Verfassungswertes, sondern im Gegenteil, nach einem funktional-einheitsbildenden bzw. weitestgehenden Mittel zugunsten jedes Verfassungswerts.

Wie bereits oben schon ausgeführt wurde, leitet jedoch *Alexy* in seiner Untersuchung über die Prinzipiennatur der Grundrechte und der Verfassungsbestimmungen den Verhältnismäßigkeitsgrundsatz und dabei inzident das Erforderlichkeitsgebot aus der Prinzipiennatur der jeweiligen Rechtsnormen her.[1191] *Alexy* geht davon aus, dass sich Prinzipiennatur und Verhältnismäßigkeitsgrundsatz gegenseitig bedingen und jeweils das eine aus dem anderen logisch folgt. Daher ist die Einschränkung eines Grundrechts im Wege der Kollisionsauflösung nur möglich, wenn der Verhältnismäßigkeitsgrundsatz gewahrt ist.[1192] Hierunter zählt *Alexy* nicht nur die Frage der Angemessenheit für die Einschränkung eines Grundrechts, sondern ausdrücklich auch die Frage der Erforderlichkeit.[1193] Allerdings ist die Schlussfolgerung *Alexy*s bei näherem Hinsehen nicht folgerichtig. *Alexy* geht von der Prämisse aus, dass lediglich das einzuschränkende Grundrecht als Prinzip weitestgehend verwirklicht werden soll, während es für den einschränkenden Verfassungswert als Prinzip gleichgültig wäre, ob zur Einschränkung des Grundrechts das mildeste oder auch schwerwiegendste Maß gewählt wird.[1194] Hier verstrickt sich *Alexy* in einen Widerspruch zu seiner eigenen Untersuchung, denn auch der einzuschränkende Verfassungswert verlangt als Prinzip die Auswahl derjenigen Mittel, die seiner weitestgehenden Verwirklichung dienen.[1195] Daher kann dem einzuschränkenden Verfassungswert die Auswahl der Mittel zu seiner eigenen Verwirklichung insoweit nicht gleichgültig sein, soweit es um seine weitestgehende Verwirklichung geht. Durch das Erforderlichkeitsgebot, wonach per se das mildeste Mittel für das einzuschränkende Grundrecht gewählt werden soll, wird die Frage völlig überspielt, ob das für die Grundrechtseinbußen mildeste Mittel

---

1191 Siehe Pkt. IV. 2. lit. a) lit. cc) lit. bbb) lit. aaaa) lit. γ) lit. ββ), S. 208 f.

1192 *Alexy*, Theorie der Grundrechte, 2. Aufl., 1994, Kap. 3, I 8, S. 100; vgl. *Alexy*, in: Schilcher/Koller/Funk (Hrsg.), Regeln, Prinzipien und Elemente, 2000, S. 31 (35 f.).

1193 *Alexy*, Theorie der Grundrechte, 2. Aufl., 1994, Kap. 3, I 8, S. 100, 101 f.; *Alexy*, in: Schilcher/Koller/Funk (Hrsg.), Regeln, Prinzipien und Elemente, 2000, S. 31 (35).

1194 *Alexy*, Theorie der Grundrechte, 2. Aufl., 1994, Kap. 3, I 8, S. 102: „[…] *Unter diesen Voraussetzungen ist es für P_1 gleich, ob M_1 oder M_2 gewählt wird. Durch P_1 wird weder gefordert, M_1 statt M_2, noch, M_2 statt M_1 zu wählen. Nicht gleich ist es P_2, ob M_1 oder M_2 gewählt wird.*".

1195 *Alexy*, Theorie der Grundrechte, 2. Aufl., 1994, Kap. 3, I 2, S. 75, I 4, S. 87 f.; *ders.*, Der Staat Bd. 29 (1990), 49 (54).

auch gleichzeitig die weitestgehende Verwirklichung aus Sicht des kollidierenden Verfassungswerts darstellt. Das Gebot, per se das mildeste Mittel für das Grundrecht zu wählen, kann dazu führen – muss aber nicht –, dass der einschränkende Verfassungswert seiner weitestgehenden Verwirklichung beraubt wird.[1196] Dies kann folgendermaßen veranschaulicht werden: Eine ansteckende Kinderkrankheit breitet sich schnell aus, droht nahezu jedes Kind zu infizieren und kann bei den Kindern Gesundheitsschäden bis hin zum Tod zu verursachen. Diese ausschließlich Kinder befallende Krankheit kann jedoch allein durch eine frühzeitige Impfung von Kleinkindern wirksam verhindert werden. In diesem Fall stehen sich einerseits das Grundrecht der körperlichen Unversehrtheit der Kinder aus Art. 2 Abs. 2 S. 1 GG, das Grundrecht der Eltern aus Art. 6 Abs. 2 S. 1 GG und andererseits ebenfalls die körperliche Unversehrtheit der Kinder aus Art. 2 Abs. 2 S. 1 GG sowie das staatliche Wächteramt für das Kindeswohl aus Art. 6 Abs. 2 S. 2 GG gegenüber und widerstreiten einander. Vorliegend soll der Blick allein auf die Kollision zwischen dem Grundrecht der Eltern aus Art. 6 Abs. 2 S. 1 GG und dem staatlichen Wächteramt aus Art. 6 Abs. 2 S. 2 GG gelegt werden. Sich von vornherein auf das mildeste, geeignete Mittel für das Grundrecht der Eltern zu beschränken, hieße, die Eltern ausreichend über die Impfung aufzuklären und ausreichende Mengen an Impfmitteln bereitzustellen. Die weitestgehende Verwirklichung für den Verfassungswert des staatlichen Wächteramts aus Art. 6 Abs. 2 S. 2 GG wäre aber das stärker eingreifende Mittel des Erlasses einer Impfpflicht für Kleinkinder, welche die Eltern zu dulden haben. Wie die kurze Veranschaulichung zeigt, wird die weitestgehende Verwirklichung des Verfassungswerts des staatlichen Wächteramts aus Art. 6 Abs. 2 S. 2 GG durch das Erforderlichkeitsgebot beschnitten. Folgerichtig hätte also *Alexy* dazu kommen müssen, dass das Erforderlichkeitsgebot im Falle einer Prinzipienkollision nicht aus der Prinzipiennatur abgeleitet werden kann.

Wendet man den Blick der Ebene der Kollisionsauflösung zu, so zeigt sich hier, dass nach der Formel der praktischen Konkordanz der übliche Verhältnismäßigkeitsgrundsatz – im weiteren Sinne – zu modifizieren ist, während auch auf dieser Gedankenebene das Erforderlichkeitsgebot gegenstandslos[1197] wird.

1196 Vgl. so ähnlich bei: *Winkler*, Kollision von Schutznormen, 2000, S. 365: *„Die Flexibilität erstreckt sich im Rahmen der praktischen Konkordanz auch auf die Seite des beschränkenden Gutes.“*.

1197 A. A. *Winkler* bei dem als Konsequenz Angemessenheitskriterien in die Erforderlichkeitsprüfung einfließen: *Winkler*, Kollision von Schutznormen, 2000, S. 367.

Da die Rechtsprechung des Bundesverfassungsgerichts für die Prüfung der Angemessenheit im Rahmen des Verhältnismäßigkeitsgrundsatzes eine Abwägung zwischen den Einbußen der grundrechtlichen Gewährleistung einerseits und den Vorteilen für den Einschränkungszweck andererseits vornimmt, wird damit praktisch das einzuschränkende Grundrecht gegen das einschränkende Rechtsgut abgewogen. Eine solche Abwägung ist auch der Auflösung einer Kollision nach Maßgabe der praktischen Konkordanz eigen. Allerdings zielt die Abwägung im Rahmen der Angemessenheitsprüfung auf die Frage ab, ob der erstrebte Gewinn des Einschränkungszwecks nicht unangemessen zu den Einbußen an grundrechtlicher Gewährleistung steht. Dies ist allein eine einseitige Prüfung danach, ob die grundrechtlichen Einbußen nicht unangemessen sind. Nicht beantwortet wird dabei aber die umgekehrte Frage, welche für die praktische Konkordanz ebenfalls von Bedeutung wäre, ob nämlich auch der erstrebte Gewinn des Einschränkungszwecks nicht unangemessen gegenüber dem Grundrecht zurücksteht. Das Wesen der praktischen Konkordanz ist nämlich ein beiderseitiger schonender Ausgleich und nicht eine einseitige Prüfung danach, ob allein das Grundrecht „geschont" wird. Vor diesem Hintergrund wäre die Angemessenheitsprüfung für die praktische Konkordanz begrifflich zu modifizieren bzw. umzuformulieren.[1198] In der Sache wird bereits in der Angemessenheitsprüfung durch die Rechtsprechung des Bundesverfassungsgerichts eine Abwägung der betroffenen Rechtsgüter vorgenommen. Da kein rechtlicher Maßstab für den Begriff der „Angemessenheit" bzw. „Unangemessenheit" zwischen den Grundrechtseinbußen und dem Gewinn durch den erstrebten Einschränkungszweck existiert, kann der Begriff auch zur Kennzeichnung für den Begriff des schonenden Ausgleichs im Rahmen der praktischen Konkordanz verwendet werden. Würde man diese Angemessenheitsprüfung daher auch für die praktische Konkordanz fruchtbar machen, so müsste hinzukommend klargestellt werden, dass bei dieser Prüfung auch berücksichtigt werden muss, dass der einschränkungsfähige, kollidierende Verfassungswert hinreichend verwirklicht wird.[1199]

Während sich also die Strukturen der von der Rechtsprechung vorgenommenen Angemessenheitsprüfung in modifizierter Weise auf die Formel der praktischen Konkordanz übertragen ließe, so ist jedoch das Erforderlichkeitsgebot für die Auflösung der Kollisionslage als gegenstandslos anzusehen. Die zutreffende Auffassung *Winkler*s und das mit Blick auf Grundrechtskollisionen handelnde

1198 Vgl. *Winkler*, Kollision von Schutznormen, 2000, S. 365, 367.
1199 So auch: *Winkler*, Kollision von Schutznormen, 2000, S. 372.

Sondervotum des Richters *Henschel*[1200] zeigen, dass es sich bei der praktischen Konkordanz um eine Güterabwägung unter gegenseitiger Verwirklichung und nicht um eine einseitig am Übermaßverbot ausgerichteten Prüfung handelt, weshalb die Frage der Erforderlichkeit hiernach gegenstandslos ist:

Mit *Winkler* ist zusammen davon auszugehen, dass die Auflösung der Kollisionslage auch auf Seiten des kollisionsfähigen Verfassungswerts schonend durchgeführt wird.[1201] Ihm zufolge erfährt der Verhältnismäßigkeitsgrundsatz im weiteren Sinne, worunter *Winkler* das Erforderlichkeitsgebot zählt,[1202] Abweichungen für den Fall der Einschränkung durch verfassungsimmanente Schranken.[1203] So müssen bereits bei der Frage der Erforderlichkeit die Angemessenheitskriterien berücksichtigt werden, nämlich das Gewicht der geschützten Verfassungswerte und das Maß der zu erwartenden Belastung.[1204] Die klassische Erforderlichkeit, welche eigentlich eine gleichbleibende Zweckverwirklichung voraussetzt und hierfür nach dem mildesten Mittel für die Zweckverwirklichung fragt, sieht sich im Rahmen der praktischen Konkordanz mit einer flexiblen Zweckverwirklichung konfrontiert.[1205] Die Erforderlichkeit setzt damit bei den beteiligten kollidierenden Gütern zugleich an und muss nach dem mildesten Mittel bei gleichzeitiger, weitestgehender Realisierung beider Verfassungswerte fragen.[1206] Eine Trennung der Erforderlichkeit von der Prüfung der Angemessenheit ist bei der Kollisionsauflösung anhand der praktischen Konkordanz also nicht möglich. Eine auf die gleiche Problematik gerichtete Kritik trifft auch der Richter *Henschel* in seinem Sondervotum über die Einschränkung des allgemeinen Persönlichkeitsrechts aus Art. 2 Abs. 1 i. V. m. Art. 1 Abs. 1 GG anhand kollidierenden Verfassungsrechts.[1207] Zwar soll in dem Sondervotum die Kollisionsauflösung anhand der praktischen Konkordanz ausschließlich im Verhältnis zwischen zwei kollidierenden Grundrechten kritisiert werden.[1208] Jedoch stützt diese Auffassung ebenfalls die Erkenntnis, dass bei einer Abwägung im Rahmen der praktischen Konkordanz kein Raum für die Frage der Erforderlichkeit der Grundrechtseinschränkung bleibt. Auch nach Auffassung des Richters

---

1200 BVerfGE 78, 38 ff. – Sondervotum des Richters Henschel, BVerfGE 78, 54 (56 f.).
1201 *Winkler*, Kollision von Schutznormen, 2000, S. 364, 365.
1202 *Winkler*, Kollision von Schutznormen, 2000, S. 366 f.
1203 *Winkler*, Kollision von Schutznormen, 2000, S. 343.
1204 *Winkler*, Kollision von Schutznormen, 2000, S. 367.
1205 *Winkler*, Kollision von Schutznormen, 2000, S. 365.
1206 *Winkler*, Kollision von Schutznormen, 2000, S. 365.
1207 Vgl. BVerfGE 78, 38 ff. – Sondervotum des Richters Henschel, BVerfGE 78, 54 (54).
1208 BVerfGE 78, 38 ff. – Sondervotum des Richters Henschel, BVerfGE 78, 54 (56).

Henschel strebt nicht nur das gewährleistete Grundrechte – das allgemeine Persönlichkeitsrecht – um Verwirklichung, sondern auch der kollisionsfähige Verfassungswert – hier das kollidierende Grundrecht. So verlangt nicht nur das allgemeine Persönlichkeitsrecht nach einer Rechtfertigung für seine Einschränkung durch die Wahl des mildesten Mittels. In gleichem Maße fordert auch der kollisionsfähige Verfassungswert als Rechtfertigung für sein Zurücktreten gegenüber dem Grundrecht, dass ihm gegenüber das mildeste Mittel gewählt wird.[1209] Aus dem Wortlaut der Formel von der praktischen Konkordanz folgt also, dass sämtliche kollidierende Verfassungswerte auch die Wahl des mildesten Mittels ihnen gegenüber verlangen. Verlangt aber jeder Verfassungswert einen milden, schonenden Ausgleich in Relation zu dem anderen Verfassungswert, so kann sich nicht gegenüber einem der kollidierenden Verfassungswerte per se auf das mildeste Mittel beschränkt werden, ohne den anderen Verfassungswerte einzubeziehen. Dies zeigt, dass auch die Formel der praktischen Konkordanz keine Grundlage für das einseitig ausgerichtete Erforderlichkeitsgebot bietet.

Fasst man dies zusammen, so folgt aus der Kollisionsformel bereits auf der Ebene der Kollisionsentstehung, dass eine Einschränkung des Grundrechts nicht per se anhand eines mildesten Mittels erfolgen darf. Konkret folgt dies aus der Einheit der Verfassung in ihrem formellen Sinn bzw. der Prinzipiennatur der Verfassungsbestimmungen. Daher ist das Erforderlichkeitsgebot für Einschränkungen aufgrund von verfassungsimmanenten Schranken gegenstandslos und kann nicht angewendet werden. Die Kollisionsformel schließt logisch nicht aus, dass eine Auflösung der Kollisionslage im Ergebnis praktisch zu dem gleichen Ergebnis kommt, wie in dem Fall, dass das mildeste Mittel gewählt worden wäre. Jedoch ist ein Maßstab, sich per se am mildesten Mittel für die Einschränkung auszurichten, nach Maßgabe der Kollisionsformel fehl am Platz. Demgegenüber folgt aus der Formel der praktischen Konkordanz auf Ebene der Kollisionsauflösung, dass die Angemessenheitsprüfung im Rahmen des Verhältnismäßigkeitsgrundsatzes unter der Maßgabe zu modifizieren ist, dass ein schonender Ausgleich zwischen beiden Verfassungsgütern herbeizuführen ist. Dabei sind nicht nur die Grundrechtseinbußen auf ihre Unangemessenheit hin zu prüfen, sondern auch, ob der erstrebte Gewinn für den Einschränkungszweck nicht unangemessen zu kurz kommt. Für die Frage der Erforderlichkeit lässt die Formel der praktischen Konkordanz daher keinen Raum.

Auch wenn die Auflösung der Kollisionsformel keinen Raum für das Erforderlichkeitsgebot lässt und sich damit von der Grundrechtseinschränkung

1209 BVerfGE 78, 38 ff. – Sondervotum des Richters Henschel, BVerfGE 78, 54 (57 f.).

aufgrund geschriebener Grundrechtsvorbehalte unterscheidet, versteht das Bundesverfassungsgericht die Auflösung der Kollision immer noch als eine Prüfung am Maßstab der Verhältnismäßigkeit und Erforderlichkeit.[1210] Da weder positiv-rechtliche Vorgaben zur Anwendung des Verhältnismäßigkeitsgrundsatzes im Rahmen der Einschränkung von Grundrechten aufgrund eines geschriebenen Grundrechtsvorbehalts, noch positiv-rechtliche Vorgaben zur Auflösung der Kollision im Rahmen der verfassungsimmanenten Schranken existieren, ist der Weg des Bundesverfassungsgerichts rechtlich nicht ausgeschlossen. Es dürfte jedoch einen inneren Widerspruch in der Rechtsprechung des Bundesverfassungsgerichts andeuten, wenn die Kollision von Verfassungswerten durch Zusammenstreben und gegenseitige Überlagerung der Verfassungsbestimmungen zustande kommen soll[1211] und zudem die Auflösung dieser Kollisionslage durch beiderseitig schonenden Ausgleich erfolgen soll, jedoch im Ergebnis eine einseitig am Einschränkungszweck ausgerichtete Prüfung der Verhältnismäßigkeit und Erforderlichkeit erfolgt,[1212] während die Möglichkeit des Zurücktretens der grundrechtliche Gewährleistung ausgeblendet wird. Dieser sich hier andeutende innere Widerspruch kann insoweit nicht nachgewiesen werden, da das Bundesverfassungsgericht den Verhältnismäßigkeitsgrundsatz – im weiteren Sinne – einschließlich der Erforderlichkeit aus dem Wesen der Grundrechte ableitet und dabei nicht klar ist, ob dies nur für Einschränkungen aufgrund von Grundrechtsvorbehalten gilt, bei denen die Grundrechte als Verfassungsgüter durch nicht-verfassungsrechtliche Güter eingeschränkt werden sollen oder ob dies generell auch für die Kollision von Grundrechten mit anderen Verfassungswerten gelten soll.

γγ) Zusammenfassung

Legt man die Kollisionsformel auf der Ebene der Kollisionsentstehung und die Formel der praktischen Konkordanz auf der Ebene der Kollisionsauflösung beide nach ihrem Wortlaut zugrunde, so zeigt die vorangehende Betrachtung, dass sich die Einschränkung von Grundrechten aufgrund von verfassungsimmanenten Schranken von der Einschränkung von Grundrechten aufgrund

1210 BVerfGE 122, 89 (115, 116); 134, 204 (223, Rdnr. 68 f., 225, Rdnr. 73, 227, Rdnr. 80); 148, 296 (361, Rdnr. 143, 367, Rdnr. 156, 369 f., Rdnr. 159); BVerfK 2, 22 (24, 27); 10, 423 (430, 432).

1211 Siehe Pkt. IV. 2. lit. b) lit. cc) lit. bbb) lit. aaaa), S. 190 f.; Pkt. IV. 2. lit. b) lit. cc) lit. bbb) lit. aaaa) lit. γ), S. 205 ff.

1212 Siehe Pkt. IV. 2. lit. b) lit. cc) lit. ccc) lit. eeee) lit. β) lit. ββ), S. 269 ff.

geschriebener Grundrechtsvorbehalte in ihrer jeweiligen Wirkungsweise unterscheidet. Während eine Grundrechtseinschränkung aufgrund von geschriebenen Grundrechtsvorbehalten eine einseitige Prüfung der einschränkenden Maßnahme am Maßstab der Verhältnismäßigkeit und der Erforderlichkeit darstellt, wird im Gegensatz dazu bei einer Grundrechtseinschränkung aufgrund von verfassungsimmanenten Schranken durch die Kollisionsformel und die Formel von der Herstellung praktischer Konkordanz ein schonender Ausgleich und gegenseitige Abwägung gefordert, wodurch die Prüfung der Erforderlichkeit der einschränkenden Maßnahme entfällt. Eine solche Erkenntnis, dass geschriebene Grundrechtsvorbehalte und verfassungsimmanente Schranken unterschiedliche Wirkungsweisen für die Einschränkung der Grundrechte auslösen, würde es mit Blick auf die unterschiedliche Wirkungsweise zwischen geschriebenen Grundrechtsvorbehalten und verfassungsimmanenten Schranken rechtfertigen, die verfassungsimmanenten Schranken neben den Grundrechtsgrenzen und Grundrechtsschranken als eigene dritte Kategorie von Freiheitsverkürzungen anzusehen.

Diese Schlussfolgerung einer dritten Kategorie von Freiheitsverkürzungen kann im Ergebnis jedoch nicht gezogen werden, denn der Nachweis lässt sich nicht mit Sicherheit erbringen. Auch wenn der Wortlaut der Kollisionsformel und die Formel von der praktischen Konkordanz die Schlussfolgerung stützen würde, dass sich die Wirkungsweise einer Einschränkung aufgrund von verfassungsimmanenten Schranken von der Wirkungsweise solcher aufgrund von geschriebenen Grundrechtsvorbehalten unterscheidet und man daher verfassungsimmanente Schranken als eigene Kategorie der Freiheitsverkürzungen ansehen könnte, so geht die Rechtsprechung des Bundesverfassungsgerichts einen anderen Weg. Das Bundesverfassungsgericht prüft auch bei verfassungsimmanenten Schranken die Verhältnismäßigkeit und Erforderlichkeit von Einschränkungen und gleicht somit die Wirkungsweise von Einschränkungen aufgrund verfassungsimmanenter Schranken denen aufgrund von geschriebenen Grundrechtsvorbehalten an. Da für die Auflösung einer Kollisionslage im Wege der praktischen Konkordanz keine positiv-rechtlichen Vorgaben existieren, ist dem Bundesverfassungsgericht ein solcher Weg nicht versperrt. Die folgende Untersuchung wird daher nach Maßgabe der Rechtsprechung des Bundesverfassungsgerichts weitergeführt, nach welcher eine Auflösung der Kollision durch verfassungsimmanente Schranken am Maßstab der Verhältnismäßigkeit und Erforderlichkeit hin zu prüfen sind und sich Einschränkungen aufgrund von verfassungsimmanenten Schranken insoweit nicht von Einschränkungen aufgrund von Grundrechtsvorbehalten unterscheiden.

ffff) Zusammenfassung

Verfassungsimmanente Schranken aus kollidierendem Verfassungsrecht finden nach der Kollisionsformel des Bundesverfassungsgerichts folgerichtig auch bei Grundrechten mit geschriebenem Vorbehalt ihre Anwendung. Aufgrund der konstruktiven Herleitung der Kollisionsformel aus der Einheit der Verfassung unter ihrem funktionalen Begriffssinn bzw. der Prinzipiennatur der Verfassungsbestimmungen findet die Formel vom kollidierenden Verfassungsrecht gegenüber sämtlichen Verfassungsbestimmungen Anwendung,[1213] was auch Grundrechte mit geschriebenem Vorbehalt nicht ausschließt. Insoweit stellt sich gar nicht erst die Frage einer „Übertragung" auf Grundrechte mit geschriebenem Vorbehalt. Festgestellt werden konnte dabei auch, dass insbesondere Grundrechtsrechtsvorbehalte mit qualifizierten Anforderungen keine Sperrwirkung gegenüber verfassungsimmanenten Schranken entfalten: Konstruktiv unterscheidet sich nämlich eine Einschränkung aufgrund eines qualifizierten Grundrechtsvorbehalts von der Einschränkung aufgrund von verfassungsimmanenten Schranken. Während eine Einschränkung aufgrund eines qualifizierten Grundrechtsvorbehaltes ein zweipoliges und lineares Verhältnis zwischen Grundrechtsgewährleistung und Beschränkungsmittel darstellt, führt eine konsequente Anwendung der Kollisionsformel dazu, dass sich eine Einschränkung aufgrund von verfassungsimmanenten Schranken als dreipoliges bzw. trianguläres Verhältnis zwischen grundrechtlicher Gewährleistung, dem kollisionsfähigem Verfassungswert und dem qualifiziertem Grundrechtsvorbehalt – der eine Beschränkung nur zu den qualifizierten Anforderungen vorsieht – darstellt. Dieses dreipolige Kollisionsverhältnis geht konstruktiv mit einer Abschwächung der verfassungsimmanenten Schranke einher, welche nicht nur mit der grundrechtlichen Gewährleistung kollidiert und sich gegenüber dieser durchsetzen muss, sondern auch gegenüber dem qualifizierten Gesetzesvorbehalt, der eine Beschränkung des Grundrechts nur unter den qualifizierten Anforderungen vorsieht.[1214]

Eine weitere Unterscheidung zwischen verfassungsimmanenten Schranken gegenüber qualifizierten Grundrechtsvorbehalten ergibt sich auch in Hinsicht auf die Wirkungsweise der jeweiligen Einschränkungen. Während eine Einschränkung aufgrund von qualifizierten Grundrechtsvorbehalten dem Verhältnismäßigkeitsgrundsatz und dem Erforderlichkeitsgebot entsprechen muss, bietet eine Einschränkung aufgrund von verfassungsimmanenten Schranken keinen

1213 Siehe Pkt. IV. 2. lit. b) lit. cc) lit. ccc) lit. eeee), S. 257 ff.

1214 Siehe Pkt. IV. 2. lit. b) lit. cc) lit. ccc) lit. eeee) lit. α), S. 262 f.

Raum für das Erforderlichkeitsgebot. Auch der Verhältnismäßigkeitsgrundsatz erfordert bei Einschränkungen aufgrund von verfassungsimmanenten Schranken eine begriffliche aber keine ergebnisrelevante Modifizierung.[1215] Allerdings prüft das Bundesverfassungsgericht auch bei Einschränkungen aufgrund von verfassungsimmanenten Schranken die Verhältnismäßigkeit und Erforderlichkeit und gleicht diese an die Wirkungsweise von Einschränkungen aufgrund von geschriebenen Grundrechtsvorbehalten an. Da keine positiv-rechtlichen Vorgaben über die Auflösung der Kollisionslage, der Anwendung der Formel der praktischen Konkordanz, noch über den Verhältnismäßigkeitsgrundsatz oder das Erforderlichkeitsgebot existieren, ist dem Bundesverfassungsgericht ein solcher Weg nicht versperrt.[1216]

Auch wenn die Verschiedenheit zwischen verfassungsimmanenten Schranken gegenüber qualifizierten Grundrechtsvorbehalten in Hinsicht auf die Wirkungsweise der Einschränkung nicht nachgewiesen werden kann, so konnte doch nachgewiesen werden, dass eine strukturelle Verschiedenheit besteht und diese zur Folge hat, dass sich Einschränkungen aufgrund verfassungsimmanenter Schranken nicht nur gegenüber der grundrechtlichen Gewährleistung rechtfertigen müssen, sondern auch gegenüber den qualifizierten Grundrechtsvorbehalten. Es ist also festzuhalten, dass Einschränkungen aufgrund von verfassungsimmanenten Schranken etwas anderes sind, als Einschränkungen aufgrund von qualifizierten Grundrechtsrechtsvorbehalt. Daher können die qualifizierten Grundrechtsrechtsvorbehalte keine Sperrwirkung gegenüber Grundrechtseinschränkungen aufgrund von verfassungsimmanenten Schranken entfalten.

Mithin kann auch festgestellt werden, dass die Anwendung der Kollisionsformel auf Grundrechte mit geschriebenem Vorbehalt die abgestufte Schrankensystematik des Grundgesetzes wahrt. Während vorbehaltlos gewährleistete Grundrechte nur aufgrund kollidierenden Verfassungsrechts eingeschränkt werden können, führt die Anwendung verfassungsimmanenter Schranken bei Grundrechten mit einfachem Gesetzesvorbehalt sowohl zur Beschränkung durch kollisionsfähige Rechtswerte als auch durch den Gesetzesvorbehalt. Im Gegensatz dazu wird bei Grundrechten mit qualifiziertem Gesetzesvorbehalt die Beschränkung durch verfassungsimmanenter Schranken noch stärker relativiert. Hier muss nicht nur die Kollision der verfassungsimmanenten Schranke mit der grundrechtlichen Gewährleistung aufgelöst werden, sondern gleichzeitig auch die Kollision mit dem qualifizierten Gesetzesvorbehalt. Damit wird auch

1215 Siehe Pkt. IV. 2. lit. b) lit. cc) lit. ccc) lit. eeee) lit. β), S. 264 ff.
1216 Siehe Pkt. IV. 2. lit. b) lit. cc) lit. ccc) lit. eeee) lit. β) lit. ββ), S. 275 f.

durch die Kollisionsformel gewährleistet, dass vorbehaltlos gewährleiste Grundrechten unter höheren Anforderungen – nämlichen einzig und allein durch den begrenzten Kreis der kollisionsfähigen Rechtsgüter – einschränkbar sind.

c) Bestand des Staates und die Funktion staatlicher Einrichtungen als kollisionsfähige Rechtswerte von Verfassungsrang – zur Begründung von verfassungsimmanenten Schranken im Sinne der Kollisionsformel des Bundesverfassungsgerichts

Anhand der vorangehenden Untersuchung besteht nun Klarheit über die Begründung und Entstehung der Kollision von mit Verfassungsrang ausgestatteten Rechtswerten. Gegenstand der weiteren Untersuchung wird die Frage sein, ob und inwieweit der Schutz des Staates und staatlicher Einrichtungen nach gängigem Begriffsverständnis solche mit Verfassungsrang ausgestattete Rechtswerte darstellen und daher mit den Grundrechten kollidieren können. Dazu ist nun der Begriff der mit Verfassungsrang ausgestatteten Rechtswerte, also das Merkmal der Kollisionsfähigkeit von Verfassungsbestimmungen, näher zu betrachten.

Für die Frage, ob das polizeiliche Schutzgut des Bestands des Staates und der Funktion staatlicher Einrichtungen eine verfassungsimmanente Schranke i. S. d. Kollisionsformel des Bundesverfassungsgerichts ist und daher grundrechtliche Gewährleistungen einschränken kann, muss zunächst untersucht werden, ob es sich bei dem Bestand des Staats und der Funktion staatlicher Einrichtungen um kollisionsfähige Rechtswerte von Verfassungsrang handelt (aa) und ob solche kollisionsfähigen Rechtswerte von Verfassungsrang von vornherein überhaupt geeignet sind, die Kollision mit den Grundrechten zu ihren Gunsten aufzulösen, sodass Grundrechte im Ergebnis eingeschränkt werden (bb).

aa) Bestand des Staates und Funktion staatlicher Einrichtungen als Rechtswerte von Verfassungsrang?

Der Schutz des Bestands des Staates und der Funktion staatlicher Einrichtungen ist nach den Erkenntnissen der bisherigen Untersuchung dann ein Rechtswert mit Verfassungsrang, wenn sich dessen Schutz aus den Verfassungsbestimmungen ergibt.

Wie die nähere Betrachtung gezeigt hat, reicht es für einen kollisionsfähigen, d. h. geschützten Rechtswert von Verfassungsrang nicht, wenn lediglich die Bezeichnungen des Bestands des Staates oder der Funktion staatlicher Einrichtungen in den Verfassungsbestimmungen irgendwie erwähnt werden. Nötig ist, dass die genannten Schutzgüter nach dem Regelungsgegenstand der Verfassungsbestimmungen auch tatsächlich gewährleistet bzw. geschützt sind.[1217] Nur wenn die Schutzgüter des Bestands des Staates und der Funktion staatlicher Einrichtungen nämlich durch die Verfassungsbestimmungen geschützt werden – und nicht lediglich erwähnt oder in Bezug genommen werden – handelt es sich bei ihnen um Rechtswerte von Verfassungsrang, die mit Grundrechten kollidieren können.

aaa) Der Bestand des Staates als Rechtswert von Verfassungsrang

In den obigen Ausführungen zur Frage der Grundrechtsbegrenzung wurde bereits inzident der für diese Untersuchung maßgebliche Begriff des Bestands des Staates festgelegt. Dieser Begriff gewinnt an dieser Stelle wieder Bedeutung für die Frage, ob es sich bei diesem um einen Rechtswert von Verfassungsrang handelt.

Hierzu ist sich noch einmal der Begriff des Bestands des Staates in Erinnerung zu rufen. Wie oben bereits festgestellt wurde, verweist der Begriffsbestandteil „Bestand" semantisch auf das Bestehen des Staates und drückt damit lediglich die rechtliche Existenz bzw. das Vorhandensein des Staates aus, daher kommt diesem Begriffsbestandteil keine eigenständige, inhaltliche Bedeutung zu.[1218] Inhaltliche Bedeutung hat daher ausschließlich der Begriff „Staat". Der maßgebliche Begriff des Staates wird hierbei anhand des juristischen Staatsbegriffs im Grundgesetz bestimmt.[1219] Der Staat ist danach die Bundesrepublik Deutschland. Zu den Wesensmerkmalen, die die Bundesrepublik Deutschland als juristischen Staat kennzeichnen, gehören folgende sechs Merkmale: das körperschaftliche Verbandsgebilde Deutschland, dessen Gliederung in Bund und Länder, der in der Präambel des Grundgesetzes genannte Bestand an Ländern, die Ausübung von Staatsgewalt durch staatliche Organe, die Ausübung von Staatsgewalt durch Wahlen und Abstimmungen des deutschen Volkes und schließlich das deutsche Volk als Summe aller Staatsangehörigen. Sämtliche Begriffsmerkmale des juristischen Staatsbegriffs des Grundgesetzes können unmittelbar den Verfassungsrechtsnormen der Art. 20 Abs. 1, 2; Art. 116 Abs. 1; Art. 16 Abs. 1 GG sowie der Präambel des Grundgesetzes als ausdrücklich gewährleistete Regelungsgegenstände entnommen werden. Hierzu kann vollständig auf die obigen

1217 Siehe Pkt. IV. 2. lit. b) lit. cc) lit. bbb) lit. cccc), S. 228 ff.; Pkt. IV. 2. lit. b) lit. cc) lit. bbb) lit. cccc) lit. β) lit. δδ), S. 248.

1218 Siehe Pkt. I. 4. lit. a), S. 43.

1219 Siehe Pkt. I. 4. lit. a) lit. hh) lit. ccc), S. 60 ff.

Darstellungen des maßgeblichen Staatsbegriffs des Grundgesetzes verwiesen werden.[1220] Versteht man daher das polizeirechtliche Schutzgut des Bestands des Staates als den juristischen Staatsbegriff des Grundgesetzes, so stellt der Bestand des Staates eine Zusammenfassung von kollisionsfähigen Rechtswerten von Verfassungsrang dar. Nach der Kollisionsformel des Bundesverfassungsgerichts handelt es sich daher um eine verfassungsimmanente Schranke.

bbb) Die Funktion staatlicher Einrichtungen als Rechtswert von Verfassungsrang

Schließlich ist noch die Frage näher zu betrachten, ob es sich bei dem Begriff der Funktion staatlicher Einrichtungen um einen Rechtswert von Verfassungsrang im Sinne der Kollisionsformel des Bundesverfassungsgerichts handelt.

Entsprechend der obigen Untersuchung zum Schutzgut der Funktion staatlicher Einrichtungen im Sinne der polizeirechtlichen Gefahrenabwehr umfasst der Begriff der staatlichen Einrichtungen sämtliche hoheitlichen Regelungs- und Handlungskomplexe,[1221] während der darauf bezogene Begriff der Funktion den jeweiligen, individuellen Zweck der staatlichen Einrichtung beschreibt. Soweit es sich bei der staatlichen Einrichtung um einen Rechtsträger handelt, bestimmt sich der Zweck insbesondere auch aus den rechtlich zugewiesenen Aufgaben des Rechtsträgers.[1222] Um einen kollisionsfähigen Rechtswert von Verfassungsrang darzustellen, müsste sowohl der Schutz der jeweiligen staatlichen Einrichtungen sowie deren Funktion als Regelungsgegenstand in Verfassungsbestimmungen gewährleistet sein.

aaaa) Die verfassungsrechtliche Gewährleistung staatlicher Einrichtungen

Unter dem Begriff der staatlichen Einrichtungen im Sinne des Polizeirechts sind sämtliche hoheitlichen Regelungs- und Handlungskomplexe zu verstehen. Dies umfasst insbesondere Staatsempfänge, militärische Manöver, Rettungseinsätze.[1223] Somit wird deutlich, dass eine generelle verfassungsrechtliche Gewährleistung jeder einzelnen, polizeilich zu schützenden, staatlichen Einrichtungen bereits hinfällig ist. Eine verfassungsrechtliche Gewährleistung von staatlichen

---

1220 Siehe Pkt. I. 4. lit. a) lit. hh) lit. ccc) lit. aaaa), S. 63 f.; Pkt. I. 4. lit. a) lit. hh) lit. ccc) lit. bbbb), S. 64 ff.; insbesondere Pkt. I. 4. lit. a) lit. ii), S. 82 f.

1221 Siehe Pkt. I. 4. lit. b) lit. bb), S. 84 f.

1222 Siehe Pkt. I. 4. lit. b) lit. cc) lit. eee) lit. bbbb) lit. α), S. 98 f.

1223 Siehe Pkt. I. 4. lit. b) lit. bb), S. 84 f.

Einrichtungen ist nur bei verfassungsrechtlichen Einrichtungen möglich. Soweit sich eine staatliche Einrichtung aus unterverfassungsrechtlichen Bestimmungen ergibt oder Ausdruck der Erfüllung einfachgesetzlicher Aufgabenerfüllung ist, wie beispielsweise die Aufstellung eines Radargeräts durch die Verkehrspolizei, fehlt es am Merkmal des Verfassungsranges[1224]. Die Frage, ob es sich bei staatlichen Einrichtungen um kollisionsfähige Rechtswerte von Verfassungsrang und mithin um verfassungsimmanente Schranken handelt, entscheidet sich danach, ob es sich um verfassungsrechtliche Einrichtungen oder um nichtverfassungsrechtliche Einrichtung handelt. Nur verfassungsrechtliche Einrichtungen, also in der Verfassung gewährleistete Einrichtungen, können kollisionsfähige Rechtswerte von Verfassungsrang sein. Da die Anzahl der in der Verfassung gewährleisteten staatlichen Einrichtungen sehr umfangreich ist, sollen im Folgenden daher auszugsweise einige der gewährleisteten Einrichtungen aufgezählt werden:

So ist der Deutsche Bundestag als besonderes Organ der Gesetzgebung gemäß Art. 20 Abs. 2 S. 2 GG[1225] verfassungsrechtlich gewährleistet. Die verfassungsrechtliche Gewährleistung des Bundesverfassungsgerichts ergibt sich aus Art. 92 GG, wonach bestimmt wird, dass das Bundesverfassungsgericht die rechtsprechende Gewalt ausübt.[1226] Die Bundeswehr wird gemäß Art. 87a Abs. 1 S. 1 GG verfassungsrechtlich gewährleistet, wonach von Verfassungs wegen Streitkräfte zur Verteidigung aufzustellen sind. Das Bundesverfassungsgericht leitet indessen die verfassungsrechtliche Einrichtung der Bundeswehr aus einer Zusammenschau der Art. 87a Abs. 1 S. 1, Art. 12a Abs. 1, Art. 73 Nr. 1 und Art. 115b GG her.[1227] Die staatliche Einrichtung Bundesbank wird gemäß Art. 88 S. 1 GG als Währungs- und Notenbank verfassungsrechtlich gewährleistet.[1228] Die Institution des Berufsbeamtentums wird durch die Bestimmung in Art. 33 Abs. 5 GG, wonach das Recht des öffentlichen Dienstes unter Berücksichtigung der hergebrachten Grundsätze des Berufsbeamtentums zu regeln und fortzuentwickeln ist, verfassungsrechtlich gewährleistet.[1229]

Für die Frage, ob staatliche Einrichtungen kollisionsfähige Rechtswerte von Verfassungsrang darstellen, ist zwischen den, von der Verfassung gewährleisteten,

---

1224 Vgl. Pkt. IV. 2. lit. b) lit. cc) lit. bbb) lit. cccc) lit. α), S. 228 ff.

1225 BVerfGE 80, 188 (217); 44, 308 (315 f.); Bundestag als kollisionsfähiger Rechtswert von Verfassungs: BVerfGE 99, 19 (32); 118, 277 (324); 130, 318 (348).

1226 BVerfGK 20, 65 (71, 72); vgl. ferner: 22, 49 (74 f., 76 f.).

1227 BVerfGE 28, 243 (261); 32, 40 (46); 48, 127 (159 f.); 69, 1 (21).

1228 BVerfGE 142, 123 (232, Rdnr. 217).

1229 BVerfGE 119, 247 (260, 262 f.); 117, 330 (344, 348 f.).

staatlichen Einrichtungen, den sog. verfassungsrechtlichen Einrichtungen und den nicht-verfassungsrechtlichen Einrichtungen zu unterscheiden. Nur verfassungsrechtliche, staatliche Einrichtungen stellen kollisionsfähige Rechtswerte von Verfassungsrang dar. Daraus folgt, dass zahlreiche im polizeirechtlichen Schrifttum aufgeführten hoheitlichen Regelungs- und Handlungskomplexe, die nicht unmittelbar verfassungsrechtlich gewährleistet werden, wie beispielsweise die Aufstellung von Radargeräten durch die Verkehrspolizei, Rettungseinsätze, Staatsempfänge oder Manöver bereits als kollisionsfähige Rechtsgüter von Verfassungsrang und mithin als verfassungsimmanente Schranken ausscheiden. Daraus folgt zum einen, dass man die Legitimität des polizeilichen Schutzes unterverfassungsrechtlicher, staatlicher Einrichtungen rechtspolitisch in Frage stellen könnte. Zum anderen folgt daraus auch, soweit man zumindest den polizeilichen Schutz unterverfassungsrechtlicher, staatlicher Einrichtungen rechtspolitisch als Bestandteil der öffentlichen Sicherheit anerkennen würde, jedenfalls die vorbehaltlos gewährleisteten Grundrechte hierdurch nicht eingeschränkt werden können.

bbbb) Die verfassungsrechtliche Gewährleistung der Funktion

Getrennt von der Frage, ob staatliche Einrichtungen verfassungsrechtlich gewährleistet werden und daher Rechtswerte von Verfassungsrang darstellen, ist darüber hinausgehend zu fragen, ob auch die Funktion einer staatlichen Einrichtung verfassungsrechtlich gewährleistet ist. Wie vorangehend festgestellt werden konnte, sind nicht alle staatlichen Einrichtungen geeignete Rechtswerte von Verfassungsrang, sondern nur verfassungsrechtliche Einrichtungen. Daher fragt sich, ob auch von der Gewährleistung einer verfassungsrechtlichen Einrichtung stets auch die Funktion der verfassungsrechtlichen Einrichtung mit gewährleistet ist.

Wie festgestellt wurde, beschreibt der Begriff der zu schützenden Funktion den Zweck der jeweiligen staatlichen Einrichtung und soweit es sich bei der staatlichen Einrichtung um einen Hoheitsträger handelt, so bestimmt sich dieser insbesondere aus den rechtlich übertragenen Aufgaben. Damit also die Funktion einer verfassungsrechtlichen Einrichtung einen kollisionsfähiger Verfassungswert darstellt, muss der Zweck der Einrichtung verfassungsrechtlich gewährleistet sein oder sich aus einer Aufgabenzuweisung ergeben, die verfassungsrechtlich geschützt ist.

α) *Verfassungsrechtliche Gewährleistung der Funktion bei* Schwerdtfeger

An dieser Stelle ist noch einmal die bereits zum Begriff der Funktion dargestellte Auffassung von *Schwerdtfeger* in Erinnerung zu rufen, wonach der Begriff der Funktionsfähigkeit einer staatlichen Einrichtung und mithin inzident der Begriff der Funktion mit dem Gedanken der funktionsgerechten Organstruktur als Ausprägung des Gewaltenteilungsgrundsatzes verbunden wäre.[1230] Vor diesem Hintergrund sieht *Schwerdtfeger* den verfassungsrechtlichen Ausgangspunkt für die Funktionsfähigkeit bzw. die Funktion einer staatlichen Einrichtung im Gewaltenteilungsgrundsatz.[1231] Der Gewaltenteilungsgrundsatz, welcher durch Art. 20 Abs. 2 S. 2 GG zum Ausdruck kommt, weist eine funktionale Dimension auf, wonach die staatlichen Funktionen grundsätzlich durch unterschiedliche staatliche Organe ausgeübt werden sollen.[1232] Vor diesem Hintergrund sei die Funktion einer staatlichen Einrichtung als zugewiesene Aufgabe zu verstehen und der Schutz der Funktionsfähigkeit als Schutz der eigenverantwortlichen Aufgabenwahrnehmung.[1233] Wird demnach eine staatliche, verfassungsrechtliche Einrichtung im Grundgesetz gewährleistet, so wird deren Funktion laut *Schwerdtfeger* akzessorisch aus dem in Art. 20 Abs. 2 S. 2 GG sich widerspiegelnden Gewaltenteilungsgrundsatz gewährleistet.[1234]

Der Auffassung *Schwerdtfeger*s zur Verortung der verfassungsrechtlichen Gewährleistung der Funktionsfähigkeit und mithin Funktion einer staatlichen, verfassungsrechtlichen Einrichtung in dem in Art. 20 Abs. 2 S. 2 GG zum Ausdruck kommenden Gewaltenteilungsgrundsatz ist bereits aus den zuvor erörterten Gründen nicht zu folgen.[1235] Zum einen findet nämlich durch das Begriffsverständnis der Funktion als Schutz der Aufgabenwahrnehmung gegenüber anderen Hoheitsträgern eine Begriffsverschiebung des Funktionsbegriffs statt. Die Funktion einer staatlichen Einrichtung würde demnach nur Regelungswirkung gegenüber anderen Hoheitsträgern haben und nicht über den staatlichen Bereich nach Außen wirken. Dabei ist der Schutz der Funktion einer staatlichen Einrichtung in der Rechtsprechung des Bundesverfassungsgerichts auch als Schutz vor äußeren Störungen anerkannt.[1236] Die verfassungsrechtliche

1230 Siehe Pkt. I. 4. lit. b) lit. cc) lit. ccc), S. 90 ff.
1231 *Schwerdtfeger*, Krisengesetzgebung, 2018, S. 243 f., 271 f.
1232 *Schwerdtfeger*, Krisengesetzgebung, 2018, S. 186 f.
1233 *Schwerdtfeger*, Krisengesetzgebung, 2018, S. 270, 273 f.; vgl. bereits S. 223.
1234 *Schwerdtfeger*, Krisengesetzgebung, 2018, S. 272.
1235 Siehe Pkt. I. 4. lit. b) lit. cc) lit. ccc), S. 91 f.
1236 BVerfGE 28, 191 (200); 69, 1 (21 ff.).

Gewährleistung der Funktion einer staatlichen, verfassungsrechtlichen Einrichtung ergibt sich aus diesen Gründen nicht aus dem in Art. 20 Abs. 2 S. 2 GG zum Ausdruck kommenden Gewaltenteilungsgrundsatz.

β) Verfassungsrechtliche Gewährleistung der Funktion bei Winkler

Winkler unterscheidet bei verfassungsrechtlichen Gewährleistungen zwischen solchen, die den Bestand einer Einrichtung regeln und solchen, die die Funktion einer Einrichtung sicherstellen.[1237] *Winkler* geht davon aus, dass verfassungsrechtliche Gewährleistungen, die die Existenz einer staatlichen Einrichtung fordern, nach dem Grundsatz der effektiven Normwirkung nicht nur dessen Existenz fordern, sondern auch ihr Funktionieren. So ist das Vorhandensein oder der Geschäftsgang einer Einrichtung ohne den Schutz des Zweckes sinnlos.[1238] Die Einrichtung würde den Willen der Verfassung implizieren, dass die Einrichtung die ihr übertragenen Aufgaben gerecht werden kann.[1239] *Winkler* folgert daraus, dass aus jeder verfassungsrechtlichen Gewährleistung des Bestands einer staatlichen Einrichtung zugleich die Gewährleistung der Funktion folgt.[1240] Für *Winkler* stellt sich die Frage jedoch umgekehrt dar, dass nicht zugleich aus jeder Gewährleistung der Funktion, also dem Zweck einer Einrichtung, zugleich die verfassungsrechtliche Gewährleistung der Einrichtung selber folgen würde:[1241] *„Gewöhnlich wird dem Grundgesetz zwar nur das Gebot zu entnehmen sein, eine erwähnte Einrichtung möge ihren Zweck erfüllen. Daß sie selbst – in ihrer „Substanz", die nicht notwendig physischer Art sein muß – existenzgesichert ist, bildet die Ausnahme."*[1242]

Als Beleg für seine Auffassung betrachtet *Winkler* verschiedene Verfassungsbestimmungen. Zu solchen, die staatliche Einrichtungen betreffen, stellt *Winkler* fest, dass die Gewährleistung der staatlichen Einrichtungen erst aufgrund der Gewährleistung ihrer Funktion einhergeht, während es demgegenüber aber einige Verfassungsbestimmungen gibt, deren Funktion aber nicht deren Bestand bzw. die Existenz gewährleistet wird. *Winkler* sieht die Einrichtung des Berufsbeamtentums in Art. 33 Abs. 5 GG und darin verankert die Funktionsfähigkeit

---

1237 *Winkler*, Kollision von Schutznormen, 2000, S. 109.

1238 *Winkler*, Kollision von Schutznormen, 2000, S. 109.

1239 *Winkler*, Kollision von Schutznormen, 2000, S. 109 m. w. N. *Kunig*, Das Rechtsstaatsprinzip, 1986, S. 441.

1240 *Winkler*, Kollision von Schutznormen, 2000, S. 109.

1241 *Winkler*, Kollision von Schutznormen, 2000, S. 109 f.

1242 *Winkler*, Kollision von Schutznormen, 2000, S. 110.

der Verwaltung als verfassungsrechtliche Gewährleistung der (Mindest-)Funktion der Verwaltung, nicht jedoch die verfassungsrechtliche Gewährleitung der Verwaltung oder des Berufsbeamtentums selbst.[1243] Demgegenüber folge aus Art. 95 Abs. 1 GG sowohl die Gewährleistung der Funktion als auch des Bestands der Gerichtshöfe des Bundes.[1244] Durch Art. 99; 93 Abs. 1 Nr. 4; 100 Abs. 1, 3 GG werde zwar die Funktion der Landesverfassungsgerichtsbarkeit, aber nicht deren Bestand verfassungsrechtlich gewährleistet.[1245] Ebenso werde in Art. 87a Abs. 1 GG die Verteidigungsfunktion der Streitkräfte, aber nicht deren Einrichtung verfassungsrechtlich geschützt.[1246] In Art. 7 Abs. 1 GG werde allenfalls die Funktion der staatlichen Schulaufsicht geschützt, doch weder die Schulaufsicht noch das Schulwesen in ihrem Bestand verfassungsrechtlich geschützt.[1247] Auch seien der Bundesrechnungshof in seiner Funktion der Rechnungs-, Wirtschaftlichkeits- und Ordnungsmäßigkeitsprüfung gemäß Art. 114 Abs. 2 S. 1 GG sowie die Bundesbank in ihrer Funktion als Währungs- und Notenbank zur Geldwertstabilität gemäß Art. 88 GG beizutragen von Verfassungs wegen gewährleistet, nicht jedoch der Bestand ihrer Einrichtungen selber.[1248] Demgegenüber werde das Bundesverfassungsgericht gemäß Art. 115g S. 2 GG sowohl in seiner Funktion als auch seinem Bestand verfassungsrechtlich gewährleistet.[1249] Ebenso werden Bundestag und Bundesrat in ihrer Funktion sowie in ihrem Bestand verfassungsrechtlich geschützt.[1250] Durch Art. 62 GG werde die Bundesregierung in ihrem Bestand verfassungsrechtlich gewährleistet, die Funktion des Kollektivorgans werde durch die Aufgabenbereiche des Bundeskanzlers und der Minister gewährleistet.[1251]

*Winkler*s Bestandsaufnahme der Verfassungsbestimmungen zeigt, dass die Gewährleistung einer verfassungsrechtlichen Einrichtung zugleich mit der verfassungsrechtlichen Gewährleistung ihrer Funktion einhergeht, nicht aber umgekehrt. Allerdings ist *Winkler*s Untersuchung nicht in jedem Punkt zuzustimmen. So enthalten Art. 93 Abs. 1 Nr. 4; 100 Abs. 1, 3 GG mehr als nur die Gewährleistung der Funktion der Landesverfassungsgerichtsbarkeit, denn deren

---

1243 Vgl. *Winkler*, Kollision von Schutznormen, 2000, S. 113.
1244 Vgl. *Winkler*, Kollision von Schutznormen, 2000, S. 114, 131.
1245 Vgl. *Winkler*, Kollision von Schutznormen, 2000, S. 115.
1246 *Winkler*, Kollision von Schutznormen, 2000, S. 118.
1247 Vgl. *Winkler*, Kollision von Schutznormen, 2000, S. 119 ff.
1248 *Winkler*, Kollision von Schutznormen, 2000, S. 125 f.
1249 *Winkler*, Kollision von Schutznormen, 2000, S. 127.
1250 *Winkler*, Kollision von Schutznormen, 2000, S. 127.
1251 *Winkler*, Kollision von Schutznormen, 2000, S. 129 f.

Funktion setzt voraus, dass es von Verfassungs wegen möglich sein muss, Landesverfassungsgerichte zu errichten. So setzt Art. 100 Abs. 3 GG den Bestand von Verfassungsgerichten der Länder ausdrücklich voraus.[1252] Zudem ist nicht nur die Funktionsfähigkeit, sondern auch die Einrichtung der Streitkräfte von Verfassungs wegen nach Art. 87a Abs. 1 S. 1 GG geschützt. Vom Regelungsgegenstand weist Art. 87a Abs. 1 S. 1 GG nicht nur den Streitkräften die Funktion der Verteidigung zu, sondern fordert vom Bund auch deren Errichtung. Damit gewährleistet Art. 87a Abs. 1 S. 1 GG verfassungsunmittelbar auch den Bestand bzw. die Einrichtung der Streitkräfte selbst, wovon auch das Bundesverfassungsgericht ausgeht.[1253] Schließlich gewährleistet Art. 88 GG nicht nur die Funktion der Bundesbank, sondern auch ihre Errichtung durch den Bund. Damit wird auch der Bestand bzw. die Existenz der Bundesbank von Verfassungs wegen gewährleistet, wie auch das Bundesverfassungsgericht ausdrücklich feststellt.[1254]

Auch wenn *Winkler*s Untersuchung über den Umfang der Gewährleistung von verfassungsrechtlichen Einrichtungen in einzelnen Punkten nicht zugestimmt werden kann, so ist jedoch dem Ergebnis seiner Bestandsaufnahme zu folgen. Mit der Gewährleistung des Bestands einer verfassungsrechtlichen Einrichtung ist auch die Gewährleistung seiner Funktion verbunden. Aus *Winkler*s Untersuchung geht hervor, dass die Gewährleistung des Bestands einer staatlichen Einrichtung stets mit der Gewährleistung der Funktion einhergeht. Umgekehrt ist dies jedoch nicht der Fall. Der Grund dürfte darin liegen, dass das Grundgesetz nicht einfach nur eine Ansammlung von Begriffen und verfassungsrechtlichen Einrichtungen darstellt, sondern auch deren Wirkungszusammenhänge oder die Rechte und Pflichten von Verfassungsorganen regelt.[1255] Daher leuchtet es ein, dass nicht nur die Existenz bestimmter staatlicher Einrichtung von Verfassungs wegen gewährleistet wird, sondern diese im Zusammenhang mit ihren Zwecken oder ihrer Aufgabenerfüllung gewährleistet werden. Dies zeigt sich beispielsweise an der Bestimmung der Einrichtung der Sonn- und Feiertagsruhe in Art. 140 GG i. V. m. Art. 139 WRV. In Art. 139 WRV wird nicht lediglich angeordnet, dass der Sonntag und die staatlich anerkannten Feiertage verfassungsrechtlich einem besonderen gesetzlichen Schutz unterliegen sollen. Vielmehr wird auch die Funktion des Sonntags und der staatlich anerkannten Feiertage als Tage der Arbeitsruhe und der seelischen Erhebung näher umschrieben. Es

---

1252 *Rozek*, Das Grundgesetz als Prüfungs- und Entscheidungsmaßstab, 1993, S. 44 f.
1253 BVerfGE 28, 243 (261); 32, 40 (46); 48, 127 (159 f.); 69, 1 (21).
1254 BVerfGE 142, 123 (232, Rdnr. 217).
1255 *Sachs*, in: Sachs (Hrsg.), GG-Komm., 8. Aufl., 2018, Einführung, Rdnr. 5.

wäre wenig sinnvoll und praktisch fernliegend – wenngleich logisch auch nicht ausgeschlossen – dass das Grundgesetz beispielsweise die Einrichtung von Zollämtern von Verfassungs wegen gebietet, aber kein weiteres Wort zu Zollämtern verliert.

Angesicht der Untersuchung *Winkler*s, auf die hier verwiesen werden kann, ist die Gewährleistung einer verfassungsrechtlichen Einrichtung, die nicht zugleich aufgrund der Gewährleistung ihrer Funktion einhergegangen ist, nicht ersichtlich. Aufgrund dieses Befunds ist mit *Winkler* davon auszugehen, dass die im Grundgesetz verfassungsrechtlich gewährleistete, staatliche Einrichtung über eine verfassungsrechtliche Gewährleistung ihrer Funktion verfügen. Dass sich dies zukünftig im Wege der Verfassungsänderung ändern kann, ist nicht ausgeschlossen. Nach derzeitiger Rechtslage gehen aber staatliche Einrichtungen als Verfassungswerte mit dem Schutz ihrer Funktion als Verfassungswert einher.

γ) Zusammenfassung

Soweit das Grundgesetz staatliche Einrichtungen von Verfassungs wegen gewährleistet, so tritt diese Gewährleistung, dem Ergebnis von *Winkler*s Bestandsaufnahme folgend, aufgrund der Gewährleistung der Funktion der staatlichen, verfassungsrechtlichen Einrichtung ein. Im Grundgesetz ist nach seiner derzeitigen Fassung kein Anhaltspunkt erkennbar, nachdem eine verfassungsrechtliche Einrichtung aus sich heraus gewährleistet wird, ohne dass dies mit der Gewährleistung der Funktion verbunden wäre.[1256]

Doch selbst, wenn eine staatliche Einrichtung im Grundgesetz von Verfassungs wegen gewährleistet wird, ohne gleichzeitige Gewährleistung ihrer Funktion, so ändert dies nichts an dem oben gefundenen Ergebnis, dass nicht alle staatlichen Einrichtungen im Sinne des weiten polizeirechtlichen Begriffsverständnisses verfassungsrechtlich gewährleistet sind und demzufolge nicht sämtliche staatliche Einrichtungen kollisionsfähige Rechtswerte von Verfassungsrang darstellen. Daraus folgt, wie oben bereits erläutert, dass zahlreiche hoheitliche Regelungs- und Handlungskomplexe, die nicht unmittelbar verfassungsrechtlich gewährleistet werden, wie beispielsweise die Aufstellung von Radargeräten durch die Verkehrspolizei, Rettungseinsätze, oder Staatsempfänge keine kollisionsfähigen Rechtsgüter von Verfassungsrang und mithin keine verfassungsimmanenten Schranken darstellen. Daraus folgt zum einen, dass man die Legitimität des polizeilichen Schutzes unterverfassungsrechtlicher, staatlicher Einrichtungen als Bestandteil des Begriffs der öffentlichen Sicherheit rechtspolitisch in Frage

---

1256 Siehe Pkt. IV. 2. lit. c) lit. aa) lit. bbb) lit. bbbb) lit. β), S. 286 ff.

stellen könnte. Soweit man jedoch den polizeilichen Schutz unterverfassungsrechtlicher, staatlicher Einrichtungen als Bestandteil der öffentlichen Sicherheit anerkennt, so könnten jedenfalls die vorbehaltlos gewährleisteten Grundrechte hierdurch nicht eingeschränkt werden.[1257]

cccc) Staatliche Einrichtungen und Schutz ihrer Funktion als Rechtswerte von Verfassungsrang unter anderen Gesichtspunkten

Eine verfassungsrechtliche Gewährleistung des Bestands und der Funktion staatlicher Einrichtungen kann sich aber auch aus einem anderen Zusammenhang ergeben. Hierbei kann auf den Gedanken des Bundesverfassungsgerichts zurückgegriffen werden, wonach sich die verfassungsrechtliche Gewährleistung des Bundestags aus Art. 20 Abs. 2 GG ergibt, da es sich bei dem Bundestag um ein besonderes Organ der Gesetzgebung handelt.[1258] Führt man diesen Gedanken fort, so könnte sich aus Art. 20 Abs. 2 S. 2 GG die verfassungsrechtliche Gewährleistung des Bestands und der Funktion staatlicher Einrichtungen ergeben.

Wie bereits oben ausgeführt, ist Begriffsmerkmal des juristischen Staatsbegriffs des Grundgesetzes die Ausübung von Staatsgewalt durch besondere Organe der Gesetzgebung, der vollziehenden Gewalt und der Rechtsprechung gemäß Art. 20 Abs. 2 S. 2 GG. Regelungsgegenstand dieser Bestimmung ist dabei, dass verfassungsrechtlich gewährleistet wird, dass die Staatsgewalt durch besondere staatliche Organe ausgeübt wird. Regelungsgegenstand ist dabei nicht, dass generell die Ausübung von Staatsgewalt verfassungsrechtlich gewährleistet und damit geschützt wird, sondern nur soweit die Ausübung durch staatliche Organe im Sinne des Art. 20 Abs. 2 S. 2 GG erfolgt.[1259] Darin findet die Auffassung *Jellineks* ihre positivrechtliche Anknüpfung, nach welcher ein Staat nur aufgrund seiner Organe existieren kann und ohne diese ein juristisches Nichts sei:[1260] „*Der Staat kann nur durch das Medium von Organen walten, denkt man sie hinweg, so ist auch die Vorstellung des Staates selbst verschwunden.*“[1261] Der Begriff der in Art. 20 Abs. 2 S. 2 GG gewährleisteten, staatlichen Organe umfasst nach den

---

1257 Siehe Pkt. IV. 2. lit. c) lit. aa) lit. bbb) lit. aaaa), S. 282 ff.

1258 BVerfGE 80, 188 (217); 44, 308 (315 f.).

1259 Siehe Pkt. I. 4. lit. a) lit. hh) lit. ccc) lit. bbbb) lit. α), S. 65 ff.; Pkt. I. 4. lit. a) lit. hh) lit. ccc) lit. bbbb) lit. α) lit. αα), S. 68 ff.

1260 *Jellinek*, Allgemeine Staatslehre, 3. Aufl., 1921, S. 560, *ders.*, Subjektive öffentliche Rechte, 2. Aufl., 1905, S. 196 f., 225; vgl. *Uhlenbrock*, Der Staat als juristische Person, 2000, S. 107.

1261 *Jellinek*, Subjektive öffentliche Rechte, 2. Aufl., 1905, S. 225; vgl. *Uhlenbrock*, Der Staat als juristische Person, 2000, S. 107, Fn. 16.

obigen Ausführungen sämtliche Hoheitsträger, wie die Organe, Behörden, Einrichtungen und Amtswalter in den Körperschaften der unmittelbaren und mittelbaren Staatsverwaltung, wie Bund, Länder und Gemeinden, sowie sonstige juristische Personen des öffentlichen Rechts. Hiervon umfasst werden zudem Private, wie Beliehene, soweit sie in ihrer Funktion der selbstständigen Wahrnehmung verliehener Hoheitsgewalt auftreten und juristische Personen oder Unternehmen des Privatrechts, soweit sie von einem Hoheitsträger beherrscht werden.[1262] Durch die Einbeziehung von staatlichen Organen in die verfassungsrechtliche Gewährleistung in Art. 20 Abs. 2 S. 2 GG folgt daraus für Hoheitsträger und als solche fungierende Private, dass diese Bestandteil des sich aus Art. 20 Abs. 2 S. 2 GG ergebenden Rechtswerts von Verfassungsrang und einer dadurch vermittelten verfassungsimmanenten Schranke sind. Damit wird die Grundrechtsbeschränkung zum Zwecke des polizeilichen Schutzes von Hoheitsträgern und als solcher fungierender Privater ermöglicht. Dieses Ergebnis entspricht auch dem Gedankengang des Preußischen Oberverwaltungsgerichts in der Entscheidung zur Reichstelegraphie, wonach die *„polizeilichen Anstalten“*, deren Rechtsverhältnisse *„Gegenstand der öffentlichen, polizeilichen Ordnung“* sind, aus sich heraus polizeilichen Schutz genießen.[1263]

Gleichwohl wird vom Regelungsgegenstand in Art. 20 Abs. 2 S. 2 GG nicht der Bestand oder das Wesen von staatlichen Organen für sich genommen geschützt. Wie oben zu den Begriffsmerkmalen des juristischen Staatsbegriffs des Grundgesetzes ausgeführt wurde, findet eine verfassungsrechtliche Gewährleistung der staatlichen Organe nur insoweit statt, wie es um die Ausübung von Staatsgewalt geht. Die Ausübung von Staatsgewalt im Sinne des Art. 20 Abs. 2 S. 2 GG ist entsprechend der obigen Ausführungen als jedes amtliche Handeln mit Entscheidungscharakter zu verstehen, wobei ein sehr weites Begriffsverständnis hierzu herrscht.[1264] Hierunter zählt die Ausübung sämtlicher Handlungen ungeachtet ihrer Rechts- und Handlungsform, wie rechtsgestaltende Anordnungen, schlicht-hoheitliches Handeln oder jegliches fiskalische Handeln, wie fiskalische Hilfsgeschäfte oder die staatliche Aufgabenerfüllung in Privatrechtsform.[1265] Lediglich konsultative oder technisch vorbereitende Tätigkeiten stellen nach der Rechtsprechung des Bundesverfassungsgerichts keine Ausübung von Staatsgewalt dar.[1266] Daraus folgt für den in Art. 20 Abs. 2 S. 2 GG gewähreisteten,

---

1262 Siehe Pkt. I. 4. lit. a) lit. hh) lit. ccc) lit. bbbb) lit. α) lit. αα), S. 68 ff.
1263 PrOVGE 20, 403 (405 f.).
1264 Siehe Pkt. I. 4. lit. a) lit. hh) lit. ccc) lit. bbbb) lit. α), S. 66 f.
1265 Siehe Pkt. I. 4. lit. a) lit. hh) lit. ccc) lit. bbbb) lit. α), S. 67.
1266 BVerfGE 47, 253 (272 f.); 83, 60 (74).

kollisionsfähigen Rechtswert von Verfassungsrang und mithin für die verfassungsimmanente Schranke, dass nicht allein der Bestand oder das Wesen staatlicher Organe grundrechtsbeschränkend ist, sondern nur die Ausübung von Staatsgewalt durch staatliche Organe, wobei der Fokus auf der Ausübung von Staatsgewalt liegt.

Vergleicht man, ob das polizeiliche Schutzgut des Bestands und der Funktion staatlicher Einrichtungen dem kollisionsfähigen Rechtswert der Ausübung von Staatsgewalt durch staatliche Organe in Art. 20 Abs. 2 S. 2 GG entspricht, so ist eine geringe Begriffsverschiedenheit festzustellen: Zunächst ist sich zu vergewissern, dass unter dem polizeirechtlichen Begriff der staatlichen Einrichtungen sämtliche hoheitlichen Regelungs- und Handlungskomplexe fallen.[1267] Die hoheitlichen Handlungskomplexe, wie Rettungseinsätze, Staatsempfänge oder das Aufstellen von Radargeräten durch die Verkehrspolizei, sind Ausdruck hoheitlichen Handelns und mithin der Ausübung von Staatsgewalt. Die Ausübung erfolgt in der Regel auch durch staatliche Organe im Sinne des Art. 20 Abs. 2 S. 2 GG, wie Hoheitsträger oder Beliehene. Die Ausübung von Staatsgewalt erstreckt sich dabei auch auf den rechtlichen Bestand der hoheitlichen Handlungskomplexe, denn das „Sein" eines Rettungseinsatzes, das Abhalten eines Staatsempfangs oder das aufgestellte und stehende Verkehrs-Radargerät ist Ausdruck hoheitlichen Handelns. Gleiches gilt für die Frage, ob von der Ausübung von Staatsgewalt auch die Funktion eines staatlichen Handlungskomplexes umfasst ist. Ein staatlicher Handlungskomplex erfolgt stets zu einem Zweck und trägt daher seine Funktion in sich. Durch hoheitliches Handeln eines Hoheitsträgers realisiert sich dieser Zweck immer wieder erneut. Die Ausübung von Staatsgewalt im Sinne des Art. 20 Abs. 2 S. 2 GG umfasst daher auch die Funktion eines hoheitlichen Handlungskomplexes.

Während der Bestand und die Funktion hoheitlicher Handlungskomplexe von der verfassungsrechtlichen Gewährleistung der Ausübung von Staatsgewalt durch besondere Organe in Art. 20 Abs. 2 S. 2 GG vollständig umfasst ist, ist es bei hoheitlichen Regelungskomplexen diffiziler. Soweit sich hoheitliche Regelungskomplexe mit Handlungskomplexen überschneiden, wie beispielsweise Anordnungen von Polizeivollzugskräften bei einem Polizeieinsatz, so gilt das gleiche wie bei hoheitlichen Handlungskomplexen. Solche hoheitlichen Regelungskomplexe werden sowohl hinsichtlich ihres Bestands und ihrer Funktion von der verfassungsrechtlichen Gewährleistung in Art. 20 Abs. 2 S. 2 GG umfasst. Etwas anderes gilt jedoch für hoheitliche Regelungskomplexe, wie

---

1267 Siehe Pkt. I. 4. lit. b) lit. bb), S. 84 f.

juristische Personen, Behörden oder für öffentliche Einrichtungen des öffentlichen Sachenrechts. Da gemäß Art. 20 Abs. 2 S. 2 GG lediglich die Ausübung von Staatsgewalt durch staatliche Organe gewährleistet wird, ist hiervon weder der Bestand, noch der abstrakte Zweck von juristischen Personen, Behörden oder für öffentliche Einrichtungen im Sinne des öffentlichen Sachenrechts mitumfasst. Damit ein hoheitlicher Regelungskomplex unter die in Art. 20 Abs. 2 S. 2 GG gewährleistete Ausübung von Staatsgewalt durch staatliche Organe fällt, muss sich die abstrakte Funktion der juristischen Person, der Behörde oder der öffentlichen Einrichtung in einem konkreten Tätigwerden aktivieren. Da die Ausübung von Staatsgewalt durch staatliche Organe in Art. 20 Abs. 2 S. 2 GG weder den Bestand, noch die abstrakte Funktion von hoheitlichen Regelungskomplexen, wie juristischen Personen, Behörden oder öffentliche Einrichtungen im Sinne des öffentlichen Sachenrechts, umfasst, ist im Ergebnis das polizeiliche Schutzgut des Bestands und der Funktion einer staatlichen Einrichtung nicht gänzlich deckungsgleich mit der Ausübung von Staatsgewalt durch besondere Organe in Art. 20 Abs. 2 S. 2 GG.

Daher ist der kollisionsfähige Rechtswert mit Verfassungsrang, welcher sich aus dem Regelungsgegenstand des Art. 20 Abs. 2. S. 2 GG ergibt und eine verfassungsimmanente Schranke bildet, nicht die Funktion staatlicher Einrichtungen bzw. der Bestand und die Funktion einer staatlichen Einrichtung, sondern die Ausübung von Staatsgewalt durch eine staatliche Einrichtung. Dies schließt freilich die Gewährleistung der Funktion einer staatlichen Einrichtung nicht aus. Die Begriffe der Ausübung von Staatsgewalt und der Funktion sind aber auch nicht identisch.

Es ist daher bedenklich, wenn in Bremen gemäß § 2 Nr. 2 BremPolG sowie in Sachsen gemäß § 4 Nr. 1 SächsPVDG und Sachsen-Anhalt gemäß § 3 Nr. 1 SOG LSA allein staatliche Einrichtungen als solche zu polizeilichen Schutzgütern bestimmt werden und nicht die Ausübung von Staatsgewalt durch die staatlichen Einrichtungen bzw. das hoheitliche Handeln oder die Aufgabenerfüllung der staatlichen Einrichtung. Eine Einschränkung vorbehaltlos gewährleisteter Grundrechte allein durch staatliche Einrichtungen ist damit jedenfalls nicht in jeder Hinsicht möglich.

bb) Grundrechtseinschränkung bei Auflösung der Kollisionslage nicht ausgeschlossen

Da die Kollisionsformel die Beschränkungsmöglichkeit vorbehaltloser und aller übrigen Grundrechte begründet, aber selber keine exakten Vorgaben über die Auflösung trifft,[1268] ist die definitive Einschränkung der Grundrechte einer Einzelfalldezision anhand des konkreten Einzelfalls überlassen.[1269] Demzufolge würde sich die Frage stellen, ob und inwieweit das polizeiliche Schutzgut des Bestands des Staates und der Funktion staatlicher Einrichtungen von vornherein überhaupt geeignet ist, im Falle einer Kollisionslage sich gegenüber den Grundrechten durchsetzen zu können und die Grundrechte daher einzuschränken. Könnte nämlich das anhand der vorangegangenen Betrachtung bestimmte Schutzgut des Bestands des Staates und der Ausübung von Staatsgewalt durch staatliche Einrichtungen zwar mit Grundrechten kollidieren, aber sich bei einer Kollision niemals gegenüber Grundrechten durchsetzen, so ist bereits das Schutzgut und die gesamte vorangegangene Untersuchung an sich hinfällig.

Zur Beantwortung dieser Frage kann zum einen darauf hingewiesen werden, dass die Einzelfalldezision des Bundesverfassungsgericht tatsächlich auf den konkreten Einzelfall mit all seinen Facetten abstellt, sodass nicht alle Einzelfälle im Voraus gedacht und geprüft werden können. Jedenfalls geht das Bundesverfassungsgericht in Hinsicht auf den Bestand des Staates davon aus, dass diesem ein hohes Gewicht beigemessen wird und sich dieser gegenüber Grundrechten durchzusetzen vermag: „*Für die verfassungsrechtliche Prüfung der Angemessenheit ist zu berücksichtigen, dass die verfassungsmäßige Ordnung, der Bestand und die Sicherheit des Bundes und der Länder* […] *von hohem verfassungsrechtlichem Gewicht sind. Dementsprechend hat das Bundesverfassungsgericht hervorgehoben, dass die Sicherheit des Staates als verfasster Friedens- und Ordnungsmacht* […] *mit anderen hochwertigen Verfassungsgütern im gleichen Rang stehen.*“[1270] Zudem kam das Bundesverfassungsgericht in zwei Entscheidungen bereits zu dem Ergebnis, dass der Bestand der Bundesrepublik Deutschland im Wege der praktischen Konkordanz die vorbehaltlos gewährleistete Kunstfreiheit aus Art. 5 Abs. 3 S. 1 GG wirksam einschränkt.[1271] Dies zeigt, dass der Bestand des Staates als Schutzgut sich durchaus gegenüber den Grundrechten durchsetzen und diese damit einschränken kann. Gleiches ließe sich auch auf die Ausübung von Staatsgewalt durch die staatlichen Einrichtungen übertragen, da nämlich

1268 Siehe Pkt. IV. 2. lit. b) lit. cc) lit. bbb), S. 188 ff.; Pkt. IV. 2. lit. b) lit. cc) lit. bbb) lit. aaaa) lit. δ), S. 215 ff.; Pkt. IV. 2. lit. b) lit. cc) lit. bbb) lit. bbbb) lit. δ), S. 227 f.

1269 Siehe Pkt. IV. 2. lit. b) lit. cc) lit. bbb) lit. aaaa) lit. δ), S. 218 f.; Pkt. IV. 2. lit. b) lit. cc) lit. ccc) lit. eeee) lit. β) lit. ββ), S. 269 ff.

1270 BVerfGE 141, 220 (267 f.); vgl. bereits: BVerfGE 49, 24 (56 f.).

1271 BVerfGE 33, 52 (71); 81, 278 (292).

Jellinek und *Herzog* zufolge der Staat nach Außen erst durch seine Organe in Erscheinung tritt.[1272] Eine Einschränkung der Grundrechte durch die Auflösung der Kollisionslage zugunsten des polizeilichen Schutzes des Bestands des Staates oder der Ausübung von Staatsgewalt durch staatliche Einrichtungen ist von vornherein nicht per se ausgeschlossen. Es kommt vielmehr auf die Umstände des Einzelfalls an.

Auf der Ebene der Auflösung der Kollisionslage können daher solche Erwägungen Eingang in die Grundrechtseinschränkung seitens des Gesetzgebers finden, mit denen auch im Schrifttum versucht wurde, die Beschränkung auch von vorbehaltlosen Grundrechten zum Schutz des Staates und seiner Einrichtungen zu rechtfertigen, wie die Argumentationsfigur des Grundrechtsmissbrauchs bei *Bettermann*: *„Die Benutzung bürgerlicher und politischer Freiheiten zum Kampf gegen den Staat und seine Verfassungsordnung ist ein typischer Missbrauchsfall; denn die Freiheitsrechte dienen der Erhaltung und Entfaltung der bürgerlichen und politischen Freiheit im Staat, nicht ihrer Beseitigung.*“[1273] oder die Auffassung *Erichsens*: *„Schutz des Staates gehört zu den grundrechtsbedingten Daten*“[1274]. Für diese Erwägungen können auch sämtliche unter **I.** dargestellten Ausführungen über den grundsätzlichen Sinn und Zweck für einen Schutz des Staates und der Ausübung von Staatsgewalt durch seine Einrichtungen in die Abwägung einfließen, nämlich dass die Aufrechterhaltung der staatlichen Friedensordnung nur zu gewährleisten ist, indem auch der Staat und das Gewaltmonopol selber geschützt werden.[1275] Sämtliche Argumente für die Bedeutung des Schutzes von Staat und Ausübung von Staatsgewalt durch staatliche Einrichtungen sowie deren Gewichtigkeit[1276] können hierbei berücksichtigt werden. Zu vergegenwärtigen ist dabei stets, dass der Standort für solche Gedankengänge hier die Ebene der Auflösung der Kollisionslage ist und nicht – wie *Bettermann* und *Erichsen* versucht haben – das konstruktive Zustandekommen der Grundrechtsbeschränkung.

Da überdies auch andere verfassungsrechtliche Anforderungen an die Auflösung der Kollisionslage, wie etwa die Wesensgehaltsgarantie gemäß Art. 19 Abs. 2 GG oder das rechtsstaatliche Bestimmtheitsgebot,[1277] sich nicht an den

---

1272 *Jellinek*, Allgemeine Staatslehre, 3. Aufl., 1921, S. 560; *ders*, Subjektive öffentliche Rechte, 2. Aufl., 1905, S. 193 f., 223 ff.; *Herzog*, Allgemeine Staatslehre, 1971, S. 100, 102.

1273 *Bettermann*, Grenzen der Grundrechte, 1968, S. 12.

1274 *Erichsen*, VVDStRL Heft 35 (1977), 171 (192 f.).

1275 Siehe Pkt. I. 1., S. 31 ff.

1276 Vgl. dazu auch: *Kloepfer*, Verfassungsrecht II, 2010, § 51, Rdnr. 104 m. w. N. BVerfGE 20, 162 (222); 30, 1 (18); *Götz*, in: Isensee/Kirchhof (Hrsg.), Handbuch des Staatrechts, Bd. IV, 3. Aufl., 2006, § 85, Rdnr. 25.

1277 Siehe dazu unter: Pkt. IV. 2. lit. b) lit. cc) lit. ccc) lit. eeee) lit. β), S. 264.

Beschränkungszweck, sondern an die Ausgestaltung der Grundrechtseinschränkung richten, vermögen die polizeirechtlichen Schutzgüter hier nicht entgegenzustehen. Dies zeigt, dass die Schutzgüter des Bestands des Staates und der Ausübung von Staatsgewalt durch staatliche Einrichtungen von vornherein nicht ungeeignet sind, um sich in einer Kollisionslage gegenüber Grundrechten oder etwaigen entgegenstehenden qualifizierten Gesetzesvorbehalten durchzusetzen. Eine Einschränkung von Grundrechten zum Schutz des Bestands des Staates und der Ausübung von Staatsgewalt durch staatliche Einrichtungen durch den Gesetzgeber ist damit jedenfalls nicht ausgeschlossen.

3. Zusammenfassung

Es ist festzustellen, dass die Kollisionsformel des Bundesverfassungsgerichts eine zulässige und plausible Herleitung von verfassungsimmanenten Grundrechtsschranken darstellt. Die Interpretation der Einheit der Verfassung in ihrem formellen und funktionalen Begriffssinn bzw. die Prinzipiennatur der Verfassungsbestimmungen führt zu einem Zusammenstreben bzw. einem Überschneiden sämtlicher Verfassungsbestimmungen und kann damit eine Kollision zwischen Grundrechten und Rechtswerten von Verfassungsrang bewirken, durch die eine Beschränkung der Grundrechte ermöglicht wird. Zudem gilt die Kollisionsformel des Bundesverfassungsgerichts nicht nur für vorbehaltlose Grundrechte, sondern ist aufgrund ihrer allgemeinen Herleitung auf sämtliche Verfassungsbestimmungen und mithin sämtliche Grundrechte anwendbar. Eine Einschränkung aufgrund von verfassungsimmanenten Schranken unterscheidet sich zudem auch strukturell und in ihrer Wirkungsweise von den Einschränkungen aufgrund der grundrechtlichen Vorbehalte, sodass Grundrechtsbeschränkungen aufgrund von verfassungsimmanenten Schranken nicht in Widerspruch zur Schrankensystematik der geschriebenen Vorbehalte geraten.

Wie die Untersuchung zu den Kollisionsgütern gezeigt hat, können sämtliche in Verfassungsrechtsnormen enthaltenen Verfassungsbestimmungen geeignete, kollisionsfähige Rechtswerte von Verfassungsrang sein. Es ist dafür jedoch genauestens zu ermitteln, welcher Regelungsgehalt einer Verfassungsbestimmung zukommt, unter welchem sie kollisionsfähig ist.

Bei den polizeirechtlichen Schutzgütern des Bestands des Staates und der Funktion staatlicher Einrichtungen handelt es sich jedoch nicht in jeder Hinsicht um im Grundgesetz niedergelegte kollisionsfähige Rechtswerte von Verfassungsrang. Während der zugrundezulegende Begriff des Bestands des Staates durch die Verfassungsbestimmungen des Art. 20 Abs. 1, 2; Art. 116 Abs. 1; Art. 16 Abs. 1 GG sowie der Präambel des Grundgesetzes gewährleistet wird, kann keine umfassende

Gewährleistung des Bestands und der Funktion von staatlichen Einrichtungen aus den Verfassungsbestimmungen herausgelesen werden. Mit Blick auf Art. 20 Abs. 2 S. 2 HS. 2 GG liegt eine verfassungsrechtliche Gewährleistung nur für die Ausübung von Staatsgewalt durch staatliche Einrichtung vor. Dabei liegt der Fokus der Bestimmung auf der Ausübung von Staatsgewalt, sodass auch nicht der abstrakte Bestand bzw. die abstrakte Funktion einer staatlichen Einrichtung geschützt werden, sondern nur soweit die staatliche Einrichtung Staatsgewalt auch ausübt.

Vor diesem Hintergrund sind kollisionsfähige Rechtswerte von Verfassungsrang und demnach geeignete verfassungsimmanente Schranken der Bestand des Staates und die Ausübung von Staatsgewalt durch staatliche Einrichtungen. Mit Blick auf die daraus resultierende Beschränkungsmöglichkeit von Grundrechten müssen die oben unter **I.** ermittelten polizeilichen Schutzgüter begrifflich rekonstruiert werden. Demnach sind der Bestand des Staates und die Ausübung von Staatsgewalt durch staatliche Einrichtungen geeignete polizeiliche Schutzgüter, mit denen der Gesetzgeber Grundrechte beschränken kann.

Vor diesem Hintergrund ist es bedenklich, wenn in Bremen gemäß § 2 Nr. 2 BremPolG sowie in Sachsen gemäß § 4 Nr. 1 SächsPVDG und Sachsen-Anhalt gemäß § 3 Nr. 1 SOG LSA der Bestand von staatlichen Einrichtungen ein polizeiliches Schutzgut im Rahmen der öffentlichen Sicherheit darstellt. Dies könnte allenfalls auf ausdrücklich normierten Grundrechtsvorbehalte gestützt werden, da der abstrakte Schutz des Bestands staatlicher Einrichtungen über die im Begriff des Staates gemäß Art. 20 Abs. 2 S. 2 HS. 2 GG implizit mitumfasste Ausübung von Staatsgewalt durch staatliche Einrichtungen begrifflich hinausgeht.

V. Fazit

Anhand der vorangehenden Untersuchung ist festzustellen, dass der polizeirechtliche Schutz des Staates und staatlicher Einrichtungen weder geeignet ist, generelle Grenzen der Grundrechtsgewährleistung darzustellen, noch kann er vollumfänglich sämtliche Grundrechtsvorbehalte ausfüllen. Eine gesetzgeberische Beschränkung sämtlicher Grundrechte zum Schutz des Staates und seiner Einrichtungen ist jedoch aufgrund von verfassungsimmanenten Schranken möglich. Dabei stellen beide Schutzgüter nur in Gestalt des Bestands des Staates und der Ausübung von Staatsgewalt durch staatliche Einrichtungen verfassungsimmanente Schranken dar. Allein der Schutz des abstrakten Bestands bzw. der abstrakten Funktion staatlicher Einrichtungen stellt indes keine verfassungsimmanente Grundrechtsschranke dar.

C. Zusammenfassung in Thesen

1. Für die Ermittlung des – dem polizeirechtlichen Schutzgut des Bestands des Staates zugrundeliegenden – maßgeblichen Staatsbegriffs ist die Zwei-Seiten-Lehre *v. Gerbers* und *Jellineks* anzuwenden, um einen spezifisch juristischen Staatsbegriff zu erhalten. Bei konsequenter Anwendung der Zwei-Seiten-Lehre muss sich der maßgebliche juristische Staatsbegriff aus den geltenden Rechtsnormen ergeben. Im Rahmen der verfassungsrechtlichen Untersuchung ergibt sich der juristische Staatsbegriff dementsprechend aus Verfassungsrechtsnormen des Grundgesetzes.[1278]
2. Der juristische Staatsbegriff des Grundgesetzes ist nicht legaldefiniert. Das Grundgesetz bestimmt jedoch gemäß Art. 20 Abs. 1 GG die Bundesrepublik Deutschland zum maßgeblichen Staat. Auch wenn das Grundgesetz über keine Legaldefinition für die Bundesrepublik Deutschland als Staat verfügt, so lassen sich den Verfassungsrechtsnormen des Grundgesetzes sechs Wesensmerkmale des Staatsbegriffs entnehmen: Danach zählen zu den Wesensmerkmalen das körperschaftliche Verbandsgebilde Deutschland, dessen Gliederung in Bund und Länder, der in der Präambel des Grundgesetzes genannte Bestand an Ländern, die Ausübung von Staatsgewalt durch staatliche Organe sowie die Ausübung von Staatsgewalt durch Wahlen und Abstimmungen des deutschen Volkes und schließlich das Volk bzw. das deutsche Volk als Summe aller Staatsangehörigen. Demgegenüber gehören der Begriff der Souveränität oder die Staatsstrukturprinzipen, Staatszielbestimmungen oder die Figur des demokratischen Legitimationszusammenhangs nicht zum juristischen Staatsbegriff. Diese sind zwar prägend dafür, welchen Bindungen der juristische Staat unterliegt, aber setzen den Staat erst voraus und sind selber nicht Bestandteil des „Staats".[1279]
3. Der für das polizeiliche Schutzgut der Funktionsfähigkeit staatlicher Einrichtungen maßgebliche Begriff der staatlichen Einrichtungen ist unter Zugrundelegung seiner Verwendung im polizeirechtlichen Schrifttum und der Rechtsprechung sehr weit zu verstehen. Zu den staatlichen Einrichtungen zählen sämtliche staatlichen Organe, Behörden, Einrichtungen sowie tatsächlich abgehaltene staatliche Veranstaltungen. Damit umfasst der

1278 Siehe Pkt. I. 4. lit. a) lit. hh) lit. bbb), S. 58 ff.
1279 Siehe Pkt. I. 4. lit. a) lit. hh) lit. ccc), S. 60 ff.

Begriff der staatlichen Einrichtungen sämtliche hoheitlichen Regelungs- und Handlungskomplexe. Einer zusätzlichen Unterscheidung zwischen staatlichen Einrichtungen und staatlichen Veranstaltungen bedarf es aus Sicht des Polizeirechts nicht.[1280]

4. Die Kritik wegen der fehlenden Bestimmtheit des Begriffs der Funktionsfähigkeit bei dem Schutz staatlicher Einrichtungen lässt sich jedenfalls für das Polizeirecht vermeiden. Der Begriff der Funktionsfähigkeit von staatlichen Einrichtungen lässt sich im Polizeirecht aufgrund der Einbettung des Schutzguts in die polizeirechtliche Gefahrenabwehr und Störungsbeseitigung auch als Funktion von staatlichen Einrichtungen verstehen. Da sowohl der Gefahrbegriff und der Begriff der Störung einerseits sowie der Begriff der Funktionsfähigkeit andererseits über kausale Begriffsdimensionen verfügen, werden im Rahmen einer Gefahrenabwehr oder Störungsbeseitigung, die an der Funktion einer staatlichen Einrichtung ansetzt, auch gewisse Umstände der Funktionsfähigkeit mitgeschützt. Durch den Begriff der Funktion statt der Funktionsfähigkeit lässt sich daher eine gewisse Konkretisierung für das polizeirechtliche Schutzgut erreichen und ein ausufernder Schutzumfang vermeiden.[1281]
5. Dem Grundgesetz und den Grundrechten als subjektive Abwehrrechte vor staatlichen Eingriffen, wie polizeiliche Maßnahmen zum Schutz des Staates und staatlicher Einrichtungen, liegt ein außentheoretisches Verständnis zugrunde. Danach führen rechtliche Verkürzungen, die außerhalb der Grundrechtsnorm liegen, nicht zur Inhaltsausgestaltung der Grundrechte selbst, sondern treten von außen als sog. Schranken an die Grundrechte heran.[1282]
6. In Anbetracht der außentheoretischen Struktur der Grundrechte kann zwischen rechtlichen Verkürzungen durch andere Rechtsnormen, den sog. Schranken, und den innerhalb des Wortlauts der Grundrechtsnormen angelegten Grenzen unterschieden werden. Während Schranken die Grundrechtsausübung beschränken und dabei Anforderungen unterliegen können, verkürzen die Grundrechtsgrenzen den Schutzbereich der grundrechtlichen Gewährleistung von vornherein. Klassische Grundrechtsgrenze ist der Friedlichkeitsvorbehalt in Art. 8 Abs. 1 GG.[1283]

1280 Siehe Pkt. I. 4. lit. b) lit. bb), S. 84 f.

1281 Siehe Pkt. I. 4. lit. b) lit. cc) lit. eee), S. 94 ff.

1282 Siehe Pkt. II. 2. lit. c), S. 125 ff.; Pkt. II. 2. lit. d), S. 130 f.

1283 Siehe Pkt. II. 3., S. 131 ff.; Pkt. II. 4., S. 136 f.

7. Der Bestand des Staates und die Funktion staatlicher Einrichtungen ist in den grundrechtlichen Gewährleistungen nicht als eine umfassende Grundrechtsgrenze enthalten.[1284]
8. Die Lehre von den Verfassungs- bzw. Grundrechtsvoraussetzungen, welche etwa den Schutz des Staates als eine Verfassungsvoraussetzung und demnach als Voraussetzung für die Grundrechtsgewährleistung ansieht, ist zum einen rechtlich nicht fundiert und kann daher schon nicht gefolgt werden. Zum anderen geht die Lehre von den Verfassungs- bzw. Grundrechtsvoraussetzungen davon aus, dass die jeweiligen Voraussetzungen zwar den Grundrechtsnormen voraus und außerhalb von diesen liegen, aber die Grundrechtsnormen inhaltlich gestalten. Da dies eine zutiefst innentheoretische Denkweise ist, widerspricht sie auch der außentheoretischen Struktur der Grundrechte.[1285]
9. Die Schutzgüter des Bestands des Staates und der Funktion staatlicher Einrichtungen entsprechen nicht allen, in den Grundrechtsartikeln normierten, Grundrechtsvorbehalten und stellen daher keine „allgemeine Schranke aller Grundrechte“ dar.[1286]
10. Neben den Schranken durch die Grundrechtsvorbehalte kommen auch verfassungsimmanente Schranken in Betracht. Diese wurden zunächst in Hinsicht auf die vorbehaltlos gewährleisteten Grundrechte entwickelt. Die verfassungsimmanenten Schranken ergeben sich nicht aus einer Schrankenanleihe aus Art. 2 Abs. 1 GG. Die für eine Schrankenanleihe aus Art. 2 Abs. 1 GG entwickelten Gedankenmodelle führen zu Widersprüchen mit der Schrankensystematik des Grundgesetzes.[1287]
11. Der Gemeinschaftsvorbehalt in der frühen Rechtsprechung des Bundesverwaltungsgerichts ist aufgrund unzureichender Begründung und Beliebigkeit seiner Ergebnisse als Herleitung von verfassungsimmanenten Schranken abzulehnen.[1288]
12. Für die Herleitung von verfassungsimmanenten Schranken ist die Kollisionsformel des Bundesverfassungsgerichts zugrundezulegen. Danach können Grundrechte durch kollidierende Rechtswerte von Verfassungsrang beschränkt werden. Das Bundesverfassungsgericht führt die

---

1284 Siehe Pkt. III. 1., S. 138 ff.
1285 Siehe Pkt. III. 2., S. 154 ff.
1286 Siehe Pkt. IV. 1., S. 157 ff.
1287 Siehe Pkt. IV. 2. lit. a), S. 169 ff.; Pkt. IV. 2. lit. b) lit. aa), S. 171 ff.
1288 Siehe Pkt. IV. 2. lit. b) lit. bb), S. 182 ff.

Kollisionsformel dabei auf die Einheit der Verfassung und die gesamte geschützte Werteordnung zurück.[1289]

13. Die Kollision zwischen Grundrechten und Rechtswerten von Verfassungsrang entsteht aufgrund des Interpretationsprinzips der Einheit der Verfassung bzw. der Prinzipiennatur der Verfassungsbestimmungen. Dabei ist die Einheit der Verfassung in einem formellen Sinn in Gestalt der formalen Gleichrangigkeit aller Verfassungsbestimmungen sowie in einem funktionalen Sinn in Gestalt des Zusammenhaltens bzw. Zusammenstrebens aller Verfassungsbestimmungen zu verstehen. Die Interpretation der Einheit der Verfassung in einem materiellen Sinn ist abzulehnen, da eine solche harmonisierende Interpretation zu einer Nivellierung des materiellen Verfassungsrechts führt. Die Interpretation der Verfassungsbestimmungen als Prinzipien führt zu einer deontologischen Begriffsnatur, wodurch dieselbe Kollisionslage eintritt, wie bei der Einheit der Verfassung unter ihrem funktionalen Begriffssinn.[1290]
14. Die gesamte geschützte Wertordnung ist für die Herbeiführung der Kollisionslage nicht bedeutsam. Soweit dem Wertebegriff eine axiologische Begriffsnatur zugrunde gelegt wird, vermag der Wertebegriff die Kollisionslage selber nicht zu begründen, sondern kann allenfalls zur Auflösung der Kollisionslage dienen. Soweit der Wertebegriff mit dem Prinzipienbegriff gleichgesetzt wird, wäre er auch identisch mit der Einheit der Verfassung in ihrem funktionalen Begriffssinn und hätte demnach in der Rechtsprechung des Bundesverfassungsgerichts neben der Einheit der Verfassung keinen eigenständigen Aussagewert für die Begründung der Kollisionslage. Etwas anderes würde dann gelten, wenn aus der gesamten geschützten Werteordnung eine formale Werterangordnung folgen würde. Dies ist mit Blick auf die Rechtsprechung des Bundesverfassungsgerichts jedoch nicht erfolgt.[1291]
15. Der Begriff der kollisionsfähigen Rechtswerte von Verfassungsrang umfasst sämtliche Verfassungsbestimmungen, einschließlich der organisationsrechtlichen Kompetenz-, Verfahrens- und Staatsstrukturbestimmungen sowie Verfassungseinrichtungen. Für die Frage, was durch eine Verfassungsbestimmung gewährleistet wird, ist der Regelungsgehalt von Bedeutung. Da Kompetenzbestimmungen die Zuweisung einer Regelungsbefugnis an einen bestimmten Kompetenzträger normieren, kommt einer

1289 Siehe Pkt. IV. 2. lit. b) lit. cc) lit. bbb), S. 188 ff.
1290 Siehe Pkt. IV. 2. lit. b) lit. cc) lit. bbb) lit. aaaa), S. 190 ff.
1291 Siehe Pkt. IV. 2. lit. b) lit. cc) lit. bbb) lit. bbbb), S. 219 ff.

Kompetenzbestimmung auch nur unter dieser Hinsicht ein Regelungsgehalt zu. Nur unter dieser Hinsicht ist eine Kompetenznorm ein Rechtswert von Verfassungsrang und damit kollisionsfähig. Damit ist nicht der Kompetenzbereich bzw. die kompetenzielle Regelungsmaterie der gewährleistete Rechtswert, sondern die jeweilige Zuweisungsbefugnis. Gleiches gilt entsprechend für andere organisationsrechtliche Verfassungsbestimmungen.[1292]

16. Die Kollisionsformel des Bundesverfassungsgerichts ist nicht allein auf vorbehaltlos gewährleistete Grundrechte, sondern auf sämtliche Grundrechte anwendbar. Die Anwendbarkeit auf sämtliche Grundrechte ergibt sich zunächst aus der Kollisionsformel selbst, wonach gemäß der Einheit der Verfassung im funktionalen Sinn bzw. der Prinzipiennatur sämtliche Verfassungsbestimmungen miteinander kollidieren können.[1293]
17. Die Kollisionsformel unterläuft nicht die Schrankensystematik der Grundrechte mit geschriebenem Grundrechtsvorbehalt. Im Gegensatz zu Grundrechten mit einfachem Gesetzesvorbehalt, bei welchen jeder nicht verfassungswidrige Zweck beschränkungstauglich ist, ist die Anzahl der beschränkungstauglichen Rechtswerte bei den verfassungsimmanenten Schranken aus kollidierendem Verfassungsrecht durch den Umfang der Verfassungsrechtsnormen von vornherein begrenzt.[1294]
18. Die Schrankensystematik der Grundrechte wird durch die Kollisionsformel auch mit Blick auf die Grundrechte mit qualifiziertem Gesetzesvorbehalt nicht unterlaufen. Beschränkungen von Grundrechten aufgrund von qualifizierten Gesetzesvorbehalten unterscheiden sich sowohl strukturell als auch in ihrer Wirkungsweise von Beschränkungen aufgrund von verfassungsimmanenten Schranken. In struktureller Hinsicht ist die Beschränkung eines Grundrechts anhand eines qualifizierten Gesetzesvorbehaltes ein lineares, zweipoliges Verhältnis zwischen dem Grundrecht und dem Gesetz mit seinen qualifizierten Anforderungen. Bei Beschränkungen aufgrund von verfassungsimmanenten Schranken entsteht – bei konsequenter und strikter Anwendung der Kollisionsformel aufgrund der Einheit der Verfassung bzw. der Prinzipiennatur – ein dreipoliges, trianguläres Verhältnis zwischen dem Grundrecht, dem kollisionsfähigen Rechtswert als verfassungsimmanente Schranke und der Bestimmung des qualifizierten Gesetzesvorbehalts, der

---

1292 Siehe Pkt. IV. 2. lit. b) lit. cc) lit. bbb) lit. cccc), S. 228 ff.

1293 Siehe Pkt. IV. 2. lit. b) lit. cc) lit. ccc), S. 250 ff.; Pkt. IV. 2. lit. b) lit. cc) lit. ccc) lit. eeee), S. 257 ff.

1294 Siehe Pkt. IV. 2. lit. b) lit. cc) lit. ccc) lit. eeee) lit. α), S. 260 ff.

eine Beschränkung des Grundrechts nur zu bestimmten Zwecken vorsieht. Dies führt zu einer strukturellen Abschwächung des kollidierenden Rechtswerts, der sich in der Kollisionsauflösung sowohl gegen das Grundrecht als auch gegen den qualifizierten Gesetzesvorbehalt durchsetzen muss.
Auch anhand der Wirkungsweise der Grundrechtseinschränkung unterscheiden sich Beschränkungen aufgrund von qualifizierten Gesetzesvorbehalten und aufgrund von verfassungsimmanenten Schranken. Bei ersterer ist eine Verhältnismäßigkeitsprüfung, insbesondere anhand der Erforderlichkeit und Angemessenheit durchzuführen, bei der letzteren ist eine Kollisionsauflösung anhand praktischer Konkordanz durchzuführen. Im Rahmen der Kollisionsauflösung ist allerdings kein Raum für das Erforderlichkeitsgebot, da nach der Einheit der Verfassung bzw. der Prinzipiennatur der Verfassungsbestimmungen die Wahl des mildesten Mittels per se zulasten des kollisionsfähigen Rechtswerts gehen würde.[1295]

19. Da dem Bestand des Staates der juristische Staatsbegriff des Grundgesetzes zugrundeliegt und sich danach die Bestimmung der Bundesrepublik Deutschland als maßgeblicher Staat sowie deren Wesensmerkmale aus Verfassungsbestimmungen ergeben, handelt es sich bei diesem Begriff um eine Zusammenfassung von Rechtswerten von Verfassungsrang im Sinne der Kollisionsformel des Bundesverfassungsgerichts. Vor diesem Hintergrund ist der Bestand des Staates eine verfassungsimmanente Grundrechtsschranke.[1296]
20. Mit Blick auf die Funktion von staatlichen Einrichtungen ist festzustellen, dass aufgrund der begrifflichen Weite von staatlichen Einrichtungen, worunter sämtliche hoheitlichen Regelungs- und Handlungskomplexe zählen, eine verfassungsrechtliche Gewährleistung des Bestands sämtlicher staatlichen Einrichtungen oder deren Funktion nicht möglich ist. Der ermittelte juristische Staatsbegriff des Grundgesetzes enthält allerdings das Wesensmerkmal der Ausübung von Staatsgewalt durch besondere Organe gemäß Art. 20 Abs. 2 S. 2 HS. 2 GG. Der Umfang der staatlichen Einrichtungen als hoheitliche Regelungs- und Handlungskomplexe wird – soweit es um hoheitliches Handeln – geht, von der Ausübung von Staatsgewalt seitens besonderer Organe in Art. 20 Abs. 2 S. 2 HS. 2 GG umfasst. Soweit unter staatlichen Einrichtungen als hoheitliche Regelungs- und Handlungskomplexe jedoch Hoheitsträger verstanden werden, so ist deren abstrakter

1295 Siehe Pkt. IV. 2. lit. b) lit. cc) lit. ccc) lit. eeee) lit. α), S. 260 ff. und lit. β), S. 264 ff.
1296 Siehe Pkt. IV. 2. lit. c) lit. aa) lit. aaa), S. 281 f.

Bestand oder deren abstrakte Funktion nicht von der Ausübung von Staatsgewalt durch besondere Organe mitumfasst. Da gemäß Art. 20 Abs. 2 S. 2 HS. 2 GG hauptsächlich das Merkmal der Ausübung von Staatsgewalt im Fokus der Bestimmung steht, fehlt es mit Blick allein auf den abstrakten Bestand oder der abstrakten Funktion von Hoheitsträgern an einer solchen „Aktivierung". Daher umfasst Art. 20 Abs. 2 S. 2 HS. 2 GG nicht den Bestand und die Funktion sämtlicher staatlichen Einrichtungen. Eine verfassungsimmanente Schranke ergibt sich bei Art. 20 Abs. 2 S. 2 HS. 2 GG nur in Gestalt der Ausübung von Staatsgewalt durch staatliche Einrichtungen.[1297]

21. Der Bestand des Staates und die Ausübung von Staatsgewalt durch staatliche Einrichtungen sind verfassungsimmanente Grundrechtsschranken. Vor diesem Hintergrund stellen der Schutz des Bestands des Staates und der Ausübung von Staatsgewalt durch staatliche Einrichtungen geeignete polizeirechtliche Schutzgüter dar, mit denen der Gesetzgeber die Grundrechte beschränken kann.[1298]

1297 Siehe Pkt. IV. 2. lit. c) lit. aa) lit. bbb), S. 282 ff.; Pkt. IV. 2. lit. c) lit. aa) lit. bbb) lit. cccc), S. 290 ff.

1298 Siehe Pkt. IV. 2. lit. c) lit. bb), S. 293 ff.; Pkt. V., S. 297.

Literaturverzeichnis

Alexy, Robert: Theorie der Grundrechte, 2. Aufl., 1994

ders.: Grundrechte als subjektive Rechte und als objektive Normen, Der Staat Bd. 29 (1990), 49

ders.: Zur Struktur der Rechtsprinzipien, in: *Schilcher*, Bernd/*Koller*, Peter/*Funk*, Bernd-Christian (Hrsg.), Regeln, Prinzipien und Elemente des Rechts, 2000, S. 31

von Arnauld, Andreas: Die Freiheitsrechte und ihre Schranken, 1999

von Arnstedt, Oskar: Das Preußische Polizeirecht unter Benutzung der Entscheidungen von Verwaltungs- sowie Gerichtsbehörden, Band 1, 1905

ders.: Das Preußische Polizeirecht unter Benutzung der Entscheidungen von Verwaltungs- sowie Gerichtsbehörden, Band 2, 1907

Bachof, Otto: Die Rechtsprechung des Bundesverwaltungsgerichts (BVerwGE Band 1–3), JZ 1957, 334

ders.: Anmerkung zu BVerwG, Urteil v. 29.06.1957 – II C 105/56, JZ 1958, 288

ders.: Verfassungswidrige Verfassungsnormen?, 1951

Badura, Peter: Grundrechte als Ordnung für Staat und Gesellschaft, in: *Merten*, Detlef/*Papier*, Hans-Jürgen (Hrsg.), Handbuch der Grundrechte in Deutschland und Europa, Band I, Entwicklung und Grundlagen, 2004, § 20, S. 783

ders.: Kommentierung zu Art. 7 GG, in: *Maunz*, Theodor/*Dürig*, Günter/*Herzog*, Roman/*Herdegen*, Matthias/*Scholz*, Rupert/*Klein*, Hans Hugo (Hrsg.), Grundgesetz, Kommentar, Stand: 88. EL (2019)

ders.: Der Sozialstaat, DÖV 1989, 491

Baldus, Manfred: Zur Relevanz des Souveränitätsproblems für die Wissenschaft vom öffentlichen Recht, Der Staat, Bd. 36 (1997), 381

Bamberger, Christian: Verfassungswerte als Schranken vorbehaltloser Freiheitsgrundrechte, Vom Verfassungs- zum Gegenseitigkeitsvorbehalt, 1999

Battis, Ulrich: Kommentierung zu Art. 33 GG, in: *Sachs*, Michael (Hrsg.), Grundgesetz, Kommentar, 8. Aufl., 2018

Bauer, Otto: Die Polizeigesetzgebung in Deutschland und das preußische PVG v. 1.6.1931, 1948

Bauer, Hartmut: Kommentierung zu Art. 9 GG, in: *Dreier*, Horst (Hrsg.), Grundgesetz, Kommentar, Band I, Präambel, Artikel 1–19, 3. Aufl., 2013

Bäumlin, Richard: Staat, Recht und Geschichte, Eine Studie zum Wesen des geschichtlichen Rechts, entwickelt an den Grundproblemen von Verfassung und Verwaltung, 1961

Becker, Ulrich: Das ‚Menschenbild des Grundgesetzes' in der Rechtsprechung des Bundesverfassungsgerichts, 1996

Bethge, Herbert: Staatszwecke im Verfassungsstaat – 40 Jahre Grundgesetz, DVBl. 1989, 841

ders.: Verfassungsgerichtsbarkeit im Bundesstaat, BayVBl. 1985, 257

ders.: Die verfassungsrechtliche Problematik der Grundpflichten, JA 1985, 249

ders.: Mittelbare Grundrechtsbeeinträchtigungen, in: *Merten*, Detlef/*Papier*, Hans-Jürgen (Hrsg.), Handbuch der Grundrechte in Deutschland und Europa, Band III, Grundrechte in Deutschland: Allgemeine Lehren II, 2009, § 58, S. 113

ders.: Grundrechtskollisionen, in: *Merten*, Detlef/*Papier*, Hans-Jürgen (Hrsg.), Handbuch der Grundrechte in Deutschland und Europa, Band III, Grundrechte in Deutschland: Allgemeine Lehren II, 2009, § 72, S. 667

ders.: Kommentierung zu Art. 5 GG, in: *Sachs*, Michael (Hrsg.), Grundgesetz, Kommentar, 8. Aufl., 2018

ders.: Die Freiheit des privaten Rundfunks – Eine Bestandsaufnahme –, DÖV 2002, 673

ders.: Meinungsfreiheit, in: *Kube*, Hanno/*Mellinghoff*, Rudolf/*Morgenthaler*, Gerd/*Palm*, Ulrich/*Puhl*, Thomas/*Seiler*, Christian (Hrsg.), Leitgedanken des Rechts, Paul Kirchhof zum 70. Geburtstag, Band I, Staat und Verfassung, 2013, S. 535

Bettermann, Karl August: Grenzen der Grundrechte, 1968

Binding, Karl: Die Normen und ihre Übertretung, Eine Untersuchung über die rechtmäßige Handlung und die Arten des Delikts, Bd. I, Normen und Strafgesetze, 2. Aufl., 1890

Böckenförde, Ernst-Wolfgang: Schutzbereich, Eingriff, verfassungsimmanente Schranken, Zur Kritik gegenwärtiger Grundrechtsdogmatik, Der Staat, Bd. 42 (2003), 165

ders.: Staat, Gesellschaft, Freiheit, Studien zur Staatstheorie und zum Verfassungsrecht, 1976

Bolz, Marcel: Das Verhältnis von Schutzobjekt und Schranken der Grundrechte, 1991

Borowski, Martin: Grundrechte als Prinzipien, 3. Aufl., 2018

Boysen, Sigrid: Kommentierung zu Art. 7 GG, in: *von Münch*, Ingo/*Kunig*, Philip (Hrsg.), Grundgesetz, Kommentar, Band 1: Präambel bis Art. 69, 6. Aufl., 2012

Britz, Gabriele: Die Mitwirkung Privater an der Wahrnehmung öffentlicher Aufgaben durch Einrichtungen des öffentlichen Rechts, VerwArch. Bd. 91 (2000), S. 418

ders.: Kommentierung zu Art. 5 III GG (Wissenschaft), in: *Dreier*, Horst (Hrsg.), Grundgesetz, Kommentar, Band I, Präambel, Artikel 1–19, 3. Aufl., 2013

Brosius-Gersdorf, Frauke: Kommentierung zu Art. 6 GG, in: *Dreier*, Horst (Hrsg.), Grundgesetz, Kommentar, Band I, Präambel, Artikel 1–19, 3. Aufl., 2013

ders.: Kommentierung zu Art. 7 GG, in: *Dreier*, Horst (Hrsg.), Grundgesetz, Kommentar, Band I, Präambel, Artikel 1–19, 3. Aufl., 2013

Bumke, Christian: Der Grundrechtsvorbehalt, Untersuchung über die Begrenzung und Ausgestaltung der Grundrechte, 1998

Burgi, Martin: Funktionale Privatisierung und Verwaltungshilfe, 1999

Camilo de Oliveira, Renata: Zur Kritik der Abwägung in der Grundrechtsdogmatik, Beitrag zu einem liberalen Grundrechtsverständnis im demokratischen Rechtsstaat, 2013

Coester-Waltjen, Dagmar: Kommentierung zu Art. 6 GG, in: *von Münch*, Ingo/*Kunig*, Philip (Hrsg.), Grundgesetz, Kommentar, Band 1: Präambel bis Art. 69, 6. Aufl., 2012

Darnstädt, Thomas: Gefahrenabwehr und Gefahrenvorsorge, Eine Untersuchung über Struktur und Bedeutung der Prognose-Tatbestände im Recht der öffentlichen Sicherheit und Ordnung, 1983

Degenhart, Christoph: Staatsrecht I, Staatsorganisationsrecht, 35. Aufl., 2019

ders.: Grundrechtsausgestaltung und Grundrechtsbeschränkung, in: *Merten*, Detlef/*Papier*, Hans-Jürgen (Hrsg.), Handbuch der Grundrechte in Deutschland und Europa, Band III, Grundrechte in Deutschland: Allgemeine Lehren II, 2009, § 61, S. 257

Denninger, Erhard: Polizei und demokratische Politik, JZ 1970, 145

ders.: Die Polizei im Verfassungsgefüge, in: *Lisken*, Hans/*Denninger*, Erhard/*Bäcker*, Matthias/*Graulich*, Kurt (Hrsg.), Handbuch des Polizeirechts, Gefahrenabwehr – Strafverfolgung – Rechtsschutz, 6. Aufl., 2018, Kap. B, S. 63

ders.: Polizeiaufgaben, in: *Lisken*, Hans/*Denninger*, Erhard/*Bäcker*, Matthias/*Graulich*, Kurt (Hrsg.), Handbuch des Polizeirechts, Gefahrenabwehr – Strafverfolgung – Rechtsschutz, 6. Aufl., 2018, Kap. D, S. 217

ders.: Staatsrecht, Einführung in die Grundprobleme des Verfassungsrechts der Bundesrepublik Deutschland, Band 1, Die Leitbilder: Leerformeln? Lügen? Legitimationen?, 1973

Depenheuer, Otto: Kommentierung zu Art. 8 GG, in: *Maunz*, Theodor/*Dürig*, Günter/*Herzog*, Roman/*Herdegen*, Matthias/*Scholz*, Rupert/*Klein*, Hans Hugo (Hrsg.), Grundgesetz, Kommentar, Stand: 88. EL (2019)

Der Bundesminister des Innern/Der Bundesminister der Justiz: Staatszielbestimmungen/Gesetzgebungsaufträge, Bericht der Sachverständigenkommission, 1983

Di Fabio, Udo: Kommentierung zu Art. 2 Abs. 1 GG, in: *Maunz*, Theodor/*Dürig*, Günter/*Herzog*, Roman/*Herdegen*, Matthias/*Scholz*, Rupert/*Klein*, Hans Hugo (Hrsg.), Grundgesetz, Kommentar, Stand: 88. EL (2019)

ders.: Grundrechte als Werteordnung, JZ 2004, 1

Discher, Thomas: Mittelbarer Eingriff, Gesetzesvorbehalt, Verwaltungskompetenz: Die Jugendsekten-Entscheidungen – BVerwGE 82, 76; BVerwG, NJW 1991, 1770; 1992, 2496; BVerfG, NJW 1989, 3269, JuS 1993, 463

Dreier, Horst: Kommentierung zu Art. 20 GG (Republik), in: *Dreier*, Horst (Hrsg.), Grundgesetz, Kommentar, Band II, Artikel 20–82, 3. Aufl., 2015

ders.: Kommentierung zu Art. 20 GG (Demokratie), in: *Dreier*, Horst (Hrsg.), Grundgesetz, Kommentar, Band II, Artikel 20–82, 3. Aufl., 2015

ders.: Vorbemerkung, in: *Dreier*, Horst (Hrsg.), Grundgesetz, Kommentar, Band I, Präambel, Artikel 1–19, 3. Aufl., 2013

ders.: Kommentierung zu Art. 2 GG; in: *Dreier*, Horst (Hrsg.), Grundgesetz, Kommentar, Band I, Präambel, Artikel 1–19, 3. Aufl., 2013

ders.: Dimensionen der Grundrechte, Von der Wertordnungsjudikatur zu den objektiv-rechtlichen Grundrechtsgehalten, 1993

Drews, Wilhelm Arnold (Bill): Preußisches Polizeirecht, Allgemeiner Teil, 1. Aufl., 1927

ders.,/Wacke, Gerhard/Vogel, Klaus/Martens, Wolfgang: Gefahrenabwehr, Allgemeines Polizeirecht (Ordnungsrecht) des Bundes und der Länder, 9. Aufl., 1986

Dürig, Günter: Art. 2 des Grundgesetzes und die Generalermächtigung zu allgemeinpolizeilichen Maßnahmen, AöR Bd. 79 (1970), S. 57

ders.: Der Grundrechtssatz von der Menschenwürde, Entwurf eines praktikablen Wertsystems der Grundrechte aus Art. 1 Abs. I in Verbindung mit Art. 19 Abs. II des Grundgesetzes, AöR Bd. 81 (1956), S. 117

ders.: Kommentierung zu Art. 1 Abs. I GG, in: *Maunz*, Theodor/*Dürig*, Günter (Hrsg.), Grundgesetz, Kommentar, 2. Aufl., 1968

ders.: Kommentierung zu Art. 2 Abs. I GG, in: *Maunz*, Theodor/*Dürig*, Günter (Hrsg.), Grundgesetz, Kommentar, 2. Aufl., 1968

ders.: Anmerkung zu BVerfG, Urteil v. 16.01.1957 – 1 BvR 253/56 = BVerfGE 6, 32 f., JZ 1957, 169

Durner, Wolfgang: Kommentierung zu Art. 10 GG, in: *Maunz,* Theodor/*Dürig,* Günter/*Herzog,* Roman/*Herdegen,* Matthias/*Scholz,* Rupert/*Klein,* Hans Hugo (Hrsg.), Grundgesetz, Kommentar, Stand: 88. EL (2019)

ders.: Kommentierung zu Art. 11 GG, in: *Maunz,* Theodor/*Dürig,* Günter/*Herzog,* Roman/*Herdegen,* Matthias/*Scholz,* Rupert/*Klein,* Hans Hugo (Hrsg.), Grundgesetz, Kommentar, Stand: 88. EL (2019)

Eckertz, Rainer: Die Kriegsdienstverweigerung aus Gewissensgründen als Grenzproblem des Rechts, Zur Überwindung des Dezisionismus im demokratischen Rechtsstaat, 1986

Eckhoff, Rolf: Der Grundrechtseingriff, 1992

Ehlers, Dirk: Verwaltung in Privatrechtsform, 1984

Ehmke, Horst: Prinzipien der Verfassungsinterpretation, VVDStRL Heft 20 (1963), 53

Endemann, Friedrich: Lehrbuch des Bürgerlichen Rechts, Band 1, Einleitung, Allgemeiner Theil, Recht der Schuldverhältnisse, 8. Aufl., 1903

Enders, Christoph: Die Menschenwürde in der Verfassungsordnung, Zur Dogmatik des Art. 1 GG, 1997

ders.: Die Lehre von den verfassungsimmanenten Grundrechtsschranken – Oder: Vom Schicksal der Freiheit in einer Dogmatik ohne Theorie, in: *Appel,* Ivo/*Hermes,* Georg/*Schönberger,* Christoph (Hrsg.), Öffentliches Recht im offenen Staat, Festschrift für Rainer Wahl zum 70. Geburtstag, 2011, S. 283

Erbel, Günter: Inhalt und Auswirkungen der verfassungsrechtlichen Kunstfreiheitsgarantie, 1966

Erichsen, Hans-Uwe: Der Schutz der Allgemeinheit und der individuellen Rechte durch die polizei- und ordnungsrechtlichen Handlungsvollmachten der Exekutive, VVDStRL Heft 35 (1977), 171

ders.: Besonderes Gewaltverhältnis und Sonderverordnung, Rückschau und Ausblick, in: *Menger,* Christian-Friedrich (Hrsg.), Fortschritte des Verwaltungsrechts, Festschrift für Hans Julius Wolff zum 75. Geburtstag, 1973, S. 219

Erler, Georg: Das Grundgesetz und die öffentliche Gewalt internationaler Staatengemeinschaften, VVDStRL Heft 18 (1960), 7

Ermacora, Felix: Allgemeine Staatslehre, Teilband 1, 1970

ders.: Grundriss einer Allgemeinen Staatslehre, 1979

Fischer, Bianca: Funktionieren öffentlicher Einrichtungen – ein Verfassungsmaßstab?, DVBl. 1981, 517

Forsthoff, Ernst: Zur heutigen Situation einer Verfassungslehre, in: *Barion,* Hans/*Böckenförde,* Ernst-Wolfgang/*Forsthoff,* Ernst/*Weber,* Werner (Hrsg.), Epirrhosis, Festgabe für Carl Schmitt, 2. Aufl., 2002, S. 185

ders.: Die Umbildung des Verfassungsgesetzes, in: *Barion*, Hans/*Forsthoff*, Ernst/*Weber*, Werner (Hrsg.), Festschrift für Carl Schmitt zum 70. Geburtstag dargebracht von Freunden und Schülern, 3. Aufl., 1994, S. 35

ders.: Zur Problematik der Verfassungsauslegung, 1961

Friauf, Heinrich: Schranken der Grundrechte, JR 1970, 215

Füßlein, Rudolf Werner: Artikel 79, JöR n. F. Bd. 1 (1951), 573

Gassner, Ulrich M.: Gesetzgebung und Bestimmtheitsgrundsatz, in: ZG Bd. 11 (1996), 37

von Gerber, Carl Friedrich Wilhelm: Ueber öffentliche Rechte, 1852

ders.: Grundzüge eines Systems des Deutschen Staatsrechts, 1. Aufl., 1865

ders.: Grundzüge des Deutschen Staatsrechts, 3. Aufl., 1880

ders.: Ueber die Theilbarkeit deutscher Staatsgebiete, AZ Heft 1 (1867), 5

von Gierke, Otto: Die Grundbegriffe des Staatsrechts und die neuesten Staatsrechtstheorien, ZgS Bd. 30 (1874), 265

ders.: Die Genossenschaftstheorie und die deutsche Rechtsprechung, 1887

ders.: Die soziale Aufgabe des Privatrechts, 1. Aufl., 1889

Goerlich, Helmut: Wertordnung und Grundgesetz, Kritik einer Argumentationsfigur des Bundesverfassungsgerichts, 1973

ders.: „Formenmißbrauch" und Kompetenzverständnis, eine exemplarische Studie zur geschriebenen Verfassung im Bundesstaat, 1987

Gornig, Gilbert: Kommentierung zu Art. 13 GG, in: *von Mangoldt*, Herrmann/*Klein*, Friedrich/*Starck*, Christian/*Huber*, Peter Michael/*Voßkuhle*, Andreas (Hrsg.), Grundgesetz, Kommentar, Band 1, Präambel, Artikel 1–19, 7. Aufl., 2018

Götz, Volkmar: Innere Sicherheit, in: *Isensee*, Josef/*Kirchhof*, Paul (Hrsg.), Handbuch des Staatsrechts der Bundesrepublik Deutschland, Band IV, Aufgaben des Staates, 3. Aufl., 2006, § 85, S. 671

Grabenwarter, Christoph: Kommentierung zu Art. 5 Abs. 1, Abs. 2 GG, in: *Maunz*, Theodor/*Dürig*, Günter/*Herzog*, Roman/*Herdegen*, Matthias/*Scholz*, Rupert/*Klein*, Hans Hugo (Hrsg.), Grundgesetz, Kommentar, Stand: 88. EL (2019)

Grabitz, Eberhard: Der Grundsatz der Verhältnismäßigkeit in der Rechtsprechung des Bundesverfassungsgerichts, AöR, Bd. 98 (1973), S. 568

Grawert, Rolf: Das Grundgesetz im Lichte seiner Grundrechte, Eine judikative Entwicklungsgeschichte, Der Staat, Bd. 49 (2010), 507

Grimmer, Klaus: Demokratie und Grundrechte, Elemente zu einer Theorie des Grundgesetzes, 1980

Gröschner, Rolf: Die Republik, in: *Isensee*, Josef/*Kirchhof*, Paul (Hrsg.), Handbuch des Staatsrechts der Bundesrepublik Deutschland, Band II, Verfassungsstaat, 3. Aufl., 2004, § 23, S. 369

Grzeszick, Bernd: Kommentierung zu Art. 20 GG, in: *Maunz*, Theodor/*Dürig*, Günter/*Herzog*, Roman/*Herdegen*, Matthias/*Scholz*, Rupert/*Klein*, Hans Hugo (Hrsg.), Grundgesetz, Kommentar, Stand: 88. EL (2019)

Gusy, Christoph: Polizei- und Ordnungsrecht, 10. Aufl., 2017

ders.: Kommentierung zu Art. 8 GG, in: *von Mangoldt*, Herrmann/*Klein*, Friedrich/*Starck*, Christian/*Huber*, Peter Michael/*Voßkuhle*, Andreas (Hrsg.), Grundgesetz, Kommentar, Band 1, Präambel, Artikel 1–19, 7. Aufl., 2018

ders.: Kommentierung zu Art. 10 GG, in: *von Mangoldt*, Herrmann/*Klein*, Friedrich/*Starck*, Christian/*Huber*, Peter Michael/*Voßkuhle*, Andreas (Hrsg.), Grundgesetz, Kommentar, Band 1, Präambel, Artikel 1–19, 7. Aufl., 2018

ders.: Kommentierung zu Art. 11 GG, in: *von Mangoldt*, Herrmann/*Klein*, Friedrich/*Starck*, Christian/*Huber*, Peter Michael/*Voßkuhle*, Andreas (Hrsg.), Grundgesetz, Kommentar, Band 1, Präambel, Artikel 1–19, 7. Aufl., 2018

ders.: Arbeitszwang – Zwangsarbeit – Strafvollzug – BVerfGE 74, 102, JuS 1989, 710

ders.: Anmerkung zu BVerfG, Beschluss v. 07.03.1990 – 1 BvR 1215/87 = BVerfGE 81, 298 f., JZ 1990, 640

Häberle, Peter: Die Wesensgehaltsgarantie des Art. 19 Abs. 2 Grundgesetz, Zugleich ein Beitrag zum institutionellen Verständnis der Grundrechte und zur Lehre vom Gesetzesvorbehalt, 3. Aufl., 1983

ders.: Verfassungslehre als Kulturwissenschaft, 2. Aufl., 1998

Hamel, Walter: Die Bedeutung der Grundrechte im sozialen Rechtsstaat, Eine Kritik an Gesetzgebung und Rechtsprechung, 1957

Heinold, Alexander: Die Prinzipientheorie bei Ronald Dworkin und Robert Alexy, 2011

Heise, Gerd/Riegel, Reinhard: Musterentwurf eines einheitlichen Polizeigesetzes mit Begründung und Anmerkungen, 2. Aufl., 1978

Heller, Hermann: Staatslehre, 1934

Henke, Wilhelm: Juristische Systematik der Grundrechte, DÖV 1984, 1

ders.: Recht und Staat, Grundlagen der Jurisprudenz, 1988

Herdegen, Matthias: Verfassungsinterpretation als methodische Disziplin, JZ 2004, 873

Hermes, Georg: Kommentierung zu Art. 13 GG, in: *Dreier*, Horst (Hrsg.), Grundgesetz, Kommentar, Band I, Präambel, Artikel 1–19, 3. Aufl., 2013

Herzog, Roman: Staaten der Frühzeit, Ursprünge und Herrschaftsformen, 1988

ders.: Allgemeine Staatslehre, 1971

ders.: Ziele, Vorbehalte und Grenzen der Staatstätigkeit, in: *Isensee*, Josef/*Kirchhof*, Paul (Hrsg.), Handbuch des Staatsrechts der Bundesrepublik Deutschland, Band IV, Aufgaben des Staates, 3. Aufl., 2006, § 72, S. 81

Hesse, Konrad: Grundzüge des Verfassungsrechts der Bundesrepublik Deutschland, 20. Aufl., 1995

Heß, Reinhold: Grundrechtskonkurrenzen, Zugleich ein Beitrag zur Normstruktur der Freiheitsrechte, 2000

Heuer, Hartmut: Die Generalklausel des preußischen Polizeirechts von 1875 bis zum Polizeiverwaltungsgesetz von 1931, 1988

Hillgruber, Christian: Souveränität – Verteidigung eines Rechtsbegriffs, JZ 2002, 1072

ders.: Grundrechtlicher Schutzbereich, Grundrechtsausgestaltung und Grundrechtseingriff, in: *Isensee*, Josef/*Kirchhof*, Paul (Hrsg.), Handbuch des Staatsrechts der Bundesrepublik Deutschland, Band IX, Allgemeine Grundrechtslehren, 3. Aufl., 2011, § 200, S. 981

ders.: Grundrechtsschranken, in: *Isensee*, Josef/*Kirchhof*, Paul (Hrsg.), Handbuch des Staatsrechts der Bundesrepublik Deutschland, Band IX, Allgemeine Grundrechtslehren, 3. Aufl., 2011, § 201, S. 1033

Höfling, Wolfram: Grundrechtstatbestand – Grundrechtsschranken – Grundrechtsschrankenschranken, JURA 1994, 169

ders.: Kommentierung zu Art. 8 GG, in: *Sachs*, Michael (Hrsg.), Grundgesetz, Kommentar, 8. Aufl., 2018

ders.: Kommentierung zu Art. 9 GG, in: *Sachs*, Michael (Hrsg.), Grundgesetz, Kommentar, 8. Aufl., 2018

Hufen, Friedhelm: Staatsrecht II, Grundrechte, 7. Aufl., 2018

Ipsen, Hans Peter: Verfassungsfragen zur Handwerksordnung, DVBl. 1956, 358

Ipsen, Jörn: Staatsrecht I, Staatsorganisationsrecht, 30. Aufl., 2018

Isensee, Josef: Gemeinwohl im Verfassungsstaat, in: *Isensee*, Josef/*Kirchhof*, Paul (Hrsg.), Handbuch des Staatsrechts der Bundesrepublik Deutschland, Band IV, Aufgaben des Staates, 3. Aufl., 2006, § 71, S. 3

ders.: Staat und Verfassung, in: *Isensee*, Josef/*Kirchhof*, Paul (Hrsg.), Handbuch des Staatsrechts der Bundesrepublik Deutschland, Band II, Verfassungsstaat, 3. Aufl., 2004, § 15, S. 3

ders.: Idee und Gestalt des Föderalismus im Grundgesetz, in: *Isensee*, Josef/*Kirchhof*, Paul (Hrsg.), Handbuch des Staatsrechts der Bundesrepublik

Deutschland, Band IV, Finanzverfassung – Bundesstaatliche Ordnung, 1990, § 98, S. 517

ders.: Idee und Gestalt des Föderalismus im Grundgesetz, in: *Isensee*, Josef/*Kirchhof*, Paul (Hrsg.), Handbuch des Staatsrechts der Bundesrepublik Deutschland, Band VI, Bundesstaat, 3. Aufl., 2008, § 126, S. 3

ders.: Die bundesstaatliche Kompetenz, in: *Isensee*, Josef/*Kirchhof*, Paul (Hrsg.), Handbuch des Staatsrechts der Bundesrepublik Deutschland, Band VI, Bundesstaat, 3. Aufl., 2008, § 133, S. 455

ders.: Grundrechtsvoraussetzungen und Verfassungserwartungen an die Grundrechtsausübung, in: *Isensee*, Josef/*Kirchhof*, Paul (Hrsg.), Handbuch des Staatsrechts der Bundesrepublik Deutschland, Band IX, Allgemeine Grundrechtslehren, 3. Aufl., 2011, § 190, S. 265

ders.: Der Rechtsanspruch auf einen Kindergartenplatz – Ein Verfassungsproblem des Bundesstaates und der kommunalen Selbstverwaltung, DVBl. 1995, 1

ders.: Republik – Sinnpotential eines Begriffs, JZ 1981, 1

ders.: Das Grundrecht auf Sicherheit, Zu den Schutzpflichten des freiheitlichen Verfassungsstaates, 1983

ders.: Das staatliche Gewaltmonopol als Grundlage und Grenze der Grundrechte, in: *Franßen*, Everhardt/*Redeker*, Konrad/*Schlichter*, Otto/*Wilke*, Dieter (Hrsg.), Bürger – Richter – Staat, Festschrift für Horst Sendler zum Abschied aus seinem Amt, 1991, S. 39

Jachmann-Michel, Monika/Kaiser, Anna-Bettina: Kommentierung zu Art. 33 GG, in: *von Mangoldt*, Herrmann/*Klein*, Friedrich/*Starck*, Christian/*Huber*, Peter Michael/*Voßkuhle*, Andreas (Hrsg.), Grundgesetz, Kommentar, Band 2, Artikel 20–82, 7. Aufl., 2018

Jansen, Nils: Die Abwägung von Grundrechten, Der Staat, Bd. 36, (1997), 26

Jarass, Hans Dieter: Funktionen und Dimensionen der Grundrechte, in: *Merten*, Detlef/*Papier*, Hans-Jürgen (Hrsg.), Handbuch der Grundrechte in Deutschland und Europa, Band II, Grundrechte in Deutschland: Allgemeine Lehren I, 2006, § 38, S. 625

ders.: Vorbemerkung vor Art. 1 GG, in: *Jarass*, Hans Dieter/*Pieroth*, Bodo (Hrsg.), Grundgesetz für die Bundesrepublik Deutschland, Kommentar, 15. Aufl., 2018

Jellinek, Georg: Allgemeine Staatslehre, 3. Neudruck der 3. Aufl. von 1913, 1921

ders.: System der subjektiven öffentlichen Rechte, 2. Aufl., 1905

Kahl, Wolfgang: Vom weiten Schutzbereich zum engen Gewährleistungsgehalt, Kritik einer neuen Richtung der deutschen Grundrechtsdogmatik, Der Staat, Bd. 43 (2004), 167

Kant, Immanuel: Kritik der Reinen Vernunft, 1. Aufl. 1781 (A) und 2. Auflage 1787 (B), in: Immanuel Kant, Werke in sechs Bänden, *Weischedel*, Wilhelm (Hrsg.), Band II, 5. Aufl., 1998

Kelsen, Hans: Reine Rechtslehre, 2. Aufl., 1960

ders.: Hauptprobleme der Staatsrechtslehre entwickelt aus der Lehre vom Rechtssatze, 1911

ders.: Das Problem der Souveränität und die Theorie des Völkerrechts, 2. Aufl., 1928

ders.: Die philosophischen Grundlagen der Naturrechtslehre und des Rechtspositivismus, 1928

Kemper, Michael: Kommentierung zu Art. 9 GG, in: *von Mangoldt*, Herrmann/ *Klein*, Friedrich/*Starck*, Christian/*Huber*, Peter Michael/*Voßkuhle*, Andreas (Hrsg.), Grundgesetz, Kommentar, Band 1, Präambel, Artikel 1–19, 7. Aufl., 2018

Kersten, Jens: Georg Jellinek und die klassische Staatslehre, 2000

Kingreen, Thorsten/Poscher, Ralf: Pieroth, Bodo/*Schlink*, Bernhard/*Kniesel*, Michael (Begr.), Polizei- und Ordnungsrecht mit Versammlungsrecht, 10. Aufl., 2018

Kingreen, Thorsten/Poscher, Ralf: Pieroth, Bodo/*Schlink*, Bernhard (Begr.), Grundrechte, Staatsrecht II, 35. Aufl., 2019

Kirchhof, Paul: Brauchen wir ein erneuertes Grundgesetz?, 1992

ders.: Kommentierung zu Art. 3 Abs. 1 GG, in: *Maunz*, Theodor/*Dürig*, Günter/ *Herzog*, Roman/*Herdegen*, Matthias/*Scholz*, Rupert/*Klein*, Hans Hugo (Hrsg.), Grundgesetz, Kommentar, Stand: 88. EL (2019)

ders.: Mittel staatlichen Handelns, in: *Isensee*, Josef/*Kirchhof*, Paul (Hrsg.), Handbuch des Staatsrechts der Bundesrepublik Deutschland, Band III, Das Handeln des Staates, 1988, § 59, S. 121

Klein, Friedrich: Vorbemerkungen zu den Grundrechten, in: *von Mangoldt*, Hermann/ *Klein*, Friedrich (Hrsg.), Das Bonner Grundgesetz, Kommentar, Band I, 2. Aufl., 1957

ders.: Kommentierung zu Art. 2 GG, in: *von Mangoldt*, Hermann/ *Klein*, Friedrich (Hrsg.), Das Bonner Grundgesetz, Kommentar, Band I, 2. Aufl., 1957

ders.: Kommentierung zu Art. 9 GG, in: *von Mangoldt*, Hermann/ *Klein*, Friedrich (Hrsg.), Das Bonner Grundgesetz, Kommentar, Band I, 2. Aufl., 1957

Klein, Hans Hugo: Über Grundpflichten, Der Staat Bd. 14 (1975), 153

Kloepfer, Michael: Verfassungsrecht, Band II, Grundrechte, 2010

Knemeyer, Franz-Ludwig: Der Schutz der Allgemeinheit und der individuellen Rechte durch die polizei- und ordnungsrechtlichen Handlungsvollmachten der Exekutive, VVDStRL Heft 35 (1977), 221

Knies, Wolfgang: Schranken der Kunstfreiheit als verfassungsrechtliches Problem, 1967

ders.: Auf dem Weg in den „verfassungsgerichtlichen Jurisdiktionsstaat"? Das Bundesverfassungsgericht und die gewaltenteilende Kompetenzordnung des Grundgesetzes, in: *Burmeister*, Joachim (Hrsg.), Festschrift für Klaus Stern zum 65. Geburtstag, 1997, S. 1155

Kokott, Juliane: Grundrechtliche Schranken und Schrankenschranken, in: *Merten*, Detlef/*Papier*, Hans-Jürgen (Hrsg.), Handbuch der Grundrechte in Deutschland und Europa, Band I, Entwicklung und Grundlagen, 2004, § 22, S. 853

Kopp, Ferdinand: Das Menschenbild im Recht und in der Rechtswissenschaft, in: *Bartlsperger*, Richard/*Ehlers*, Dirk/*Hofmann*, Werner/*Pirson*, Dietrich (Hrsg.), Rechtsstaat, Kirche, Sinnverantwortung, Festschrift für Klaus Obermayer zum 70. Geburtstag, 1986, S. 53

Krüger, Herbert: Allgemeine Staatslehre, 2. Aufl., 1966

ders.: Verfassungsvoraussetzungen und Verfassungserwartungen, in: *Ehmke*, Horst/*Kaiser*, Josep H./*Kewenig*, Wilhelm A./*Meessen*, Karl Matthias/*Rüfner*, Wolfgang (Hrsg.), Festschrift für Ulrich Scheuner zum 70. Geburtstag, 1973, S. 285

ders.: Die Einschränkung von Grundrechten nach dem Grundgesetz, DVBl. 1950, 625

ders.: Neues zur Freiheit der Persönlichkeitsentfaltung und deren Schranken, NJW 1955, 201

Küchenhoff, Dietrich: Die Beschränkbarkeit des Rechts auf Persönlichkeitsentfaltung durch Gesetz, DÖV 1966, 224

Kugelmann, Dieter: Polizei- und Ordnungsrecht, 2. Aufl., 2012

Kühne, Jörg-Detlef: Kommentierung zu Art. 13 GG, in: *Sachs*, Michael (Hrsg.), Grundgesetz, Kommentar, 8. Aufl., 2018

Kunig, Philip: Kommentierung zu Art. 1 GG, in: *von Münch*, Ingo/*Kunig*, Philip (Hrsg.), Grundgesetz, Kommentar, Band 1: Präambel bis Art. 69, 6. Aufl., 2012

ders.: Kommentierung zu Art. 2 GG, in: *von Münch*, Ingo/*Kunig*, Philip (Hrsg.), Grundgesetz, Kommentar, Band 1: Präambel bis Art. 69, 6. Aufl., 2012

ders.: Kommentierung zu Art. 8 GG, in: *von Münch*, Ingo/*Kunig*, Philip (Hrsg.), Grundgesetz, Kommentar, Band 1: Präambel bis Art. 69, 6. Aufl., 2012 *ders.:* Kommentierung zu Art. 11 GG, in: *von Münch*, Ingo/*Kunig*, Philip (Hrsg.), Grundgesetz, Kommentar, Band 1: Präambel bis Art. 69, 6. Aufl., 2012

ders.: Kommentierung zu Art. 13 GG, in: *von Münch*, Ingo/*Kunig*, Philip (Hrsg.), Grundgesetz, Kommentar, Band 1: Präambel bis Art. 69, 6. Aufl., 2012

ders.: Kommentierung zu Art. 70 GG, in: *von Münch*, Ingo/*Kunig*, Philip (Hrsg.), Grundgesetz, Kommentar, Band 2: Art. 70 bis 146, 6. Aufl., 2012

ders.: Das Rechtsstaatsprinzip, Überlegungen zu seiner Bedeutung für das Verfassungsrecht der Bundesrepublik Deutschland, 1986

Lassally, Oswald: Schranken der Grundrechte, MDR 1953, 76

Laubinger, Hans-Werner: Der öffentlich-rechtliche Unterlassungsanspruch, VerwArch. Bd. 80 (1989), S. 261

Lepa, Manfred: Grundrechtskonflikte, DVBl. 1972, 161

Lerche, Peter: „Funktionsfähigkeit" – Richtschnur verfassungsrechtlicher Auslegung, BayVBl. 1991, 517

ders.: Übermaß und Verfassungsrecht, Zur Bindung des Gesetzgebers an die Grundsätze der Verhältnismäßigkeit und der Erforderlichkeit, 2. Aufl., 1999

Link, Christopher: Staatszwecke im Verfassungsstaat – nach 40 Jahren Grundgesetz, VVDStRL Heft 48 (1990), 7

Löwer, Wolfgang: Freiheit wissenschaftlicher Forschung und Lehre, in: *Merten*, Detlef/*Papier*, Hans-Jürgen (Hrsg.), Handbuch der Grundrechte in Deutschland und Europa, Band IV, Grundrechte in Deutschland: Einzelgrundrechte I, 2011, § 99, S. 699

Lübbe-Wolff, Gertrude: Die Grundrechte als Eingriffsabwehrrechte, Struktur und Reichweite der Eingriffsdogmatik im Bereich staatlicher Leistungen, 1988

Machiavelli, Niccolò: Il principe, La vita di Castruccio Castracani da Lucca, Il modo che tenne il duca Valentino per ammazzare Vitellozzo Vitelli, 1679 (3. Aufl.)

ders./Rippel, Philipp: Il principe, Der Fürst, italienisch/deutsch, 1991

Mager, Ute: Freiheit von Forschung und Lehre, in: *Isensee*, Josef/*Kirchhof*, Paul (Hrsg.), Handbuch des Staatsrechts der Bundesrepublik Deutschland, Band VII, Freiheitsrechte, 3. Aufl., 2009, § 166, S. 1075

Mager, Wolfgang: Zur Entstehung des modernen Staatsbegriffs, 1968

Manssen, Gerrit: Kommentierung zu Art. 12 GG, in: *von Mangoldt*, Herrmann/*Klein*, Friedrich/*Starck*, Christian/*Huber*, Peter Michael/*Voßkuhle*, Andreas (Hrsg.), Grundgesetz, Kommentar, Band 1, Präambel, Artikel 1–19, 7. Aufl., 2018

ders.: Staatsrecht I, Grundrechtsdogmatik, 1995

ders.: Staatsrecht II, Grundrechte, 15. Aufl., 2018

Matz, Werner: Abschnitt 1, Die Grundrechte, Vorbemerkungen, JöR n. F. Bd. 1 (1951), 41

ders.: Artikel 2, JöR n. F. Bd. 1 (1951), 54

ders.: Artikel 4, JöR n. F. Bd. 1 (1951), 73

ders.: Artikel 5, JöR n. F. Bd. 1 (1951), 79

ders.: Artikel 13, JöR n. F. Bd. 1 (1951), 138

ders.: Artikel 19, JöR n. F. Bd. 1 (1951), 176

ders.: Artikel 20, JöR n. F. Bd. 1 (1951), 195

Maunz, Theodor: Deutsches Staatsrecht, Ein Studienbuch, 15. Aufl., 1966

Maurer, Hartmut: Staatsrecht I, Grundlagen, Verfassungsorgane, Staatsfunktionen, 6. Aufl., 2010

ders./Waldhoff, Christian: Allgemeines Verwaltungsrecht, 19. Aufl., 2017

Meister, Moritz: Das System des Freiheitsschutzes im Grundgesetz, 2011

Menzel, Andreas: Nochmals: Zum materiellrechtlichen Gehalt der Kompetenzbestimmungen des Grundgesetzes, DÖV 1983, 805

Merkl, Adolf Julius: Zum Interpretationsproblem (1916), abgedruckt in: *Mayer-Maly*, Dorothea/*Schambeck*, Herbert/*Grussmann*, Wolf-Dietrich (Hrsg.), Gesammelte Schriften, Band 1, Grundlagen des Rechts, Erster Teilband, 1993, S. 63

ders.: Das Recht im Lichte seiner Anwendung, Recht und Wissenschaft vom Recht (1916–1919), abgedruckt in: *Mayer-Maly*, Dorothea/*Schambeck*, Herbert/*Grussmann*, Wolf-Dietrich (Hrsg.), Gesammelte Schriften, Band 1, Grundlagen des Rechts, Erster Teilband, 1993, S. 85

Merten, Detlef: Grundrechtlicher Schutzbereich, in: *Merten*, Detlef/*Papier*, Hans-Jürgen (Hrsg.), Handbuch der Grundrechte in Deutschland und Europa, Band III, Grundrechte in Deutschland: Allgemeine Lehren II, 2009, § 56, S. 3

ders.: Immanente Grenzen und verfassungsunmittelbare Schranken, in: *Merten*, Detlef/*Papier*, Hans-Jürgen (Hrsg.), Handbuch der Grundrechte in Deutschland und Europa, Band III, Grundrechte in Deutschland: Allgemeine Lehren II, 2009, § 60, S. 201

ders.: Verhältnismäßigkeitsgrundsatz, in: *Merten*, Detlef/*Papier*, Hans-Jürgen (Hrsg.), Handbuch der Grundrechte in Deutschland und Europa, Band III, Grundrechte in Deutschland: Allgemeine Lehren II, 2009, § 68, S. 517

ders.: Freizügigkeit, in: *Merten*, Detlef/*Papier*, Hans-Jürgen (Hrsg.), Handbuch der Grundrechte in Deutschland und Europa, Band IV, Grundrechte in Deutschland: Einzelgrundrechte I, 2011, § 94, S. 417

ders.: Grundpflichten im Verfassungssystem der Bundesrepublik Deutschland, BayVBl. 1978, 554

Meyer, Georg/Anschütz, Gerhard: Lehrbuch des Deutschen Staatsrechtes, 6. Aufl., 1905

Meyn, Christian: Verschlüsselung und Innere Sicherheit, Die verfassungsrechtliche Zulässigkeit eines Verschlüsselungsverbots bei elektronischer Datenkommunikation, 2003

Michael, Lothar/Morlok, Martin: Grundrechte, 7. Aufl., 2020

Michel, Lutz H.: Staatszwecke, Staatsziele und Grundrechtsinterpretation unter besonderer Berücksichtigung der Positivierung des Umweltschutzes im Grundgesetz, 1986

Misera-Lang, Kathrin: Dogmatische Grundlagen der Einschränkbarkeit vorbehaltloser Freiheitsrechte, 1999

Mis-Paulußen, Ursula: Zur Frage der Begrenzung vorbehaltlos gewährleisteter Grundrechte unter besonderer, kritischer Berücksichtigung der Rechtsprechung des Bundesverfassungsgerichts, 1998

Möller, Manfred/Wilhelm, Jürgen: Allgemeines Polizei- und Ordnungsrecht mit Verwaltungszwang und Bescheidtechnik, 5. Aufl., 2003

Möllers, Christoph: Staat als Argument, 2000

Müller, Friedrich: Die Einheit der Verfassung, Kritik des juristischen Holismus, Elemente einer Verfassungstheorie III, 2. Aufl., 2007

ders.: Freiheit der Kunst als Problem der Grundrechtsdogmatik, 1969

ders.: Die Positivität der Grundrechte, Fragen einer praktischen Grundrechtsdogmatik, 2. Aufl., 1990

Müller-Franken, Sebastian: Kommentierung zu Art. 8 GG, in: *Schmidt-Bleibtreu*, Bruno/*Klein*, Franz/*Hofmann*, Hans/*Henneke*, Hans-Günter (Hrsg.), Kommentar zum Grundgesetz, 14. Aufl., 2018

von Münch, Ingo/Kunig, Philip: Vorbemerkung zu Art. 1–19 GG, in: *von Münch*, Ingo/*Kunig*, Philip (Hrsg.), Grundgesetz, Kommentar, Band 1: Präambel bis Art. 69, 6. Aufl., 2012

Murswiek, Dieter: Grundrechtsdogmatik am Wendepunkt?, Der Staat, Bd. 45 (2006), 473

Naas, Stefan: Die Entstehung des Preußischen Polizeiverwaltungsgesetzes von 1931, Ein Beitrag zur Geschichte des Polizeirechts in der Weimarer Republik, 2003

Nawiasky, Hans: Die Grundgedanken des Grundgesetzes für die Bundesrepublik Deutschland, 1950 *van Nieuwland, Herwig:* Darstellung und Kritik der Theorien der Immanenten Grundrechtsschranken, 1981

Nipperdey, Hans Carl: Freie Entfaltung der Persönlichkeit, in: *Bettermann,* Karl August/*Nipperdey,* Hans Carl (Hrsg.), Die Grundrechte, Handbuch der Theorie und Praxis der Grundrechte, 4. Band, 2. Halbband, 2. Aufl., 1972, S. 741

Ossenbühl, Fritz: Abwägung im Verfassungsrecht, DVBl. 1995, 904

ders.: Probleme und Wege der Verfassungsauslegung, DÖV 1965, 649

Papier, Hans-Jürgen: Vorbehaltlos gewährleistete Grundrechte, in: *Merten,* Detlef/*Papier,* Hans-Jürgen (Hrsg.), Handbuch der Grundrechte in Deutschland und Europa, Band III, Grundrechte in Deutschland: Allgemeine Lehren II, 2009, § 64, S. 365

ders.: Kommentierung zu Art. 13 GG, in: *Maunz,* Theodor/*Dürig,* Günter/*Herzog,* Roman/*Herdegen,* Matthias/*Scholz,* Rupert/*Klein,* Hans Hugo (Hrsg.), Grundgesetz, Kommentar, Stand: 88. EL (2019)

ders.: Schutz der Wohnung, in: *Merten,* Detlef/*Papier,* Hans-Jürgen (Hrsg.), Handbuch der Grundrechte in Deutschland und Europa, Band IV, Grundrechte in Deutschland: Einzelgrundrechte I, 2011, § 91, S. 291

Pecher, Christian Matthias: Verfassungsimmanente Schranken von Grundrechten, 2002

Penski, Ulrich: Rechtsgrundsätze und Rechtsregeln – Ihre Unterscheidung und das Problem der Positivität des Rechts, JZ 1989, 105

von Pestalozza, Christian: Der Garantiegehalt der Kompetenznorm erläutert am Beispiel der Art. 105 ff. GG, Der Staat, Bd. 11 (1972), 161

Peters, Heinz-Joachim: Art. 20a GG – Die neue Staatszielbestimmung des Grundgesetzes, NVwZ 1995, 555

Pieroth, Bodo: Materiale Rechtsfolgen grundgesetzlicher Kompetenz- und Organisationsnormen, AöR Bd. 114 (1989), S. 422

von Pollern, Hans-Ingo: Forum: Immanente Grundrechtsschranken – eine Bestandsaufnahme, JuS 1977, 644

Poscher, Ralf: Die gefahrenabwehrrechtliche Verantwortlichkeit – Zugleich ein Beitrag zur Lehre von der rechtswidrigen Verursachung, JURA 2007, 800

Randelzhofer, Albrecht: Staatsgewalt und Souveränität, in: *Isensee,* Josef/*Kirchhof,* Paul (Hrsg.), Handbuch des Staatsrechts der Bundesrepublik Deutschland, Band II, Verfassungsstaat, 3. Aufl., 2004, § 17, S. 143

Ress, Georg: Staatszwecke im Verfassungsstaat – nach 40 Jahren Grundgesetz, VVDStRL Heft 48 (1990), 56

Ridder, Helmut/Stein, Ekkehart: Die Freiheit der Wissenschaft und der Schutz von Staatsgeheimnissen, DÖV 1962, 361

Robbers, Gerhard: Sicherheit als Menschenrecht, Aspekte der Geschichte, Begründung und Wirkung einer Grundrechtsfunktion, 1987

ders.: Kommentierung zu Art. 6 GG, in: *von Mangoldt*, Herrmann/*Klein*, Friedrich/*Starck*, Christian/*Huber*, Peter Michael/*Voßkuhle*, Andreas (Hrsg.), Grundgesetz, Kommentar, Band 1, Präambel, Artikel 1–19, 7. Aufl., 2018

Rozek, Jochen: Das Grundgesetz als Prüfungs- und Entscheidungsmaßstab der Landesverfassungsgerichte, Zugleich ein Beitrag zum Phänomen der in der Landesverfassung hineinwirkenden Bundesverfassung, 1993

ders.: Kommentierung zu Art. 70 GG, in: *von Mangoldt*, Herrmann/*Klein*, Friedrich/*Starck*, Christian/*Huber*, Peter Michael/*Voßkuhle*, Andreas (Hrsg.), Grundgesetz, Kommentar, Band 2, Artikel 20–82, 7. Aufl., 2018

Sachs, Michael: Begriff und Arten der Begrenzungen der Grundrechte, in: *Stern*, Klaus (Hrsg.), Das Staatsrecht der Bundesrepublik Deutschland, Band. III, Allgemeine Lehren der Grundrechte, Teilband 2, Grundrechtstatbestand, Grundrechtsbeeinträchtigungen und Grundrechtsbegrenzungen, Grundrechtsverluste und Grundpflichten, Schutz der Grundrechte, Grundrechtskonkurrenzen, Grundrechtssystem, 1994, § 79, S. 225

ders.: Die verfassungsunmittelbaren Begrenzungen, in: *Stern*, Klaus (Hrsg.), Das Staatsrecht der Bundesrepublik Deutschland, Band. III, Allgemeine Lehren der Grundrechte, Teilband 2, Grundrechtstatbestand, Grundrechtsbeeinträchtigungen und Grundrechtsbegrenzungen, Grundrechtsverluste und Grundpflichten, Schutz der Grundrechte, Grundrechtskonkurrenzen, Grundrechtssystem, 1994, § 81, S. 493

ders.: Einführung, in: *Sachs*, Michael (Hrsg.), Grundgesetz, Kommentar, 8. Aufl., 2018

ders.: Vor Art. 1 GG, in: *Sachs*, Michael (Hrsg.), Grundgesetz, Kommentar, 8. Aufl., 2018

ders.: Kommentierung zu Art. 20 GG, in: *Sachs*, Michael (Hrsg.), Grundgesetz, Kommentar, 8. Aufl., 2018

ders.: Kommentierung zu Art. 79 GG, in: *Sachs*, Michael (Hrsg.), Grundgesetz, Kommentar, 8. Aufl., 2018

ders.: Grundrechtsbegrenzungen außerhalb von Gesetzesvorbehalten, JuS 1995, 984

Samper, Rudolf: Demonstrations- und Versammlungsrecht, Ein Leitfaden in allgemein verständlicher Form für das Recht der Versammlungen unter freiem Himmel und der Aufzüge, 1968

von Savigny, Friedrich Carl: System des heutigen Römischen Rechts, 2. Neudruck des Bd. 1 von 1840, 1981

Scheer, Bernhard/Trubel, Hans: Preußisches Polizeiverwaltungsgesetz vom 1. Juni 1931, Mit Ausführungsbestimmungen und Materialien sowie rechtsvergleichenden Hinweisen auf das geltende Polizeirecht der Länder der Bundesrepublik, 6. Aufl., 1961

Schell, Wilhelm: Besteht ein Unterschied in den Voraussetzungen für die polizeiliche Tätigkeit nach § 10 II 17 des Allgemeinen Landrechts und den §§ 14 und 41 des Polizeiverwaltungsgesetzes vom 1. Juni 1931?, 1932

Schenke, Wolf-Rüdiger: Polizei- und Ordnungsrecht, 10. Aufl., 2018

Scheuner, Ulrich: Prinzipen der Verfassungsinterpretation, Aussprache und Schlussworte, VVDStRL Heft 20 (1963), 103

ders.: Staatszielbestimmungen, in: *Schnur,* Roman (Hrsg.), Festschrift für Ernst Forsthoff zum 70. Geburtstag, 2. Aufl., 1974, S. 325

ders.: Normative Gewährleistungen und Bezugnahme auf Fakten im Verfassungstext, Ein Beitrag zur Auslegung des Grundgesetzes, in: *Achterberg,* Norbert (Hrsg.), Öffentliches Recht und Politik, Festschrift für Hans Ulrich Scupin zum 70. Geburtstag, 1973, S. 323

Schilling, Theodor: Rang und Geltung von Normen in gestuften Rechtsordnungen, 1994

Schladebach, Marcus: Praktische Konkordanz als verfassungsrechtliches Kollisionsprinzip, Eine Verteidigung, Der Staat Bd. 53 (2014), 263

Schmidt-Aßmann, Eberhard: Der Rechtsstaat, in: *Isensee,* Josef/*Kirchhof,* Paul (Hrsg.), Handbuch des Staatsrechts der Bundesrepublik Deutschland, Band II, Verfassungsstaat, 3. Aufl., 2004, § 26, S. 541

ders.: Verwaltungslegitimation als Rechtsbegriff, AöR Bd. 116 (1991), S. 329

Schmitt, Carl: Verfassungslehre (1928), 9. Aufl., 2003

ders.: Die Diktatur, 6. Aufl.; Neuersatz der 2. Aufl. von 1928, 1994

ders.: Staat als konkreter, an eine geschichtliche Epoche gebundener Begriff (1941), in: Verfassungsrechtliche Aufsätze aus den Jahren 1924–1954, Materialien zu einer Verfassungslehre, 4. Aufl., 2003, S. 375

ders.: Politische Theologie, Vier Kapitel zur Lehre von der Souveränität, 9. Aufl., 2009

ders.: Die Tyrannei der Werte, 3. Aufl., 2011

Schmitt, Walter Oskar: Lehrfreiheit, Meinungsfreiheit und „Verfassungstreue", DVBl. 1966, 6

Schnapp, Friedrich Eberhard: Kommentierung zu Art. 20 GG, in: *von Münch,* Ingo/*Kunig,* Philip (Hrsg.), Grundgesetz, Kommentar, Band 1: Präambel bis Art. 69, 6. Aufl., 2012

ders.: Grenzen der Grundrechte, JuS 1978, 729

Schöbener, Burkhard/Knauff, Matthias: Allgemeine Staatslehre, 4. Aufl., 2019

Schoch, Friedrich: Grundfälle zum Polizei- und Ordnungsrecht, JuS 1994, 570

ders.: Grundlagen und System des allgemeinen Polizei- und Ordnungsrechts, JURA 2006, 664

ders.: Staatliche Informationspolitik und Berufsfreiheit – Das Urteil des BVerwG vom 18.10.1990 (3 C 2/88) im Spiegel der Rechtsordnung –, DVBl. 1991, 667

Scholtissek, Herbert: Innere Grenzen der Freiheitsrechte (Zum Verbot der Volksbefragung), NJW 1952, 561

Scholz (ohne Angabe eines Vornamens): Die polizeirechtliche Gefahr, Begriff, Erkennbarkeit und richterliche Nachprüfung besonders bei Polizeiverordnungen, VerwArch., Bd. 27 (1919), S. 1

Scholz, Rupert: Kommentierung zu Art. 9 GG, in: *Maunz,* Theodor/*Dürig,* Günter/*Herzog,* Roman/*Herdegen,* Matthias/*Scholz,* Rupert/*Klein,* Hans Hugo (Hrsg.), Grundgesetz, Kommentar, Stand: 88. EL (2019)

ders.: Kommentierung zu Art. 12 GG, in: *Maunz,* Theodor/*Dürig,* Günter/*Herzog,* Roman/*Herdegen,* Matthias/*Scholz,* Rupert/*Klein,* Hans Hugo (Hrsg.), Grundgesetz, Kommentar, Stand: 88. EL (2019)

Schröder, Jan: Das Demokratieprinzip des Grundgesetzes, JA 2017, 809

Schulze-Fielitz, Helmuth: Kommentierung zu Art. 8 GG, in: *Dreier,* Horst (Hrsg.), Grundgesetz, Kommentar, Band I, Präambel, Artikel 1–19, 3. Aufl., 2013

ders.: Kommentierung zu Art. 5 I, II GG, in: *Dreier,* Horst (Hrsg.), Grundgesetz, Kommentar, Band I, Präambel, Artikel 1–19, 3. Aufl., 2013

ders.: Kommentierung zu Art. 20 GG (Rechtsstaat), in: *Dreier,* Horst (Hrsg.), Grundgesetz, Kommentar, Band II, Artikel 20–82, 3. Aufl., 2015

Schwäble, Ulrich: Das Grundrecht der Versammlungsfreiheit (Art. 8 GG), 1975

Schwacke, Peter/Stolz, Eberhard: Staatsrecht mit Allgemeiner Staatslehre und Verfassungsgeschichte, 2. Aufl., 1988

Schwerdtfeger, Angela: Krisengesetzgebung, Funktionsgerechte Organstruktur und Funktionsfähigkeit als Maßstäbe der Gewaltenteilung, 2018

Selk, Michael: Einschränkung von Grundrechten durch Kompetenzregelungen?, JuS 1990, 895

Siebert, Wolfgang: Verwirkung und Unzulässigkeit der Rechtsausübung, 1934

ders.: Wandlung und Fortbildung des Treuhandrechts, DJZ 1934, 1240

ders.: Die neueste Stellungnahme des Reichsgerichts zur Verwirkung, JW 1934, 1829

Sieckmann, Jan-Reinard: Regelmodelle und Prinzipienmodelle des Rechtssystems, 1990

Siems, Thomas: Der Umgang mit Extremismus im Öffentlichen Dienst, DÖV 2014, 338

Smend, Rudolf: Verfassung und Verfassungsrecht, 1928

ders.: Staatsrechtliche Abhandlungen und andere Aufsätze, 3. Aufl., 1994

Sommermann, Karl-Peter: Kommentierung zu Art. 20 GG, in: *von Mangoldt*, Herrmann/*Klein*, Friedrich/*Starck*, Christian/*Huber*, Peter Michael/*Voßkuhle*, Andreas (Hrsg.), Grundgesetz, Kommentar, Band 2, Artikel 20–82, 7. Aufl., 2018

ders.: Staatsziele und Staatszielbestimmungen, 1997

Starck, Christian: Kommentierung zur Präambel, in: *von Mangoldt*, Herrmann/*Klein*, Friedrich/*Starck*, Christian/*Huber*, Peter Michael/*Voßkuhle*, Andreas (Hrsg.), Grundgesetz, Kommentar, Band 1, Präambel, Artikel 1–19, 7. Aufl., 2018

ders.: Kommentierung zu Art. 1 GG, in: *von Mangoldt*, Herrmann/*Klein*, Friedrich/*Starck*, Christian/*Huber*, Peter Michael/*Voßkuhle*, Andreas (Hrsg.), Grundgesetz, Kommentar, Band 1, Präambel, Artikel 1–19, 7. Aufl., 2018

ders.: Kommentierung zu Art. 2 GG, in: *von Mangoldt*, Herrmann/*Klein*, Friedrich/*Starck*, Christian/*Huber*, Peter Michael/*Voßkuhle*, Andreas (Hrsg.), Grundgesetz, Kommentar, Band 1, Präambel, Artikel 1–19, 7. Aufl., 2018

ders.: Der demokratische Verfassungsstaat, Gestalt, Grundlagen, Gefährdungen, 1995

ders.: Frieden als Staatsziel, in: *Börner*, Bodo/*Jahrreiß*, Hermann/*Stern*, Klaus (Hrsg.), Einigkeit und Recht und Freiheit, Festschrift für Karl Carstens zum 70. Geburtstag am 14. Dezember 1984, Band 2, Staatsrecht, 1984, S. 867

ders./Paulus, Andreas Leonhard: Kommentierung zu Art. 5 GG, in: *von Mangoldt*, Herrmann/*Klein*, Friedrich/*Starck*, Christian/*Huber*, Peter Michael/*Voßkuhle*, Andreas (Hrsg.), Grundgesetz, Kommentar, Band 1, Präambel, Artikel 1–19, 7. Aufl., 2018

Stern, Klaus: Grundrechtskollisionen, Das Grundrechtssystem des Grundgesetzes, in: *Stern*, Klaus (Hrsg.), Das Staatsrecht der Bundesrepublik Deutschland, Band. III, Allgemeine Lehren der Grundrechte, Teilband 2, Grundrechtstatbestand, Grundrechtsbeeinträchtigungen und Grundrechtsbegrenzungen, Grundrechtsverluste und Grundpflichten, Schutz der Grundrechte, Grundrechtskonkurrenzen, Grundrechtssystem, 1994, § 82, S. 602

ders.: Übermaßverbot und Abwägungsgebot, in: *Stern*, Klaus (Hrsg.), Das Staatsrecht der Bundesrepublik Deutschland, Band. III, Allgemeine Lehren der Grundrechte, Teilband 2, Grundrechtstatbestand, Grundrechtsbeeinträchtigungen und Grundrechtsbegrenzungen, Grundrechtsverluste und Grundpflichten, Schutz der Grundrechte, Grundrechtskonkurrenzen, Grundrechtssystem, 1994, § 84, S. 761

ders.: Die Auslegung der Grundrechte, in: *Stern*, Klaus (Hrsg.), Das Staatsrecht der Bundesrepublik Deutschland, Band. III, Allgemeine Lehren der Grundrechte, Teilband 2, Grundrechtstatbestand, Grundrechtsbeeinträchtigungen und Grundrechtsbegrenzungen, Grundrechtsverluste und Grundpflichten, Schutz der Grundrechte, Grundrechtskonkurrenzen, Grundrechtssystem, 1994, § 95, S. 1633

ders.: Das Grundrechtssystem des Grundgesetzes, in: *Stern*, Klaus (Hrsg.), Das Staatsrecht der Bundesrepublik Deutschland, Band. III, Allgemeine Lehren der Grundrechte, Teilband 2, Grundrechtstatbestand, Grundrechtsbeeinträchtigungen und Grundrechtsbegrenzungen, Grundrechtsverluste und Grundpflichten, Schutz der Grundrechte, Grundrechtskonkurrenzen, Grundrechtssystem, 1994, § 96, S. 1747

ders.: Das Staatsrecht der Bundesrepublik Deutschland, Band. 1, Grundbegriffe und Grundlagen des Staatsrechts, Strukturprinzipien der Verfassung, 2. Aufl., 1984

ders.: Das Staatsrecht der Bundesrepublik Deutschland, Band. 2, Staatsorgane, Staatsfunktionen, Finanz- und Haushaltsverfassung, Notstandsverfassung, 1980

Stettner, Rupert: Grundfragen einer Kompetenzlehre, 1983

Stolleis, Michael: Geschichte der Polizei in Deutschland, in: *Lisken*, Hans/*Denninger*, Erhard/*Bäcker*, Matthias/*Graulich*, Kurt (Hrsg.), Handbuch des Polizeirechts, Gefahrenabwehr – Strafverfolgung – Rechtsschutz, 6. Aufl., 2018, Kap. A, S. 1

Streinz, Rudolf: Kommentierung zu Art. 24 GG, in: *Sachs*, Michael (Hrsg.), Grundgesetz, Kommentar, 8. Aufl., 2018

Terwiesche, Michael: Die Begrenzung der Grundrechte durch objektives Verfassungsrecht, 1999

Thiel, Markus: Polizei- und Ordnungsrecht, 4. Aufl., 2019

ders.: Kommentierung zu Art. 7 GG, in: *Sachs*, Michael (Hrsg.), Grundgesetz, Kommentar, 8. Aufl., 2018

Thieme, Hans/Wehrhahn, Herbert: Die Freiheit der Künste und Wissenschaften, Untersuchungen zu Artikel 5, 3 des Grundgesetzes für die Bundesrepublik Deutschland, 1967

Uhle, Arnd: Kommentierung zu Art. 70 GG, in: *Maunz*, Theodor/*Dürig*, Günter/*Herzog*, Roman/*Herdegen*, Matthias/*Scholz*, Rupert/*Klein*, Hans Hugo (Hrsg.), Grundgesetz, Kommentar, Stand: 88. EL (2019)

Uhlenbrock, Henning: Der Staat als juristische Person, 2000

Volkmann, Uwe: Freiheit und Gemeinschaft, in: *Merten*, Detlef/*Papier*, Hans-Jürgen (Hrsg.), Handbuch der Grundrechte in Deutschland und Europa, Band II, Grundrechte in Deutschland: Allgemeine Lehren I, 2006, § 32, S. 341

Voßkuhle, Andreas: Grundwissen – Öffentliches Recht: Der Gefahrbegriff im Polizei- und Ordnungsrecht, JuS 2007, 908

ders.: Grundwissen – Öffentliches Recht: Der Grundsatz der Verhältnismäßigkeit, JuS 2007, 429

Waechter, Kay: Die Schutzgüter des Polizeirechts, NVwZ 1997, 729

Wahl, Rainer: Die objektive-rechtliche Dimension der Grundrechte im internationalen Vergleich, in: *Merten*, Detlef/*Papier*, Hans-Jürgen (Hrsg.), Handbuch der Grundrechte in Deutschland und Europa, Band I, Entwicklung und Grundlagen, 2004, § 19, S. 745

Wehrhahn, Herbert: Lehrfreiheit und Verfassungstreue, Freiheit und Schranken wissenschaftlichen Lehrens nach Artikel 5 Abs. 3 des Grundgesetzes für die Bundesrepublik Deutschland, 1955

Weinacht, Paul-Ludwig: Staat: Studien zur Bedeutungsgeschichte des Wortes von den Anfängen bis ins 19. Jahrhundert, 1968

Wendt, Rudolf: Kommentierung zu Art. 5 GG, in: *von Münch*, Ingo/*Kunig*, Philip (Hrsg.), Grundgesetz, Kommentar, Band 1: Präambel bis Art. 69, 6. Aufl., 2012

ders.: Der Garantiegehalt der Grundrechte und das Übermaßverbot, Zur maßstabsetzenden Kraft der Grundrechte in der Übermaßprüfung, AöR Bd. 104 (1979), S. 414

Wernicke, Kurt Georg: Kommentierung zu Art. 2, in: *Dolzer*, Rudolf/*Vogel*, Klaus (Hrsg.), Bonner Kommentar zum Grundgesetz, (Erstbearbeitung), 1950

Wertenbruch, Wilhelm: Der Grundrechtsbegriff und Art. 2 Abs. 1 GG, DVBl. 1958, 481

Wimmer, Norbert: Materiales Verfassungsverständnis, Ein Beitrag zur Theorie der Verfassungsinterpretation, 1971

Winkler, Markus: Kollisionen verfassungsrechtlicher Schutznormen, 2000

Wintrich, Josef Marquard: Die Bedeutung der „Menschenwürde" für die Anwendung des Rechts, BayVBl. 1957, 137

Wolff, Hans Julius/Bachof, Otto/Stober, Rolf: Verwaltungsrecht, Band 3, 5. Aufl., 2004

Wülfing, Thomas: Grundrechtliche Gesetzesvorbehalte und Grundrechtsschranken, 1981

Würtenberger, Thomas/Heckmann, Dirk/Tanneberger, Steffen: Polizeirecht in Baden-Württemberg, 7. Aufl., 2017

Zacher, Hans Friedrich: Das soziale Staatsziel, in: *Isensee*, Josef/*Kirchhof*, Paul (Hrsg.), Handbuch des Staatsrechts der Bundesrepublik Deutschland, Band II, Verfassungsstaat, 3. Aufl., 2004, § 28, S. 659

Zeitler, Franz-Christoph: Immanente Grundrechtsschranken oder Normenkonkordanz? – Überlegungen zum Beschluss des BVerfG von 26.05.1970 –, BayVBl. 1971, 417

Amtliches:

Amtl. Begr. PrPVG: Amtliche Begründung des Preußischen Ministers des Innern zum Preußischen Polizeiverwaltungsgesetz vom 1. Juni 1931, Abschnitt IV, Zu § 14, abgedruckt in: *Scheer*, Bernhard/*Trubel*, Hans, Preußisches Polizeiverwaltungsgesetz vom 1. Juni 1931, Mit Ausführungsbestimmungen und Materialien sowie rechtsvergleichenden Hinweisen auf das geltende Polizeirecht der Länder der Bundesrepublik, 6. Aufl., 1961, S. 102

BGBl. III/FNA 100-1: „Grundgesetz für die Bundesrepublik Deutschland" vom 23.05.1949

BT-Drs. 13/8650: „Entwurf eines Gesetzes zur Änderung des Grundgesetzes (Artikel 13 GG)", Gesetzentwurf vom 01.10.1997

PlPr 13/214: Stenographischer Bericht der 214. Sitzung des Deutschen Bundestags vom 16.01.1998

Der Verfasser wurde am 24.09.1990 in Eilenburg geboren; Studium der Rechtswissenschaft an der Universität Leipzig mit der Ersten Juristischen Prüfung im Februar 2014 abgeschlossen; im Jahr 2015 Wissenschaftliche Hilfskraft am Lehrstuhl für Staats- und Verwaltungsrecht, Verfassungsgeschichte und Staatskirchenrecht von Prof. Dr. Rozek; derzeit Juristischer Vorbereitungsdienst (Rechtsreferendariat) am Landgericht Leipzig.

www.ingramcontent.com/pod-product-compliance
Ingram Content Group UK Ltd.
Pitfield, Milton Keynes, MK11 3LW, UK
UKHW021835290926
8980IPUK00004B/474